U0070700

看懂道家之道

呂冬倪——著

前言

當我的第一本拙作《看懂心經》再版，接下來的《看懂禪機》和《看懂證道歌》也有不錯的銷售成績，我就發下一個誓願：我要把我這三十幾年來，對於各大宗教的研究心得，寫成一套「看懂宗教系列叢書」，來和「有緣的讀者們」分享。

我的心願是，希望讓「讀者們」用最短的時間，看懂各大宗教的教義和內涵，讓「讀者們」可以從中選擇自己喜歡的宗教來信仰。在當今世界的政治、經濟和氣候環境，越來越惡劣的情況下，選擇一個讓自己的心靈安心的宗教來信仰，是非常重要的事情。

於是，我花了一年八個月的時間，剛好是在「新冠疫情的期間」，陸續完成《看懂猶太教》、《看懂基督教》、《看懂伊斯蘭教》、《看懂道家》、《看懂道教》、《看懂印度佛教》、《看懂中國及藏傳佛教》、《看懂一貫道》和《看懂北海老人全書》等書，總計九本探討「猶太教」、「基督教」、「伊斯蘭教」、「道家」、「道教」、「印度佛教」、「中國佛教」、「藏傳佛教」和「一貫道」這些宗教的教義和內涵。

這一本《看懂道家》，除了簡介「道家」之外，主要是探討《莊子》的內涵。

許多人不知道「道家」和「道教」，其實是不一樣的。

「道家」是一種「思想學說」，而「道教」是一種「宗教」，兩者的性質不同，但是關係卻非常密切。

在「魏晉時代」，流行的「玄學」退燒之後，「道家」作爲一個「獨立的學術派別」已經消失，只能依附在「道教信仰」裡繼續存在。如果沒有「道教信仰」的力量，「道家」可能會像「墨家、名家」等學派一樣，湮滅在歷史的塵煙中。

而「道教」雖然吸收和兼容了「儒家、墨家、佛教、民間巫術」等各種「傳統思想」，但是「道家思想」還是「道教」最根本的基礎，如果沒有「道家思想」作爲基礎，「道教」充其量，就是一種「民間信仰」，不可能形成「儒、釋、道」三足鼎立的局面。

因此，雖然「道教」在理論上，汲取了「道家思想」的大量因素，甚至奉「老子」爲「教主」，但是兩者還是不能混爲一談，也不能說「道教」就是「道家」。

現今，一般人對「道家」是很陌生的，大多數人只聽過「老子、莊子」，只知道《道德經》和《莊子（南華經）》，其他大概就不知道了。

「道家」是中國「諸子百家」中的「思想學派」之一，也是「九流十家（道家、儒家、墨家、名家、法家、陰陽家、縱橫家、雜家、農家、小說家）」之一，在「春秋戰國」時期以「老子、列子、莊子」爲代表。

「西漢」建立之後，「漢高祖、漢惠帝、呂后」等領導人，「張良、蕭何、曹參、陳平」等大臣，都以「道家思想」治國，減少傜役、賦稅，使人民從「秦朝苛政」中休養生息。「漢文帝、漢景帝」奉行「道家」的「黃老治術」達到極致，史稱「文景之治」，「京師之錢累巨萬，貫朽而不可校。太倉之粟陳陳相因，充溢露積於外，至腐敗不可食。」國家富裕，百姓安樂。

後來，「儒家」學者「董仲舒」向「漢武帝」提倡「獨尊儒術」的政策，被後世帝王採納。「道家」成爲「非主流思想」。再加上「魏晉南北朝」時期，「西域」引入「佛教」，不少「君主」信奉「佛教」，把「儒家學說、道家學說」及「佛教教義」合併稱爲「儒釋道」，「道家」的地位進一步減低。

「宋朝」以後，「程朱理學、陸王心學」興起，「道家思想」被混入「理學」，「獨立的道家思想」，基本上已經不復存在。

「道家」雖然沒有被「官方」採納，但是仍然在「中國古代思想」的發展中，扮演重要的角色。「魏晉玄學」和「宋明理學」，都是揉合了「道家思想」發展而成。「佛教」傳入「中國」之後，也受到了「道家思想」的影響，中國的「禪宗」，在諸多方面，都受到了「老莊思想」的啟發。

「道家」是「中國」最早的「本土獨立思想」，「道家」主張「順其自然」，認爲要用到「法律」時，「大道」已經廢棄了。因此，「社會」上就沒有「道德仁義」，所以不主張要用「法律」去治人。

「道家」雖然在「學派」上有所區別，但是就其「主旨」來說是相通的：以「道」爲本，自然無爲。

「老子」提出「道」是「宇宙本源」，也是統治「宇宙」中，一切運動的法則。這一個觀點，被後來所有的「道家流派」所支持，成爲「道家」最基礎的核心。

「老子思想」的核心是「道」，「老子」曾在其著作中說：「有物混成，先天地生。寂兮寥兮！獨立而不改，周行而不殆，可以爲天地母。吾未知其名，字之曰道。」

「莊子思想」的核心是「逍遙」與「齊物」，主張「天地與我並生，萬物與我爲一」的哲學思想。

「楊朱」據說是「老子」的弟子，但是他非常激進，提出「貴己」，「爲我」。主張「全性保眞，不以物累形」。

「道家」提倡「貴生、存生、養生」，輕視「物質」，以「心靈的逍遙」，「萬物的齊一」爲最高價值。

這本《看懂道家》，深入淺出的探討「道家」，希望讓「讀者們」對於了解「道家」的內涵，有所助益。

最後，「讀者們」可以掃描本書背面的QR Code，或者上網瀏覽我設立的《看懂系列叢書網頁》，可以獲得更多的資訊，網址如下：https://www.kandonbook.com/

呂冬倪

二〇二三年七月寫於 澳洲・布里斯本・家中

導讀

這本《看懂道家》，總共有三大單元，深入探討「道家」的內涵。

這三大單元探討的重點如下：

（一）第一單元：「道家」的介紹，包括：「道家」的起源、「老子」的核心思想、「老子」的「報怨以德」、「孔子」問禮於「老子」、「莊子」的核心思想、「莊子」與「老子」思想的差異、「道家」的歷史、「道家」的代表人物、「道家」的派別、「道家」的經典等等。

（二）第二單元：探討「道家」的修行心法，包括：「佛教」的「唯識論」、孔子」問「道」於「老子」、「至人、神人、聖人」的境界、「孔子」的「心齋」、「顏回」的「坐忘」境界、「眞人」之息以「踵」、如何「心養」、「囓缺」問「道」於「被衣」等等。

（三）第三單元：探討「莊子」所撰寫的《莊子》一書，共有三十三個小單元，捨棄艱深的「文言文」原文，全部以「白話文」的形式來解說，並且註明常見典出《莊子》的「四字成語」詞彙等等。

目錄

第三單元 「莊子」著書《莊子》

第一單元 「道家」的介紹

一、「道家」的起源

「道家思想」最早可以追溯到「春秋戰國時期」，學者公認第一個確立「道家學說」的是「老子」。當時的「老子」匯集古聖先賢的大智慧，總結「古老道家思想」的精華，形成了「道家」完整的系統理論，在他所著的《道德經》中，對「道」做了詳細的闡述。

「道家學說」以「道」爲最高的哲學範疇，認爲「道」是世界上的最高眞理，「道」是「宇宙萬物」的本源，「道」是「宇宙萬物」賴以生存的依據。

「道家」用「道」來探究自然、社會、人生之間的關係。「道家」提倡「道法自然」和「無爲而治」的理論。「道家」的代表人物，有「老子、莊子、列子、列禦寇、惠施」等人，而「法家、名家、縱橫家」的思想，也受到「道家」的影響。「宋明時期」的「理學」，更是揉合了「道學思想」發展而成的。

「道家思想」雖然起始於「春秋末期」的「老子」，但是到了「秦朝時期」，並沒有「道家」這個名稱。在「春秋戰國時期」，有「老子學派」和「莊子學派」，然而「老子」和「莊子」從未自稱是「道家」。用「道」這個名稱，來概括由「老子」開創的學派，是由「漢朝初年」開始的。當時，「道家」也被稱爲「道德家」。

漢代「司馬談」，在《論六家要指》中分爲「陰陽、儒、墨、名、法、道德」六家。在這裡首次出現了「道德家」，就是指「道家」，這是第一次提出「道家」的概念。

●司馬談《論六家要旨》：

《易大傳》：「天下一致而百慮，同歸而殊塗。」夫陰陽、儒、墨、名、法、道德，此務爲治者也，直所從言之異路，有省不省耳。

【白話翻譯】

《周易．繫辭傳》說：「天下人的追求相同，而心思卻有各式各樣，達到的目的卻是相同，而採取的途徑卻不一樣。陰陽家、儒家、墨家、名家、法家和道德家，都是致力於如何達到太平治世的學派，只是他們所遵循依從的學說，不是一個路子，有的顯明，有的不顯明罷了。

●司馬談《論六家要旨》：

道家使人精神專一，動合無形，贍足萬物。其爲術也，因陰陽之大順，採儒墨之善，撮名法之要，與時遷移，應物變化，立俗施事，無所不宜，指約而易操，事少而功多。

【白話翻譯】

「道家」使人精神專一，行動合乎「無形之道」，使萬物豐足。「道家之術」是依據「陰陽家」，關於「四時運行順序」之說，吸收「儒、墨」兩家的長處，摘錄擷取「名、法」兩家的精要，隨著「時勢」的發展而發展，順應「事物」的變化，樹立良好的風俗，應用於人事，無不適宜，意旨簡約扼要，而容易掌握，用力少而功效多。

而眞正出現「道家」這個名稱，則開始見於「班固」的《漢書．藝文志》，他把「道德家」簡稱爲「道家」，列爲「九流（道家者流、儒家者流、名家者流、法家者流、陰陽家者流、縱橫家者流、雜家者流、農家者流、小說家者流，因爲「諸子十家，其可觀者，九家而已。所以，十家當中，以『小說家』不入流，只稱『九流』。）」之一。「老子」是「道家」的創始人，「莊子」繼承和發展了「老子」的思想。

「道家」主張「道生一，一生二，二生三，三生萬物」的宇宙論體系，與《易傳》所提出的「易有太極，是生兩儀，兩儀生四象，四象生八卦。」很類似。

●老子《道德經》第四十二章：

道生一，一生二，二生三，三生萬物。萬物負陰而抱陽，沖氣以爲和。

【白話翻譯】

「道」是獨一無二的，「道」本身包含「陰陽二氣」，「陰陽二氣」兩個「對立面」相交，相互矛盾衝突，進而產生「第三者」，形成「萬物」。「萬物」背陰而向陽，並且在「陰陽二氣」的相互衝突交和的激盪下，而成爲新的和諧體。

「道家」以「道」爲核心，認爲「道」是宇宙的本源，也是統治宇宙中，一切運動的法則。主張「大道無爲」、「道法自然」，提出「道生法、以雌守雄、剛柔並濟」等政治、經濟、治國、軍事策略，具有樸素的「辯證法思想」，是「諸子百家」中，一門極爲重要的「哲學流派」，對「中國」的哲學、文學、科技、藝術、音樂、養生、宗教等影響深遠。

「道家」主張「順其自然」，認爲「治國」要用到「法律」時，表示「大道」已經廢棄了。因此，社會上沒有所謂的「仁義道德」，不主張用「法」去治理人民。

「道家」的「自然哲學」主張，和「儒家」的「社會哲學」不同，直接從「天道運行的原理」切入，開展了以「自然」爲主的「道」的哲學。

「天道運行」有其「自然而然」的原理，「道的哲學」即在解釋這個原理，而提出一個不應該人爲干預「世界運行秩序」的「無執著概念」。

「道家」不同於「儒家」的思想模式，透過「道家哲學」發展出迥然不同於「儒家」的「社會哲學」。「道家」認爲，「社會」只是一方存在的「客體」，在其中生存的人們，應該有其「獨立自存的自由」，而不受任何「意識型態」的束縛。

但是，「道家哲學」並不否定「儒家」的「社會理想」，只是對於「社會責任」的態度，並不事先「預設立場」，而能有更尊重「人類自主性」的態度。

「道家」重視「人性的自由與解放」，一方面是「人類知識能力」的解放，提出了「爲學日益、爲道日損」、「此亦一是非彼亦一是非（指在這裡是對的，在那裡就是錯的了。）」的認識原理。

●老子《道德經》第四十八章：

爲學日益，爲道日損，損之又損，以至於無爲。無爲而無不爲，取天下常以無事；及其有事，不足以取天下。

【白話翻譯】

「求學的人」，他的「知見智巧」一天比一天增加；「求道的人」，他的「知見智巧」則一天比一天減少。減少又減少，到最後達到「無爲」的境界。如果能夠達到「無爲」的境界，即「不妄爲」，那麼就沒有什麼事情做不成。治理國家的人，要經常以「不騷擾人民」，來做爲「治國之本」，如果經常以「繁苛之政」擾害民眾，那就不配治理國家了。

●莊子《南華經》齊物論：

物無非彼，物無非是。自彼則不見，自知則知之。故曰：彼出於是，是亦因彼。彼是，方生之說也。雖然，方生方死，方死方生；方可方不可，方不可方可；因是因非，因非因是。是以聖人不由而照之於天，亦因是也。是亦彼也，彼亦是也。彼亦一是非，此亦一是非。果且有彼是乎哉？果且無彼是乎哉？彼是莫得其偶，謂之道樞。樞始得其環中，以應無窮。是亦一無窮，非亦一無窮也。故曰莫若以明。

【白話翻譯】

各種事物無不存在它自身「對立的那一面」，各種事物也無不存在它自身「對立的這一面」。只看事物「相對立的那一面」，就看不見「相對立的這一面」，看事物「相對立的這一面」，就能有所認識和了解全貌。所以說，「事物的那一面」出自於「事物的這一面」，「事物的這一面」也起因於「事物的那一面」。事物對立的兩個方面，是「相互並存、相互依賴」的。

雖然這樣，剛剛「出生」，隨卽便是「死亡」，剛剛「死亡」，隨卽便會「復生」；剛剛「肯定」，隨卽就是「否定」，剛剛「否定」，隨卽又予以「肯定」；依托「正確的一面」，同時也就遵循了「謬誤的一面」，依托「謬誤的一面」，同時也就遵循了「正確的一面」。因此，「聖人」不走「劃分正誤是非的道路」，而是「觀察比照事物的本然」，也就是「順著事物自身的情態」。

事物的「這一面」，也就是事物的「那一面」；事物的「那一面」，也就是事物的這一面。事物

的「那一面」，同樣存在「是與非」，事物的「這一面」，也同樣存在「正與誤」。事物果眞存在「彼此兩個方面」嗎？事物果眞不存在「彼此兩個方面」的區分嗎？「彼此兩個方面」都沒有其對立的一面，這就是「大道的樞紐」。抓住了「大道的樞紐」，也就抓住了「事物的要害」，從而順應「事物無窮無盡的變化」。「是」是無窮盡的，「非」也是無窮盡的。所以說，不如用「事物的本然」，來加以觀察和認識。

另一方面是「人類生活心境」的解放，提出了「謙」、「弱」、「柔」、「心齋」、「坐忘」、「化蝶」等的「生活功夫」來面對世界。

下面列舉莊子《南華經》，以及老子《道德經》的精華經文。

●**莊子《南華經》**天下：

以本爲精，以物爲粗，以有積爲不足，澹然獨與神明居，古之道術有在於是者，關尹、老聃聞其風而悅之。建之以常無有，主之以太一。以濡弱謙下爲表，以空虛不毀萬物爲實。

【白話翻譯】

把「德」看作是「精妙的」，把「具體的物」看作是「粗疏的」，把「積蓄」看作「不足」，無牽無掛，獨自與「神明造化」共存，「古代道術」就有這方面的學說。「關尹」、「老聃」聽到這種「治學風氣」就高興，建立「常有常無」的學說。歸之於「太一（道；宇宙萬物的本源）」，以「柔弱謙下」爲外表，以「空虛不毀萬物」爲實質。

●**老子《道德經》**第三十六章：

將欲歙之，必固張之；將欲弱之，必固強之；將欲廢之，必固興之；將欲取之，必固與之。是謂微明，柔弱勝剛強。魚不可脫於淵，國之利器不可以示人。

【白話翻譯】

想要收斂它，必先擴張它；想要削弱它，必先加強它；想要廢去它，必先抬舉它，想要奪取它，必先給予它。這就叫做「微明（雖然微妙而又顯明）」，「柔弱」戰勝「剛強」。魚的生存，不可以脫離「池淵」，國家的「刑法政教」，不可以向人炫耀，不能輕易用來嚇唬人。

●**莊子《南華經》人間世：**

顏回曰：吾無以進矣，敢問其方。

仲尼曰：齋，吾將語若！有心而爲之，其易邪？易之者，皞天不宜。

顏回曰：回之家貧，唯不飲酒不茹葷者數月矣。如此，則可以爲齋乎？

曰：祭祀之齋，非心齋也。

回曰：敢問心齋。

仲尼曰：若一志，無聽之以耳而聽之以心，無聽之以心而聽之以氣！聽止於耳，心止於符。氣也者，虛而待物者也。唯道集虛。虛者，心齋也。

【白話翻譯】

顏回說：「我沒有更好的辦法了，冒昧地向老師求教方策。」

孔子說：「齋戒清心，我將告訴你！如果懷著積極用世之心去做，難道是容易的嗎？如果這樣做也很容易的話，蒼天也會認爲是不適宜的。」

顏回說：「我『顏回』家境貧窮，不飲酒漿、不吃『葷食』已經好幾個月了，像這樣，可以說是『齋戒』了吧？」

孔子說：「這是祭祀前的『齋戒』，並不是『心齋』。」

顏回說：「請教什麼是『心齋』。」

孔子說：「你必須『意念專一』，停止『遊思浮想』。然後關閉『聽覺器官』，不用『耳聽』，僅用『心聽』，用『心聽』就是用『意識』，去知覺外界的存在。然後『斷絕意識活動』，不用『心聽』，僅用『氣』聽。凝寂虛無的心境，才是『虛弱柔順』，而能應待『宇宙萬物』的，只有『大道』才能匯集於『凝寂虛無的心境』。『虛無空明的心境』就叫做『心齋』。」

●莊子《南華經》大宗師：

曰：回坐忘矣。

仲尼蹴然曰：何謂坐忘？

顏回曰：墮肢體，黜聰明，離形去知⑦，同於大通，此謂坐忘。

仲尼曰：同則無好也，化則無常也，而果其賢乎！丘也請從而後也。

【白話翻譯】

「顏回」說：「我『坐忘』了。」

「孔子」驚奇不安地問：「什麼叫『坐忘』？」

「顏回」答道：「毀廢了強健的『肢體』，退除了靈敏的『聽覺』和清晰的『視力』，脫離了『身軀』並拋棄了『智慧』，從而與『大道』渾同相通為一體，這就叫『靜坐心空』，『物我兩忘』

的『坐忘』。」

「孔子」說：「與『萬物同一』就沒有『偏好』，『順應變化』就不『執滯常理』。你果眞成了『賢人』啊！我作爲老師也希望能跟隨學習而步你的後塵。」

●莊子《南華經》齊物論：

昔者莊周夢爲胡蝶，栩栩然胡蝶也，自喻適志與，不知周也。俄然覺，則蘧蘧然周也。不知周之夢爲胡蝶與，胡蝶之夢爲周與？週與胡蝶，則必有分矣。此之謂物化。

【白話翻譯】

過去「莊周」夢見自己變成「蝴蝶」，欣然自得地飛舞著的一隻「蝴蝶」，感到多麼愉快和愜意啊！不知道自己原本是「莊周」。突然間醒起來，驚惶不定之間方知，原來是我「莊周」。不知是「莊周」夢中變成「蝴蝶」呢？還是「蝴蝶」夢見自己變成「莊周」呢？「莊周」與「蝴蝶」那必定是有區別的。這個難題又惹起是非了，「莊周」與「蝴蝶」也許都是我。這樣變幻形態，就叫「物化（事物的變化）」。

「道家」雖然在「學派上」有所區別，但就其「主旨」來說，是相通的，都是「以道爲本，自然無爲。」

「老子思想」的核心是「道」，「莊子思想」的核心是「逍遙」與「齊物」。主張「天地與我並生，萬物與我爲一」的哲學思想。

「楊朱」據說是「老子」的弟子，但是他非常激進，提出「貴己」，「爲我」。主張「全性保眞，不以物累形」。

戰國時期，「稷下學宮」的《管子》諸篇，主張「守則重，不守則輕」與「一年樹穀，十年樹木，百年樹人」自小入大的「道家哲學思想」。

「道家思想」後來被「張道陵」的「五斗米道」宗教吸收，並演變成中國的重要宗教之一「道教」。「魏晉」在流行清談「玄學」時，更著重「煉丹」。因此，「道家」與「道教」常被人混淆。

二、「老子」的核心思想

（一）「老子」的生平

「老子」姓「李」名「耳」字「伯陽」，謚曰「聃（ㄉㄢ）」，中國「春秋時代」的思想家，世人尊稱為「老子」，大約是生活在「春秋末年」，公元前公元五八〇年到五〇〇年之間，「東周」的「楚國」苦縣厲鄉曲仁里人，即現今的「河南省」鹿邑縣東太清宮鎮。

在《史記正義》中記載：「老子，楚國苦縣厲鄉曲仁里人也。姓李，名耳，字伯陽。一名重耳，外字聃。身長八尺八寸，黃色美眉，長耳大目，廣額疏齒，方口厚唇，日月角懸，鼻有雙柱。周時人，李母懷胎八十一年而生。」

「老子」中年以後，曾經在位於「洛陽」的「守藏室（國家圖書館）」擔任「柱下史（圖書館館長）」，管理「周室」的藏書及檔案，深懂「周朝」的圖書典籍，學問淵博。

在《史記．老子韓非列傳》中，有記載「孔子」向「老子」請教關於「禮」的問題。

「老子思想」對「中國哲學」的發展，有深刻的影響，其思想核心是「樸素的辯證法」。在政治上，主張「無為而治、不言之教」；在權術上，講究「物極必反之理」；在修身方面，講究「天人合一、清靜無爲、虛心實腹、不與人爭」的修持。「老子」是「道家」「性命雙修」的始祖，和「莊子」同樣是「道家」的重要人物，合稱「老莊」。

有一說，「老子」晚年在「陳國」居住，後來出「函谷關」赴「秦國」講學。這種說法，符合莊子《南華經》的記載，「老子」最後死於「秦國」。

在莊子《南華經》文中，記載有「老聃死，秦佚（秦國的一名隱士）吊之（來弔唁），三號而出（乾嚎了三聲就出來，準備離去）。」這是「老子」老死於「秦國」的證據。

但是，在《史記．老子韓非列傳》中卻說：「老子修道德，其學以自隱無名爲務。居周久之，見周之衰，乃遂去。至關，關令尹喜曰：「子將隱矣，彊爲我著書。」於是老子乃著書上下篇，言道德之意五千餘言而去，莫知其所終。」

「老子」見到「周朝王室」衰微，就棄官西去，騎青牛西行至「函谷關」，遇見關令「尹喜」。「尹喜」請求他著書，於是「老子」就著書上下篇，言「道德」之意，五千餘言，然後出「函谷關」而去，不知道去哪裡，這本五千餘言的著作，被人們稱爲《道德經》，後來成爲「道家」最重要的經典。

另外，在《史記．老子韓非列傳》中又說：「蓋老子百有六十餘歲，或言二百餘歲，以其修道而養壽也。」

「老子」的學說，後來被「莊子、楊朱、列禦寇」等人發揚光大，後人奉「老子」爲「道家」學派的「創始宗師」，唐高祖「李淵」追認「老子」爲「李姓始祖」。

「道教」也尊「老子」爲「始祖」，稱爲「太上老君」，又稱爲「道德天尊」，爲「道教」最高

尊神「三清」的第三位，取自老子《道德經》裡說「不敢爲天下先」之意。「三清」爲「玉清」元始天尊、「上清」靈寶天尊和「太清」道德天尊，「道教」相傳「道德天尊」化身爲「周朝」的思想家「老子」。

（二）「老子」著書《道德經》

「老子」後來看到「周朝」越來越衰敗，他就決定要出走。不管「老子」西行要到「秦國」去，或是要到「西域」去，都要經過「函谷關」。

「函谷關」原來在今天的河南「靈寶縣」，後來「關口」移到今天的河南「新安縣」。這裡有兩座山對峙，中間有一條小路，因爲小路在山谷中，又幽深又險要，走在小路上，好像走在「函（匣、盒子）」裡面一樣，因「路在谷中，深險如函」，所以取名爲「函谷關」。

鎮守「函谷關」的「關令」是「尹喜」，有一天他正站在城關上瞭望著，只見關谷中有一團「紫氣」，從「東方」冉冉飄移過來。「尹喜」會觀天象，他一看到這種氣象，就知道有「聖人」來了，今天一定會有「聖人」要經過我的城關。

沒多久，「尹喜」就見到一位仙風道骨的人，騎著一頭「青牛」，慢慢向「關口」行來。「尹喜」走近一看，竟然是「老子」。「尹喜」喜出望外，就一定要讓這位當代最著名的「思想家」，留下他的智慧來，於是纏著「老子」，要他寫一些著作，作爲放他出關的條件。

「老子」起初不願意，但是不答應「尹喜」，「尹喜」是不會放他出關的，「老子」沒辦法，於是只得答應「尹喜」的要求爲他著書。

「老子」將他的智慧，一個字一個字的寫在「簡牘（ㄉㄨˊ）」上。「簡」爲竹片、木片，「牘」

爲木板。在「紙張」未發明以前，古人用「簡牘」來當作「紙張」，後世遂爲「典籍、書信」的通稱。

「老子」先寫了「上篇」，又接著寫了「下篇」，共有五千多字，分成八十一章，「上篇」叫《道經》，「下篇」叫《德經》，所以取名爲《道德經》。於是，一部「五千言」的偉大著作誕生了。

關令「尹喜」讀到這樣美妙的著作，深深的陶醉了。他對「老子」說：「讀了您的著作，我再也不想當這個邊境官了，我要跟隨您修道。」「老子」莞爾一笑，同意了。於是，關令「尹喜」辭官，跟著「老子」一起走出了「函谷關」。

《道德經》的內容，以「道德」爲綱宗，論述「修身、治國、用兵、養生之道」，而多以「政治」爲旨歸，是所謂「內聖外王」之學，文意深奧，包涵廣博，被譽爲「萬經之王」。

《道德經》的總字數因爲版本不同，而有所差異。由於漢代、三國的《道德經》注釋本，大多已經失傳，現代《道德經》的通行本，是「王弼」所注，字數爲五千一百六十二字。「王弼」是「三國時代」曹魏的著名「經學家、易學家」，「魏晉玄學」的主要代表人物之一。

《道德經》是中國歷史上最偉大的名著之一，對「傳統哲學、科學、政治、宗教」等，產生了深刻影響。根據「聯合國教科文組織」統計，《道德經》是除了《聖經》以外，被翻譯成「外國文字」，發佈量最多的名著。

（三）《道德經》的核心思想

《道德經》的偉大，在於它以短短的「五千言」，而讓後人爭先恐後地去詮釋它，而且似乎意猶

未盡。

《道德經》是一種「獨特的思維」，所寫出的「獨特哲學表達」。就因爲思維太獨特了，所以《道德經》之學，被歷代的學者，稱爲「玄學」，「玄」是「神秘」的意思。歷代的學者，稱《道德經》爲「玄學」，是因爲「老子」在他的《道德經》一書中，爲世人描述了一種不可思議的「道」，並且多次以「玄」比喻「道」。

就因爲這種「獨特的思維」太玄了，沒有多少人懂，所以在「老子」死後，相當長的歷史時期，《道德經》都不如「儒學」和「佛學」的彰顯。

「老子」所講述的「道」，與和他同時期的其他「哲學家」，所講的「道」不同。其他「哲學家」所講的「道」，是社會發展的一般規律的代稱；而「老子」所講的「道」，包含「天地萬物」及其「運動或靜止的規律」。

下面我整理出，《道德經》的核心思想，也就是「老子」的核心思想。

(1)《道德經》主張「道」是洞悉一切奧妙變化的門徑：

●老子《道德經》第一章：

道可道，非常道。名可名，非常名。無名，天地之始。有名，萬物之母。故常無欲，以觀其妙；常有欲，以觀其徼。此兩者，同出而異名，同謂之玄，玄之又玄，衆妙之門。

【白話翻譯】

「道」如果可以用言語來表述，那它就不是「恆常大道」；可以稱呼的事物，就不是長久的事物。「無」這個名稱，可以用來表述天地渾沌未開之際的狀況；而「有」這個名稱，則是「宇宙萬物」產生之本原的命名。因此，要常從「無」中，去觀察體會「道」的端倪。「無」與「有」這兩者，來源相同而名稱不同，都可以稱之為「玄妙」。它是玄妙又玄妙，是宇宙「天地萬物」之奧妙的總門。

(2)《道德經》的核心是「道」，闡述「道」的意義：

●**老子《道德經》第二十五章：**

有物混成，先天地生。寂兮寥兮，獨立而不改，周行而不殆，可以為天地母。吾不知其名，強字之曰：道，強為之名曰：大。大曰逝，逝曰遠，遠曰反。故道大，天大，地大，人亦大。域中有四大，而人居其一焉。人法地，地法天，天法道，道法自然。

【白話翻譯】

有一個「物體」渾樸無所知而形成，在「天地」形成以前，就已經存在。聽不到它的聲音，也看不見它的形體，寂靜而空虛，不依靠任何外力而獨立長存永不停息，循環運行而永不衰竭，可以作為「萬物」的根本。我不知道它的名字，所以勉強把它叫做「道」，再勉強給它取個名字叫做「大」。它廣大無邊而運行不息，運行不息而伸展遙遠，伸展遙遠而又返回「本原」。所以說，「道大、天大、地大、人也大」。宇宙間有「四大」，而人居其中之一。「人」效法「地」，「地」效法「天」，「天」效法「道」，而「道」效法「自然」，本來如此。

(3)《道德經》說明「道生萬物」的過程：

●**老子《道德經》第四十二章：**

道生一，一生二，二生三，三生萬物。萬物負陰而抱陽，沖氣以為和。人之所惡，唯孤、寡、不

穀，而王公以爲稱。故物或損之而益，或益之而損。人之所教，我亦教之。強梁者不得其死，吾將以爲教父。

【白話翻譯】

「道」是獨一無二的，「道」本身包含「陰陽二氣」，「陰陽二氣」相交而形成「第三者」，進而生成「萬物」。「萬物」背陰而向陽，並且在「陰陽二氣」的互相激盪下，成爲「均勻和諧」的狀態，而形成新的「和諧統一體」。人們最厭惡的就是「孤」、「寡」、「不穀（不長五穀；不善）」，但是「王公（天子與諸侯）」卻用這些字來稱呼自己。所以，一切事物，如果減損它，卻反而得到利益；如果增加它，卻反而得到減損。別人這樣教導我，我也這樣去教導別人。「強橫兇暴的人」不得好死，我把這句話當作施教的宗旨。

(4)《道德經》說明「道」是存在於萬物之中的「普遍法則」：

●**老子《道德經》第二十一章：**

道之爲物，惟恍惟惚。惚兮恍兮，其中有象。恍兮惚兮，其中有物。窈兮冥兮，其中有精。其精甚眞，其中有信。自今及古，其名不去，以閱衆甫。吾何以知衆甫之狀哉？以此。

【白話翻譯】

「道」作爲「存在物」，完全是「恍恍惚惚」的，隱約模糊，不可辨認。「恍惚」之中有形象，「恍惚」之中有實物。在他的深遠幽暗中，有一個「精神」存在著。這個「精神」至眞至切，充滿了「信實」。從古到今，他的名字從不消失，好叫人們看到「萬物的本源」。我怎麼曉得「萬物的本源」呢？就是由此而來。

(5)《道德經》說明「道」無形無象，本體虛無：

●老子《道德經》第十四章：

是謂無狀之狀，無物之象。是謂惚恍。迎之不見其首，隨之不見其後。執古之道，以御今之有。能知古始，是謂道紀。

【白話翻譯】

「道」是沒有狀態的狀態，沒有形象的形象，這叫做「恍惚」，隱約模糊，不可辨認。迎面看不見「道」的先頭，追蹤抓不著「道」的尾跡。秉持「上古之道」，可以把握當今的「萬有」，能夠明白「道」的由來始末，這便是「道」的綱紀基砥，「道」的規律。

(6)《道德經》說明「天下萬物」都會向「相反的方向」轉化，最後返歸於「道」，這是「道」的運動規律：

●老子《道德經》第四十章：

反者道之動；弱者道之用。天下萬物生於有，有生於無。

【白話翻譯】

「相反、返歸」，是「道」的「運動規律」；「柔弱」，是「道」的作用。「天下萬物」都生於「實有」，「實有」出自於「虛無」。

(7)《道德經》指出，無論是在「自然界」或是「人類的社會」，都會有兩個「互相對立」的力量，這些「互相對立」的任何一方，都不能夠獨自存在，而是互相依存：

●老子《道德經》第二章：

天下皆知美之爲美，斯惡已。皆知善之爲善，斯不善已。有無相生，難易相成，長短相形，高下相盈，音聲相和，前後相隨。恆也。是以聖人處無爲之事，行不言之教；萬物作而弗始，生而弗有，爲而弗恃，功成而不居。夫唯弗居，是以不去。

【白話翻譯】

天下的人都知道，把「美好的事物」稱爲「美」，這是錯誤的觀念，那是由於有「醜陋觀念」的存在。天下的人都知道把「行善」稱爲「善」，這反而是「不善的觀念」，那是因爲有惡的存在。所以，「有」和「無」是相互依存的，彼此互爲「因果關係」；「難」和「易」是相互促成的；「長」和「短」是相互比較的；「高」和「下」是互相包含的；「音」和「聲」是互相呼應的；「前」與「後」是互相伴隨的。這些「互相對立」的現象，是長久不變的眞理。

所以，「聖人」在治理事務時，不做「人爲的干預」，而任事物自然發展；聖人施行教化，是「以德化民」，不用「言詞訓誡教化」，而天下自然平治；聽任萬物自然興起，而不爲其創始；聽任萬物自然生養，而不據爲己有；施予而不自恃其能；有成就也不自居其功，正由於「不居功」，就無所謂「失去」。

(8)《道德經》指出「正反對立面」的互相轉化結果：

●老子《道德經》第二十二章：

曲則全，枉則直，窪則盈，敝則新，少則多，多則惑。是以聖人抱一爲天下式。不自見，故明；不自是，故彰；不自伐，故有功；不自矜，故長。夫唯不爭，故天下莫能與之爭。古之所謂「曲則全」者，豈虛言哉！誠全而歸之。

【白話翻譯】

「委曲」反而能得到「保全」；「屈就」反而能得到「伸展」；「低窪」反而能得到「充盈」；「破舊」反而能「新生」；「少取」反而能「多得」；「貪多」反而會產生「迷惑」。所以，「聖人」堅守這個原則，作為治理天下的規範。

不自我表揚，反而能顯明；不自以為是，反而能是非彰明；不自誇大，反而能功勳卓越；不自高自大，反而能長久。正因為善于謙讓，不與世人相爭，所以天下反而沒有誰能與他爭高低。古人所說的「曲則全」等話，怎麼會是空話呢？它是實實在在能夠實踐的名言。

(9)《道德經》論「道」的另外一個重要思想是「貴柔」，認為「柔弱因循」是「道」的作用：

●**老子《道德經》第四十三章：**

天下之至柔，馳騁天下之至堅。

【白話翻譯】

天下最柔弱的東西，可以驅使天下最堅硬的東西。

●**老子《道德經》第七十六章：**

人之生也柔弱，其死也堅強。草木之生也柔脆，其死也枯槁。故堅強者死之徒，柔弱者生之徒。是以兵強則滅，木強則折。強大處下，柔弱處上。

【白話翻譯】

人活著的時候身體是柔軟的，死了以後身體就變得僵硬。草木生長時是柔軟脆弱的，死了以後就變得乾硬枯槁了。所以「堅強的東西」屬於「死亡」的一類，「柔弱的東西」屬於「生長」的一類。

因此，「用兵逞強」就會遭到滅亡，「樹木強大」就會遭到砍伐摧折。凡是「強大的」，總是處於「下位」，凡是「柔弱的」，反而居於「上位」。

●老子《道德經》第七十八章：

天下莫柔弱於水，而攻堅強者莫之能勝，以其無以易之。弱之勝強，柔之勝剛，天下莫不知，莫能行。是以聖人云：「受國之垢，是謂社稷主；受國不祥，是爲天下王。」正言若反。

【白話翻譯】

全天下再沒有什麼東西比水更「柔弱」了，而「攻堅克強」卻沒有什麼東西可以勝過水。「弱勝過強，柔勝過剛」，遍天下沒有人不知道，但是沒有人能實行。所以，「聖人」這樣說：「承擔全國的屈辱，才能成爲國家的君主，承擔全國的禍災，才能成爲天下的君王。」正面的話，好像在反說一樣。

⑽《道德經》強調「聖人之道，爲而不爭。」：

●老子《道德經》第八十一章：

聖人之道，爲而不爭。

【白話翻譯】

「聖人」處事，是做事而不爭功。

●老子《道德經》第六十六章：

以其不爭，故天下莫能與之爭。

【白話翻譯】

因為不彰顯自己，不自以為是，因而更顯耀突出，受到尊重。只有提升自我修養，不與他人爭一時之長短，天下就沒有人能夠和自己相爭。

⑾《道德經》主張「道生萬物，德育萬事。」：

●**老子《道德經》第五十一章**：

道生之，德畜之，物形之，勢成之。是以萬物莫不尊道而貴德。道之尊，德之貴，夫莫之命而常自然。故道生之，德畜之，長之育之，亭之毒之；養之覆之。生而不有，為而不恃，長而不宰，是謂玄德。

【白話翻譯】

「道」生成「萬事萬物」，「德」養育「萬事萬物」。「萬事萬物」雖然顯現出各種各樣的形態，卻是「環境」使「萬事萬物」成長起來。因此，「萬事萬物」莫不尊崇「道」，而珍貴「德」。「道」之所以被尊崇，「德」所以被珍貴，就是由於「道」生長「萬物」而不加以干涉，「德」畜養「萬物」而不加以主宰，順其自然。因此，「道」生長「萬物」，「德」養育「萬物」，使「萬物」生長發展，成熟結果，使其受到撫養、保護。生長「萬物」而不占為己有，撫育「萬物」而不自恃有功，導引「萬物」而不主宰，這就是「高深奧妙的德性」。

⑿《道德經》對「聖人之道」的次序描述：

●**老子《道德經》第六十七章**：

天下皆謂我「道」大，似不肖。夫唯大，故似不肖。若肖，久矣其細也夫！我有三寶，持而保之：一曰慈，二曰儉，三曰不敢為天下先。慈故能勇；儉故能廣；不敢為天下先，故能成器長。今舍

慈且勇；舍儉且廣；舍後且先；死矣！夫慈，以戰則勝，以守則固。天將救之，以慈衛之。

【白話翻譯】

天下人都說「道」很偉大，不像任何具體事物的樣子。正因爲它偉大，所以才不像任何具體的事物。如果它像任何一個具體的事物，那麼「道」也就顯得很渺小了。

我有三件「法寶」，執守而且保全它：第一件叫做「慈愛」；第二件叫做「謙和有節制」；第三件是「不敢居於天下人的前面」。

有了「慈愛」，所以能「勇武」；有了「謙和有節制」，所以能大方；能夠「不敢居於天下人之先」，所以能成爲「萬物的首長」。

現在丟棄了「慈愛」而追求「勇武」；丟棄了「謙和有節制」而追求「大方」；捨棄「退讓」而求「爭先」，結果是走向死亡。「慈愛」用來「征戰」，就能夠「勝利」，用來「守衛」就能「鞏固」。天要援助誰，就用「慈愛」來保護他。

(13)《道德經》主張「以道治國」：

●老子《道德經》第六十章：

治大國如烹小鮮。以道莅天下，其鬼不神。非其鬼不神，其神不傷人。非其神不傷人，聖人亦不傷人。夫兩不相傷，故德交歸焉。

【白話翻譯】

治理「大國」，就好像煎炸「小魚」一樣。用「道」治理天下，「鬼怪」起不了作用。不僅「鬼怪」不起作用，連「鬼怪」的作用，都傷不了人。不但「鬼怪」的作用傷害不了人，「聖人」也不會傷害人。這樣，「鬼怪」和「聖人」都不傷害人，所以，就可以讓人民享受到「德」的恩澤。

●老子《道德經》第三十六章：

將欲歙之，必固張之；將欲弱之，必固強之；將欲廢之，必固興之；將欲取之，必固與之。是謂微明，柔弱勝剛強。魚不可脫於淵，國之利器不可以示人。

【白話翻譯】

想要收斂它，必先擴張它，想要削弱它，必先加強它，想要廢去它，必先抬舉它，想要奪取它，必先給予它。這就叫做「微明（雖然微妙而又顯明）」，「柔弱」戰勝「剛強」。魚的生存不可以脫離池淵，國家的「利器（刑法政教）」不可以向人炫耀，不能輕易用來嚇唬人。

●老子《道德經》第二十九章：

將欲取天下而爲之，吾見其不得已。天下神器，不可爲也，不可執也。爲者敗之，執者失之。是以聖人無爲，故無敗，故無失。夫物或行或隨；或覷或吹；或強或羸；或載或隳。是以聖人去甚、去奢、去泰。

【白話翻譯】

如果想得到「天下」，卻刻意而爲之，我看他是得不到的。「天下」是一種「神器（神物）」，治理「天下」不可以刻意而爲之，也不可以掌握與控制。刻意而爲之的人，一定會失敗，想著掌握與控制的人，一定會失去「天下」。因此，「聖人」行事「無爲」，所以不會失敗；不去掌握與控制，所以不會失去。「世間之人」有「獨行者」，有「隨衆者」；有「緩出氣者」，有「急吹氣者」；有「剛強者」，有「羸弱者」；有「安穩者」，有「危險者」。所以，「聖人」會去除過分的奢侈的、

極度的法度。

●老子《道德經》第七十五章：

民之饑，以其上食稅之多，是以饑。民之難治，以其上之有爲，是以難治。民之輕死，以其上求生之厚，是以輕死。夫爲無以生爲者，是賢於貴生。

【白話翻譯】

人民所以遭受「飢荒」，就是由於「統治者」吞吃「賦稅」太多，所以人民才陷於飢餓。人民之所以難於統治，是由於「統治者」的政令繁苛，又喜歡有所作爲，所以人民就難於統治。人民之所以「輕生冒死」，是由於「統治者」爲了奉養自己，把「民脂民膏」都搜刮淨了，所以人民覺得死了不算什麼。只有「不去追求生活享受的人」，才比「過分看重自己生命的人」高明。

⒁《道德經》主張把「修道行德」普及到「全天下」：

●老子《道德經》第五十四章：

善建者不拔，善抱者不脫，子孫以祭祀不輟。修之於身，其德乃眞；修之於家，其德乃餘；修之於鄉，其德乃長；修之於邦，其德乃豐；修之於天下，其德乃普。故以身觀身，以家觀家，以鄉觀鄉，以邦觀邦，以天下觀天下。吾何以知天下然哉？以此。

【白話翻譯】

「善於建造的」，不會被拔除；「抱得牢的」不會被掙脫。如果子孫能夠遵循這個道理，那麼祖祖孫孫就不會斷絕。把這個道理付諸於自身，他的「德性」就會是眞實純正的；把這個道理付諸於自家，他的「德性」就會是豐盈有餘的；把這個道理付諸於自鄉，他的「德性」就會受到尊崇；把這個道理付諸於自邦，他的「德性」就會豐盛碩大；把這個道理付諸於天下，他的「德性」就會無限普及。

所以，用「自身」的「修身之道」來觀察「別人」；以「自家」察看觀照「別家」；以「自鄉」察看觀照「別鄉」；以「自邦」察看觀照「別邦」；以「平天下之道」察看觀照「天下」。我如何去了解「天下」的變化呢？就是因爲我用了以上的方法和道理，這樣去比較出來的。

⒂《道德經》認爲「道」常「無爲」而「無不爲」：

●**老子《道德經》第三十七章**：

道常無爲而無不爲。侯王若能守之，萬物將自化。化而欲作，吾將鎭之以無名之樸，鎭之以無名之樸，夫將不欲。不欲以靜，天下將自定。

【白話翻譯】

「道」永遠是順任「自然」而無所作爲的，卻又沒有什麼事情不是它所作爲的。「侯王」如果能夠按照「道」的原則爲政治民，「萬事萬物」就會自我化育而得以充分發展。自生自長而產生貪欲時，我就要用「道」來鎭住它。用「道」的「眞樸」來鎭服它，它就不會產生貪欲之心了，「萬事萬物」沒有貪欲之心，「天下」便自然而然，達到穩定安寧。

⒃《道德經》說明「道」的妙用：

●**老子《道德經》第四十七章**：

不出戶，知天下。不闚牖，見天道。其出彌遠，其知彌少。是以聖人不行而知，不見而名，不爲而成。

【白話翻譯】

不出門戶，就能夠推知天下的事理；不望窗外，就可以認識日月星辰運行的自然規律。向外奔逐得越遠，他所知道的道理就越少。所以，「聖人」不出行，卻能夠推知事理，不窺見而能明了「天道」，不妄爲而可以有所成就。

⒄《道德經》說明學習「道」的方法：

●**老子《道德經》第四十八章：**

爲學日益，爲道日損。損之又損，以至於無爲。無爲而無不爲。取天下常以無事；及其有事，不足以取天下。

【白話翻譯】

追求「學問」的人，他的「政教禮樂知識」一天比一天增加；追求「道」的人，他的「政教禮樂知識」則一天比一天減少。減少又減少，到最後以至於「無爲」的境界。如果能夠做到「無爲」，卽不妄爲，任何事情都可以有所作爲。治理國家的人，要經常以「不騷擾人民」爲治國之本，如果經常以「繁苛之政」擾害民衆，那就不配治理國家了。

三、「老子」的「報怨以德」

「第二次世界大戰」時，「中國」對「日本」八年抗戰，最後在「美國」對「廣島」和「長崎」投擲兩顆「原子彈」之後，「日本」終於宣布無條件投降。

抗戰勝利後，「國民黨政府」對「日本」採取「以德報怨」的政策。第一次讀這段歷史的人，一定會很訝異，「中國」被「日本」打了八年那麼慘，居然「蔣介石總統」對戰敗的「日本」那麼慈悲寬容，不索取巨額賠償，而且還「以德報怨」，輕鬆地放過「日本」，這位「蔣介石總統」也太偉大了吧？

在探討「以德報怨」之前，先解答一下這個謎團，爲什麼「蔣介石總統」要用「以德報怨」來對待「日本」呢？其實，這是「政治算計」，只是借用「以德報怨」來當藉口罷了。

也就是說，「以德報怨」是當時的「國民黨政府」和「日本政府」，雙方各取所需的結果。「國民黨政府」藉由接收「日軍」的「軍事裝備」和「物資」，於隨後的「國共內戰」搶得先機；而「日本政府」則是在戰後，在「巨額賠償」的問題上，得到寬大的處理。

「國民黨政府」「以德報怨」的原因只有一個：當時「國民黨」和「共產黨」兩黨相爭，「共產黨」藉由「抗日戰爭」起死回生，成長茁壯，戰後對「國民政府」產生巨大的威脅。

抗戰結束初期，「國民黨軍隊」的主力，大多集中在中國「西南地區」；相較於「共產黨軍隊」，「國民黨軍隊」一時沒有占有「地利先機」，無法迅速抵達「華北」和「華東」的淪陷區。

當時，「日軍」若將關內「占領的城市」和「武器裝備」，全部移交給「共產黨軍隊」，「共產黨軍隊」的軍事力量勢必大增。「國民黨軍隊」若想收復這些淪陷城市，專家預估可能要付出十多萬，甚至數十萬人員傷亡的代價，「中國」的局勢會更加混亂；而且還不見得會成功，很可能會加速「國民黨政權」在「大陸」的崩潰。

所以，「蔣介石總統」最後會做出對「日本」「以德報怨」的決定，最大的原因是基於「軍事層面」的考量。

「蔣介石總統」告訴「日軍」：只要「日軍」願意配合「國民黨政府」的「接收政策」，「國民黨政府」在戰後，就不爲難「日本政府」，還可以得到「以德報怨」的寬厚對待；但是，若不配合，就要嚴厲追討「賠償問題」。因此，「日軍」在權衡利弊得失後，決定配合「國民黨政府」的「接收政策」，將「武器裝備」和「占領城市」移交給「國民黨政府」。

「蔣介石總統」對「日本政府」的「以德報怨」內幕，就是這樣一段複雜的糾葛，這是在學校的歷史課本上所看不到的。

我們再回到正題，探討「以德報怨」。

許多人第一次聽到「以德報怨」這四個字，大多會認爲這是「儒家」的思想，應該是「孔子」說的話。其實，這是一種錯覺，「以德報怨」是「道家」的「老子」說的，而且原文是「報怨以德」，不是「以德報怨」。

●**老子《道德經》第六十三章：**

爲無爲，事無事，味無味。大小多少，「報怨以德」。圖難於其易，爲大於其細。天下難事必作於易，天下大事必作於細。是以聖人終不爲大，故能成其大。夫輕諾必寡信，多易必多難。是以聖人猶難之，故終無難矣。

【白話翻譯】

以「無爲」的態度，去有所「作爲」；以「不滋事的方法」，去處理事物；以「恬淡無味」，當作「有味」。大生於小，多起於少，用「德」來報答「怨」。處理「困難的問題」要從「容易的地方」入手；實現遠大的目標，要從細微的地方入手。天下的「難事」，一定從「簡易的地方」做起；

天下的「大事」，一定就「大事」從「微細的部分」開端。

因此，「聖人」始終不貪圖「大貢獻」，所以才能成功。那些「輕易承諾的人」，必定「很少守信用的」；把事情看得太容易的人，勢必遭受到很多困難。因此，「聖人」總是看重「困難的事情」，所以最後就沒有困難了。

那「儒家」的「孔子」，又是怎麼看待這句話的呢？有人告訴「孔子」，「老子」說要「報怨以德」，「孔子」聽完，很不以爲然，非常不認同。

● **《論語》憲問第十四：**

或曰：「以德報怨，何如？」

子曰：「何以報德？以直報怨，以德報德。」

【白話翻譯】

有人說：「用『恩德』來報答『怨恨』怎麼樣？」

「孔子」說：「那要用什麼來報答『恩德』呢？應該是用『正直』來報答『怨恨』，用『恩德』來報答『恩德』。」

原來，「孔子」並不主張「以德報怨」。如果那樣做的話，對於「恩德」，我們又該如何去回報呢？「孔子」主張要「以德報德，以直報怨」。

所謂「以直報怨」，就是在對待那些對自己不好的人時，要以「正直」而行。分析他們爲什麼對自己不好，如果是自己的問題，就去修正自己的行爲；而如果是對方的問題，我們也沒有必要委屈自己，去討好別人，事情該怎樣處理，就怎樣處理。「直」就是一種「尺度」，就是「法律的尺度」，

對待那些對自己不好的人時，若是不合理的事情，要用「法律的尺度」來處理。

有趣的是，在《道德經》第六十三章裡，這句「報怨以德」，許多學者都認為應當移至第七十九章「必有餘怨」這句之後，變成「和大怨，必有餘怨；『報怨以德』，安可以為善？」原文如下：

●老子《道德經》第七十九章：

和大怨，必有餘怨，安可以為善？是以聖人執左契而不責於人。有德司契，無德司徹。天道無親，常與善人。

【白話翻譯】

和解「深重的怨恨」，必然還會殘留下「殘餘的怨恨」，這怎麼可以算是妥善的辦法呢？因此，「聖人」保存「借據的存根」，但是並不以此，強迫別人償還債務。「有德之人」就像持有「借據」的「聖人」那樣寬容，「沒有德的人」就像「掌管稅收的人」那樣苛刻刁詐。「自然規律」對任何人都沒有偏愛，永遠幫助「有德的善人」。

若上句中插入「報怨以德」，我們再看一次，解釋起來會更通順。

●老子《道德經》第七十九章：

和大怨，必有餘怨，「報怨以德」，安可以為善？是以聖人執左契而不責於人。有德司契，無德司徹。天道無親，常與善人。

【白話翻譯】

和解「深重的怨恨」，必然還會殘留下「殘餘的怨恨」；用「德」來報答「怨恨」，這怎麼可以算是妥善的辦法呢？因此，「聖人」保存「借據的存根」，但是並不以此，強迫別人償還債務。「有德之人」就像持有「借據」的「聖人」那樣寬容，「沒有德的人」就像「掌管稅收的人」那樣苛刻刁詐。「自然規律」對任何人都沒有偏愛，永遠幫助「有德的善人」。

我們再節錄重點來研究：「和大怨，必有餘怨，『報怨以德』，安可以爲善？」白話翻譯是說：「和解『深重的怨恨』必然還會殘留下『殘餘的怨恨』；用『德』來報答『怨恨』，這怎麼可以算是妥善的辦法呢？」

看完這段完整句子的白話翻譯，你就會恍然大悟，原來「老子」是反對「報怨以德」的，大多數人都誤解「老子」的意思。

爲什麼「孔子」和大多數人，會誤解「老子」的意思呢？因爲「孔子」聽到的是「斷章取義」的「報怨以德」。另外，「孔子」道德教育的主要內容就是「禮」和「仁」。「禮」爲道德規範，「仁」爲最高道德準則。

「孔子」在《論語》的各章節裡，一直宣講「德」的重要性，例如：

●《論語》里仁第四：

子曰：「君子懷德，小人懷土；君子懷刑，小人懷惠。」

【白話翻譯】

「孔子」說：「『君子』心懷的是『仁德』；『小人』則懷戀『鄉土』。君子關心的是『刑罰和法度』，小人則關心『私利』。」

●《論語》里仁第四：

子曰：「德不孤，必有鄰。」

【白話翻譯】

「孔子」說：「『品德高尚的人』不會孤獨，一定有志同道合的人和他做伴。」

●《論語》為政第二：

子曰：「為政以德，譬如北辰，居其所，而衆星共之。」

【白話翻譯】

「孔子」說：「用『道德』的力量去治理國家，自己就會像『北極星』那樣，安然處在自己的位置上，『別的星辰』都環繞著它。」

●《論語》為政第二：

子曰：「道之以政，齊之以刑，民免而無恥；道之以德，齊之以禮，有恥且格。」

【白話翻譯】

「孔子」說：「用『政令』來治理百姓，用『刑罰』來制約百姓，百姓可暫時免於罪過，但不會感到不服從統治是可恥的；如果用『道德』來統治百姓，用『禮教』來約束百姓，百姓不但有『廉恥之心』，而且會糾正自己的錯誤。」

●《論語》雍也第六：

子曰：「中庸之為德也，其至矣乎！民鮮久矣！」

【白話翻譯】

「孔子」說：「『中庸』作為一種道德，該是最高等的了！但是人們已經長久缺乏這種道德了。」

●《論語》顏淵第十二：

子張問「崇德，辨惑。」子曰：「主忠信，徙義：崇德也。愛之欲其生，惡之欲其死；既欲其生，又欲其死：是惑也。」

【白話翻譯】

「子張」問「孔子」說：「請教怎樣去提高『品德修養』和『辨別是非』？」

「孔子」說：「以『忠厚信實』爲主，『行爲』總是遵循『道義』，這就可以提高『品德』。對於同一個人，愛的時候希望他長期活下去；厭惡的時候，又希望他死去。既要他長壽，又要他短命，這就是迷惑。這樣對自己實在是沒有益處，也只能使人感到奇怪罷了。」

「孔子」說的「以直報怨」，這個「直」，離不開「倫理道德」的範圍，是「德」；但是，「老子」的「德」是指「天道」，是「自然規律」，是「上德」，是「不德（不執著於德）」，而不是人爲做作的「德」。

●老子《道德經》第三十八章：

上德不德，是以有德；下德不失德，是以無德。上德無爲而無以爲；下德無爲而有以爲。上仁爲之而無以爲；上義爲之而有以爲。上禮爲之而莫之應，則攘臂而扔之。故失道而後德，失德面後仁，失仁而後義，失義而後禮。夫禮者，忠信之薄，而亂之首。前識者，道之華，而愚之始。是以大丈夫處其厚，不居其薄；處其實，不居其華。故去彼取此。

【白話翻譯】

具備「上德」的人，不表現爲外在的「有德」，因此實際上是有「德」；具備「下德」的人，表

現爲外在的不離失「道」，因此實際上是沒有「德」的。「上德之人」順應自然，而「無心作爲」；「下德之人」順應自然，而「有心作爲」。「上仁之人」要「有所作爲」，卻沒有回應他，於是就揚著胳膊強引別人。

所以，失去了「道」之後，才有「德」，失去了「德」，而後才有「仁」，失去了「仁」，而後才有「義」，失去了「義」，而後才有「禮」。

「禮」這個東西，是「忠信不足的產物」，而且是「禍亂的開端」。所謂「先知」，不過是「道」的虛華，由此愚昧開始產生。所以，「大丈夫」立身敦厚，不居於澆薄；存心樸實，不居於虛華。所以要捨棄澆薄虛華，而採取樸實敦厚。

每個人都知道什麼是好的「德行」，但是「老子」說：「上德不德，是以有德。」我們去追求「德行」，這個「執著的心思」，就已經不符合「德」了。

有人爲了讓自己是「道德模範」，每天都要去做好事，有這種「想法」，就不是眞正的「德」。如果有人從內心覺得「清潔工人」的工作很辛苦，每天都給他們送茶倒水，這種是發自內心的「眞正的德行」。「眞正有德的人」，並不會「刻意去分別」這個行爲是不是符合「德行」，是一種「無分別心」的作爲。

如果有人爲了做到「以德報怨」，就忍氣吞聲，表現出「寬容的態度」對別人好，但是內心只是爲了獲得外界的讚揚評價，這時候早就已經遠離了「德」。

「老子」說的「不德」，即「不執著於德」。心中不存在「德的概念」，也就不會產生「怨」與「不怨」的問題了。

一個「得道的聖人」，根本不會對人起「怨心」。因爲，他明白所有的「怨」，都來自於「自己的私心」，所有的「怨」，都只是「自我私心」的貪求。一個「得道的聖人」，他的行爲自然符合「德行」。他的內心沒有「報怨以德」的念頭。「報怨以德」這個名詞，是說給我們世俗人聽的。

「老子」認爲，「有德之人」用「德」，可以眞正化解「怨恨」，這是「聖人」與「凡人」的根本區別。

「老子」認爲將「怨恨」徹底消除的辦法，就是「德人（有德行的人）」用「德行」，也就是說，消除「怨恨」的根本在於，「有德行的人」用「有德的行爲」，才能實現眞正意義上的化解。而且，這個舉動，是一種「善舉」，是值得被推崇的。

所以說，所謂的「報怨以德」，是「凡人」對「聖人」做法的曲解，以爲「聖人」沒有「怨恨之心」，就是「報怨以德」了。其實不是，「聖人」的「本性」如此，心中本來就沒有「怨恨」，完全是「自性」的流露，並不是「刻意」用「德行」去回報「怨恨」。

總結來說，「老子」認爲一般人要化解比較大的「怨恨」，是非常困難的，有時候化解完，內心裡還會留有「怨恨」，不能徹底的消除「怨恨」。爲了得到人們「以德報怨」的善行稱許，而勉強自己壓抑「怨恨」之心，隨著時間的消逝，「矛盾積累」會隨著量的積累，在某一個時間點，再次爆發「怨恨」。

而眞正「有德行的人」，知道「人性的貪瞋癡」，內心裡有「同理心」，了解「怨恨」的根源，所以可以眞正的化解「怨恨」。

比如說你開一家商店，有人偷你店內的一罐奶粉，當下你會起「怨恨心」，「怨恨」這個「小

偷」。但是，當你知道這個「小偷」，是因爲失業，沒有錢買奶粉給家裡的小孩子喝，當下你的「怨恨心」，是不是消失殆盡，反而想要幫助這個「小偷」呢？我們「凡人」是「後知後覺」，而「聖人」是「先知先覺」，知道事出必有因，所以不會生起「怨恨心」。

四、「孔子」問禮於「老子」

「孔子」見「老子」這件事情很有趣，在「儒家」的經典上，都說是「問禮」，而在「道家」的經典上，都說是「問道」。

「孔子」是崇尚「周公禮樂」的，不問「禮」當然不可能；而「老子」是闡釋「道」的達人，不問「道」也很奇怪。不管如何，「孔子」與「老子」曾經相處過一段時間，「問禮」和「問道」，都是有可能的。

翻閱中國古代的典籍，有關「孔子」向「老子」「問禮」或「問道」的這件事記載很多，例如：《文子》、《史記》、《禮記》、《莊子》、《呂氏春秋》、《孔子家語》、《韓詩外傳》等書中，都有「孔子」「問禮」或「問道」於「老子」的記載。

下面我們就來看看，到底「孔子」和「老子」他們到底談了什麼內容？

（一）「孔子」向「老子」請教「道是什麼？」

● **《文子．道原》**：

孔子問道。老子曰：正汝形，一汝視，天和將至；攝汝知，正汝度，神將來舍，德將爲汝容，道將爲汝居。瞳子，若新生之犢，而無求其故，形若枯木，心若死灰，眞其實知而不以曲故自持，恢恢無心可謀，明白四達，能無知乎？

【白話翻譯】

「孔子」向「老子」請問「道是什麼？」「老子」回答說：「首先要端正你的外形，然後專一你的視線，『自然的和氣』即將到來。收攝你的『意識分別心』，端正你的態度，『神識』就要住進你的內心。『德行』將成為你的容貌，『大道』將成為你的居室。『眼神』就像『初生的牛犢』一樣清澈明亮，不會無端的追根究底。『身形』好像『枯木』一樣，『心靈』好像冷卻不再燃燒的『灰燼』一樣，回歸到自己『真實的智慧』裡。

但是，不要刻意用『意識』，來自我『控制心念』，只要『放任你的心靈』寬闊廣大，不用『意識』去『分別判斷』，沒有什麼『心機』可以謀劃。『真正的智慧』，通達四方無阻礙，還有什麼不能洞察和知道的事情呢？」

這一段話，是記載「老子」傳授「道家」的「修道心法」給「孔子」。知道「佛家修道心法」的人，讀到這一段經文，一定會覺得似曾相識。

把「老子」的「修道心法」，翻譯成「釋迦牟尼佛」的「修道心法」，就是讓第七識「末那識」停止作用。

而讓第七識「末那識」停止作用的方法是：透過「靜坐禪定」的修習，停止自己第六識「意識」的「分析判斷功能」，讓第六識「意識」無法傳達「分析判斷的結果」，給第七識「末那識」做決定，第七識「末那識」就會停止作用，「自性」就自然顯現。

（二）「孔子」向「老子」請教關於「禮」的問題

●《史記·老子韓非列傳第三》：

孔子適周，將問禮於老子。

老子曰：「子所言者，其人與骨皆已朽矣，獨其言在耳。且君子得其時則駕，不得其時則蓬累而行。吾聞之，良賈深藏若虛，君子盛德容貌若愚。去子之驕氣與多欲，態色與淫志，是皆無益於子之身。吾所以告子，若是而已。」

孔子去，謂弟子曰：「鳥，吾知其能飛；魚，吾知其能游；獸，吾知其能走。走者可以爲罔，游者可以爲綸，飛者可以爲矰。至於龍，吾不能知其乘風雲而上天。吾今日見老子，其猶龍邪！」

【白話翻譯】

「孔子」到周朝首都「洛邑（今洛陽）」，打算向「老子」請教「禮」。

「老子」說：「你所說的『禮』，制定它的人，連骨頭都已經腐朽了，只有他的言論還在。況且一個君子時運來了，就去做官，生不逢時，就像『蓬草』一樣，隨風飄轉。我聽說，善於經商的人，把貨物隱藏起來，不讓別人看見，好像什麼東西也沒有；具有高尚品德的君子，他的容貌謙虛的像愚鈍的人。除掉您的驕氣和過多的欲望，拋棄您做作的神態表情和過高的志向，這些對於您自身都是沒有好處的。我能告訴您的，就是這些而已。」

「孔子」離開周朝首都以後，對「弟子們」說：「『鳥』，我知道它能飛；『魚』，我知道它能游；『獸』，我知道它能走。會走的可以用網捕獲它，會游的可以用絲線去釣它，會飛的可以用箭去射它。至於『龍』，我就不知道該怎麼辦了，它是駕著風雲而飛上天的。我今天見到『老子』，他大概就像一條『龍』吧！」

「孔子」向「老子」請教關於「禮」的問題，「老子」見「孔子」常周遊列國，雖然美其名為「救世行道」，實際上是有濃厚「當官的欲望」。所以，「老子」告誡「孔子」，遇到「明君」，就駕車前往為官，不遇「明君」，就拋棄做作的神態和過高的志向，而直接求官。而「孔子」聽了之後，認為「老子」如「龍」地應時變化，乘風雲而上天，人們不容易追摹，可見他覺得「老子」的學識淵深而莫測，志趣高邈而難知。

（三）「老子」教導「孔子」，關於「周禮」裡的「喪事禮節」

●《禮記．曾子問》：

曾子問曰：「葬引至於堩，日有食之，則有變乎？且不乎？」

孔子曰：「昔者，吾從老聃，助葬於巷黨，及堩，日有食之，老聃曰：『丘！止柩，就道右，止哭以聽變。』既明，反而後行。曰：『禮也。』反葬，而丘問之曰：『夫柩不可以反者也，日有食之，不知其已之遲數，則豈如行哉？』老聃曰：『諸侯朝天子，見日而行，逮日而舍奠。大夫使，見日而行，逮日而舍。夫柩不蚤出，不暮宿。見星而行者，唯罪人與奔父母之喪者乎？日有食之，安知其不見星也。且君子行禮，不以人之親痁患。』吾聞諸老聃云。」

【白話翻譯】

「曾子」問道：「出葬的『靈柩車』已經上路，這時候忽然遇到『日蝕』，『禮數』有什麼變化嗎？或者沒有任何變化呢？」

「孔子」答道：「從前，我跟著『老耽』在鄉里助人送葬，『柩車』已經上路，突然發生『日食』。『老耽』喊道：『丘！把靈柩車停下，靠著路的右邊停放，都不要哭，靜以待變。』等『日

蝕』過後，『靈柩車』又繼續前進。

『老耽』說：『按禮就應該這樣做。』葬畢返回，我就請教『老耽』：『柩車只能前進，不能後退。日蝕這種現象，誰也不知道要持續多久，與其在路旁等候，還不如繼續前進呢。』

『老耽』說：『諸侯去朝見天子，每天日出而行，傍晚太陽尚未落山就找個地方休息，並且祭奠隨行的遷廟主。大夫出使，也是每天日出而行，太陽未落就找個地方休息。靈樞不可在天亮之前就出殯，也不可到天黑下來才止宿。披星戴月而趕路的，大概只有罪人和奔父母之喪的人吧。剛才日蝕，天空一片黑暗，我們怎麼會知道天空不定在什麼時候會出現星星呢，那樣豈不成了披星而行了嗎？再說，君子行事依禮，總不能使別人的親屬有遇上災禍的危險呀。』我聽『老聃』講過這番話。」

「孔子」第一次「問禮」於「老子」的時候，「老子」教導「孔子」，關於「周禮」裡的「喪事禮節」。

這段歷史的時代背景是，因為「周朝」內部政治鬥爭，「老子」受到陷害，被免去「守藏史」之職後，遊歷各國。他「老子」來到「魯國」時，恰逢他在「魯國」「巷黨（鄉里）」的友人去世，人們知道「老子」是一位精通「周禮」的人，就請他去幫助安排喪事。

出殯那一天，當時年僅十七歲的「孔子」也去了。因為他有時候也擔任「喪祝」，也就是幫助辦理喪事，所以也被邀請助喪。這一天送葬隊伍正在行進時，突然遇到「日食」。「老子」立即讓送葬的隊伍停止前進，靠右站立，停止哭泣，等「日食」過後再走。正在前面引導「靈柩」的「孔子」不理解原由，送葬歸來時，「孔子」向「老子」請教原因。

可見，「孔子」在第一次「問禮」於「老子」的時候，「孔子」還是一個毛頭小子，對於「周禮」的認識是膚淺的。

（四）「老子」教導「孔子」，關於「周禮」的「遷廟禮節」

●《禮記．曾子問》：

曾子問曰：「古者師行，必以遷廟主行乎？」

孔子曰：「天子巡守，以遷廟主行，載於齊車，言必有尊也。今也，取七廟之主以行，則失之矣。

當七廟五廟無虛主。虛主者，唯天子崩，諸侯薨與去其國，與祫祭於主，爲無主耳。

吾聞諸老聃曰：『天子崩，國君薨，則祝取群廟之主而藏諸祖廟，禮也。卒哭成事，而後，主各反其廟。君去其國，大宰取群廟之主以從，禮也。祫祭於祖，則祝迎四廟之主。主出廟入廟必蹕。』老聃雲。」

【白話翻譯】

「曾子」問道：「古時候出兵，必定要帶著『遷廟主（指太廟中，昭廟穆廟之上、最後遷入遷廟之神主）』同行嗎？」

「孔子」答道：「『天子』出行，視察『邦國州郡』，帶著『遷廟主』同行，將『遷廟主』載於『齊車（齋戒時所用之車）』，表示『天子』也有所尊敬。現在倒好，天子出行，視察『邦國州郡』，帶著『太祖』以下，『七廟（帝王的宗廟，供奉太祖及『三昭（左側；光明）三穆（右側；冥暗）』共七代祖先，一般指代『國家』。）』的『神主』同行，這就搞錯了。

在正常情況下，『天子七廟』、『諸侯五廟』都不會空著，而沒有『神主』。『廟空』而沒有

『神主』，只有在『天子駕崩』、『諸侯去世和出奔』，以及在『太祖廟』裡，合祭群廟的『所有神主』的時候，才會『廟空』而無主。

我聽『老耽』說過：『天子駕崩，國君去世，則由太祝（掌管祭祀祈禱的官）把群廟的神主統統取來，藏到太祖的廟裡，這是禮當如此。等到下葬並且舉行了卒哭之祭以後，再把群廟之主送回各自的廟裡。國君逃難出奔，太宰（統理百官之長）就將群廟的神主取來同行，這也是禮當如此。諸侯在太祖廟裡合祭群廟的神主，就讓太祝（掌管祭祀祈禱的官）把其餘四廟的神主迎來。凡是迎送神主出廟入廟，一定要清道戒嚴。』這是『老聃』說的。」

（五）「老子」教導「孔子」，關於「周禮」的「下殤禮節」

●《禮記．曾子問》：

曾子問曰：「下殤，土週葬於園，遂輿機而往，塗邇故也。今墓遠，則其葬也如之何？」

孔子曰：「吾聞諸老聃曰：『昔者史佚有子而死，下殤也。墓遠，召公謂之曰：「何以不棺斂於宮中？」史佚曰：「吾敢乎哉？」召公言於周公，周公曰：「豈不可？」史佚行之。下殤用棺衣棺，自史佚始也。』」

【白話翻譯】

「曾子」問道：「『下殤（人年齡在八至十一歲間死亡）』，在『樹園』裡挖個坑，坑的四周用磚砌上，然後用『機（抬屍之牀）』把屍體抬去下葬，這是由於路近的緣故。如果墓地較遠，其葬法該怎樣辦呢？」

「孔子」答道：「我聽老耽講過：『從前史佚有個兒子死了，年齡也是八到十一歲，墓地較遠。

召公對史佚說：『你幹嘛不先在家裡將屍體成斂（收）入棺呢？』史佚說：『這是違禮的事，我怎麼敢這樣做呢？』召公就在周公面前講了此事，周公表態說：『這有什麼不可以呢？』於是史佚就照召公說的做了。』埋葬『下殤（人年齡在八至十一歲間死亡）』而在家成斂（收）入棺，是從史佚開始的。」

（六）「老子」教導「孔子」，關於「周禮」的「三年之喪卒哭禮節」

● 《禮記．曾子問》：

子夏問曰：「三年之喪卒哭，金革之事無闢也者，禮與？初有司與？」

孔子曰：「夏后氏三年之喪，既殯而致事，殷人既葬而致事。《記》曰：『君子不奪人之親，亦不可奪親也，此之謂乎？』」

子夏曰：「金革之事無闢也者，非與？」

孔子曰：「吾聞諸老聃曰：昔者魯公伯禽有爲爲之也。今以三年之喪，從其利者，吾弗知也！

【白話翻譯】

「子夏」問道：「居父母三年之喪，『卒哭（古代喪禮。自死者死日起，哀至則哭，晝夜無時，行卒哭之祭。其後則改爲朝夕哭。清制以百日爲卒哭之期，今民間則以終七爲卒哭之日。）』之後，就不可以『闢（拒絕）』『金革（戰爭）』的徵召，這是禮當如此呢？還是當初有關部門的權宜之計呢？」

「孔子」答道：「居父母之喪，在『夏代』是在『入殯』之後就不再上班，在『殷代』是在下葬之後，就不再上班，在『周代』是在『卒哭』之後就不再上班，目的就是爲了要讓『孝子』專心地守

孝三年。古《記》上說：『作爲國君，不可強迫臣子拋開喪親的哀痛；而孝子本人，也不可自己忘掉喪親的哀痛。』說的就是這個道理。」

「子夏」又問道：「如此說來，戰爭的徵召，不可以拒絕這件事是不合禮的吧？」

「孔子」答道：「我聽『老聃』講過：『從前魯公伯禽在卒哭之後，就興兵征伐，那是在特殊情況下，不得已而爲之。』現在的人，在居父母之喪期間，爲了私利而從事戰爭，我就不知其原因何在了。」

（七）「孔子」和「老子」，辯論「仁義」是否是人的「本性」

●《莊子．天道》：

孔子西藏書於周室。子路謀曰：「由聞周之徵藏史有老聃者，免而歸居，夫子欲藏書，則試往因焉。」孔子曰：「善。」

往見老聃，而老聃不許，於是繙六經以說。

老聃中其說，曰：「大謾，願聞其要。」

孔子曰：「要在仁義。」

老聃曰：「請問，仁義，人之性邪？」

孔子曰：「然。君子不仁則不成，不義則不生。仁義，眞人之性也，又將奚爲矣？」

老聃曰：「請問，何謂仁義？」

孔子曰：「中心物愷，兼愛無私，此仁義之情也。」

老聃曰：「意，幾乎後言！夫兼愛，不亦迂乎！無私焉，乃私也。夫子若欲使天下無失其牧乎？

則天地固有常矣，日月固有明矣，星辰固有列矣，禽獸固有群矣，樹木固有立矣。夫子亦放德而行，循道而趨，已至矣；又何偈偈乎揭仁義，若擊鼓而求亡子焉？意，夫子亂人之性也！」

【白話翻譯】

「孔子」想把書保藏到西邊的「周王室」去。

「子路」出主意說：「我聽說『周王室』管理文典的史官『老聃』，已經引退回到家鄉隱居，先生想要藏書，不妨暫且經過他家問問意見。」

「孔子」說：「好。」

「孔子」前往拜見「老聃」，「老聃」對「孔子」的要求不予承諾，「孔子」於是翻檢「六經」反復加以解釋。

「老聃」中途打斷了「孔子」的解釋，說：「你說得太冗繁，希望能夠聽到有關這些書的內容大要。」

「孔子」說：「要旨就在於『仁義』。」

「老聃」說：「請問，『仁義』是人的『本性』嗎？」

「孔子」說：「是的。君子如果『不仁』就不能成其名聲，如果『不義』就不能立身社會。『仁義』的確是人的『本性』，離開了『仁義』又能幹些什麼呢？」

「老聃」說：「再請問，什麼叫做『仁義』？」

「孔子」說：「『中正』而且『和樂外物（身外之物。多指利欲功名之類。）』，『兼愛』而且『沒有偏私』，這就是『仁義』的實情。」

「老聃」說：「噫！你後面所說的這許多話，幾乎都是浮華虛僞的言辭！『兼愛天下』，這不是太迂腐了嗎？對人無私，其實正是希望獲得更多的人對自己的愛。先生你是想讓天下的人，都不失去養育自身的條件嗎？

那麼，『天地』原本就有自己的運動規律，『日月』原本就存在光亮，『星辰』原本就有各自的序列，『禽獸』原本就有各自的群體，『樹木』原本就直立於地面。

先生你還是仿依『自然的狀態』行事，順著『規律的法則』去進取，這就是極好的了。又何必如此急切地標榜『仁義』，這豈不就像是打著鼓，去尋找逃亡的人，鼓聲越大跑得越遠嗎？噫！先生擾亂了人的『本性』啊！」

（八）「孔子」請教「老子」，有關「尋求大道」的方法

●《莊子．天運》：

孔子行年五十有一而不聞道，乃南之沛見老聃。

老聃曰：「子來乎？吾聞子，北方之賢者也，子亦得道乎？」

孔子曰：「未得也。」

老子曰：「子惡乎求之哉？」

曰：「吾求之於度數，五年而未得也。」

老子曰：「子又惡乎求之哉？」

曰：「吾求之於陰陽，十有二年而未得。」

老子曰：「然使道而可獻，則人莫不獻之於其君；使道而可進，則人莫不進之於其親；使道而可

以告人，則人莫不告其兄弟；使道而可以與人，則人莫不與其子孫。然而不可者，無佗也，中無主而不止，外無正而不行。由中出者不受於外，聖人不出；由外入者無主於中，聖人不隱。名，公器也，不可多取；仁義，先王之蘧廬也，止可以一宿而不可久處。覯而多責。」

【白話翻譯】

「孔子」五十一歲，還沒有領悟「大道」，於是就往南方「沛地」去見「老聃」。

「老聃」說：「您來了嗎？我聽說您是北方的『賢者』，您已經獲得『大道』了嗎？」

「孔子」說：「還未『得道』。」

「老子」說：「您是怎樣尋求『大道』的？」

「孔子」說：「我在『規範』、『法度』方面尋求『大道』，五年還未得到。」

「老子」說：「你又怎樣尋求『大道』呢？」

「孔子」說：「我於『陰陽變化』中求道，十二年而沒有得到。」

「老子」說：「會是這樣的。假使『道』可以獻給人，則人無不把它獻給自己的『國君』；假使『道』可以奉送，則人無不把它奉送給自己的『父母』；假使『道』可以告訴給人，則人無不把它告訴給自己的『兄弟』；假使『道』可以傳給人，則人無不把它傳給子孫。

然而這是不可能的，沒有其他原因，心中不自悟，則『道』不停留，向外不能印證，則『道』不能推行。

『道』由心中發出，不為外界接受，『聖人』也就不會有所告示；由外面進入，而心中不能領受時，『聖人』便不留存。『名譽』，是眾人『共用之物』，不可過多取。『仁義』，乃是先王的『館

舍』，只可以停留一宿，不可以久居。『形跡』昭彰便多責難。」

（九）「孔子」和「老子」談論「仁義」

●莊子《南華經．天運》：

孔子見老聃而語仁義，老聃曰：「夫播糠瞇目，則天地四方易位矣；蚊虻噆膚，則通昔不寐矣。夫仁義憯然，乃憤吾心，亂莫大焉。吾子使天下無失其樸，吾子亦放風而動、總德而立矣，又奚傑傑然若負建鼓而求亡子者邪！夫鵠不日浴而白，烏不日黔而黑。黑白之樸不足以爲辯，名譽之觀不足以爲廣。泉涸魚相與處於陸，相呴以濕，相濡以沫，不若相忘於江湖。」

【白話翻譯】

「孔子」見到「老聃」後，談論「仁義」。

「老聃」說：「飛揚的『糠皮（穀粒上剝落下的外皮）』擋住了眼睛，那麼天地四方看起來，就好像變換了方位；『蚊虻（ㄇㄥˊ）』叮咬皮膚，就會通宵睡不著覺。

『仁義』毒害『人心』，讓人心智昏亂不明，天下沒有比『仁義』更嚴重的禍害了。如果您使天下人不失去自己的『本來眞心』，而且您又順應自然而行動，那您就統括『德（自然至誠的本性）』，而且成就『德（自然至誠的本性）』。又爲什麼要奮力的背著大鼓，去尋找迷失的孩子呢？

『白天鵝』並不是天天沐浴，才顯出白色；『烏鴉』並不是天天染黑，才顯出黑色。『黑』與『白』的『本質』，不值得分辨。『名聲』和『榮譽』這種外在的東西，不值得張揚。『泉水』乾涸了，『魚』相互困在陸地上。它們相互吐著濕氣來濕潤，相互用口沫來沾濕，其實倒不如彼此相忘於

『江湖（江河湖泊）』。」

（十）「孔子」拜見「老子」回來，三天不講話

●莊子《南華經．天運》：

孔子見老聃歸，三日不談。

弟子問曰：「夫子見老聃，亦將何規哉？」

孔子曰：「吾乃今於是乎見龍，龍合而成體，散而成章，乘雲氣而養乎陰陽。予口張而不能嗋，予又何規老聃哉？」

子貢曰：「然則人固有屍居而龍見、雷聲而淵默、發動如天地者乎？賜亦可得而觀乎？」遂以孔子聲見老聃。

老聃方將倨堂而應，微曰：「予年運而往矣，子將何以戒我乎？」

子貢曰：「夫三王五帝之治天下不同，其係聲名一也。而先生獨以爲非聖人，如何哉？」

老聃曰：「小子少進！子何以謂不同？」

對曰：「堯授舜，舜授禹，禹用力而湯用兵，文王順紂而不敢逆，武王逆紂而不肯順，故曰不同。」

老聃曰：「小子少進，餘語汝三皇五帝之治天下。

黃帝之治天下，使民心一。民有其親死不哭，而民不非也。

堯之治天下使民心親，民有爲其親殺其殺而民不非也。

舜之治天下使民心競，民孕婦十月生子，子生五月而能言，不至乎孩而始誰。則人始有夭矣。

禹之治天下使民心變，人有心而兵有順，殺盜非殺；人自爲種天運而『天下耳』，是以天下大駭，儒墨皆起。其作始有倫，而今乎婦女，何言哉！

餘語汝三皇五帝之治天下，名曰治之，而亂莫甚焉。三皇之知，上悖日月之明，下睽山川之精，中隳四時之施。其知憯於蠣蠆之尾，鮮規之獸，莫得安其性命之情者，而猶自以爲聖人，不可恥乎？其無恥也！」

子貢蹴蹴然立不安。

【白話翻譯】

「孔子」拜見「老聃」回來，整整三天不講話。

「弟子」問道：「『先生』見到『老聃』，對他作了什麼『勸勉』嗎？」

「孔子」說：「我竟然見到了眞正的『龍』！『龍』合在一起，便成爲一個『整體』，分散開來又成爲『華美的文采』，乘駕雲氣而養息於陰陽之間。我大張著口，久久不能合攏，我又哪能對『老聃』作出『勸勉』呢！」

「子貢」說：「既然如此，居然有人可以安穩不動，而顯現出『龍』的樣子，好像發出打雷的聲音，卻又沉靜不多話。但是，只要一出聲說話，所說的話，就是天地間，最感人至深的話嗎？我也可以見到他，並且親自觀察他嗎？」

於是「子貢」藉助「孔子」的名義前去拜見「老聃」。

「老聃」正伸腿坐在堂上，輕聲地應答說：「我年歲老邁，你將用什麼來告誡我呢？」

「子貢」說：「遠古時代『三皇五帝』治理天下各不相同，然而卻都有好的名聲，唯獨『先生』

您不認爲他們是『聖人』，這是爲什麼呢？」

「老聃」說：「年輕人，你稍稍近前些！你憑什麼說他們各自有所不同？」

「子貢」回答：「『堯』讓位給『舜』，『舜』讓位給『禹』，『禹』用力治水，而『湯』用力征伐，『文王』順從『商紂』，不敢有所背逆，『武王』背逆『商紂』而不順服，所以說各不相同。」

「老聃」說：「年輕人，你再稍微靠前些！我對你說說『三皇五帝』治理天下的事情。

『黃帝』治理天下，使人民『心地淳厚』保持『本眞』，『百姓』有誰死了『雙親』並不哭泣，人們也不會加以非議。

『唐堯』治理天下，使『百姓』敬重『雙親』，『百姓』有誰爲了親近『親人』減去一些『禮數』，人們同樣也不會非議。

『虞舜』治理天下，使『百姓』心存『競爭』，懷孕的『婦女』十個月生下『孩子』，『孩子』生下五個月就張口學話，不等長到兩、三歲就開始識人問事，於是開始出現『夭折短命』的現象。

『夏禹』治理天下，使『百姓』心懷『變詐』，人人存有『機變之心』，因而『動刀動槍』，成了理所當然之事，殺死『盜賊』不算殺人，人們各自結成團伙而肆意於『天下』，所以『天下』大受驚擾，『儒家』、『墨家』都紛紛而起。

他們剛開始時，也還『有倫有理』。可是，時至今日，以女爲婦，還有什麼可言呢！

我告訴你，『三皇五帝』治理天下，名義上叫做『治理』，而擾亂『人性』和『眞情』，沒有什麼比他們更嚴重的了。『三皇』的『心智』，對上而言，遮掩了『日月』的光明；對下而言，違背

了『山川』的精粹；對中而言，毀壞了『四時』的推移。他們的『心智』比『蛇蠍之尾』還慘毒，就連小小的『獸類』，也不可能使『本性』和『眞情』獲得安寧，可是還自以爲是『聖人』。是不認爲『可恥』嗎，還是不知道『可恥』呢？」

「子貢」聽了驚惶不定，心神不安地站著。

（十一）「老子」認證「孔子」得道了

●莊子《南華經．天運》：

孔子謂老聃曰：「丘治《詩》《書》《禮》《樂》《易》《春秋》六經，自以爲久矣，孰知其故矣，以姦者七十二君，論先王之道而明周召之跡，一君無所鉤用。甚矣！夫人之難說也，道之難明邪？」

老子曰：「幸矣，子之不遇治世之君也！夫六經，先王之陳跡也，豈其所以跡哉！今子之所言，猶跡也。夫跡，履之所出，而跡豈履哉！夫白鶂之相視，眸子不運而風化；蟲雄鳴於上風，雌應於下風而風化。類自爲雌雄，故風化。性不可易，命不可變，時不可止，道不可壅。苟得於道，無自而不可。失焉者，無自而可。」

孔子不出三月，復見曰：「丘得之矣，烏鵲孺，魚傅沫，細要者化，有弟而兄啼。久矣，夫丘不與化爲人。不與化爲人，安能化人！」

老子曰：「可，丘得之矣！」

【白話翻譯】

「孔子」對「老聃」說：「我研修《詩》、《書》、《禮》、《樂》、《易》、《春秋》六部經書，自認爲很久很久了，熟悉了舊時的各種『典章制度』；用違反先王之治的『七十二個國君』爲例，論述『先王』治世的方略，和彰明『周公、召公』的政績，可是一個『國君』也沒有取用我的主張。實在難啊！是人難以規勸，還是『大道』難以彰明呢？」

「老子」說：「幸運啊，你不會遇到過『治世的國君』！『六經』乃是『先王』留下的陳舊遺跡，哪裡是『先王』遺蹟的『本原』！如今你所談論的東西，就好像是『足跡』；『足跡』是腳踩出來的，然而『足跡』難道就是『腳』嗎！

『白鶂（ㄧˋ，一種水鳥。）』相互而視，眼珠子一動也不動便相誘而孕；『蟲』，雄的在上方鳴叫，雌的在下方相應而誘發生子；同一種類而自身俱備雌雄兩性，不待交合而生子。

『本性』不可改變，『天命』不可變更，『時光』不可停留，『大道』不可壅塞。假如眞正『得道』，無論去到哪裡都不會受到阻遏；『失道的人』，無論去到哪裡都是此路不通。」

「孔子」三月閉門不出，再次見到「老聃」說：「我終於『得道』了。『烏鴉』和『喜鵲』在巢裡交尾孵化，『魚兒』借助水裡的『泡沫』生育，『蜜蜂』自化而生，生下『弟弟』，『哥哥』失愛就會啼哭。很長時間了，我沒有能跟『萬物』的『自然變化』相識爲友！不能跟『自然的變化』相識爲友，又怎麼能教化他人！」

「老子」聽了後說：「好。『孔丘得道』了！」

（十二）《呂氏春秋》記載「孔子」曾經向「老子」學習

● **《呂氏春秋．當染》：**

孔子學於老聃、孟蘇、夔靖叔。

【白話翻譯】

「孔子」向「老聃、孟蘇、夔靖叔」學習。

「老聃、孟蘇、夔、靖叔」這三位都是「道家」的人物，其實在「老子」和「孔子」的時代，還沒有「道家」和「儒家」的分別。另外，「孔子」曾經向「老子」學習，也說明「孔子」的「廣納博採」和「兼容並蓄」的思想。

（十三）《孔子家語》記載「孔子」曾經拜「老子」爲師

●《孔子家語．觀周》：

孔子謂南宮敬叔曰：「吾聞老聃博古知今，通禮樂之原，明道德之歸，則吾師也。今將往矣。」對曰：「謹受命。」

遂言於魯君曰：「臣受先臣之命云：孔子、聖人之後也，滅於宋。其祖弗父何，始有國而受厲公，及正考父，佐戴、武、宣，三命茲益恭。故其鼎銘曰：『一命而僂，再命而傴，三命而俯，循牆而走，亦莫余敢侮。饘於是，粥於是，以餬其口。』其恭儉也若此。臧孫紇有言，聖人之後，若不當世，則必有明德而達者焉。孔子少而好禮，其將在矣，屬臣：『汝必師之。』今孔子將適周，觀先王之遺制，考禮樂之所極，斯大業也。君盍以乘資之？臣請與往。」

公曰：「諾。」與孔子車一乘、馬二匹，豎子侍御，敬叔與俱至周。問禮於老聃，訪樂於萇 ，歷郊社之所，考明堂之則，察廟朝之度。於是喟然曰：「吾乃今知周公之聖，與周之所以王也。」

及去周，老子送之，曰：「吾聞富貴者送人以財，仁者送人以言。吾雖不能富貴，而竊仁者之號，請送子以言乎！凡當今之士，聰明深察而近於死者，好譏議人者也；博辯閎達而危其身，好發人之惡者也。無以有己爲人子者，無以惡己爲人臣者。」

孔子曰：「敬奉教。」自周反魯，道彌尊矣。遠方弟子之進，蓋三千焉。

【白話翻譯】

「孔子」對「魯國」大夫「南宮敬叔」說：「我聽說『老子』博古通今，通曉禮樂的起源，明白『道德』的歸屬，那麼他就是我的老師，現在我要到他那裡去。」「南宮敬叔」回答說：「我遵從您的意願。」

於是「南宮敬叔」對「魯國」國君說：「我接受父親的囑咐說，『孔子』是『聖人』的後代，他的先祖在『宋國』滅亡了。他的祖先『弗父何』，最初擁有了『宋國』，後來給了弟弟『厲公』。到了『正考父』時，輔佐『戴公、武公、宣公』三個國君，三次任命，他一次比一次恭敬。因此他『家鼎』上刻的銘文說：『第一次任命，他彎著腰；第二次任命，他彎著身子；第三次任命，他俯下身子。他靠著牆壁走，也沒有人敢欺侮他。在這個鼎裡煮稠粥，煮稀粥，用來糊口。』他的『恭敬節儉』就到了這種地步。

『臧孫紇』曾經說過這樣的話，『聖人的後代』，如果不能執掌天下，那麼必定有『聖明的君主』使他通達。『孔子』從小就喜好『禮儀』，他大概就是這個人吧。我父親又囑咐我說：『你一定要拜他爲師。』現在『孔子』將要到『周朝國都』去，觀看『先王』遺留下來的制度，考察『禮樂』所達到的高度，這是大事業啊！您何不提供車子資助他呢？我請求和他一起去。」

「魯君」說：「好。」就送給「孔子」一輛車，兩匹馬，派了一個人侍候他，給他駕車。「南宮敬叔」和「孔子」一起到了「周朝國都」。

「孔子」向「老子」詢問「禮」的制度，向「萇弘」詢問「樂」的制度，走遍了「祭祀天地之所」，考察「明堂」的規則，察看「宗廟朝堂」的制度。於是感嘆地說：「我現在才知道『周公』的聖明，以及『周國』稱王天下的原因。」

離開「周朝國都」時，「老子」去送「孔子」，說：「我聽說『富貴者』拿『財物』送人，『仁者』用『言語』送人。我雖然不是『富貴者』，就私下用一下『仁者』的稱號，請讓我用『言語』送你吧！

凡是當今的『人士』，因聰明深察而危及生命的，都是『喜歡譏諷議論別人』的人；因為『知識廣博』又『喜好辯論』而危及生命的都是『喜好揭發別人隱私』的人。作為『人子』，不要隻想著自己，作為『人臣』，要盡職全身。」

「孔子」說：「我一定遵循您的教誨。」從「周朝國都」返回「魯國」，「孔子」的「道」，更加受人尊崇了。從遠方來向他學習的，大約有三千人。

公元前五二六年，「孔子」的學識已經大為長進。當時，「魯國」不少年輕人拜他為師。但是，「孔子」認為自己對「周禮」的知識，所知還不夠深入，尤其是關於「周禮」的「理論原則」，自己知道得還很淺，就決定和「南宮敬叔（孔子的門人）」一起到「周朝」的都城「洛邑（今洛陽）」去學習「周禮」。於是，「孔子」和「南宮敬叔」來到「洛邑」，向「老子」求教。

（十四）「老子」教導「孔子」有關「五帝」的涵意

●《孔子家語．五帝》

季康子問于孔子曰：「舊聞五帝之名，而不知其實，請問何謂五帝？」

孔子曰：「昔丘也聞諸老聃曰：『天有五行，水火金木土，分時化育，以成萬物，其神謂之五帝。』古之王者，易代而改號，取法五行。五行更王，終始相生，亦象其義。故其爲明王者，而死配五行。是以太皞配木，炎帝配火，黃帝配土，少皞配金，顓頊配水。」

【白話翻譯】

「季康子」問「孔子」：「以前聽說過『五帝』的名稱，但不知道它的實際含義，請問什麼是『五帝』？」

「孔子」說：「從前我聽『老聃』說：『天有五行：水、火、金、木、土。這五行按不同的季節化生和孕育，形成了萬物，那萬物之神就叫做五帝。』

古代的『帝王』，因爲改朝換代而改換國號、帝號，就取法『五行』。按『五行』更換帝號，周而復始，終始相生，也遵循『五行』的順序。因此那些賢明的君王，死後也以『五行』相配。所以『太皞』配木，『炎帝』配火，『黃帝』配土，『少皞』配金，『顓頊』配水。」

（十五）「老子」告誡「孔子」，要去掉「驕氣」和「功名欲」的毛病

●《史記．孔子世家》：

魯南宮敬叔言魯君曰：「請與孔子適周。」魯君與之一乘車，兩馬，一豎子俱，適週問禮，蓋見老子云。

辭去，而老子送之曰：「吾聞富貴者送人以財，仁人者送人以言。吾不能富貴，竊仁人之號，送子以言，曰：『聰明深察而近於死者，好議人者也。博辯廣大危其身者，發人之惡者也。爲人子者毋以有己，爲人臣者毋以有己。』」

孔子自周反於魯，弟子稍益進焉。

【白話翻譯】

「魯國」的「南宮敬叔」對「魯昭公」說：「請讓我跟隨『孔子』到『周朝國都』去。」於是，「魯昭公」就給了他們一輛車子、兩匹馬，還有一個「僮僕」隨他們出發，到「周朝國都」「雒邑」，尋問「周禮」，據說見到了「老子」。

「孔子」告辭離開時，「老子」送他時說：「我聽說『富貴的人』是用『財物』來送人，『仁德的人』是用『言辭』來送人。我不是『富貴的人』，只好盜取了『仁人』的名義，用『言語』來送你，這幾句話是：一個『聰慧又能深思明察的人』，卻常遭到困厄，幾乎瀕臨死亡，那是因為他喜歡『議論別人』的緣故。『學問淵博識見廣大的人』，卻使自己遭到危險不測，那是由於他好『揭發別人罪惡』的緣故。做人『子女』的應該心存『父母』，不該只想到『自己』；做『人臣』屬的應該心存『君上』，不能只顧到本身。」

「孔子」從「周朝國都」「雒邑」回到「魯國」之後，投到門下的「弟子」逐漸增多了。

在「周朝」擔任「圖書管理」工作，長達三十年之久的「老子」，熟睹了官場的腐敗，認為「周禮」實質上已經日漸衰敗，「周禮」成了某些人，謀取名聲和官爵利祿的手段。

「老子」眼前這位二十多歲的「孔子」，如饑似渴地來學習關於「周禮」的知識，從他的眼神、舉止動作和氣質上，都可以看出一種驕矜之意和急於從政的意圖。

當「孔子」向「老子」告辭時，「老子」一邊送「孔子」出門，一邊誠懇地告誡「孔子」，真正「有道德的君子」，總是看起來像是「傻瓜」。希望「孔子」去掉身上的驕氣，與過多的功名欲，以及愛自我表現的毛病。」

（十六）「老子」和「孔子」對「水」的看法不同

●《論語》子罕篇：

子在川上，曰：「逝者如斯夫！不舍晝夜。」

【白話翻譯】

「孔子」站在河邊說：「消逝的時光如流水呀！日夜不停地流去。」

「孔子」行至「黃河」之濱，看見河水滔滔，濁浪翻滾，氣勢如萬馬奔騰，其聲如虎吼雷鳴。「孔子」佇立岸邊，不覺得感嘆，「黃河」之水奔騰不息，「人之年華」流逝不止，「河水」不知何處去，「人生」不知何處歸？

這一句是《論語》中的名言，「孔子」面對奔湧不息的「黃河」，發出了「時不我與」的感慨。「孔子」的一生，在政治上沒有實現他的「禮樂」理想。「孔子」觀水而領悟「人生之道」，他憂慮「大道」不行，「仁義」不施，「戰亂」不止，「國亂」不治。所以有人生短暫，不能有功於世，不能有爲於民的感嘆！

但是，同樣是「水」，「老子」的看法就不同了，「老子」認爲「水」有「德行」，值得人類學習。

●**老子《道德經》第八章：**

上善若水。水善利萬物而不爭，處衆人之所惡，故幾於道。居，善地心，善淵；與，善仁；言，善信；政，善治；事，善能；動，善時。夫唯不爭，故無尤。

【白話翻譯】

「最善的人」好像「水」一樣。「水」善於滋潤「萬物」，而不與「萬物」相爭，停留在「眾人」都不喜歡的地方，所以最接近於「道」。「最善的人」居處，最善於選擇地方；心胸善於「保持沉靜」，而深不可測；與別人相處，待人善於眞誠、友愛和無私；「說話」善於恪守「信用」；「爲政」善於精簡「治理」，能把國家治理好；「處事」能夠善於「發揮所長」；「行動」善於「把握時機」。「最善的人」的所作所爲，正因爲有「不爭」的美德，所以沒有「過失」，也就沒有「怨咎」。

「老子」認爲，與世無爭，則天下無人能與之爭，這是效法「水」的「德行」。「水」和「道」一樣：「道」無所不在，「水」無所不利，避高趨下，未嘗有所逆，善「處地」也；空處湛靜，深不可測，善「爲淵」也；損而不竭，施不求報，善「爲仁」也；圜必旋，方必折，塞必止，決必流，善「守信」也；洗滌群穢，平準高下，善「治物」也；以載則浮，以鑑則清，以攻則堅，強莫能敵，善「用能」也；不捨晝夜，盈科後進，善「待時」也。

所以，「聖者」隨時而行，「賢者」應事而變；「智者」無爲而治，「達者」順天而生。

五、「莊子」的核心思想

（一）「莊子」的生平

「莊子」的年代，大約在公元前三六九年到二八六年之間，與「老子」的年代，相差一百三十一年左右。「莊子」，名「周」，一說字「子休」，大約與「孟子」是同時代的人，爲「戰國時代」，宋國「蒙」人，曾任「漆園吏」，後來厭惡仕途，隱居著述。關於「蒙」的現代地理位置，有許多種說法，包括「河南商丘說」、「安徽蒙城說」和「山東東明說」等。

「莊子」是「宋國」的公室後代，先祖可以追溯到「宋國」的第十一代國君「宋戴公」，「宋戴公」爲「莊姓」的始祖。根據史籍《姓氏考略》、《資治通鑑音注》等記載，「宋戴公」字「武莊」，其部份後代以「先祖名字」爲姓，形成了「莊姓」的一支。

在「司馬遷」著述的《史記．老子韓非列傳》裡，有簡介「莊子」。

●《史記．老子韓非列傳》：

莊子者，蒙人也，名周。周嘗爲蒙漆園吏，與梁惠王、齊宣王同時。其學無所不闚，然其要本歸於老子之言。故其著書十餘萬言，大抵率寓言也。作漁父、盜跖、胠篋，以詆訿孔子之徒，以明老子之術。畏累虛、亢桑子之屬，皆空語無事實。然善屬書離辭，指事類情，用剽剝儒、墨，雖當世宿學不能自解免也。其言洸洋自恣以適己，故自王公大人不能器之。楚威王聞莊周賢，使使厚幣迎之，許以爲相。莊周笑謂楚使者曰：「千金，重利；卿相，尊位也。子獨不見郊祭之犧牛乎？養食之數歲，衣以文繡，以入大廟。當是之時，雖欲爲孤豚，豈可得乎？子亟去，無汙我。我寧游戲汙瀆之中自快，無爲有國者所羈，終身不仕，以快吾志焉。」

【白話翻譯】

「莊子」是「蒙地」人，「蒙地」在哪裡？學者衆說紛紜，沒有標準答案，名字叫做「周」。他曾經擔任過「漆園（古地名）」的小吏，和「梁惠王」、「齊宣王」是同一時代的人。

「莊子」學識淵博，涉獵和研究的範圍無所不包，他的「中心思想」卻本源於「老子」的學說。

所以，他撰寫的十餘萬字的著作，大多是託詞寄意的「寓言」。「莊子」寫的《漁父》、《盜跖》、《胠篋》是用來詆毀「孔子學派的人」，以表明「老子學說」才是正確的。

《畏累虛》、《亢桑子》一類的文章，都是空設言語，沒有實事。可是「莊子」善於行文措辭，描摹事物的情狀，用來攻擊和駁斥「儒家」和「墨家」，即使是當世的「博學之士」，也難免受到他的攻擊。

「莊子」的語言汪洋浩漫，縱橫恣肆，以適合自己的性情，所以「王公大人」，都沒有器重他。「楚威王」聽說「莊周」賢能，就派遣「使臣」，帶著豐厚的禮物去聘請他，答應他出任「楚國」的「宰相」。

「莊周」笑著對「楚國使臣」說：「『千金』，確實是厚禮；『卿相』，確實是尊貴的高位。您難道沒見過祭祀天地用的『牛』嗎？餵養它好幾年，給它披上帶有花紋的綢緞，把它牽進『太廟』去當『祭品』，在這個時候，它卽使想做一頭『孤獨的小豬』，難道能辦得到嗎？您趕快離去，不要玷汙了我。我寧願在『汙穢的水溝』裡，身心愉快地遊戲，也不願被『國君』所束縛。我終身不做官，讓自己的心志愉快。」

「莊子」是「戰國中期」著名的「思想家、哲學家、文學家」，是「道家學派」的主要代表人物，是「老子思想」的繼承和發展者，後世將他與「老子」並稱爲「老莊」。「莊子」的學問淵博，遊歷過很多國家，對當時的各學派都有研究，進行過分析批判。

「莊子」一生淡泊名利，主張「修身養性，清靜無爲，順應自然，追求精神逍遙無待」，被後世認爲是最早的「無政府主義者」。他一直過著深居簡出的隱居生活，和當時「名家」學派的開山鼻祖「惠施」是至交好友。

「宋徽宗」時，追封「莊子」爲「微妙元通眞君」。「莊子」被後世尊稱爲「道教祖師」、「南華眞人」，也是「道教」的「四大眞人（通玄眞人、沖虛眞人、南華眞人、洞靈眞人）」之一。

「莊子」最早提出的「內聖外王」的思想，對「儒家」影響深遠。他洞悉「易理」，指出《易》以道「陰陽」，他的「三籟」思想，與《易經》的「三才之道」相合。

「莊子」的文章，想像力豐富又奇特，語言運用自如，靈活多變，能把微妙難言的哲理，寫得引人入勝。他的作品收錄於《南華經》一書，代表作有《逍遙遊》、《齊物論》和《養生主》等。

（二）《莊子》的核心思想

「莊子」在哲學、文學和道學上都有傑出的成就，他的思想主張都記載在《莊子》一書。

本書的第三單元「莊子」著書《莊子》，用「白話」的方式，快速的讓「讀者們」瀏覽，一窺「莊子」的思想世界。在這個小單元裡，先整理出《莊子》的核心思想，讓「讀者們」有基本概念，這有助於再閱讀「第三單元」時，能夠更迅速理解「莊子」的思想。

在《莊子》一書中，「莊子」用大量的「寓言」，來闡述自己思想主張，也因此給後人留下了數量繁多，並且膾炙人口的名言警句。要了解「道家」的思想，除了「老子」的《道德經》之外，一定要閱讀《莊子》。因爲「老子」只提出「道家」的「藍圖」，而「莊子」依照這張「藍圖」，建構出「道家」的思想世界。

「莊子」的哲學思想，繼承了「老子」的體系，並且增加了自己的觀點理論。「莊子」的思想，

對後世的影響深遠，「道教」更是將它視為正統的主流理論。

《莊子》和《周易》、《老子》並稱為「三玄」，在「中國哲學」中，有很高的研究價值。所以，建議「讀者們」要詳細的閱讀第三單元的「莊子」著書《莊子》。

下面，我整理出《莊子》的核心思想重點。

◆「莊子」的核心思想是「逍遙」與「齊物」，主張「天地與我並生，萬物與我為一」的哲學思想。

◆「莊子」認為，「道」是宇宙中存在的「自然規律」，是宇宙的「本源」，「道」沒有具體的規定性，亦無差別對立。

◆在「老子」「道法自然」的基礎上，「莊子」提出了「天下萬物」是相互聯繫的觀點，他認為「道」的「自然規律」是無邊無界的，冥冥之中沒有操縱「萬物」的「主宰」，「萬物」都是「自生自養」，在「天地」中自然演化。

◆「莊子」認為，要實現精神上的絕對自由即「得道」，有兩條基本途徑：一是「相對」的認識的方法，即「齊物」的方法；一是「直覺」的體驗的方法，即「體道」的方法。

(1)「齊物」就是發現，並取消「事物」或「概念」之間的「差別」和「對立」，這種方法使人在「精神上」，從「貴賤、壽夭、生死」的束縛中解脫出來，進入「無差別對待」的自由世界。

(2)「體道」就是按照一定的「修煉程序」，不用「語言」和「概念」，以達到「與道為一」的直覺體驗。把人生不可避免的「磨難」，變成「磨礪意志」的時遇，積極無為，自強自愛，煩惱和痛苦是「水中月、鏡上痕」，也只是體悟「大道」路上的過程罷了。這種方法可以擺脫「哀樂情緒」的干擾，捨棄「世俗世界」，以求得「精神」的「解脫」與「超越」。

◆「莊子」的處世思想，主張「淡然（不在意）曠達（心胸開闊樂觀）」，要從容的面對一切「禍福哀樂」，不因「萬物」及「自身」的變化，而欣喜悲傷。

◆「莊子」所推崇的是「逍遙」的人生態度，他喜歡自由，無拘無束，不慕名利，同時還非常注重「養生之道」，做人做事，不偏不倚，順其自然。

◆「莊子」提出「齊物」的觀點，主張「萬物齊一」，他認爲宇宙間的一切事物，例如：「生死壽夭、是非得失、物我有無」等，都應當「同等看待」。這個思想，在「莊子」的《齊物論》中，有精闢的論述。

◆「莊子」認爲人生在世，要追求「自由」，所以「莊子」一生不追求「做官」，不用「功名利祿」來束縛自己。

◆「莊子」認爲「君主」是「殘暴的」，所以他不願去「做官」，因爲他認爲「伴君如伴虎」，只能「順從君主」，還要防止「馬屁」拍到「馬腳」上，伴君之難，可見一斑。

◆「莊子」主張人的一生，「時間」是有限的，而對「欲望」的追求，是無限的，用「有限的生命」，去追求「無限的欲望」，是很危險的事情。

◆「莊子」反對「人爲」的追求，他主張「清靜無爲」，只要順應「自然」的發展，自然就會出現「至德之世」。

◆關於「友情」的看法，「莊子」認爲「君子之交淡如水，小人之交甘如蜜。」，「眞正的友

誼」是淡而無痕，情潤如水的，而「虛僞的朋友」相交，就故意表現得甜甜蜜蜜，彷彿很好的樣子。

◆「莊子」解釋「無爲」，是指「心靈」不被「外物（身外之物。多指利欲功名之類。）」所拖累的「自由自在」，是「無拘無束」的狀態。這種狀態，也被稱爲「無待」，意爲「沒有相對的東西」。這時，人們拋棄了「私心」和「功名利祿」，徹底置身於「宇宙」之中。

◆「莊子」倡導「無爲而治」，明確否定現實的「社會政治制度」，以及虛假的「文化生活」，他嚮往遠古的「至德之世」。在「政治」上，主張「不干涉主義」和「提高個人素質修養」，實行「無爲而治」。

◆「莊子」反對當時社會上，實行的「仁義禮樂」等，「社會道德」與「政治制度」，認爲這些都是「罪惡」與「禍害」的根源。他用「彼竊鉤者誅，竊國者爲諸侯」來說明「仁義」已經成了「統治者」竊取「國家權力」的手段。

◆「莊子」認爲，隨著「社會政治制度」和「文化」的發展，「人類社會」的「不平等」及「鬥爭」也會隨之「產生」和「激化」。

◆「莊子」認爲，「自然的本性」是最完善的，如果「人爲」地加以改變，便會「損害事物的本性」，造成「不幸」和「痛苦」。「統治者」應任隨「社會」的自然發展，不要加以「人爲的治理」；「無爲而治」的政治主張，可以說是最早的一種「無政府主義思想」。

◆「若夫乘天地之正，而御六氣之辯，以游無窮者，彼且惡乎待哉？」這句被普遍認爲是《逍遙遊》這篇的主旨，同時也是《莊子》一書的主旨。這是一種「心與道」合一的境界。這句白話的意思是：如果能夠順應「天地萬物」的「本性」，順著「六氣（陰、陽、風、雨、晦、明）」的變化，遨遊於無窮盡的「世界」裡，那還有什麼可以憑藉的呢！

◆「莊子」認爲「心齋（內心專一定靜，猶齋戒時的屏除外欲。）」與「坐忘（指靜坐時，物我兩忘，與道冥合。）」是達到「超越」的理想手段，「逍遙遊（主張萬物各任其性，不受外物（身外之物。多指利欲功名之類。）所累，即可逍遙自在，到達神人、至人的境界。）」是「生命自由」的最佳境界，「萬物齊一」是追求「生命自由」的必然世界觀。

◆「莊子」的「道」是效法自然的「天道」，「天」與「人」是相對立的，「天」代表「自然」，而「人」是指「人爲的一切」，與「自然」相背離。「莊子」主張「順從天道」，「摒棄人爲」的雜質，從而與「天地」相通，就是所謂的「德」。

人被「生存的環境」所蒙蔽，被「知見（見識；見解）」所侷限，形成「閉鎖的心靈」。眞正的「德」是自然而然的，因此不需要去教導什麼，規定什麼，而是要去掉「心機」，忘「掉分別心」。既然如此，就用不著「政府治理」、「禮樂教化」、「仁義勸導」。這些「治理、教化、勸導」，「莊子」認爲都是「人性」中的「人爲因素」，所以要摒棄它。

◆「莊子」倡導「天地與我並生，萬物與我爲一。」，「萬物與我爲一」的體現，有賴於「超越精神」的展現。「超越」的意義，在於揚棄「俗世的價值」，與提升到更高的「精神領域」中。

◆「莊子」提出「不滯於物」的觀點，「不滯」就是「不違背自然」，不「凝滯（停滯不動）」於「任何思想」、「任何事物」，從而達到「聖人不凝滯於物」的境界。「莊子」認爲只有

「不滯於物」，才可「乘物以遊心」，而不被任何「思想、利益」所奴役、所累。他認為人活在世上，必須「曠達（心胸豁達）」，遇事「處之泰然（遇到事情時，態度鎮定，神色自若。）」。

◆在「政治思想」上，「莊子」不主張推崇「古代的聖賢」，他認為「萬物平等」，不應該將人劃分等級，出現「君、臣、百姓」的階級分別。

◆「莊子」和「儒家、墨家」有一點很大的不同，就是「儒家、墨家」推崇「聖人」，而「莊子」則反對推崇「聖人」。他宣揚「絕聖棄知」的思想，反對「人為」，理想的社會是「至德之世」。

◆「莊子」對當時「儒家」與「墨家」之間的衝突，互相貶斥對方，感到相當的失望。「莊子」深刻的認識到，「人」只需要互相「貶斥對方的說法」是「錯誤的」，就能對同一件事情，有完全不同的意見。然而，「萬物」同存於「道」中，又有什麼是「正確」或「錯誤」的呢？如果能做到「齊物」，那麼他便能達到「逍遙」的境界。這是「莊子哲學」中另一個重要概念，這是一個體悟「精神解放」的最高層次。

◆「莊子」反對「儒家」的「等級觀念」，「儒家」說「君君、臣臣、父父、子子」，「莊子」則認為「道通為一」，認為「道在萬物」，「萬物平等」。

◆「莊子」認為「儒家、墨家、名家、法家」等各家，過多的執著於「是非」和「分別」的問題，崇其所善，各執一端。因此，他站在「道」的角度上，「以道觀之，物無貴賤」，倡導「萬物一齊」的「平等觀念」。

◆「莊子」重視事物「天然的本性」，認爲「天然的本性」，都合乎「性命之常情」。因此，「天然的差異」也是合理的，而對「個性」和「差異」的尊重，正是「『莊子』平等」觀念的重要之處。

◆「莊子」認爲「事物」總是「相對」，而又「相生」的。任何「事物」都具有既「互相對立」，又「互相依賴」的「正反」兩個方面。而且，「事物的變化」總是向它「對立的方面」轉化，「宇宙萬物」雖然「千差萬別」，卻又是「齊一的」，沒有「區別的」。

◆「莊子」認爲，要「確定認知的標準」是困難的，甚至是「不可能的」，因爲「任何認知」，都會受到「特定條件」的限制，受到「時空」的制約。

◆「莊子」在《內篇》七篇中，「遊世」幾乎是核心思想。在「莊子」的「遊世思想」中，以帶有「自嘲意味」的「自我放逐心情」，來與世間的「黑暗世界」對抗。這種「對抗」，不是「正面反抗」，而是以「一切皆不在乎」的態度，直視「黑暗世界」任何可能的「惡意擺佈」，並且以對這種「惡意擺佈」的戲謔，表示歡迎，表達對這個「黑暗世界」的嘲諷。這是「莊子」對於人在「天地之間」無路可走，這一種「絕望處境」所作的回答。

◆「莊子」倡導「全生保身，逍遙無爲」，「全生保身」是「道家學說」的中心問題，「莊子」對此作了系統的論述。他認爲，人既不能「表現得有用」，又不能「表現得完全無用」，要「處乎材與不材之間」。更重要的是，要追求「精神自由」，「逍遙無爲」。「逍遙無爲」是「全生保身」的最高境界。

（三）「莊子」與「老子」思想的差異

「莊子」和「老子」都是「道家」的代表人物，世人以「老莊」並稱。「莊子」繼承和發揚「老子」「道法自然」的觀念，認爲「道」是無限的，認爲一切事物都處於「無動而不變，無時而不移」之中。他的思想與「老子」的思想一樣，都具有樸素的「辯證法思想」。

「辯證法」，是一種「化解不同意見的」哲學論證方法，是一個解決涉及對立雙方之間的矛盾過程。「古希臘」的「辯證法」，涉及在兩個或更多對一個主題持不同看法的人之間的對話，目的是通過這種有充分理由的對話建立起對事物眞理的認知。它自古以來就在「印度」與「歐洲」哲學占有中心地位。此詞彙應用於多種不同領域，包括哲學、自然科學與史學。

「莊子」和「老子」同樣把「道」看作是，世界上最高的原理，認爲「道」無所不包，無所不在，自生自化，永恆存在，是世界的終極根源和主宰。另外，就是「無爲」、「反對戰爭」和「養生觀點」等觀點。

但是，「莊子」和「老子」之間，還是有區別的，二人所關心和注重的問題並不完全相同：

⑴「老子」關心「政治問題」的解決；「莊子」則不談「政治問題」，只注重追求人類精神的解放。

⑵「老子」提出「無」和「有」的相對觀念；「莊子」則在《齊物論》中，進一步提出「有始也者，有未始有始也者，有未始有夫未始有始也者。有有也者，有無也者，有未始有無也者，有未始有夫未始有無也者。俄而有無矣，而未知有無之果孰有孰無也。今我則已有謂矣，而未知吾所謂之其果有謂乎？其果無謂乎？」以「齊物」的思想，除去了「有」和「無」的相對立。

⑶「老子」有「先後」和「內外」之分，「老子」在《道德經》第七章中說：「天長地久。天地

所以能長且久者，以其不自生，故能長生。是以聖人後其身而身先，外其身而身存。非以其無私邪？故能成其私。」「莊子」在《齊物論》中，則以「天地與我並生，而萬物與我爲一，既已爲一矣，且得有言乎？既已謂之一矣，且得無言乎？」否定一切「對立性」的概念。

(4)「老子」知「常」；「莊子」泯除「常」與「無常」，主張「物化（事物的變化）」的觀念。「物化」是一種泯除事物的差別，彼我同化的精神境界。

(5)「老子」在《道德經》第二十五章說：「域中有四大，而人居其一焉。人法地，地法天，天法道，道法自然。」「老子」認爲「人」有別於「萬物」，知道效法「地」，「人」優於「萬物」；而「莊子」的思想，卻彰顯「人」與「萬物」的「一致性」，將「人」等同於「萬物」。「人」沒有任何特殊性，與「天地萬物」具有相同的起源和地位。

(6)「老子」在「處世哲學」方面，認爲「道常無爲而無不爲」，主張順應「自然規律」，推崇用「不爭、謙和」來治理國家；而「莊子」提倡「齊物論」，認爲世間的一切「差異」，都是「相對的」，「無名、無功」才是人生在世，要修養的內容。

(7)「老子的道」是指「純眞質樸本性的實現」；而「莊子的道」是指「高度的、絕對的、超脫的精神自由」。

(8)「老子」主張「德源自於道」；而「莊子」主張「德出自於人」。

六、「道家」的歷史

「道家思想」起始於「上古時期」，以「盤古」爲遠祖，以「伏羲」或「黃帝」爲始祖，以「老

子」為道祖，道歷已經有六千多年的歷史了。

「道家」的發展歷史，可以分為九個時期，簡述如下：

（一）起源時期：

上古的「道家思想」，與「盤古、伏羲、女媧、神農、黃帝、伊尹、許由、巢父、伊尹、姜太公、辛甲、鬻（ㄩˋ）子、管子」等人的「治世思想」有關。另外，「道家的學者」大多出自於「戰國時期」的「宋、楚、秦、齊」等國，所以「道家思想」與「夏朝」和「殷商」的文化，有密切的關連。

（二）成型時期：

「春秋」末年，以「老子」著作《道德經》的問世為標誌，「道家思想」到此，已經完全成熟成型。「老子」是實質可考的「道家始祖」，經由「戰國時期」的「莊子、列子、楊朱」等人的發揚光大，「道家」成為一個偉大的門派，連「法家，名家，縱橫家」也受到「道家思想」的影響。

（三）興盛時期：

「老子」以後，歷史進入「戰國時期」，「道家」分化為不同的派別，著名的有五大學派，分別為「老莊學派」、「楊朱學派」、「黃老學派」、「彭蒙、田駢（ㄆㄧㄢˊ）、慎到學派」和「宋尹學派」等，都曾經興盛一時，其中以「黃老學派」最興盛。當時，「黃老思想」不但成為「田齊（田氏齊國）」的治國思想，並且通過「百家爭鳴」對「諸子」產生了巨大影響，而且在「楚國」和「呂不韋」統治時期的「秦國」，也發揮過一定的作用，以至於在「戰國末期」形成了「黃老獨盛壓倒百家」的局面。

（四）挫折時期：

「秦國」統一「中國」之前，「呂不韋」編撰《呂氏春秋》，此書以「道家思想」爲主體，融合各家學說，顯然「呂不韋」想以此作爲「大一統」後的意識形態。但是，後來的「秦始皇」，卻選擇了「法家思想」，並且在統一「中國」後不久「焚書坑儒」，使得包括「道家」在內的「諸子百家」全部受挫。

（五）輝煌時期：

「漢朝」建立後，由於「秦末」對百姓苛刻，稅賦、伕役甚嚴，再加上長期戰亂的破壞。所以，「西漢時期」，自「漢高祖、漢惠帝、呂太后、竇太后、漢文帝、漢景帝」等國家領導人，到「蕭何、曹參、陳平、田叔」等行政首長，都推崇「道家思想」，選擇以「黃老學派」爲代表的「道家思想」治國，並且造就了「文景之治」的盛世。

在這個期間，最有代表性的人物是「蕭何」和「曹參」。「西漢」建國，「蕭何」擔任「宰相」時，參考前朝的「道家文獻」，制訂典章及制度。「蕭何」死前，推薦「曹參」繼任「宰相」，「曹參」上任後，認爲「蕭何」訂下的法令，已經很完備，所以繼續沿用「清淨無爲」的政策，而不作修改，人民因而安寧統一，史稱「蕭規曹隨」。

（六）壓制時期：

「漢武帝」執政後，採納「董仲舒」的建議，「推明孔氏，抑黜百家，獨尙儒家。」，「道家」的發展暫時受到壓制，漸漸融入「儒家思想」，「道家」從此就成爲遁入「民間」的流派。

到了「東漢時期」，「漢明帝」夢見「金人」，「金人」被解讀是「佛」，從此傳入「佛教」。

後來，「道家」被「佛教」影響，被「虛無化」。

（七）復活時期：

到了「魏晉南北朝」時期，「玄學」風氣興起，「道家思想」重新復活，並且對「老莊思想」重新闡釋，形成了影響「中國文化」深遠的「魏晉玄學」。此後「老莊思想」成爲「道家」的正統，一直延續到現在。

「道家思想」成形於「先秦時期」，直到「魏晉南北朝」，「黃老」一詞，才與「神仙崇拜」的概念結合起來。

（八）潛藏時期：

「魏晉南北朝」之後，雖然「道家思想」屢次成爲「國家大亂」之後的治國藥方，也是「士大夫失意時」的精神寄託，但是「道家思想」卻只能在「哲學」和「科技」方面，繼續發揮作用。

直到「唐宋時期」，「道家」又發展到鼎盛，「道家」壓倒「佛家」和「儒家」。不過，此時「道教」興起，吸收「道家思想」，「道家」被「道教」所利用，眞正的「道家」反而被隱沒。

「道教」的創始人，是「五斗米教（又稱爲天師道、正一道）」的「張道陵」，在「東漢」末年，「張道陵」稱得到「太上老君（老子）」「授以三天正法，命爲天師」，從而創立了「正一道（又稱爲天師道、五斗米道）」，崇拜道家「老子」爲道祖。

「道教」吸收了「道家」，以「道德」爲核心概念的理論體系，並將「哲學」神化。「道教」的「宗教形式」，至「南北朝時期」，才逐漸完善，直到「東漢」後期，才有「教團」產生。

「道教」的教義，主要融合自「道家學說」。「道教」與「道家」是不同的，因爲「道家」是

「學說」，沒有「宗教形態」；「道教」是「宗教」，雖然奉「老子」爲教主，「莊子」爲祖師，但是其主張與「老莊的思想」並不完全一致，而更多得益於「漢初」盛行的「黃老道」，以「黃帝、老子」之名，提倡「修道養壽」。

由於「唐太宗」認爲世間有「神仙」，希望自己能夠「長生不老」，「道教」玄學剛好是「唐太宗」的興趣愛好所在；再加上「老子」姓「李」名「耳」，是「先秦」時期的大智慧者，有崇高的聲望，「老子（李耳）」和「唐太宗（李世民）」同姓「李」。因此，「唐太宗」奉「老子」爲「本家（同宗族或同姓的人）」，尊封「老子」爲唐室的先祖，定「道教」爲國教。

另外，在「唐代」，此時期「道家思想」和「佛教」結合，形成了中國式的佛教「禪宗」。「禪宗」在諸多方面，受到「莊子」的啟發，吸收大量的「道家思想」。

還有，「道家」對「儒家」的「宋明理學」和「陽明心學」的興起，也有非常重要的影響。

到了「元朝初年」，「道教」還是被定爲國教，「道家」變爲「邊緣化狀態」。元太祖「成吉思汗」召見屬於「道教」系統的「全眞教」教主「丘處機」，一言止殺，改變了「屠城的政策」，拯救無數中國的蒼生百姓。「丘處機」從元太祖「成吉思汗」那裡，得到掌管「道教」，自由收徒佈道，敕免賦稅的權利。「全眞教」在「元朝政府」的支援下迅速發展，並且隨著「元朝」占領南方，在全國傳播開來。

到了「明朝」，依舊極爲重視「道家」，取代「儒學」的地位，成爲顯赫的學問。

（九）復興時期：

「清朝」末年，隨著「西方文化」的衝擊，「儒家思想」受到強烈的衝擊，再加上「道家思想」

與「西方自由民主」等觀念，多有相合之處，所以「道家思想」再次復興。

「道家思想」對中國歷代的帝王，影響非常深遠。像「唐玄宗、宋徽宗、朱元璋、康熙」等的一代明君，都曾經親自注解過《道德經》。「文景之治」、「貞觀之治」、「開元盛世」、「洪武之治」等，以及「兩宋時期」經濟文化的高度繁榮，都是以「道家」治國。「清初」的「啟蒙思潮」，也和「道家思想」有密切關係。

七、「道家」的代表人物

說到「道家」的代表人物，一般人大多只會想到「老子」和「莊子」，其他的人物，大概就想不出來了。實際上，「老子」是「道家思想」最重要的開創者，而「莊子」是繼「老子」之後，最重要的發揚光大者。

這裡簡介一些，歷代重要的「道家」代表人物，讓「讀者們」更加了解「道家」。歷代重要的「道家」代表人物如下：

(1)「盤古」：

「盤古」是中國神話中，開天闢地的「創世神」，傳說死後，「天地」及「萬物」都由其身體和器官轉化而成。也因此，「盤古」在「道教」中多受奉祀，有些派系尊稱他為「元始天尊」，認為他的靈魂仍能主宰萬物。

「盤古」的傳說，大約於「東漢後期」出現，到「三國時期」已經廣為流傳。其實，由於「道家」融入「道教」的系統中，所以原為「道教」的神明「元始天尊（盤古）」，才會被認為和「道家」有關連。

(2)「伏羲氏」：

「伏羲氏」自古以來，被奉爲「華夏族群」的始祖。「伏羲氏」爲《史記》中的「三皇五帝」之一，後來被「道教」吸收爲神明，也是「儒教」的祭祀對象。相傳「伏羲氏」教民結網、漁獵畜牧、製造八卦等，亦傳說「伏羲氏」創造文字、古琴等。

在《莊子》一書中，最早記載「伏羲」之名，「伏戲（伏羲）得之以襲氣母」。

(3)「黃帝」：

「黃帝」是古代的傳說人物，爲《史記》中的五帝之首。目前最早明確對「黃帝」的傳世文獻，來自「戰國」中期，「齊威王」的銅器金文。

根據《山海經》的記載，「炎帝」在「阪泉之戰」敗給「黃帝」，後來「蚩尤」糾集「炎帝」的部屬，再度於「涿鹿之戰」敗給「黃帝」。

在「漢朝」之後，中國歷代皇帝大多爲「黃帝」設廟祭陵等，以確認統治的正當性。因此「黃帝」被視爲「中華文化」的重要標誌性人物，是古代華夏部落領袖之一，爲「中華民族」的血親祖先。

在《史記．封禪》中，對「黃帝乘龍升天」的記載是這樣描述的：「黃帝」用「首山」的銅，鑄造了一個「大鼎」。當鼎鑄成之時，天上突然飛下來一條「巨龍」，那條「巨龍」垂下龍鬚，俯下龍身，迎接「黃帝」上天。「黃帝」跨上「龍背」後，身邊有不少大臣，也掙扎著爬上了「龍背」，可是那條「巨龍」卻扭動身軀，把那些人都摔了下來，還把「黃帝」用的「弩弓」，也甩了下來。然

後，這條「巨龍」就帶著「黃帝」，向天空飛去了，不久就消失在人們的視野，留下了一臉茫然和無奈的衆大臣。

(4)「老子」：

「老子」，姓「李」，名「耳」，字「伯陽」、外字「聃」，世人尊稱爲「老子」，生於「東周」的「楚國」，師從「商容」，於東周「春秋時期」，擔任周朝國都「洛邑」的「守藏室（國家圖書館）」的「藏室史（館長）」。

「老子」是中國「春秋時代」的思想家，隱居「邢臺廣陽山」。其著作被人們廣泛稱爲《道德經》，爲「道家」的經典。

「老子」的學說，後來被「莊周、楊朱、列禦寇」等人發展，後人奉爲「道家學派」的開教宗師。《史記．老子韓非列傳》中，曾記載「孔子」向「老子」請教關於「禮」的問題。「老子」主張「無爲而治、天人合一、清靜無爲」的統治理念，和「莊子」合稱「老莊」。

「老子」晚年乘「青牛」西去，在「函谷關（位於今河南靈寶）」寫成了五千言的《道德經》。在「道教」中，「老子」是「太上老君」的第十八個化身，擁有至高無上的地位。

「老子的思想」被「莊子」所傳承，並與「儒家思想」和後來的「佛家思想」，一起構成了「中國傳統思想文化」的核心。

(5)「莊子」：

「莊子」，姓「莊」，名「周」，先祖是「宋國」君主「宋戴公」。「莊子」大約與「孟子」同時期，爲「戰國」時代「宋國」蒙人，曾任「漆園吏」，被譽爲地方官吏的楷模。

「莊子」是著名思想家、哲學家、文學家，是「道家學派」的代表人物，「老子」思想的繼承和發展者，後世將他與「老子」並稱爲「老莊」。「唐玄宗」天寶初，詔封「莊周」爲「南華眞人」，稱其著書《莊子》爲《南華經》，「宋徽宗」時，追封爲「微妙元通眞君」。

《莊子》一書的《內篇》爲「莊子」本人所著，而《外篇》和《雜篇》是「道家弟子」託名所寫。「莊子」的文章充滿了「天馬行空」的想像，亦充滿了「嬉笑怒罵」和「尖酸刻薄」的「諷刺」以及「挖苦」。他的文章，經常令人「瞠目結舌」，又令人「拍案叫絕」。

「莊子」除了做過「漆園吏」以外，沒有擔任過其他官職。「楚威王」曾派人邀請「莊周」擔任「楚國宰相」，被「莊子」拒絕。他一生淡泊名利，看破了「生死」，主張「修身養性、淸靜無爲、順應自然、追求精神逍遙無待」，一直過著深居簡出的隱居生活。另外，「莊子」和「惠施」是至友。

「莊子」的「道家哲學」不同於「老子」之處，在於「莊子」更詳盡地說明了「人與自然」的關係、人的「可開創能力」，包括「智慧上」、「認識能力上」、「身體能量上」等等。

⑹「列子」：

「列子」，名「禦寇」，字「雲」。「戰國」前期，「道家」的代表人物。鄭國人，古帝王「列山氏」之後。「列子」曾師從「關尹子、壺丘子、老商氏、支伯高子」等，隱居「鄭國」四十年，不求名利，淸靜修道。後被尊奉爲「沖虛眞人」。「列子」是先秦「天下十豪」之一，是道學家、思想家、哲學家、文學家、教育家。

「列子」是介於「老子」與「莊子」之間，「道家學派」承前啟後的重要人物，是「老子」

和「莊子」之外的又一位「道家學派」代表人物。可以說，「道家」創始於「老子」，發展於「列子」，而大成於「莊子」。「列子」晚於「孔子」而早於「莊子」，聚徒講學，弟子眾多。

「列子」學於「黃帝、老子」，主張「清靜無爲」，歸同於「老莊」，創立了先秦哲學學派「貴虛學派（列子學）」，對後世哲學、美學、文學、科技、養生、樂曲、宗教影響非常深遠。

現存有的《列子》，又名《沖虛經》、《沖虛眞經》，是東晉「張湛」所輯。《列子》是「道家」的重要典籍，相傳是由「列子」本人所著。唐代時，《沖虛眞經》與《道德經》、《莊子》、《文子》並列爲「道教四部經典」。

《列子》按章節分爲《天瑞》、《黃帝》、《周穆王》、《仲尼》、《湯問》、《力命》、《楊朱》、《說符》等八篇，每一篇均由多個「寓言故事」組成，寓道於事。其中較爲人熟悉的包括「愚公移山」、「杞人憂天」、「亡鈇者」、「歧路亡羊」等，書中的許多「寓言」，都帶有足以「警世」的教訓，也具有一定的文學價值。

《列子》一書，反映了「戰國」至「魏晉」之間的思想。《列子》從「道家思想」出發，並對「道家思想」中，「無爲的人生觀」有所改造，強調人在「自然天地」間的積極作用，並且認爲人在一種「不任強使力」的生存狀態下，「不憂天、不畏天」，才是最好的生存狀態。

《列子》沒提倡「縱慾」，而是崇尚超越「一切欲望」和「外在事物」的「自由」。擺脫有形無形的束縛、不拘泥於形式、但要「知止」。「列子」最早提出「宇宙生成四階段」思想，《列子》一書中的「天體運動說」、「地動說」、「宇宙無限說」等學說，都遠遠早於西方的同類學說。

根據《莊子》中的《逍遙遊》，描述「列子」可以「御風而行」的情景，似乎練就了一身卓絕的輕功。他駕風行到哪裡，哪裡就枯木逢春，重現生機，飄然飛行，逍遙自在，其輕鬆自得，令人羨慕。

另外，在《述異記》中也提到說，「列子」修道九年之後，煉成「御風之術」，就能「御風而行」。「列子」常在「立春日」乘風而遊「八荒（八方）」，「立秋日」就反歸「風穴（風所吹出的地方）。」，風至則草木皆生，去則草木皆落。

(7)楊朱：

「楊朱」，字「子居」，魏國人，一說秦國人，生平已不可考。傳說他是「老子」的弟子。「楊朱」是「戰國初期」的一名「道家」的改革思想家，開創了「楊朱學派」，是「老子」之後，「道家」的重要代表人物，「道教」尊之爲「貴生眞人」。

在「先秦」各家的著述，如《孟子》、《荀子》、《莊子》、《韓非子》、《呂氏春秋》等，「楊朱」的名字曾多次出現，他的行蹤多在魯、宋、梁一帶。根據《莊子》的記載，他曾經見過「老子」。其活動的年代，比「墨子」稍後，而又早於「孟子」。

「楊朱學說」在當時相當著名，但是早已散佚不存，他的見解散見於《孟子》、《列子》、《莊子》、《呂氏春秋》、《韓非子》、《淮南子》等書中。「楊朱學派」屬於「道家」的「激進派」，《孟子·滕文公》篇說：「楊朱、墨翟之言盈天下，天下之言，不歸楊，卽歸墨。」可知「春秋之世」，「楊朱」的學說與「墨家」齊驅，並屬「先秦」流行天下的學說。

「楊朱」主張「貴己」、「重生」、「爲我」，他的名言是：「損一毫利天下，不與也；悉天下奉一身，不取也。人人不損一毫，人人不利天下，天下治矣。」

(8)「文子」：

「文子」，姓「辛」，名「鈃（ㄒㄧㄥˊ）」，「道家」的代表人物。「文子」是「老子」的弟子，少於「孔子」，曾問學於「子夏」和「墨子」，相傳爲《文子》一書作者，人稱「通玄眞人」。

(9)「王弼（ㄅㄧˋ）」：

「王弼」，字「輔嗣」，山陽郡人。「三國」時代「曹魏」的著名經學家、易學家，「魏晉玄學」的主要代表人物之一。

「王弼」爲《道德經》和《易經》撰寫註解，對後世影響甚大。由於漢代、三國《道德經》的注釋本大多失傳，「王弼」的《道德經注》成了本書流傳至今的最早注釋本。

「王弼」以其對「老子哲學」的深切體悟，註解老子《道德經》一書，重視「體用之分」，「有無之別」，不但發展出詮釋「老學」的宗旨「貴無」的精神，並且以此原理註解《易經》，甚至還因此改變了從「漢易」以來，言「象數易學」的「氣化宇宙論」，而將《易經》的研究方向，代之以純粹「玄學思想」，使「中國易學史」走向一個嶄新的局面。

(10)「郭象」：

「郭象」，字「子玄」，「西晉」時期哲學家，玄學人士。早年擔任「司徒椽（ㄔㄨㄢˊ）」，歷官「黃門侍郎、豫州牧長史、太傅主簿」等。

「郭象」曾經註釋《莊子》一書。他把《莊子》的「比喻、隱喻」變成「推理」和「論證」。「郭象」本人雖爲「玄學淸談大師」，但是卻熱心「追求權勢」，「錢穆」批評「郭象」是「曲說媚勢」。

「郭象」雖為《莊子》作注，但是他的「思維」與「莊子」不同。例如《逍遙遊》篇中的「堯讓天下於許由」，原文是稱讚「許由」隱居不仕，但是「郭象」卻是稱許「堯」，而貶抑「許由」。「郭象」主張「獨化理論」，是一種新的「玄學式概念理論」，反對「有生於無」的觀點，認為「宇宙萬物」都存在「自為而相因」的關係，只要各順其適，就可到達理想的「玄冥之境」。因此，他提倡一種「物無大小，各順其適」之精神，平等尊重每一個生命的人生觀。

⑾「姜子牙」：

「姜子牙」，姓「姜」，氏「呂」，名「尚」，字「子牙」，是「周文王、周武王」的軍師，別稱有「姜太公、太公望」。「姜子牙」輔佐「周朝」取代「殷商」有功，受封於「齊國」。

民間傳說，稱「姜子牙」在「商朝」時當過小官。「商末」民不聊生，「紂王」暴政年年，「姜子牙」辭官離開商都「朝歌」，隱居於「蟠溪峽」。據說曾在「磁泉」邊以長杆、短線、直勾、背身的奇妙方式「釣魚」，因而有「姜太公釣魚，願者上鉤」的說法。

⑿「鬼谷子」：

「鬼谷子」，傳說原名「王詡（ㄒㄩˇ）」，又作「王禪」，道號「玄微子」，「戰國時代」的「衛國」人。「鬼谷子」是著名的「謀略家」、「道家」代表人物、「兵法」集大成者、縱橫家的鼻祖、陰陽家、預言家、教育家，精通百家學問，因為隱居「雲夢山鬼谷」，故自稱「鬼谷先生」，建立「鬼谷門派」又稱「縱橫家學派」。「王禪老祖」是後人對「鬼谷子」的稱呼，為「老學五派」之一（縱橫家學派、法家學派、楊朱學派、莊列學派、宋伊學派）。

中國歷代的「兵法家」，尊稱他為「聖人」，「縱橫家」尊稱他為「始祖」，「算命占卜師」尊

稱他爲「祖師爺」，「謀略家」尊稱他爲「謀聖」，「名家」尊稱他爲「師祖」，「道教」尊稱其爲「王禪老祖」。在文化史上，他是與「孔子、孟子、莊子、荀子、墨子、韓非子」等先哲齊名的學術大家。

「鬼谷子」主要作品有：《鬼谷子》、《本經陰符七術》、《鬼谷子天髓靈文》等，書中涵蓋的思想、謀略智慧在現代的從政、外交、經營、管理等方面有著深刻的指導作用。

⒀「范蠡（ㄌㄧˇ）」：

「范蠡」，字「少伯」，又名「陶朱公」，早年居「楚國」時，尚未出仕，人稱「范伯」。以經商致富，廣爲世人所知，後代許多「生意人」皆供奉他的塑像，稱之「財神」。傳說佐「越王句踐」定計滅「吳」後，與「西施」泛五湖而去。

「范蠡」是歷史上早期著名的政治家、軍事家和經濟學家。著名的《陶朱公生意經》是根據「陶朱公」的「經商思想」加以整理而成，又稱《陶朱公商經》、《陶朱公商訓》或《陶朱公經商十八則》，但是並非「范蠡」的著作。

⒁「張良」：

「張良」，字「子房」，封「留侯」，諡號「文成」，「潁川城父」人，「韓國」被「秦朝」滅亡後，曾暗殺「秦始皇」失敗，後成爲漢高祖「劉邦」的謀臣，是「漢朝」的開國元勳之一，與「蕭何、韓信」同爲「漢初三傑」。

「張良」在流亡時，認識了隱士「黃石公」，受贈《太公兵法》，潛心苦讀十年而有成。後來，「張良」去投靠以滅秦爲目標的「劉邦」，因爲「劉邦」重視他，成爲頂尖的「謀士」。

後來，「張良」協助「劉邦」消滅「項羽」，「楚漢相爭」結束，「漢朝」建立，「張良」因功受封「留侯」。「張良」了解「劉邦」個性，爲免功高震主，故退居幕後，不過問朝政，不但免去「清算功臣之禍」，反深得「劉邦」與「呂后」器重，兩人遇重大政治決策，必定請益「張良」，「張良」便以「國策顧問」的身分善終。

關於「張良」的後代，包含其子「張辟彊」，而歷史上的「東漢」學者「張超」、「蜀漢」將領「張翼」等，皆是其後裔。「道教」創始者「張道陵」，相傳也是他的後代。

⒂「司馬談」：

「司馬談」是「司馬遷」的父親，「西漢」夏陽人，「漢武帝」時擔任「太史令」。其代表作是《論六家要旨》，在這部著作中，他首次提出「道家」的名稱。

⒃「田駢（ㄆㄧㄢˊ）」：

「田駢」是「戰國時期」的思想家，「齊國」的宗室。曾在「齊國」的「稷下」講學，因能言善辯，人稱「天口駢」。他主張「貴齊」、「順道」、「明分」、「立公」，其著作已經佚失。

⒄「慎到」：

「慎到」是「戰國時期」的「趙國人」。早年學「黃老之術」，曾在「齊國」的「稷下」講學，負有盛名，後來離開「齊國」至「韓國」。主張「因循」、「尚法」和「重勢」，他的名言是：「賢智未足以服衆，而勢位足以詘者。」

⒅「宋鈃（ㄒㄧㄥˊ）」：

「宋鈃」是「宋國人」，主張「崇儉」、「非鬥」、「別宥（ㄧㄡˋ）」。曾有《宋子》十八篇，

今亦亡失，僅存輯本。

⒆「尹文」：

「尹文」是「齊國人」，反對「諸侯」間的兼併戰爭。認爲「道」卽是「氣」，明確提出了「精氣說」，並對「社會分工」的「合理性」和「必然性」，進行了論證。其他主張與「宋鈃」類似，現存《尹文子》一卷。

⒇「司馬徽」：

「司馬徽」，字「德操」，道號「水鏡」，人稱「水鏡先生」，潁川陽翟縣人，移居「荊州」，「東漢」末年名士。東晉人「習鑿齒」的《襄陽記》記載，「龐德公」稱「諸葛亮」爲「臥龍」，「龐統」爲「鳳雛」，「司馬徽」爲「水鏡」。

其中「司馬徽」清雅有知人鑒，「龐統」十八歲時曾會見過「司馬徽」，「劉備」會見「司馬徽」時，「司馬徽」曾向其推薦「諸葛亮」和「龐統」。「曹操」得「荊州」後，俘虜了「司馬徽」，本想委以重任，「司馬徽」卻病死。

除了上述著名的「道家學者」外，還有：呂不韋、諸葛亮、徐茂公、宋濂、劉伯溫、文徵明、張道陵、祖沖之、陸修靜、呂洞賓、陳摶、王重陽、丘處機、張三丰、鶡冠子、劉安、嵇康、鄧禹、徐庶、苗訓、文天祥、杜甫、李白、王羲之、蘇軾、孫思邈、吳道子、魏徵、徐渭、葛洪、黃公望、袁天罡、陶淵明、湯和、汲黯、王充、王導、謝安、劉基、傅山、嚴復、楊增新等等，著名的道家人物。

八、「道家」的派別

「道家思想」是一個複雜的學說，自上古至今，已經歷數千餘年，中間自然會經過許多發展的階段，出現許多不同的「派別」。不同「派別」的思想重點也不同，有的偏重於「治國」，有的偏重於「治身」，每個「學派」各不相同，各個都有其獨特的風格與特點。但是，「道家」雖然在「學派」上有所區別，但就其「主旨」來說是相通的，以「道」為本，「自然無為」。

「道家」在較早的時期，按照「地域」與「時間」來區分「派別」，有「鄭道家」、「晉道家」、「秦道家」、「楚道家」、「齊道家」、「戰國道家」、「先秦道家」、「原始道家」等種種的稱謂。假如按照「地理方向」，則有「北方道家」與「南方道家」。

從「戰國末期」至「秦漢」，是一個「派別」大爆發的階段，例如：「列子」創立了「貴虛學派（列子學）」、「鬼谷子」創立的「鬼谷子學派」等，當時人稱「刑（形）名法術之學」或「黃老道德之術」。各個「道家」「派別」，雖然「其要本歸於老子」，但是又都帶有自己的特點。

根據《漢書・藝文志》的記載，「班固」所推崇的史官「道家流」，就有三十七家。可是，大多歷經「秦火」和「漢火」而亡佚。

本書挑選最著名的五大學派來說明，分別為：「老莊學派」、「黃老學派」、「楊朱學派」、「彭蒙、田駢（ㄆㄧㄢˊ）、愼到學派」和「宋尹學派」。

（一）老莊學派：

「老莊學派」是以「老子」和「莊子」的著作，即《道德經》和《莊子》的思想為基礎，所產生的先秦道家流派。

「老莊學派」以「大道」爲根、以「自然」爲伍、以「天地」爲師、以「天性」爲尊，以「無爲」爲本，主張「清虛自守、無爲自化、萬物齊同、道法自然、遠離政治、逍遙自在」等，體現了「離用爲體」的特點。因此，成爲了歷代文人雅士，遠離殘酷現實的精神家園。

另外，「老莊學派」重視「不言之教」，反對「禮教」的虛僞性，和反對「儒家」以「仁義道德」爲核心的「人倫教育」，提倡「自然主義教育」。要求擺脫「經驗知識」的束縛，實現對「自然本身」的「直覺體悟」，通過「學習自然」，而返歸與保全人的「樸素本性」。

「老莊學派」是「先秦道家學派」中，影響最大的一支。「老子」爲「道家」的創始人，創立以「道」爲核心的思想體系，提出「自然天道」的觀。「莊子」繼承發展「老子」的「自然天道」觀念，但是二者實有區別，故「西漢初期」一般不以「老、莊」並提。直到「魏晉時期」，多數「玄學家」著重於「老、莊」共同之處，才視「老、莊」爲同一個學派。

「老莊學派」的代表人物是「老子、莊子、列子、王弼、郭象、嵇康、阮籍、成玄英、王玄覽、李榮、吳筠、傅山」等。

（二）黃老學派：

「黃老學派」爲「黃帝之學」和「老子之學」的合稱，該流派尊傳說中的「黃帝」和「老子」爲創始人，以「道家思想」爲主，並且採納了「陰陽家、儒家、法家、墨家」等學派的觀點，來作爲一種「哲學思想」。

「黃老學派」開始於「戰國中期」，而盛行於「西漢時期」。「黃老學派」在「戰國晚期」，有很大的影響力。在幾個「諸侯國」裡，握有統治權的「法家人物」，頗多學習「黃老之術」，如「韓國」的「申不害」和「韓非」、「齊國」稷下的趙人「愼到」等等，都以其學歸本於「黃老」。

「漢代」的「竇太后」喜好「黃老之術」，「漢初」的主要大臣「蕭何、曹參、陳平」等，都喜好「黃老之學」，實施「無爲之政」，當時恢復了經濟，出現了「文景之治」的繁榮局面。「司馬談」在《論六家要指》裡，把「黃老」列爲首位。

「黃老學派」的思想發展，主要分爲三大主題：「修行（修身養性、長生久視、丹道等等）」、「經世（政治思想、休養生息、無爲而治等）」和「致用（技術發明等）」，以「形而上本體的道」作爲依據，結合「形而下」的「養生、方技、數術、兵法、謀略」等等。

「黃老學派」以「虛無」爲本，以「因循（遵循舊習而無所改動）」爲用，採「儒墨」之善，撮「名法」之要，主張「因俗簡禮、兼容並包、與時遷移、應物變化、依道生法，依法治國、刪繁就簡、休養生息」，體現了「離體爲用」的特點，成爲了歷次朝代大亂之後，政府治世的急救包。

「黃老學派」的代表人物爲「黃帝、姜子牙、老子、文子、列子、范蠡、管子、環淵、鶡（ㄐㄧㄝˋ）冠子、屈原、呂不韋、劉安、嚴遵、王充、劉晝、呂端」等等。

「黃老學派」的代表著作有：《老子》、《文子》、《列子》、《莊子》、《愼子》、《鶡冠子》、《淮南子》、《太公》、《黃帝書》、《黃帝四經》、《黃帝內經》、《管子》、《呂氏春秋》、《論衡》、《劉子》、《經法》、《十六經》、《道原》等等。

（三）楊朱學派：

「陽朱」，字「子居」，「魏國」人，生平已不可考。傳說他是「老子」的弟子。是「春秋戰國時期」的一名「道家」的改革思想家，開創了「楊朱學派」。「道教」尊之爲「貴生眞人」。

在「先秦」各家的著述中，如《孟子》、《荀子》、《莊子》、《韓非子》、《呂氏春秋》等，他的名字曾經多次出現。他的行蹤大多在「魯、宋、梁」一帶，據《莊子》記載，他曾經見過「老子」，他的活動的年代，比「墨子」稍後，而又早於「孟子」。

「楊朱學說」在當時相當有名，但是早已散佚不存，散見於《孟子》、《列子》、《莊子》、《呂氏春秋》、《韓非子》、《淮南子》等書中。

「楊朱學派」屬於「道家」的「激進派」，在《孟子．滕文公》篇說：「楊朱、墨翟之言盈天下，天下之言，不歸楊，卽歸墨。」可見「春秋」之世，「楊朱之學」與「墨家」並駕齊驅。

「孟子」以「墨翟、楊朱」作對比，在《孟子．盡心上》上說：「楊子取爲我，拔一毛而利天下，不爲也；墨子兼愛，摩頂放踵，利天下爲之。」可見「楊朱學派」和「墨家」，與「儒家」在觀念上，有多麼嚴重的分歧。

「孟子」批評「墨翟、楊朱」都是「無父無君，是禽獸也」，但是「孟子」也說「逃墨必歸於楊，逃楊必歸於儒」，所以許多後人詮釋，「孟子」認爲「楊朱思想」比較接近於「儒家思想」。

「楊朱」的思想，在「戰國初年」，一度風行，與「儒、墨」兩家，形成三足鼎立的形勢。

「楊朱學派」主張「貴己」和「爲我」，重視「全性保眞」。

所謂「貴己」，是說自己身體最貴重者，莫過於「生命」，「生難遇」而「死易及」。人在這短促的一生當中，應當萬分貴重，要「樂生」，一切以「存我爲貴」，不要使自己的身體受到損害，去則不復再來。

所謂「爲我」，則指「行爲」應該以「個人」爲出發點，也就是提倡「個人主義」。他突破「老子」的「清心寡欲」，主張「放縱自我」、「享受快樂」，他反對「墨家」的「兼愛（主張愛無差別等級，不分厚薄親疏。）」及「儒家」的「仁義」主張，認爲「治國」的大前提，是「既不損己爲人，亦不損人爲己」。

所謂「全性保眞」，「全性」卽順應「自然之性」，生既有之便當全生，物既養生便當享用之，但不可逆命而羨壽，聚物而累形，只要有「豐屋美服，厚味姣色」，滿足生命就夠了，不要貪得無厭，不要爲外物（身外之物。多指利欲功名之類。）傷生；「保眞」就是保持自然所賦予我身的「眞性」，縱心而動，不違「自然」所好。縱心而遊，不逆「萬物」所好。勿矜一時的譭譽，不要死後的餘榮。不羨壽、不羨名、不羨位、不羨貨，乃可以不畏鬼、不畏人、不畏威、不畏利，保持和順應自然之性，自己主宰自己的命運。

「楊朱學派」的代表人物有「楊朱、告子、巫馬子、孟季子、子華子、詹子（詹何）、魏牟、它囂、田巴、倪說、公孫龍」等。

（四）愼到、彭蒙、田駢（ㄆㄧㄢˊ）學派：

「愼到」，趙國「邯鄲」人，時期約稍早於「孟子」，爲戰國時道家、法家思想家。「法家」中有三派：「愼到」重「勢」、「申不害」重「術」，「商鞅」重「法」。「愼到」主張「因循」、「尚法」和「重勢」。

「愼到」的名言是「賢智未足以服衆，而勢位足以詘者。」」，《史記．孟子荀卿列傳》說他著有《十二論》，《漢書．藝文志》記載《愼子》著有四十二篇，今多不傳。

值得注意的是，「愼到」的《愼子》流佈於世，並且從他的思想中的某些方面，成爲「法家思

想」的重要來源，這說明「先秦諸子」，是在相互的批判吸收中，共同成長的。

「愼到」早年學「黃老道術」，也受到儒家「西河學派（子夏學派）」的影響，曾到「齊國」的「稷下學宮」講學，而負有盛名，受「上大夫」之祿。「齊湣王」十七年，「愼到」離開「齊國」到「韓國」，擔任「韓大夫」，和「田駢、接子、環淵」同時期。

「彭蒙」，「戰國」時期「齊國」人，「黃老道家」的代表人物，是「田駢」的老師，有一說「彭蒙」卽「伯昏瞀（ㄇㄠˋ）人」。「彭蒙」曾經遊學於「齊國」的「稷下學宮」，是「稷下學宮」中，最具有影響力的學者之一。

「彭蒙」提出「齊物論」，強調「事物均齊」的重要性，就是注意到「環境的平衡」，只有做到「齊物」，才能保證「持續性」。

「田駢」，「戰國」時期「齊國」人，先秦「天下十豪」之一。早年學「黃老之術」，與「尹文、宋鈃」是同學，與「愼到」齊名。曾在「齊國」的「稷下學宮」講學，有辯才，尤好爭論，人稱「天口駢」。後來又師從「彭蒙」，主張「貴齊」、「順道」、「明分」、「立公」、「齊萬物以爲首」。《漢書．藝文志》記載著有《田子》二十五篇，其著作已經佚失。

在《呂氏春秋．執一》中，曾經記錄「田駢」教導「齊王」如何「治國」之事，「田駢」認爲「以不治爲治」，卽「君無爲，而臣有爲。」。

在《莊子．天下篇》中，把「愼到、彭蒙、田駢」這三個人列爲一派，並且指出他們的思想也是承「老子的學說」發展而成。他們的思想主張，都認爲「古之道人，至於莫之是，莫之非而已矣。」這也就是莊子《齊物論》裡的意思，也就是「齊萬物以爲首」的意思。嚴格來說，這幾個人的哲學思想，都屬於「道家」體系的，而「彭蒙」和「田駢」是屬於「稷下學宮」的「黃老學派」。

「愼到、彭蒙、田駢學派」後來成爲從「道家」分化出來的「法家」，主張「尙法」和「重勢」。由「棄知去己」的觀點，提出「大君任法而弗躬，則事斷於法矣。」的「法家」政治主張，強調「官不私親，法不遺愛」。同時重視「勢治」，以爲「賢智未足以服衆，而勢位足以蹳賢者」，權勢者應「抱法處勢」，「無爲而治天下」。

（五）宋尹學派：

「宋鈃（ㄒㄧㄥˊ）」，宋國人，是「戰國」時代的思想家，「宋尹學派」的創始人及代表人物。「宋鈃」是遊學於「齊國稷下學宮」的學者，有授徒講學。他的主張有「反戰、禁慾」等，其所屬學派存爭議，依照各學者的認定，「道家、墨家、名家、雜家、小說家」皆有。

「宋鈃」主張「崇儉」、「非鬥」、「別宥（ㄧㄡˋ）」，「孟子」和「莊子」都很尊敬他，稱他爲「先生」，認爲他做到了舉世都「讚譽」他，也不會因此「奮勉」，舉世都「非議」他也不會因此「沮喪」。

「宋鈃」曾經著有《宋子》十八篇，今亦亡失，僅存輯本。「宋鈃」的言論及思想，僅散見於《莊子》、《荀子》、《韓非子》、《呂氏春秋》和《說苑》等書中，通過其他「諸子百家」的或批判或讚譽的轉載，流傳至今。

「宋鈃」繼承「老子」思想，提倡「接萬物以別宥爲始」，提出「情慾寡」、「見侮不辱」說，反對「諸侯」間的兼併戰爭。「宋鈃」一方面提倡「人民壓制欲望」、「容忍侮辱而不爭鬥」，從而維持基本的「社會秩序」。

另一方面，在「國家層面」，提倡「反戰思想」，《孟子．告子下》就記載了「宋鈃」為了反對戰爭，而遊說「秦、楚」兩國的事。「宋鈃」對「上層貴族」宣揚「和平、反對戰爭」，對「下層百姓」提倡「克制個人慾望，減少私鬥。」，目的是「天下安寧、人民得以生息」。

「尹文」，「齊國」人，他反對「諸侯」間的兼併戰爭，認為「道」即是「氣」，明確提出了「精氣說」。並對「社會分工」的「合理性」和「必然性」，進行了論證。「尹文」其他的主張，與「宋鈃」很類似。現存《尹文子》一卷，分《大道》上下兩篇，上篇論述「形名理論」，下篇論述「治國之道」。

「尹文」與「宋鈃」齊名，同屬於「稷下學派」。「尹文」於「齊宣王」時，居住在「稷下」，為「稷下學派」的代表人物。他與「宋鈃、彭蒙、田駢」同時期，都是當時有名的學者。

「尹文」曾經勸「齊宣王」採用「無為之政」，對「齊湣王」說「見侮而不鬥」為士。主張「息兵」，強調「名正則治，名喪則亂」，「公孫龍」非常欣賞他的政治學說。

「宋尹學派」是「戰國」時期，以「宋鈃、尹文」為代表的學派。他們略早於「莊子」，應該與「孟子」同時。「宋鈃、尹文」並提，開始見於《莊子．天下》。「莊子」十分推崇「宋鈃」和「尹文」二人，不因外界毀譽而堅持自己操行的精神。

「宋尹學派」繼承「老子」的「自然之道」思想，糅合「法家、儒家」，以「法」於「道」而為「仁義禮樂」的根據，變「自然法則」為與「法」相聯繫的「社會法則」。

在「社會思想」上，主張過一種「自然安寧」的「清貧生活」，具有「均平」的思想傾向；在

「政治上」，反對「諸侯」間的征戰攻伐；在「人生哲學」上，提倡「人際間」要「寬容、和諧」，反對爭鬥，提出「見侮不辱、情慾寡淺」之說；在「認識方法」上，提出「接萬物以別宥爲始」的原則，即「認識事物」必須首先排除「主觀偏見」的侷限。他們認爲，如能做到「見侮不辱」，就可以「救民之鬥」，使天下安寧。

九、「道家」的經典

「道家」有哪些經典呢？在「東漢」歷史學家「班固」，所著的《漢書．藝文志》中記載，「道家」的書籍有《黃帝四經》、《黃帝銘》、《黃帝君臣》、《雜黃帝》、《力牧》、《伊尹》、《太公》、《辛甲》、《鬻（ㄩˋ）子》、《管子》等等。

「道家」的主要經典，除了《老子》、《莊子》之外，比較著名的還有《韓非子》、《文子》、《列子》、《管子》、《鬼谷子》、《鶡（ㄐㄧㄝˋ）冠子》、《庚桑子》、《黃帝內經》、《呂氏春秋》和《淮南子》等等。

其他「道家」的次要經典，例如：《道家易》、《太一生水》、《五行》、《九主》、《明君》、《德聖》、《經法》、《十大經》、《稱經》、《道原經》、《物則有形圖》、《湯處於湯丘》、《湯在啻門》、《鬻（ㄩˋ）子》、《恆先》、《彭祖》、《三德》、《用曰》、《太公》、《辛甲》、《週訓》、《凡物流形》、《素書》、《守白論》、《尸子》、《行氣玉佩銘》、《老子指歸》、《老子河上公章句》、《苻子》、《天隨子》、《宗玄先生文集》、《化書》、《玄眞子》、《無能子》、《伯牙琴》、《逍遙詠二百首》、《須溪先生全集》、《道家佚書輯本十七

種》、《莊元臣文集》、《傳山全書》、《老子集成》、《各道家諸子典籍注疏》等等。

然而，「道家」的典籍「浩如煙海」，除了上述所列的「主要」和「次要」典籍之外，還有衆多的經典著作。

本書挑選「道家」比較重要的六本經典來做簡介，有興趣的讀者，可以再深入閱讀研究。

（一）《道德經》：

《道德經》是「春秋時期」，「老子」的哲學作品，又稱爲《道德眞經》、《老子》、《五千言》、《老子五千文》，是中國古代「先秦諸子」分家前的一部著作，是「道家」哲學思想的重要來源。

《道德經》分爲上、下兩篇，原文上篇《德經》、下篇《道經》，不分章，後來改爲《道經》三十七章在前，第三十八章之後爲《德經》，並分爲八十一章。

《道德經》的內容，以「道德」爲綱宗，論述「修身、治國、用兵、養生」之道，而多以「政治」爲旨歸，是所謂「內聖外王」之學，文意深奧，包涵廣博，被譽爲「萬經之王」。

《道德經》是中國歷史上，最偉大的名著之一，對傳統的「哲學、科學、政治、宗教」等，產生了深遠的影響。根據「聯合國教科文組織」統計，《道德經》是除了《聖經》以外，被翻譯成「外國文字」，發布量最多的文化名著。

（二）《莊子》：

《莊子》又名《南華眞經》，分爲「內篇」、「外篇」和「雜篇」等三大部分，原有五十二篇，是由「戰國中晚期」逐步流傳、揉雜、附益，至「西漢」大致成形，然而當時流傳的版本，今已失傳。

「西漢」著名的史學家「司馬遷」評價《莊子》說：「莊子著書十萬餘言」，《漢書．藝文志》記載「《莊子》五十二篇」，而今本的《莊子》，僅剩三十三篇六萬五千多字。

目前所流傳的篇章，是經由「西晉」的哲學家「郭象」所整理，篇目章節與「漢代」亦有不同。「內篇」大體上，可以代表「戰國時期」的「莊子思想核心」，而「外篇」和「雜篇」的發展，則縱橫百餘年，參雜「黃老思想」和「莊子」後學的觀點，所形成的複雜體係。

《莊子》一書，主要反映了「莊子」的批判哲學、藝術、美學、審美觀等。其內容豐富，博大精深，涉及「哲學、人生、政治、社會、藝術、宇宙生成論」等諸多方面。

《莊子》在哲學、文學上都有很高的研究價值，它和《周易》、《老子》並稱為「三玄」。

（三）《黃帝四經》：

《黃帝四經》是「馬王堆漢墓」出土的「帛書（寫在縑帛上的文字）」，當時稱為《老子乙本卷前古佚書》，後來經由專家鑒定，認為此書是失傳已久的《黃帝四經》。

《漢書．藝文誌》曾經著錄此書，但是「漢代」以後就失傳了，學者根據書的內容、文字、篇章數目等研究，認為此書成書時期，應當晚於《老子》，早於《管子》、《孟子》、《莊子》。它體現了「道家學說」，由「老子」一派，變成「黃老學派」的轉變，對「先秦」各家各派，都有直接或間接的影響。《黃帝四經》對於「經學（研究儒家經傳的訓詁與闡揚義理的學術）研究」，有極重要的地位。

《黃帝四經》是指四篇古佚書：《經法》、《十六經》、《稱》和《道原》。《經法》以「道

家思想」爲主，也包含「墨家」和「法家」的觀點；《十六經》大多記述「黃帝」大戰「蚩尤」；《稱》是「成語集」；《道原》和後來《淮南子》的「原道篇」主題相近，都是講述「道」，受《道德經》的影響較大。

（四）《關尹子》：

《關尹子》又名《文始經》、《關令子》，全名《文始眞經》，「關尹子」是以「官職」代替姓名而已，「關」是指「老子」出「函谷關」的「關」，守關的人叫做「關令尹」，名字叫做「喜」，所以稱爲「關令尹喜」，後人尊稱爲「關尹子」。

相傳「老子」看透了當時的形勢，知道「周天子」的朝代不久，所以離開「周朝」西出「函谷關」。「函谷關」的鎮守官吏「關令尹喜」，久仰「老子」的大名，所以盛情款留，希求指教。「老子」爲留下《道德經》五千言之後，就騎青牛西去。「關令尹喜」研讀「老子」之學，多有心得體會，發而爲文，寫成《關尹子》一書。

《關尹子》分爲〈一宇〉、〈二柱〉、〈三極〉、〈四符〉、〈五鑒〉、〈六匕〉、〈七釜〉、〈八籌〉、〈九藥〉，共九篇。「宇」者，道也。「柱」者，建天地也。「極」者，尊聖人也。「符」者，精神魂魄也。「鑑」者，心也。「匕」者，食也。「釜」者，化也。「籌」者，物也。「藥」者，雜治也。

書中雜採「儒、道、神仙」各家之言，論述「修煉形神性命」之道。其中有「嬰兒姹（ㄔㄚˋ）女、絳（ㄐㄧㄤˋ）宮白虎」等「丹家」術語，又借取「佛教思想」。

（五）《列子》：

《列子》又名《沖虛眞經》，是「戰國」早期「列子」、「列子弟子」以及其「後學」所著的哲學著作。

《列子》是中國古代「先秦」思想文化史上著名的典籍，屬於「諸子學派」的著作，是一部智慧之書，它能開啟人們心智，給人以啟示，給人以智慧。其書發揚黃老之幽隱，辭旨縱橫，是「道家」義理不可或缺的部分，屬於早期「黃老道家」的一部經典著作。

「唐玄宗」立「玄學博士」，指定《老子》、《列子》、《莊子》、《文子》爲必讀之書，時號「四玄」。並追封「列禦寇」爲「沖虛眞人」，《列子》一書爲《沖虛眞經》。

《列子》按章節分爲《天瑞》、《黃帝》、《周穆王》、《仲尼》、《湯問》、《力命》、《楊朱》、《說符》等八篇，每一篇均由多個「寓言故事」組成，以此闡發其思想。其中較爲人熟悉的包括「愚公移山」、「杞人憂天」、「亡鈇者」、「歧路亡羊」等。書中許多寓言都帶有足以警世的教訓，也具有一定的文學價值。就其全書的「思想」來看，屬於「黃老道家」，許多地方近似於《莊子》，爲「道教」的「神仙長生思想」提供了素材。

（六）《淮南子》：

《淮南子》又名《淮南鴻烈》、《劉安子》，是「西漢」皇族淮南王「劉安」，及其「門客」集體編寫的一部哲學著作，屬於「雜家」作品。讀《淮南子》可以讓我們深入地理解，西漢「黃老學派」的思想發展。

《淮南子》相傳是由西漢皇族淮南王「劉安」主持撰寫，故而得名。該書在繼承先秦「道家思想」的基礎上，綜合了「諸子百家學說」中的精華部分，對後世研究「秦漢時期」文化，起到了不可

替代的作用。

「劉安」希望融合各家之說，爲「漢朝」制法，論述「帝王之道」。他制訂全書大綱，幕下賓客分別執筆，自己加以修訂，並寫下全書最後一篇〈要略〉。

「劉安」第一次朝見「漢武帝」時，獻上此書，期望「漢武帝」施行書中的政治理論，緩和「大一統」和「中央集權」的政策。「漢武帝」喜愛此書，加以秘藏。

《淮南子》共有二十一篇：〈原道〉、〈俶眞〉、〈天文〉、〈地形〉、〈時則〉、〈覽冥〉、〈精神〉、〈本經〉、〈主術〉、〈繆稱〉、〈齊俗〉、〈道應〉、〈氾論〉、〈詮言〉、〈兵略〉、〈說山〉、〈說林〉、〈人間〉、〈脩務〉、〈泰族〉、〈要略〉。

全書各篇，作者各有所好，下筆之前，衆人見解不要求統一，風格雖然前後一致，貫穿全書，內容上卻有許多不連續之處，前後迥異，上下分歧。

《淮南子》的內容極爲廣泛，包括「上古神話、當代朝政、古代軼聞、天文學、地誌學」及「哲學」，綜合「諸子百家」，引述「古書」多達八百處，往往重新組織了「先秦諸子」的文句，闡明自己的新觀點。

有學者指出，《淮南子》在結構上，以「老莊思想」開其端，爲全書主流，卻以「儒家思想」竟其尾。

第二單元 「道家」的修行心法

「道家」不同於「道教」，但是「道教」是在「道家」的基礎上，建立起來的一個宗教。「道家」也不是個「宗教」，它是個「哲學思想學派」，但是卻有「修行心法」，而且目的不是要修成「神仙」，而是要修成「眞人（古代道家洞悉宇宙和人生本原，眞正覺醒、覺悟的人。）」和「至人（古時具有很高的道德修養，超脫世俗，順應自然而長壽的人）」，最後與「天地同壽」。

「道教」的「修行心法」，是許多歷代的「修道士」，在「道家修行心法」的基礎上修煉，得到許多「修行心得」，所建立起來的「道教式修行心法」。

本單元介紹「道家」的「修行心法」，但是要先簡介「佛教」的「修行心法」。因爲，「佛教」的「唯識論」，是一門「佛法心理學」，而「修道」的過程，其實就是我們「心理」的變化過程。因此，唯有借助「唯識論」的學理，我們才能夠看懂各宗教的「修行心法」。

一、「佛教」的「唯識論」

各宗教都有自己的「修行心法」，一般人都很難「看懂」，原因出在我們修煉時，不懂我們「心理」的變化過程，經書的「專有名詞」又不容易理解，所以就覺得很困難。

我早年研究閱覽各宗教的經書時，也是遇到同樣的問題，對各宗教的「修行心法」有看沒有懂。

直到我研究「佛教」的「唯識學」之後，我才如夢初醒，恍然大悟，了解原來如此。有興趣深入了解「佛教唯識論」的「讀者」，請參閱拙作《看懂心經》和《看懂禪機》。

「佛教」的「唯識學」是一門博大精深的學問，是談論我們「凡夫的心理狀態」。所謂的「禪定修練」，就是要改變我們平常的「心理狀態」，固定在某一種特定的「心理狀態」下。

下面先簡述「唯識學」的基礎概念。

(1)人類的心理有八個「心識」，即眼識、耳識、鼻識、舌識、身識（以上合稱五識）、意識、末那識及阿賴耶識。

(2)人往生後，「靈魂」就脫離肉體，佛法稱為「中陰身」，第八識「阿賴耶識」跟隨著「中陰身」，在「業力」的引導下，到「六道（天人道、阿修羅道、人道、畜生道、餓鬼道、地獄道」去投胎轉世。

(3)假如投胎到「人道」，「中陰身」會尋找有緣的男女做父母。「中陰身」和父精（精子）、母血（卵子）三者結合，才能在母親的子宮裡成為「胎兒」。成為胎兒之後，「中陰身」裡的第八識「阿賴耶識」開始運作，陸續生出七個「心識」。胎兒長出眼睛、耳朵、鼻子、舌頭、身體（以上合稱五根）之後，就生出眼識、耳識、鼻識、舌識、身識（以上合稱五識）。

(4)胎兒一出生，成為「嬰兒」。這個時候，「五根（眼睛、耳朵、鼻子、舌頭、身體）」接觸到外界的五種環境，稱為「五境（色境、聲境、香境、味境、觸境）」，就產生「五識（眼識、耳識、鼻識、舌識、身識）」，進而生出第六識「意識」。「五識」必定是與外境、外境接觸而後產生的。此「五識」本身單獨並不能產生任何功能，必須與第六識「意識」相結合，才能產生作用。

⑸第六識「意識」的功能有「尋伺、作意、判斷、記憶、決定和引發喜怒哀樂的情緒作用。只要前「五識」一起作用，第六識「意識」就跟著起作用，進行了別、思惟、作意等功能。第六識「意識」還有另外一個功能，叫做「獨頭意識」。它是單獨生起，不與前「五識」俱起。「獨頭意識」可分為四種：夢中、禪定中、精神錯亂中和精神疾病中。我們的見聞覺知、思想判斷，都是以第六識「意識」為主，第六識「意識」是心理活動的綜合中心。牽引我們去受業報的，也是第六識「意識」的功能。

⑹第七識「末那識」是第六識「意識」的根，它又把第八識「阿賴耶識」當成「我、自己」，而牢執不捨。第七識「末那識」的作用，是經常的審慮思量，執著自我，它是一個以「自我」為中心的心識，是自私的心識。

⑺第八識「阿賴耶識」的功能非常大，前面七個心識的種子，都儲存在第八識中，就像電腦的資料庫與存取一樣。第八識「阿賴耶識」能把所有「業識種子」儲存下來，不論多少，永遠不會滿，像一顆無限量的「硬碟」一樣。

我們出生到人間，雖然是帶著我們前世第八識「阿賴耶識」的「業識種子」而來。但是在今世，也自然會造出各種新的「業識種子」，又將新的「業識種子」儲存到第八識「阿賴耶識」裡去。第八識「阿賴耶識」到了下一世，「業識種子」成熟了，成為「果報」。我們就這樣，生生世世把「業識種子」儲存進第八識「阿賴耶識」，生生世世的果報，也從第八識「阿賴耶識」的「業識種子」顯現出來。

最後，總結「佛教」的「修行心法」。「唯識學」告訴我們一個原理，唯有透過「靜坐禪定」的練習，停止自己第六識「意識」的分析判斷功能，讓第六識「意識」無法傳遞分析判斷的結果，給第七識「末那識」做決定，第七識「末那識」就會停止作用。

一旦第七識「末那識」停止作用，我們的思想活動就停止，「妄想執著」當然就不存在。這時候，你的「如來智慧德相」，也就是「自性佛」，就顯現出來，這就是所謂的「見性成佛」。

簡單的說，只要停止自己第六識「意識」的「分析判斷功能」，第七識「末那識」就會停止作用，我們的「思想活動」就會停止。當下就沒有「妄想執著」，就沒有「分別心」，只有自己的「覺知心」，清清楚楚，明明白白，與宇宙間的「大道」頻率相連結，這就是所謂的「見性成佛」。

「道家」的修行心法，散見於「道家」的各經書，其中以《莊子》談的最多。由於篇幅有限，本單元舉《文子》一篇做爲代表，其餘以《莊子》爲主。

二、《文子．道原》：「孔子」問「道」於「老子」

《文子》又稱作《通玄經》，相傳是「老子」的弟子「文子」所作。《漢書．藝文志》中記載有「道家類」著錄《文子》九篇，今本《文子》分十二篇八十八章。

●《文子．道原》原文：

孔子問道。老子曰：正汝形，一汝視，天和①將至；攝汝知②，正汝度③，神④將來舍⑤，德將爲汝容，道將爲汝居。瞳子⑥，若新生之犢，而無求其故，形若枯木，心若死灰，眞其實知⑦而不以曲故⑧自持，恢恢⑨無心⑩可謀，明白四達⑪，能無知乎？

【註釋】

①天和：人的元氣。

②知：識別、區別，指意識分別心。

③度：外表、儀態、姿勢。

④神：人的精氣、腎氣。

⑤舍：房屋，指身體。

⑥瞳子：瞳孔，黑眼睛中央的圓孔。

⑦實知：眞實的智慧，指「本性」。

⑧曲故：巧詐，指刻意用「意識」來自我控制「心念」。

⑨恢恢：寬闊廣大的樣子。

⑩無心：不用「意識」去「分別判斷」，沒有什麼「心機」。

⑪明白四達：清楚的通曉事理。

【白話翻譯】

「孔子」向「老子」請問：「道是什麼？」

「老子」回答說：「首先要端正你的外形，然後專一你的視線，『人的元氣』即將到來。收攝你的『意識分別心』，端正你的『儀態』，『人的精氣』就會注入你的身體。『德行』將成爲你的容貌，『大道』將成爲你的居室。『眼睛』就像『初生的牛犢』一樣的清澈明亮，不會無端的追根究底，胡思亂想。『身形』好像『枯木』一樣，『心靈』好像冷卻不再燃燒的『灰燼』一樣，回歸到自

己『眞實的智慧（本性）』裡，但是不要『刻意用意識』，來自我『控制心念』，只要放任你的『心靈』寬闊廣大，不用『意識』去『分別判斷』，沒有什麼『心機』可以謀劃。你的『眞實的智慧（本性）』能讓你清楚的通曉事理，還有什麼不能洞察和知道的事情呢？

◆作者解析：

這一段話，是記載「老子」傳授「道家」的「修道心法」給「孔子」的過程。知道「佛家修道心法」的人，讀完這一段經文，一定會覺得似曾相識。

我在我的第一本書《看懂心經》裡提到，「佛法」的「唯識學」告訴我們一個原理，唯有透過「靜坐禪定」的練習，才能夠讓第七識「末那識」停止作用。一旦第七識「末那識」停止作用，我們的「思想活動」就會停止，「妄想執著」當然就不存在。這時候，你的「如來智慧德相」，也就是「自性佛」，就顯現出來，這就是所謂的「見性成佛」。

所以，要想去除「妄想執著」，只有一個方法，就是修行「三昧（靜坐禪定）」，讓我們的第七識「末那識」停止「思慮的作用」，就不會產生「妄想執著」。

我的第二本書《看懂禪機》，是《看懂心經》的續集，它的首要重點，是說明用什麼方法？來讓第七識「末那識」停止作用。答案是：修道要從第六識「意識」下手。

讓第七識「末那識」停止作用的方法是：透過「靜坐禪定」的修習，停止自己第六識「意識」的「分析判斷功能」，讓第六識「意識」無法傳達「分析判斷的結果」，給第七識「末那識」做決定，第七識「末那識」就會停止作用，「自性」自然顯現。

「老子」說的「正汝形，一汝視」和「攝汝知，正汝度」，是指「靜坐」的「姿勢」和「內心狀態」。

「天和將至」和「神將來舍」，是指「靜坐」一段時間之後，人的「元氣（精氣、腎氣）」將從「下丹田」生起。

「而無求其故，形若枯木，心若死灰」，是指不會「胡思亂想」，「身體」不動，停止自己第六識「意識」的「分析判斷功能」，不要刻意用「意識」，來自我控制心念。

「恢恢無心可謀」，是指只要放任你的「心靈」，不用「意識」去「分別判斷」做謀劃。

「老子」告訴「孔子」說，一旦你回歸到自己「眞實的智慧（本性）」裡，就能夠讓你清楚的通曉事理，還有什麼不能洞察和知道的事情呢？

三、《莊子．內篇．逍遙遊第一》：「至人、神人、聖人」的境界

●《內篇．逍遙遊第一》原文：

夫列子①御風②而行，泠然③善也，旬有④五日而後反。彼於致⑤福者，未數數然也。此雖免乎行，猶有所待⑥者也。若夫乘⑦天地⑧之正⑨，而御⑩六氣⑪之辯⑫，以遊無窮者，彼且惡⑬乎待哉？故曰：至人無己⑭，神人無功⑮，聖人無名⑯。

【註釋】

①列子：鄭國人，名叫「列禦寇」，戰國時代思想家。

②御風：乘風。「御」，駕馭。

③泠然：輕盈美好的樣子。

④旬有：「旬」是十天。「有」是「又」。
⑤致：羅致（延聘、蒐羅），尋求的意思。
⑥待：憑藉，依靠。
⑦乘：遵循，憑藉。
⑧天地：指萬物。
⑨正：自然的本性。
⑩御：順著的意思。
⑪六氣：指陰、陽、風、雨、晦、明。
⑫辯：通作「變」，變化的意思。
⑬惡：何、什麼。
⑭至人無己：「至人」是指古時具有很高的道德修養，超脫世俗，順應自然而長壽的人。「無己」是清除外物（身外之物。多指利欲功名之類。）與自我的界限，達到忘掉自己的境界。
⑮神人無功：「神人」指精神世界完全能超脫於物外的人。「無功」是不建樹功業。
⑯聖人無名：「聖人」指德高望重、有大智、已達到人類最高最完美境界的人。「無名」是不追求名譽地位。

【白話翻譯】

「列子」乘風而行，樣子很輕妙，半個月後便回來。他對於那些「祈求幸福」的行爲，從來就沒當一回事。雖然能夠避免「步行」的勞苦，然而仍然有所「憑藉」和「依賴」。

如果能夠順應「天地萬物」的「本性」，因循「六氣」的變化，遨遊於無窮盡的世界裡，那還有什麼可以「憑藉」的呢！因此說，「道德修養」高尚的「至人」能夠達到「忘我」的境界；「精神世界」完全「超脫物外」的「神人」，心目中沒有「功名」和「事業」；「思想修養」臻於完美的「聖人」從不去追求「名譽」和「地位」。

◆作者解析：

「列子」是介於「老子」與「莊子」之間，「道家學派」承前啟後的重要人物，是「老子」和「莊子」之外的，又一位重要「道家學派」代表人物。

「莊子」說，「列子」可以「御風而行」，似乎練就了一身卓絕的輕功。但是，「列子」的境界仍然「猶有所待者也」，就是仍然還有所「憑藉」和「依賴」。「莊子」強調「修道人」要「彼且惡乎待哉」，就是還有什麼可以「憑藉」的呢！

所謂「有待」，就是「有所依賴」或是「有所期待」，是指人為了實現某種「願望、要求」，所要承受的「主、客觀條件」的限制；所謂「無待」，就是「無所依賴」或是「無所期待」，是指人的「思想、行為」，不受任何條件的限制。而要做到「無待」的境界，就必須要停止第六識「意識」的「分析判斷功能」。

「修道人」的「心理狀態」，要是存有「憑藉」和「依賴」的想法，境界上就無法更上一層樓。所以，雖然「聖人」和「神人」的境界都很高，但是還沒有達到「無己（忘掉自己）」的境界，因此沒辦法成為「至人」。

而要達到「無己、忘我」的境界，只有一個方法，就是停止自己第六識「意識」的「分析判斷功能」，讓第六識「意識」無法傳達「分析判斷的結果」，給第七識「末那識」做決定，第七識「末那識」就會停止產生「妄想執著」。

我們這個「身體」是個「假我」，是修道人最大的「妄想執著」，只有停止第七識「末那識」功能，才眞正達到「無己、忘我」的境界。

四、《莊子．內篇．人間世第四》：「孔子」的「心齋」

●《莊子．內篇．人間世第四》原文：

回曰：敢問心齋。

仲尼曰：「若一志①，無聽之以耳而聽之以心，無聽之以心而聽之以氣②！聽止於耳③，心止於符④。氣也者，虛而待物者也。唯道集虛⑤。虛者，心齋也。」

【註釋】

①一：專一。「一志」意思是凝寂虛忘，心思高度專一。

②氣：「氣」是指虛以待物的心境。

③「聽止於耳」這一句，聯繫下句應當是「耳止於聽」的誤倒。

④符：合。

⑤虛：指純淨、空明的境界。

【白話翻譯】

顏回說：「請教什麼是『心齋』？」

孔子說：「你必須『意念專一』，停止『胡思亂想』。然後關閉『聽覺器官』，不用『耳聽』，僅用『心聽』，用『心聽』就是用『意識』，去掉『知覺外界』的存在。然後斷絕『意識活動』，不用『心聽』，僅用『氣』聽。凝寂『虛無的心境』，才是『虛弱柔順』，而能應接接待『宇宙萬物』的，只有『大道』才能匯集於凝寂『虛無的心境』。『虛無空明的心境』就叫做『心齋』。」

◆作者解析：

「心齋」是「內心的虛靜」，就是內心「專一定靜」，好像「齋戒」時的「屏除外欲」，「心齋」外在的表現形式是「忘我」。

「莊子」借「孔子」之口，陳述了「心齋」。所以，「心齋」是屬於「道家」的「修行心法」，而不是「儒家」的「修行心法」。

「莊子」認為要實現「心齋」，必須要超越「知覺」，拋棄「感性」和「理性」的束縛，親近由「氣」組成的「虛無境界」，即「虛靜」，只有在「虛靜」的狀態下，才能夠超越世俗的「功利私欲」，實現「忘我」的境界。

「莊子」說「虛者，心齋也。」，「虛」即「虛無」，指「無為、無執著」的心境而言。而要做到「虛無」的境界，就必須要停止第六識「意識」的分析判斷功能。

「心齋」作為「道家」的「修行心法」，是一種「致虛」和「守靜」的過程，亦即「去執去為」的過程，其要旨是「一志」和「唯道集虛」。「一志」者，意為「專一心靈，神不外馳，不為外物（身外之物。多指利欲功名之類。）所動。」，這一個過程，同時是「唯道集虛」的過程。

「莊子」認為，「心」不斷地「集虛」，則可以呈現為一種「無執無著、自然無為」的狀態，即

「與道合一」之境，而「集虛」就是停止第六識「意識」的分析判斷功能的一種過程。

五、《莊子．內篇．大宗師第六》：「顏回」的「坐忘」境界

●《莊子．內篇．大宗師第六》原文……

顏回曰：「回益矣①。」

仲尼曰：「何謂也？」

曰：「回忘仁義矣。」

曰：「可矣，猶未也。」

他日復見，曰：「回益矣。」

曰：「何謂也？」

曰：「回忘禮樂矣。」

曰：「可矣，猶未也。」

他日復見，曰：「回益矣。」

曰：「何謂也？」

曰：「回坐忘矣②。」

仲尼蹴然曰③：「何謂坐忘？」

顏回曰：「墮肢體④，黜聰明⑤，離形去知⑥，同於大通⑦，此謂坐忘。」

仲尼曰：「同則無好也，化則無常⑧也，而果其賢乎！丘也請從而後也。」

【註釋】

①益：多，增加，進步。

②坐忘：「道家」謂「端坐靜心」而「物我兩忘」、「與道合一」的精神境界。

③蹴（ㄘㄨˋ）然：驚奇不安的樣子。

④墮（ㄏㄨㄟ）：毀壞。

⑤黜（ㄔㄨˋ）：退除。

⑥去知：拋棄智慧。

⑦大通：通於「大道」。

⑧無常：不執滯於常理。

【白話翻譯】

顏回說：「我進步了。」

孔子問道：「你的進步指的是什麼？」

顏回說：「我已經忘卻『仁義』了。」

孔子說：「好哇，不過還不夠。」

過了幾天「顏回」再次拜見「孔子」，說：「我又進步了。」

孔子問：「你的進步指的是什麼？」

顏回說：「我忘卻『禮樂』了。」

孔子說：「好哇，不過還不夠。」

過了幾天，「顏回」又再次拜見「孔子」，說：「我又進步了。」

孔子問：「你的進步指的是什麼？」

顏回說：「我『坐忘』了。」

「孔子」驚奇不安地問：「什麼叫『坐忘』？」

「顏回」答道：「毀壞了強健的『肢體』，退除了靈敏的『聽覺』和清晰的『視力』，脫離了『身軀』，並拋棄了『智慧』，從而與『大道』渾同相通為一體，這就叫『靜坐心空』，『物我兩忘』的『坐忘』。」

孔子說：「與『萬物同一』就沒有『偏好』，『順應變化』就不『執滯常理』。你果眞成了『賢人』啊！我作為老師也希望能跟隨你學習，而步你的後塵。」

◆作者解析：

「莊子」提出「道家」的修行心法「坐忘」，方法是「墮肢體，黜聰明，離形去知，同於大通」。

「坐忘」是指「靜坐」時，達到「物我兩忘，與道冥合。」的境界。要達到「物我兩忘」的狀態，必須要停止第七識「末那識」的作用，因為「外物（身外之物。多指利欲功名之類。）」和「自我」，都是第七識「末那識」所產生的「妄想執著」。

要讓第七識「末那識」停止作用的方法是：透過「靜坐禪定」的修習，停止自己第六識「意識」的分析判斷功能，讓第六識「意識」無法傳達分析判斷的結果，給第七識「末那識」做決定，第七識「末那識」就會停止作用，「自性」自然顯現，此時與「大道」渾同相通為一體。

六、《莊子．內篇．大宗師第六》：「眞人」之息以「踵」

●《莊子．內篇．大宗師第六》原文：

古之眞人，其寢不夢，其覺無憂，其食不甘，其息深深①。眞人之息以踵②，衆人之息以喉。

【註釋】

①息深深：「息」是呼吸時，進出的氣。「道家」的修練時，非常重視呼吸之間的那一下停頓。「深深」是幽深沉靜的樣子。

②息以踵：「以」是仰賴、憑藉。「踵」是腳後跟，亦泛指「腳」。「息以踵」是說氣息深沉，發自腳後跟。

【白話翻譯】

古時候的「眞人」，睡覺時不做夢，醒來時不憂愁，吃東西時不求甘美，呼吸時氣息深沉。「眞人」呼吸時，憑藉的是「腳後跟」，可以做到在一呼一吸之間，其息深長持久，每一次都直達「腳後跟」，而「一般人」呼吸，靠的是「喉嚨」，其息只能到達在肺部。

◆作者解析：

「莊子」說，古時候的「眞人」，「其寢不夢，其覺無憂，其食不甘」。意思是說，「眞人」睡覺時「不做夢」；醒來時也「不憂愁」，不做「胡思亂想、悲歡喜樂」的白日夢；吃東西時沒有「分別心」，無所謂「好不好吃」，「不求甘美」。

這說明了，眞人已經可以隨時停止自己第六識「意識」的分析判斷功能，讓第六識「意識」無法傳達分析判斷的結果，給第七識「末那識」做決定，第七識「末那識」就會停止作用，沒有「分別

心」，也就無法生起「做夢」、「憂愁」、「甘美」等，這些「妄想執著」。

「莊子」進一步說，「其息深深。眞人之息以踵，衆人之息以喉。」意思是說，「眞人」呼吸時氣息深沉，可以做到在一呼一吸之間，其息深長持久，每一次都直達「腳後跟」，而「一般人」呼吸，靠的是「喉嚨」，其息只能到達在「肺部」。

當修習「禪定」，「靜坐功夫」達到「靜定」的境界時，「鼻子」的「呼吸」好像沒有了，其實「呼吸」不是完全停止，只是很輕微的進出，實際上還是有「呼吸」，只是非常微細，這種情況叫做「止息」。

一般人的「息」很短，「呼吸」只到「肺部」，而修習「禪定」有「定力」的人，他的「息」很長，而且看起來好像沒有「呼吸」一樣，那個稱爲「眞息」，所以說「其息深深」。

讓「讀者」覺得很疑惑的是下一句：「眞人之息以踵」。

假如依文解義，意思是「眞人」的呼吸到「腳後跟」，「腳後跟」怎麼可能呼吸呢？這變成一個笑話。

其實，「眞人之息以踵」是在說「道家」的修行心法「踵息法」。

「道家」的「踵息法」，學理上是「眞人」的呼吸，一呼「眞氣（眞炁）」過「丹田」直達「腳後跟」，一吸「眞氣（眞炁）」過「丹田」直歸入「腦海」。再貫通「奇經八脈」和「十二正經」，最後「眞氣（眞炁）」遍及全身。

「踵息法」是指「有道之人」的呼吸，憑藉「腳後跟」呼吸，可以由「丹田」直接到達「腳後跟」。

那麼要怎樣做，才能夠把「呼吸」經由「丹田」和「足踵」聯繫在一起呢？這要從《黃帝內經》裡的「經絡學」來解釋。

一般人用「肺部」呼吸，把空氣吸到「肺部」；而修道人是用下腹的「丹田」呼吸。

有人會疑惑，「空氣」怎麼可能吸到「下腹」？沒有錯，「空氣」只能吸到「肺部」，「修道人」實際上是用「意念」，把「眞氣（眞炁）」吸到下腹的「丹田」裡。

「道家」認爲，「先天之炁（眞氣；眞炁）」和「後天之氣（空氣）」是兩種不同的概念。「炁（ㄑㄧˋ）」就是人體的元氣，生命活動的原動力，可影響人體的各種機能活動，以及抗病能力。「元始先天一炁」，是宇宙本源的能量；而「氣」則是指通過後天的呼吸以及飲食所產生的「水穀精氣能量」。

「修道人」的靜坐修練，主要是藉助「後天的呼吸」，透過「意念」把先天的「眞炁（天地的精氣）」，導引到「丹田」裡。

道教「內丹派南宗」的開山祖師紫陽眞人「張伯端」在《悟眞篇》裡記載：「道從虛無生一炁，又從一炁產陰陽。陰陽再合成三體，三體重生萬物昌。」明確以「太一」混然「先天之氣」爲「炁」。

當「修道人」靜坐修練時，用「意念」，把「眞氣（眞炁）」吸到下腹的「丹田」裡。根據宋代「周敦頤」著述的《太極圖說》說：「無極而太極。太極動而生陽，動極而靜，靜而生陰。靜極復動一動一靜，互爲其根。」

這些經由「意念導引」所採集的「眞氣（眞炁）」，在「丹田」裡累積到一個程度，就會形成一

團強大的「眞氣（眞炁）」能量，「靜極復動」，這團「眞氣（眞炁）」就會自動在體內運行。

這團「眞氣（眞炁）」在體內自動運行的軌跡，《黃帝內經》裡的「經絡學」有說明，就是大家耳熟能詳的「小周天」、「大周天」和「奇經八脈」。

「小周天」，本義指「地球自轉一週」，卽「晝夜循環」一週，後經引申，被「內丹術功法」借喻「眞氣（眞炁）」在體內沿著「任、督二脈」循環一週，卽「眞氣（眞炁）」從「下丹田」出發，經「會陰」，過「肛門」，沿行脊椎「督脈」通「尾閭」、「夾脊」和「玉枕」三關，到頭頂「泥丸宮」，再由「兩耳頰」分道而下，會合至至「迎香」，走「鵲橋（舌尖）」。與「任脈」銜接，沿胸腹正中下還「丹田」。因其範圍相對較小，故稱「小周天」。又稱「子午周天」、「取坎塡離」、「水火既濟」、「玉液還丹」等。

「大周天」是「內丹術功法」中的第二個階段，它是在「小周天」階段的基礎上進行。稱「大周天」爲大，是由於它的「眞氣（眞炁）」循行，除了沿行「任、督兩脈」之外，也在「其他經脈」上流走，範圍大於「小周天」，故稱爲「大周天」。

「奇經八脈」是指「督脈、任脈、衝脈、帶脈、陽維脈、陰維脈、陰蹺脈、陽蹺脈」的總稱。「奇經八脈」與「十二正經」不同，既不直屬「臟腑」，又無「表裡」配合關係，因爲此經脈「別道奇行」，故稱爲「奇經」。

「讀者」有「小周天」、「大周天」和「奇經八脈」的概念之後，我們再回到主題：「眞人之息以踵」，卽「道家」的修行心法「踵息法」。「呼吸」是如何經由「丹田」聯繫到「足踵」的呢？

前面提到，「小周天」的經脈循路徑，是「眞氣（眞炁）」從「下丹田」出發，經「會陰」，過

「肛門」，沿著脊椎「督脈」上行，經過頭頂的「泥丸宮」，下行與「任脈」銜接，沿胸腹正中下還「丹田」。

「小周天」的「眞氣（眞炁）」從「下丹田」出發時，「奇經八脈」的「衝脈」也同時由「丹田」出發。

「衝脈」，「衝」者「道路」也，有四通八達之意，爲十二經之所注；起源於小腹內的「丹田」，下出於「會陰部」，接足少陰「腎經」內股「鼠蹊」，出於足陽明胃經的「氣衝穴」，再沿腹部兩側，上達咽喉，環繞口唇，至「幽門」。

「衝脈」上至於「頭」，下至於「足」，貫串全身，爲總領諸經氣血的要衝。由於「衝脈」與「任脈」相併行，又與「督脈」相通，其脈氣在「頭部」灌注「諸陽」，在「下肢」滲入「三陰」，因此容納來自十二經脈「五臟六腑」的氣血，成爲「十二經脈、五臟六腑」之海。

所以，「小周天」的運行，由於有「衝脈」的參與以後，「腎經」就變成了「雙向道」，這是一個很重要的「經行設計」。因爲，「眞氣（眞炁）」過了「海底」以後，它還會藉著「腎經」往回走，下行過「足踵」，到「公孫」、「太衝」、「衝陽」再返回來「丹田」，和已經聚集在那裡的「眞氣（眞炁）」匯集，再開始下一個循環，所以叫做「入踵歸根」。也就是說，「衝脈」的運行，起於「丹田」，歸於「丹田」。

以上介紹的是「道家」的修行心法「踵息法」，也說明了爲什麼「眞人之息以踵」的原因。

所以，要練習「道家」的「踵息法」，就一定要懂得「衝脈」；要知道「眞人之息以踵」的道理，也一定要對「衝脈」有所認識，了解「衝脈」的循行，因爲「衝脈」是經過「足踵」的。

一個人能夠達到「其息深深」和「之息以踵」這個境界，這個人也就能夠達到「晝夜長明，夜睡無夢，身輕如燕」的狀態。

在《莊子》裡，總共有兩個部分提到「踵」踵，除了上述的「眞人之息以踵」，另一個是在《莊子・內篇・應帝王第七》裡的「機發於踵」。

●《莊子・內篇・應帝王第七》原文：

壺子曰：「鄉吾示之以天壤①，名實不入②，而機發於踵③。是殆見吾善者機也④。嘗又與來。」

【註釋】

①天壤：天地，這裡指像天與地之間，那樣的相對與感應。
②名實不入：「名實」是名聲和實利。「不入」指不爲所動，不能進入到內心。
③踵：腳後跟。
④善者機：一線生機。

【白話翻譯】

「壺子」說：「剛才我將『天與地』，那樣相對而又相應的心態，顯露給他看，『名聲』和『實利』等一切雜念都排除在外，而『生機』從『腳後跟』發至全身。這樣恐怕已經看到了我的『一線生機』。試著再跟他一塊兒來看看。」

◆作者解析：

「壺子」是「壺丘子」，名「林」。「戰國」時期「鄭國」人，「列子」的老師，是「戰國」時期，「道家學派」的代表人物之一。「壺子」也提到「機發於踵」，意思是「生機」從「腳後跟」發至全身。

這個故事的完整部分，請參閱第三單元「莊子」著書《莊子》。

七、《莊子．外篇．在宥第十一》：如何「心養」？

●《莊子．外篇．在宥第十一》原文：

鴻蒙曰：「心養①。汝徒②處無爲，而物自化。墮③爾形體，吐④爾聰明，倫⑤與物忘，大同乎涬溟⑥，解心釋神，莫然⑦無魂。萬物云云⑧，各復其根⑨，各復其根而不知⑩；渾渾沌沌⑪，終身不離；若彼知之，乃是離之。無問其名，無窺其情，物固自生。」

【註釋】

①心養：養心，即摒棄思慮，淸心寂神。

②徒：只。

③墮（ㄏㄨㄟ）：毀棄。

④吐：廢棄。

⑤倫：「倫」通作「淪」，淪沒，意思是跟外物（身外之物。多指利欲功名之類。）泯合而一塊忘卻。

⑥涬溟（ㄒㄧˋㄥㄇㄧˊㄥ）：混混茫茫的自然之氣。

⑦莫然：卽漠然，像死灰一樣沒有感知的樣子。

⑧云云：衆多的樣子。
⑨根：這裡指固有的眞性。
⑩知：感知。
⑪渾渾沌沌：放任自然，渾然無知，保持自然眞性的狀態。

【白話翻譯】

「鴻蒙」說「要『修身養性』，你只需要『處心於無爲之境』，『萬物』會自然地有所變化。忘卻你的『身體』，廢棄你的『智慧』，跟『外物（身外之物。多指利欲功名之類。）』泯合而一塊忘卻。混同於茫茫的『自然之氣』，解除『思慮』，釋放『精神』，像『死灰』一樣，木然地沒有『靈魂』。『萬物』紛雜繁多，全都各自『回歸本性』，各自『回歸本性』，卻是出自『無心』，渾然『無知』，保持『本性』，終身不得違背；假如『有所感知』，就是『背離本性』。不要詢問它們的名稱，不要窺測它們的實情，『萬物』本是『自然地生長』。」

◆作者解析：

這是「鴻蒙」與「雲將」的對話，進一步闡明「無爲」與「養心」的關係，指出「無爲」的要害就在於「心養（養心，卽摒棄思慮，淸心寂神）」。「莊子」把「雲」的「主帥」，取名爲「雲將」；把「自然的元氣」取名爲「鴻蒙」。「莊子」把「雲將」和「鴻蒙」擬人化，成爲寓言中的人物。

本文有下列的關鍵敍述：

(1)汝徒處無爲：你只需要「處心於無爲之境」。

(2)墮爾形體：忘卻你的「身體」。

(3)吐爾聰明，倫與物忘：廢棄你的「智慧」，跟「外物（身外之物。多指利欲功名之類。）」泯合而一塊忘卻。

(4)解心釋神，莫然無魂：解除「思慮」，釋放「精神」，像「死灰」一樣，木然地沒有「靈魂」。

(5)渾渾沌沌：放任自然，渾然無知，保持自然眞性的狀態。

(6)無問其名，無窺其情：不要詢問它們的名稱，不要窺測它們的實情。

這六個「關鍵敍述」，都在講一件事情，就是停止自己第六識「意識」的分析判斷功能。只要第六識「意識」的功能停止作用，自己就處於「無分別心」的狀態，就能夠「無心、無爲、無感知、無分析、無判斷、無意識、無分別」。第六識「意識」就無法傳達分析判斷的結果，給第七識「末那識」做決定，第七識「末那識」就會停止作用，不產生「妄想執著」，「自性」自然顯現，此時與「大道」渾同相通爲一體。

八、《莊子．外篇．知北遊第二十二》：「囓缺」問「道」於「被衣」

◆《莊子．外篇．知北遊第二十二》原文：

囓缺問道乎被衣①，被衣曰：「若②正汝形，一汝視，天和將至③；攝④汝知，一汝度⑤，神⑥將來舍。德將爲汝美，道將爲汝居⑦。汝瞳焉⑧如新生之犢⑨而無求其故⑩。」

言未卒⑪，囓缺睡寐⑫。被衣大說，行歌而去之，曰：「形若槁骸⑬，心若死灰⑭，眞其實知

⑮，不以故自持⑯。媒媒晦晦⑰，無心而不可與謀，彼何人哉⑱！」

【註釋】

①齧缺、被衣：「齧缺」和「被衣」都是「堯」時高士，根據西晉「皇甫謐」所撰《高士傳》的記載，「被衣」者，「堯」時人也。「堯」之師曰「許由」，「許由」之師曰「齧缺」，「齧缺」之師曰「王倪」，「王倪」之師曰「被衣」。

②若：你。

③天和將至：天然之和氣就會到來。

④攝：收斂。

⑤一汝度：使思慮專一之意。

⑥神：神明之精，卽道之功能活力。

⑦居：居處。

⑧瞳焉：無知直視的樣子。

⑨犢：小牛。

⑩無求其故：「故」是緣由，不追究事物緣由，漠然置之，聽其自然。

⑪卒：終。

⑫睡寐（ㄇㄟˋ）：睡著了。

⑬槁骸：枯骨。

⑭心若死灰：形容心枯寂不動，沒有生機，好像完全死滅之灰。

⑮眞其實知：眞正純實之知。形如槁木，心如死灰。無知無慮，方是眞知道。

⑯不以故自持：不固守故見，與變化同步。

⑰媒媒晦晦：懵懂無知的樣子，「媒」作「昧」。

⑱彼何人哉：他是個什麼人啊！表達驚嘆讚許之意。

【白話翻譯】

「齧（ㄋㄧㄝˋ）缺」問「道」於「被衣」。

「被衣」說：「你要『端正（姿勢挺直）』你的『形體』，集中你的『視線』，『天和（人的元氣）』就會到來；『收斂（減弱或消失）』你的『智慧』，專一你的『思慮（思考計慮）』，『神明（神明之精，卽道的功能活力。）』就會來居留你心；『德行』將顯現你美好的品行，『道』將留在你的身上。你『無知』而『直視』的樣子，就像『初生的小牛犢』，你不要去追究『事物的緣由』。」

話未說完，「齧缺」已經睡著了。「被衣」特別高興，一邊走一邊唱歌而去。

「被衣」說：「『形體』如同『枯骨』，『心』如同『死灰』，眞正『純實之知』，不堅持故見，懵懂暗昧，沒有思想，不能和他『計議謀劃』，他是個什麼樣人啊！」

◆作者解析：

透過「齧缺」問道於「被衣」，說明「悟道的方法」。

「被衣」說：「若正汝形，一汝視，天和將至；攝汝知，一汝度，神將來舍。德將爲汝美，道將爲汝居。汝瞳焉如新生之犢而『無求』其故。」這一段是說明靜坐的姿勢，重點在最後的「無求」，

無「分別心」。

沒想到「被衣」話來沒有說完，「嚙缺」已經睡著了。因為，「嚙缺」此時已經「靜坐入定」了。

「被衣」因此特別高興，因為「孺子可教也」，他這個徒孫「嚙缺」的悟性太高了。「被衣」最後解釋說：「形若槁骸，心若死灰，眞其實知，不以故自持。媒媒晦晦，無心而不可與謀。」重點在「心若死灰」和「無心而不可與謀」。

要達到「心若死灰」和「無心」的境界，只有一個方法，就是停止自己第六識「意識」的分析判斷功能。只要第六識「意識」的功能停止作用，自己就處於「無分別心」的狀態，第六識「意識」就無法傳達分析判斷的結果，給第七識「末那識」做決定，第七識「末那識」就會停止作用，不產生「妄想執著」，「自性」自然顯現，此時與「大道」渾同相通為一體。

第三單元 「莊子」著書《莊子》

據傳「莊子」曾經隱居「南華山（今『湖南省』湘西『鳳凰古城』南面）」，死後葬在那裡。所以，公元七四二年，「唐玄宗」天寶初年，詔封「莊子」爲「南華眞人」，稱其著書《莊子》爲《南華眞經》，在《四庫全書》之中，歸類爲「子部道家類」。

根據司馬遷《史記．漢書．藝文志》所記載，《莊子》一書有十餘萬言，由「漢」至「晉」之間，都爲五十二篇。而今所見「郭象注」的《莊子》僅存三十三篇。

《莊子》一書，是由「戰國時代中晚期」逐步流傳，至「西漢」大致成形。可是，當時流傳的版本，今已失傳。目前所傳《莊子》三十三篇，是經過「郭象」整理的版本，與「漢代」的版本有所不同。

歷代《莊子》的注本，以「郭象注」、「成玄英疏解」最爲重要。「郭象」是「西晉」時期的「哲學家」和「玄學家」，「郭象」曾經註釋《莊子》一書，他把《莊子》的「比喻」和「隱喻」，變成「推理」和「論證」。

《莊子》一書分爲三個部分：

⑴「內篇」七篇，爲「莊子」自著，大體上可以代表「莊子的核心思想」；

⑵「外篇」十五篇；

(3)「雜篇」十一篇。

「外篇」和「雜篇」不是「莊子」所作，應該是「莊子」的「弟子」及「後學」所著，但是大致上不違離「莊子」的主旨。「外篇」和「雜篇」的發展，是縱橫百餘年，參雜「黃老」和「莊子」的思想，所形成的複雜體系。

《莊子》一書，內容豐富，包羅萬象，博大精深，反映了「莊子」的哲學，對藝術、美學、宇宙生成論、異端思想、人與自然的關係、生命價值、人生觀與政治觀等等，都有詳盡的論述，後人把《莊子》與《老子》、《周易》合稱爲「三玄」。

《莊子》全書以「寓言」、「重言（爲人所重視的言論）」和「卮言（ㄓ，無頭無尾、支離破碎的言辭）」爲主要表現形式，繼承「老子學說」而倡導「相對主義」，蔑視「禮法權貴」而倡言「逍遙自由」，「內篇」的《齊物論》、《逍遙遊》和《大宗師》集中反映了此種哲學思想。

《莊子》一書的風格特色，想像奇幻，構思巧妙，思想多彩，文筆恣肆，瑰麗詭譎，汪洋恣肆，變化莫測，幽默諷刺，浪漫主義色彩濃厚，採用大量的「神話傳說」與「寓言故事」來表達主題，引証「歷史故事」與「古人的話」。修辭方面，善用「譬喻」和「擬人法」，詞彙豐富，文辭變化多端。

《莊子》是一部追求「精神」絕對自由的書，是一部「處世哲學」，難怪在人心險惡，亂事四起的不安時局中，它是最能撫慰人心，最被人所接受的思想。

「莊子」著述的《莊子》，詳細的篇目如下：

(1)內篇：有「逍遙遊」、「齊物論」、「養生主」、「人間世」、「德充符」、「大宗師」、

「應帝王」等七篇。

(2)外篇：有「駢拇」、「馬蹄」、「胠篋」、「在宥」、「天地」、「天道」、「天運」、「刻意」、「繕性」、「秋水」、「至樂」、「達生」、「山木」、「田子方」、「知北遊」等十五篇。

(3)雜篇：有「庚桑楚」、「徐無鬼」、「則陽」、「外物（身外之物。多指利欲功名之類。）」、「寓言」、「讓王」、「盜跖」、「說劍」、「漁父」、「列禦寇」、「天下」等十一篇。

下面，對《莊子》整部書的內容，全部用「白話文」加以介紹，讓「讀者們」以最短的時間，了解「莊子學說」的旨意。當中有些故事，變成今日的「成語」，我會順便註明與解說。

（一）《內篇．逍遙遊第一》：

《逍遙遊》是「莊子哲學思想」的總綱，展現「莊子思想」的境界與理想，揭示了人若消除「功名、利祿」等束縛，便可以達到一種「無待」的眞正自由的境界。所謂「無待」，就是「無所依賴」或「無所期待」，是指人的「思想、行爲」不受任何條件的限制。「逍遙」意思是「優游自得的樣子」，「逍遙遊」就是沒有任何束縛地、自由自在地活動。

《逍遙遊》全文可分爲三個部分，簡述如下：

第一部分，是本篇的主體，「莊子」舉出許多不能「逍遙」的「對比例子」來說明，要想眞正達到「自由自在」的境界，必須做到「無己（達到忘掉自己的境界）」、「無功（不建樹功業）」和

「無名（不追求名譽地位）」。

「北方的大海」裡有一條「魚」，它的名字叫做「鯤（ㄎㄨㄣ）」。「鯤」的體積，眞不知道大到幾千里；變化成爲「鳥」，它的名字就叫「鵬」。「鵬」的脊背，眞不知道長到幾千里；當它奮起而飛的時候，那展開的「雙翅」，就像天邊的雲。這隻「鵬鳥」，隨著海上洶湧的「波濤」，遷徙到「南方的大海」，「南方的大海」是個天然的「大池」。

■成語：「鵬程萬里」

◆出處：《莊子．逍遙遊》

◆原文：鵬之徙於南冥也，水擊三千里，摶扶搖而上者九萬里。

◆解釋：相傳「大鵬鳥」能飛萬里路程，這個成語比喻「前程遠大」。

《齊諧》是古代記載怪異事件的書，《齊諧》中記載：「『鵬鳥』遷徙到『南方的大海』，翅膀拍擊水面激起三千里的『波濤』，海面上急驟的『狂風』，盤旋而上直衝九萬里的高空，離開『北方的大海』，歷經『六個月』的時間方才停歇下來。」

春天「陽氣」發動，遠望野外「樹林沼澤間」，有蒸騰的「霧氣」上揚浮動，猶如「野馬」奔騰一般。低空裡沸沸揚揚的「塵埃」，那是「大自然」裡，各種「生物的氣息」，吹拂著在空中游盪。

天色蒼茫，這究竟是它原本的顏色呢？還是由於「無窮無盡」的高遠，而呈現出來的顏色呢？「大鵬鳥」在高空俯視「下界」，也如同「下界」視「天」，只見一片蒼蒼，不能分辨本來的顏色。

再說水匯積不深，它浮載「大船」就沒有力量。倒杯水在「庭堂」的「低窪處」，那麼小小的「芥草」，也可以當作「船」；而放置一個「杯子」，就擱淺不動了，因爲水太淺，而「船」太大了。

「風」聚積的力量不雄厚，它托負巨大的「翅膀」，便力量不夠。所以，「大鵬鳥」高飛九萬里，「狂風」就在它的身下，然後方才憑藉「風力」飛行，背負青天而沒有什麼力量能夠阻止它了，然後才能飛到南方去。

「寒蟬」與「小灰雀」譏笑「大鵬鳥」說：「我從地面急速起飛，能衝上『榆樹、檀樹』的枝頭，有的時候還飛不到，而落在地上，爲什麼要到九萬里的高空，而飛向南海呢？」

到迷茫的郊野去，帶上三餐就可以往返，肚子還是飽飽的；到百里之外去，要用一整夜時間準備乾糧；到千里之外去，則需要花三個月的時間準備糧食。這兩隻小鳥又怎麼能夠理解呢？

「才智小的」不能理解「才智大的」，「壽命短的」不能理解「壽命長的」。怎麼知道是這樣的呢？清晨的「菌類」，不會懂得什麼是「晦朔（早晚）」；「寒蟬」「春天」生「秋天」死，也不會懂得什麼是「春天」和「秋天」，這就是「短壽」。

「楚國」南邊有一隻叫做「冥靈」的「大龜」，它把「五百年」當作「春天」，把「五百年」當作「秋天」；上古有一棵叫做「大椿（ㄔㄨㄣ）」的古樹，它把「八千年」當作「春天」，把「八千年」當作「秋天」，這就是「長壽」。而只活了「八百歲」的「彭祖」，卻以「長壽」聞名，所有希望「長壽」的人，往往拿他來做比較，這不令人悲哀嗎？

（「彭祖」是「堯」的臣子「籛鏗（ㄐㄧㄢ ㄎㄥ）」。「陸終氏」第三子，「帝顓頊（ㄓㄨㄢ ㄒㄩ）」之孫，歷經「虞夏」至「商」，相傳活了七、八百歲。因封於「彭城」，故稱爲「彭祖」，後世用以比喻「長壽」。）

第二部分，緊接著承接第一部分進一步闡述，說明「無己」是擺脫各種「束縛」和「依憑」的唯一途徑，只要眞正做到「忘掉自己、忘掉一切」，就夠能達到「逍遙」的境界，也只有「無己」的人，才是「精神境界」最高的人。

「商湯」問賢大夫「棘（ㄐㄧˊ）」的話，有這樣的記載：「在那草木不生的北方，有一個很深的大海，那就是『天池』。那裡有一種『魚』，它的『脊背』有好幾千里，沒有人能夠知道它有多長，它的名字叫做『鯤』。有一種『鳥』，它的名字叫『鵬』，它的『脊背』像座『大山』，展開雙翅就像垂於天際的『雲』，憑藉著自下而上的『旋風』，飛上九萬里的高空，穿過雲氣，背負青天，然後向南飛往『南海』。

『斥鴳（ㄔˋ ㄧㄢˋ，一種生活中草澤中的小雀）』譏笑它說：『它打算飛到哪兒去？我奮力跳起來往上飛，不過幾丈高就落了下來，盤旋於蓬蒿叢中，這也是我飛翔的極限了。而它打算飛到什麼地方去呢？』」這就是「小與大」的不同了。

所以，「才智」可以擔任某一種官職，「行爲」可以符合某一個「地方人民」的期望，「德行」可以符合某一位「國君」的要求，「能力」可以取信於「一國之民」，他們對自己的「看法」也是如此，而「宋榮子（宋國的道家賢人）」卻譏笑他們。

「世上的人們」都讚譽「宋榮子（宋國的道家賢人）」，他不會因此「越發努力」，「世上的人們」都批評他，他也不會因此而「更加沮喪」。嚴守「自我」與「外物（身外之物。多指利欲功名之類。）」之間的「分別」，辨別「榮與辱」的界限，「宋榮子」就是這樣的超脫。「宋榮子」對於整個社會，從來不急急忙忙地去追求什麼。雖然如此，他還是未能達到最高的境界，仍然未能樹立「至德（最高的道德）」。

「列子（鄭國人，名叫列禦寇，戰國時代前期道家的代表人物。）」乘風而行，樣子很輕妙，半個月後便回來。他對於那些「祈求幸福」的行爲，從來就沒有當做一回事。雖然，能夠避免「步行」的勞苦，然而仍有所「憑藉」和「依賴」。

如果能夠順應「天地萬物」的「本性」，順著「六氣（陰、陽、風、雨、晦、明）」的變化，遨遊於無窮盡的世界裡，那還有什麼可以憑藉的呢！因此說，「道德修養」高尚的「至人（指古時具有很高的道德修養，超脫世俗，順應自然而長壽的人）」能夠達到「忘我（超乎自我）」的境界，「精神世界」完全超脫「物外」的「神人（神仙，泛指修鍊得道的人。）」心目中沒有「功名」和「事業」，「思想修養」臻於完美的「聖人（有完美品德的人）」從不去追求「名譽」和「地位」。

「許由」是古代傳說中的「高士（品德高尚而隱居不仕的君子）」，字「仲武」，潁川人。相傳「堯」要讓「天下」給他，他不接受而逃走，隱於「箕山」。

「堯」打算把「天下」讓給「許由」，說：「『太陽』和『月亮』都已經升起來了，可是小小的『炬火』還在燃燒不熄，它想爲日月增添光亮，不是很難嗎？『時雨（按時令季節及時降下的雨）』及時降落了，可是還在不停地進行『人工灌溉』，這對於整個『大地』的潤澤，不顯得徒勞嗎？『先生』如能居於『國君』之位，『天下』一定會獲得大治，可是我還空居其位；我自己越看越覺得能力不夠，請允許我把『天下』交給你。」

「許由」回答說：「你治理『天下』，『天下』已經獲得了大治，而我卻還要去替代你，我是爲了『名聲』嗎？『名』是『實』所衍生出來的『次要東西』，我將去追求這個『次要的東西』嗎？

『鷦鷯（ㄐㄧㄠ ㄌㄧㄠˊ）』在森林中築巢，不過占用一棵樹枝；『鼴（ㄧㄢˇ）鼠』到大河邊飲水，不過喝滿肚子。你還是打消念頭回去吧，『天下』對於我來說沒有什麼用處啊！『廚師』即使不下廚，『祭祀主持人』也不會『越俎代庖』的！」

■成語：「越俎（ㄗㄨˇ）代庖（ㄆㄠˊ）」

◆出處：《莊子．逍遙遊》

◆原文：庖人雖不治庖，尸祝不越樽俎而代之矣。

◆解釋：「越」：跨過；「俎（ㄗㄨˇ）」：古代祭祀時擺祭品的禮器；「庖（ㄆㄠˊ）」：廚師。「主祭的人」跨過禮器，去代替「廚師」辦席。比喻超出自己業務範圍去處理別人所管的事。

「肩吾」和「連叔」，舊說皆爲「有道之人」，是古時的賢人。其實是「莊子」爲了表達的需要，而虛構的人物。

「肩吾」向「連叔」求教：「我從『楚國』的隱士『接輿』那裡聽到談話，大話連篇不著邊際，一說下去就回不到原來的話題上。我十分驚恐他的言談，就好像天上的『銀河』沒有邊際，跟一般人的言談差異甚遠，確實是太不近情理了。」

「連叔」問：「他說了些什麼呢？」

「肩吾」轉述道：「在遙遠的『姑射山』上，住著一位『神人』，皮膚潤白像『冰雪』，體態柔美如『處女』，不食五穀，吸清風，飲甘露，乘雲氣，駕飛龍，遨遊於『四海』之外。他的神情是那麼專注，使得『世間萬物』不受病害，年年五穀豐登。我認爲這全是虛妄之言，一點也不可信。」

「連叔」聽後說：「是呀！對於『瞎子』無法同他們欣賞『花紋』和『色彩』，對於『聾子』無法同他們聆聽『鐘鼓的樂聲』。難道只是『形骸』上，有『聾與瞎』嗎？『思想』上也有『聾和瞎』啊！

這話似乎就是說你『肩吾』啊！那位『神人』，他的『德行』，與『萬事萬物』混同一起，以此求得整個『天下』的治理，誰還會忙忙碌碌，把『管理天下』當成一回事呢？

那樣的人啊！『外物（身外之物。多指利欲功名之類。）』沒有什麼能夠傷害他，『滔天的大水』不能淹沒他，『天下大旱』使『金石』熔化，『土山』焦裂，他也不感到灼熱。他所留下的『塵埃』，以及『不良穀糠（稻、麥、穀子等的子實所脫落的殼或皮）』之類的廢物，也可以造就出像『堯舜』那樣的『聖賢人君』來，他怎麼會把忙著『管理萬物』，當作自己的責任呢！

北方的『宋國』，有人販賣『帽子』到南方的『越國』，『越國人』不蓄頭髮，滿身刺著花紋，沒什麼地方用得著『帽子』。『堯』治理好天下的百姓，安定了海內的政局，到『姑射山』上，『汾水』的北面，去拜見四位得道的高士（指王倪、嚙缺、被衣、許由四人，實爲虛構的人物。），不禁悵然若失，忘記了自己居於治理天下的地位。」

第三部分，論述什麼是「有用」和「無用」，說明不能「爲物所滯」，要把「無用」當作「有用」。「世俗之人」都受困於「有用」和「無用」的刻板思考，反而無法見到生命的眞實樣貌，彰顯生命的「大用」。

「惠子」對「莊子」說：「『魏王』送我『大葫蘆種子』，我將它培植起來後，結出的果實有五石容積。用『大葫蘆』去盛『水漿』，可是它的堅固程度承受不了水的壓力，不能拿舉起來。把它剖開做『瓢』，也太大了沒有什麼地方可以放得下。這個『葫蘆』不是不大呀，我因爲它沒有什麼用

處，而砸爛了它。」

「莊子」說：「『先生』實在是不善於使用『大東西』啊！『宋國』有一戶善於調製『不會凍傷手的藥物』的人家，世世代代以『漂洗絲絮』爲職業。有個『遊客』聽說了這件事，願意用百金的高價，收買他的『藥方』。

全家人聚集在一起商量：『我們世世代代在河水里漂洗絲絮，所得不過數金，如今一下子就可賣得百金。還是把藥方賣給他吧。』

『遊客』得到『藥方』之後，便去游說『吳王』。正巧『越國』來犯，『吳王』派他統率部隊，冬天跟『越軍』在水上交戰，大敗『越軍』，『吳王』劃割土地封賞他。能使手『不會凍傷』，『藥方』是同樣的，有的人用它來獲得『封賞』，有的人卻只能靠它在水中『漂洗絲絮』，這是『使用的方法』不同。

如今，你有一個五石容積的『大葫蘆』，怎麼不考慮用它來製成『腰舟（浮囊）』，而浮游於『江湖』之上，卻擔憂『葫蘆』太大，無處可容？看來『先生』你還是見識淺薄，不能通曉大道理啊！」

「惠子」又對「莊子」說：「我有一棵『大樹』，人們都叫它『樗（ㄔㄨ，臭椿，一種高大的落葉喬木，但是木質粗劣，沒有用處。）』。它的樹幹彎曲，不符合『繩墨』取直的要求，它的樹枝捲曲，也不適應『圓規』和『角尺』取材的需要。雖然生長在道路旁，『木匠』連看都不看。現在你的言談，就像這棵『樗樹』一樣『大而無用』，大家都不願意聽你說。」

「莊子」說：「『先生』你沒看見過『野貓』和『黃鼠狼』嗎？低著身子匍伏於地，等待那些出洞覓食或遊樂的『老鼠』。一會兒東，一會兒西，跳來跳去，一會兒高，一會兒低，上下竄越，不曾想到落入『獵人』設下的『機關』，死於『獵網』之中。再有那『犛牛（ㄌㄧˊ，即犛牛）』，龐大的身體，就像天邊的雲；它的『本事』可大了，不過不能捕捉『老鼠』。

如今，你有這麼大的一棵樹，卻擔憂它沒有什麼用處，爲什麼不把它種在什麼也沒有的地方，遼闊空曠的曠野上，自由自在地在樹旁悠遊，或者隨心所欲地睡在樹下。『大樹』不會遭到『刀斧』砍伐，也沒有什麼東西會去傷害它。雖然沒有派上什麼用場，可是哪裡又會有什麼困苦呢？」

（二）《內篇・齊物論第二》：

《齊物論》包含「齊物」與「齊論」兩個意思。「莊子」認爲「世界萬物」，包括人的「品性」和「感情」，看起來是不同，歸根究底卻又是「齊一」的，這就是「齊物」。

「莊子」還認爲人們的各種「看法」和「觀點」，看起來也是不同的，但是「世間萬物」既是「齊一」的，「言論」歸根究底也是「齊一」的，沒有所謂「是非」和「不同」，這就是「齊論」。「齊物」和「齊論」合在一起，便是本篇的主旨《齊物論》。

「莊子」透過《齊物論》，意圖消除人類對於「世俗價值」的「盲從」與「執著」，解開「儒家」和「墨家」的各種「是非對立」的學說論辯。

「莊子」看到了「客觀事物」的「對立區別」，但是出於「萬物一體」的觀點，他又認爲這一切又都是「統一」的，「渾然一體」的，是沒有「區別」的。

「莊子」還認爲各種「學派」的「辯論」，都是沒有價値的。因爲，所有「辯論」的爭端，都來

自於人類「對自我的成見」，各學說都對其「終極價值」有所執著與預設，難以去除「己見」，根本無從建立論辯各方共同承認的前提，因而所有的「辯論」也無從解決任何「爭端」。

所以，「莊子」提倡透過「忘言忘辯」的方法，超越彼此的「是非對立」，依順著「萬物」天生的「自然」，達到「物形萬狀，道通爲一」的境界。

所謂「物形萬狀，道通爲一」是說，「人」和「物」看似相異，其實都是「道」的一種「物化」現象之一，只有消除人對外物（身外之物。多指利欲功名之類。）的「觀察方式」，人才能看到事物的「本眞」，這一篇可說是「莊子思想」的「方法論」。

《齊物論》全文大體分成七個部分，簡述如下：

第一部分，描述「子綦（ㄑㄧˊ）」進入「無我」的境界，生動地描寫「大自然」的不同聲響，並且指出它們全都出於「風」自身。

「南郭子綦」靠著「几案（桌子；案桌）」而坐，仰首向天緩緩地吐著氣，那「離神去智」的樣子，好像「精神」脫出了「軀體」，進入了「忘我」的境界。

他的學生「顏成子遊（姓顏名偃，子遊爲字）」陪站在跟前說道：「這是怎麼啦？『形體』誠然可以使它像『乾枯的樹木』，『精神』和『思想』難道也可以使它像『死灰』那樣嗎？你今天靠著『几案』而坐，跟往昔靠著『几案』而坐的情景，大不一樣呢！」

「南郭子綦」回答說：「偃（ㄧㄢˇ）！你這個問題，不是問得很好嗎？今天我是忘掉了『外在的自己』，你知道嗎？你聽見過『人籟（ㄌㄞˋ，人吹簫所發出的音響。籟，古代管樂器。一說卽是排簫）』卻沒有聽見過『地籟（風吹大地的孔穴而發出的聲響）』，你卽使聽見過『地籟』，卻沒有聽見過『天籟（自然界的聲音，物自然而然發出的聲音，如風聲、鳥聲、流水聲等。）』啊！」

「顏成子遊」問道：「我冒昧地請教它們的含意。」

「南郭子綦」解釋說道：「『大地』吐出的氣，名字叫『風』。『風』不發作則已，一旦發作，整個『大地』上數不清的『孔竅』，都怒吼起來。你獨獨沒有聽過那呼呼的『風聲』嗎？山陵上陡峭的『崢嶸（形容山的高峻突兀）』，百圍大樹上無數的『竅孔』，有的像『鼻子』，有的像『嘴巴』，有的像『耳朵』，有的像『圓柱上插入橫木的方孔』，有的像『圈圍的柵欄』，有的像『舂米的臼窩』，有的像『深池』，有的像『淺池』。

『風』吹這些『孔竅』發出聲響，像湍急的『流水聲』，像迅疾的『箭鏃聲』，像大聲的『呵叱聲』，像細細的『呼吸聲』，像『放聲叫喊』，像『哀鳴』，像『在山谷裡深沉迴盪』，像『鳥兒嘰喳的鳴叫』，眞好像『前面』在『嗚嗚唱導』，『後面』在『呼呼隨和』，前呼後應。

『清風徐徐』時，就有『小小的和聲』，『長風呼呼』時，便有『大的反響』，迅猛的『暴風』突然停歇，萬般的『竅穴』也就『寂然無聲』。你難道不曾看見『風兒』過處，『萬物』隨風搖曳晃動的樣子嗎？」

「顏成子遊」又問道：「『地籟』是從『萬種竅穴』裡，發出的『風聲』，『人籟』是用『竹管』吹出的『樂聲』。請問『天籟』是什麼呢？」

「南郭子綦」解釋說：「『風』吹『竅孔』發出萬種不同的聲音，而使『竅孔』發聲的是『風自己』啊，這些『聲音』都是『風』造成的，『怒吼聲』除了『風聲』還有誰呢？『風聲』難道不就是『天籟』嗎？」

第二部分，描述「社會」的各種現象和「人」的各種不同心態，並指出這些「實在的東西」，又都是出自於「虛無」。沒有「我的對立面」，就沒有「我本身」，沒有「我本身」，就沒辦法呈現「我的對立面」。只要有這樣的認識，也就接近於「事物的本質」，然而卻不知道這一切受什麼所驅使。彷彿有一位「眞宰（造物主）」，卻又尋不到它的端倪。可以去實踐並且得到驗證，然而卻看不見它的形體，眞實的存在，而又不能反映它的具體形態。

「人心」先有一個「是非的標準」，而後再判別「何者爲是，何者爲非」。如果各人都拿「自己的意見」作爲「衡量的標準」，那麼誰會沒有「自己的標準」呢？難道只有「智者」才有「自己的標準」嗎？事實上「愚者」也有「自己的標準」。

因爲，「人心」萬應而無窮，那麼「是非」也就隨之無盡。「是非」因「人心」而產生，這是「物論」之所以「不齊」的原因。

下面進入本文。

「才智超群的人」廣博豁達，「只有一點小聰明的人」則喜歡細察、斤斤計較；「說大話的人」就像猛火烈焰一樣，氣焰凌人；「說閒話的人」則言語瑣細，說個沒完，喋喋不休。

這些人休息的時候，思前想後；醒來的時候，恐懼不安；跟外界接觸，待人接物，整日「勾心鬥角」。有的「疏忽懈怠」，有的「高深莫測」，有的「辭語謹愼」。「小的懼怕」，恐懼不安，「大的驚恐」，失魂落魄。

他們「說話」就好像「利箭」發自「弩機」，快疾而又尖刻，那就是說「是與非」都由此而產生；他們將「心思」存留心底，就好像「盟約誓言」，堅守不渝，那就是說「持守心中的想法」，坐待勝機。

他們「衰敗」猶如「秋冬的草木」，這說明他們「日益銷毀」；他們沉緬於所從事的各種事情，致使他們不可能再恢復到原有的情狀；他們的「心靈閉塞」，好像被繩索縛住，這說明他們「衰老頹敗」，沒法使他們「恢復生氣」。

他們「欣喜、憤怒、悲哀、歡樂」，他們「憂思、嘆惋、反覆、恐懼」，他們「躁動輕浮、奢華放縱、情張欲狂、故作姿態」。好像「樂聲」從中空的「樂管」中發出，又像「菌類」由地氣蒸騰而成。

這種種「形態」，日夜在面前，相互「更換」與「替代」，卻不知道是怎麼萌生的。算了吧！算了吧！一旦懂得這一切發生的道理，不就明白了這種種「形態」發生、形成的原因嗎？

沒有「我的對應面」，就沒有「我本身」，沒有「我本身」，就沒法呈現「我的對應面」。這樣的認識，也就接近於「事物的本質」，然而卻不知道，這一切受什麼所驅使。彷彿有「眞宰（天爲萬物的主宰，故稱天爲『眞宰』）」，卻又尋不到它的「端倪（事情的頭緒）」。可以去實踐，並且得到驗證，然而卻看不見它的「形體」，「眞宰」眞實的存在，卻沒有具體的「形態」。

衆多的骨頭，眼、耳、口、鼻等九個「孔竅」，和心、肺、肝、腎等「六臟」，全都齊備地存在於我的「身體」，我跟它們「哪一部分」最爲親近呢？還是對它們都同樣喜歡呢？還是對其中「某一部分」格外偏愛呢？這樣，每一部分都只會成爲「臣妾似的僕人」嗎？難道「臣妾似的僕人」，就不足以相互支配了嗎？還是輪流做爲「君臣」呢？難道又果眞有什麼「眞君（主宰）」存在其間？無論尋求到它的究竟與否，卻並不影響這個世界的存在。

人一旦稟承「天地之氣」而形成「形體」，就不能忘掉「自身」，而等待最後的死亡。他們跟「外界環境」或「相互對立」，或「相互順應」，跟人家鬥來鬥去，整日奔波，行動全都像「快馬奔馳」，而不知停歇，這不是很可悲嗎！他們終身承受「役使（差遣、使喚）」，卻看不到自己的成功，一輩子困頓疲勞，卻不知道自己的歸宿，這能不悲哀嗎！

即使這種人不會死亡，這又有什麼益處呢？人的「形骸」逐漸衰竭，人的「精神」和「感情」也跟著一起衰竭，這能不算是最大的悲哀嗎？人生在世，本來就像這樣「迷昧無知」嗎？難道只有我，才這麼「迷昧無知」，而「世人」也有不「迷昧無知」的嗎？

如果每個人都拿「自己的意見」，作爲「衡量的標準」，那麼誰會沒有「自己的標準」呢？難道只有「智者」才有嗎？事實上「愚者」也有啊！甚至「成見（偏見）」沒有形成之前，就開始「亂分是非」，就如同「今日啟程到越國去，昨日平安抵達越國。」這一類的笑話，這就是以「無標準」作爲「標準」。若以「無標準」作爲「標準」，即使神聖的「大禹」，也不知道該怎麼辦，更不用提凡人的我了。

第三部分，說明「是非之爭」並沒有價值，「萬物」都有它的「對立面」和「統一面」；「萬物」都在「變化」之中，而且都在向它自身的「對立面」轉化。從這個意義來說，「萬物」既然是「齊一的」，那麼區別「是與非」就沒有必要，「才智」也就成了沒有價值的東西。

說話人的「見解」，往往有「爭議」，而沒有「定論」。所以，說話人的「見解」，等同於「雛鳥的鳴叫」，並沒有什麼區別。

因此，「萬物」既然是「齊一」的，那麼「區別是與非」就沒有必要，「才智」也就成了沒有價值的東西。所以，「儒家」和「墨家」的「是非之辯」，是沒有意義的。人們表達的見解，往往有爭議，而沒有定論，豈不是白說，等同沒有說，這和「風聲」及「鳥叫聲」，有什麼區別呢？。

下面進入本文。

「人說話」不同於「風吹竅孔」，雖然「發聲原理」相同。「說話人」他有「見解」要發表，而「風」是「無心的」。「說話人」的「見解」，當然未必是定論，往往有爭議，於是問題來了：「能說他有說嗎？」不能，因爲他所說的，既非定論，豈不是「白說」，等同於「沒有說」；能說他「沒有說」嗎？也不能，因爲他確實發表了「見解」，「見解」卽是「有說」，當然他有「有說」。「有說」嗎？「沒有說」嗎？很難說。他們都認爲「自己的言談」，不同於「雛鳥的鳴叫」，眞的有區別，還是沒有什麼區別呢？

「大道」是怎麼隱匿起來，而有了「眞和假」呢？「言論」是怎麼隱匿起來，而有了「是與非」呢？「大道」怎麼會出現，而又不復存在呢？「言論」又怎麼存在，而又「不宜認可」呢？「大道」被「小小的成功」所隱蔽，「言論」被「浮華的詞藻」所掩蓋。

所以，就有了「儒家」和「墨家」的「是非之辯」，肯定「對方所否定的東西」，而否定「對方所肯定的東西」。想要肯定「對方所否定的東西」，而批評「對方所肯定的東西」，那麼不如用「事物的本然（本當如此之性）」去對照，而求得「明鑑（明顯的前例，可爲今日所取法、借鏡。）」。

「各種事物」無不存在「它自身對立的那一面」，「各種事物」也無不存在「它自身對立的這一面」。從事物「相對立的那一面」來看，便看不見「這一面」，從「事物相對立的這一面」來看，就能有所「認識」和「了解」。

所以說：「『事物的那一面』出自『事物的這一面』，『事物的這一面』亦起因於『事物的那一面』。事物『對立的兩個方面』，是相互並存、相互依賴的。」

雖然這樣，剛剛產生，隨卽便是死亡，剛剛死亡隨卽便會復生；剛剛肯定，隨卽就否定，剛剛否定隨卽又予以肯定；依托「正確的一面」，同時也就遵循了「錯誤的一面」，依托「錯誤的一面」，同時也就遵循了「正確的一面」。

因此，「聖人」不走「劃分正誤是非」的道路，而是「觀察比照」事物的「本然」，也就是順著「事物自身的情態」。「事物的這一面」，也就是「事物的那一面」，「事物的那一面」也就是「事物的這一面」。

「事物的那一面」同樣存在「是與非」，「事物的這一面」也同樣存在「對與錯」。事物果眞存在「彼此兩個方面」嗎？事物果眞不存在「彼此兩個方面」的區分嗎？「彼此兩個方面」都沒有其「對立的一面」，這就是「大道的樞紐（重要的關鍵）」。抓住了「大道的樞紐」，也就抓住了「事物的要害」，從而順應「事物」無窮無盡的變化。「是」是無窮的，「非」也是無窮的。所以說，不如用「事物的本然」，來加以「觀察」和「認識」。

以「名稱（概念）」來說明「事物（對象）」不是「名稱（概念）」，不如用「非名稱（概念）」來說明「事物（對象）」不是「名稱（概念）」；用「白馬」來說明「白馬不是馬」，不如用「非馬」來說明「白馬不是馬」。整個「自然界」，不論存在多少「要素」，對「要素」而言，卻是一樣的，「各種事物」不論存在多少「具體物象」，對「具體物象」而言，也都是一樣的。

能「認可」嗎？一定有「可以加以肯定的東西」，才能「認可」；不可以「認可」嗎？一定也有

「不可以加以肯定的東西」，才「不能認可」。

「道路」是「行走」而成的，「事物」是「人們稱謂」而成的。怎樣才算是「正確」呢？「正確」在於其「本身就是正確的」。怎樣才算是「不正確」呢？「不正確」在於其「本身就是不正確的」。怎樣才能「認可」呢？「能認可」在於其「自身就是能認可的」。怎樣才「不能認可」呢？「不能認可」在於其「本身就是不能認可的」。

「事物」原本就有「正確的一面」，「事物」原本就有「能認可的一面」，沒有什麼「事物」不存在「正確的一面」，也沒有什麼「事物」不存在「能認可的一面」。

所以，可以列舉「細小的草莖」和「高大的庭柱」，「醜陋的癩頭」和「美麗的西施」，寬大、奇變、詭詐、怪異等，千奇百怪的「各種事態」，來說明這一點，從「道」的觀點看它們，都是貫通而渾一（統一；同一）的。

「舊事物」的分解，亦卽「新事物」的形成，「新事物」的形成，亦卽「舊事物」的毀滅。「所有事物」並無「形成」與「毀滅」的區別，從「整體」來看，「形成」與「毀滅」就是「循環往復」、「圓通一體」的。

只有「通達（通情達理）的人」，才知曉「事物相通而渾一（統一；同一）」的道理，因此不用固執地對「事物」作出「這樣」或「那樣」的解釋，而應該把「自己的觀點」寄託於「平常的事理」之中。

所謂「平庸的事理」，就是「無用而有用」；認識事物「無用就是有用」，這就算是「通達」；「通達的人」才是眞正了解「事物常理的人」；恰如其分地了解「事物常理」，也就接近於「大

道」。「順其自然」而又「不求其所以然」，這就是「大道」的境界。如果竭盡心志，固執一端，而不知道「事物本來是渾一（統一；同一）的」，這就叫做「朝三」。什麼是「朝三」呢？

「養猴人」給「猴子」分「橡子（櫟樹的果實）」，說：「早上分給三個，晚上分給四個。」「猴子們」聽了非常憤怒。「養猴人」便改口說：「那麼就早上四個，晚上三個吧。」「猴子們」聽了都高興起來。「橡子」的「名和實」沒有改變，而「猴子」的「喜和怒」卻前後不同，也就是因為這樣的道理。

這就是「朝三暮四」的成語故事，比喻「名稱」雖然不同，事實上卻無損，總都歸結為「一」。

■成語：「朝三暮四」

◆出處：《莊子．齊物論》

◆原文：狙公賦芧，曰：朝三而暮四。眾狙皆怒。曰：「然則朝四而暮三。」眾狙皆悅。名實未虧而喜怒為用，亦因是也。

◆解釋：

(1)（原意）實質不變，用「改換名稱」的方法，使人上當。

(2)（今意）比喻做事反覆無常，經常變卦。

所以，「聖人」不分「是非」，而加以調和，就可以達到「順任萬物」之境，這就是「兩行（「物與我」，即「自然界」與「自我的精神世界」都能各得其所，自行發展）」。

古時候的人，他們的「智慧」達到了「最高的境界」。如何才能達到「最高的境界」呢？那時有人認爲，整個「宇宙」從一開始就「不存在什麼具體的事物」，這樣的認識是最了不起，最盡善盡美，而無以復加了。其次，認爲「宇宙」存在事物的，可是「萬事萬物」從不曾有過區別。再其次，認爲「萬事萬物」雖然有「這樣」和「那樣」的區別，但是卻從不曾有過「是與非」的不同。

「是與非」的顯露，對於「宇宙萬物」的理解，也就因此出現「虧損」和「缺陷」，「理解上」出現「虧損」與「缺陷」，「偏私的觀念」也就因此形成。果眞有「形成」與「虧缺」嗎？果眞沒有「形成」與「虧缺」嗎？事物有了「形成」與「虧缺」，所以有名的琴師「昭文」，才能夠「彈琴奏樂」。沒有「形成」和「虧缺」，「昭文」就不再能夠「彈琴奏樂」。

「昭文」善於「彈琴」，「師曠」精於「樂律」，「惠施」樂於靠著「梧桐樹」高談闊論，這三位「先生」的才智，可說是登峰造極了！他們都享有盛譽，所以他們的事蹟得到記載，並且流傳下來。他們都愛好自己的「學問」與「技藝」，因而跟別人大不一樣；正因爲愛好自己的「學問」和「技藝」，所以總希望能夠表現出來。

而他們將那些不該彰明的東西，彰明於世，因而最終以「石頭的顏色白」與「石頭的質地堅固」，「白」和「堅」都獨立於「石頭」之外的迷昧而告終（公孫龍子曾有《堅白論》之說，「莊子」是極不贊成的。）；而「昭文」的兒子，也繼承其父親的事業，終生沒有什麼作爲。像這樣就可以稱作「成功」嗎？那即使是我，雖然無成就，也可說是「成功」了。像這樣，便不可以稱作「成功」嗎？「外界事物」和「我本身」就都沒有「成功」。

因此，各種迷亂人心的「巧說辯言」的炫耀，都是「聖哲之人」所鄙夷、摒棄的。所以說，各種「無用」都寄託於「有用」之中，這才是用「事物的本然」觀察「事物」，而求得「眞實的理解」。

第四部分，進一步指出，「大道」並不曾有過「界線」和「區分」，「言論」也不曾有過「定論」，人們所認爲的「是非」與「區分」，並非「外物（身外之物。多指利欲功名之類。）之本然」，而是「主觀意識」對「外物（身外之物。多指利欲功名之類。）」的偏見，人們各自認爲只有自己的「觀點」和「看法」才是正確的，這才有了「界線」和「區別」。「物、我」一體，因而「是非無別」，容藏於一體。

現在暫且在這裡說一番話，不知道這些話，跟其他人的「談論」，是相同的呢，還是不相同的呢？「相同的言論」與「不相同的言論」，既然相互間都是「言談議論」，從這個意義來說，不管其內容如何，都是「同類」的。雖然這樣，還是請讓我試著把這個問題說一說。

「宇宙萬物」有它的「開始」，同樣有個它「未曾開始的開始」，還有它「未曾開始的未曾開始的開始」。「宇宙之初」有個「有」，但是也有個「無」，還有個「未曾有過的無」，同樣也有個「未曾有過的未曾有過的無」。突然間生出了「有」和「無」，卻不知道「有」與「無」，誰是眞正的「有」，誰是眞正的「無」。現在我已經說了這些「言論」和「看法」，但是卻不知道我聽說的「言論」和「看法」，是「我果眞說過的言論和看法」呢？還是「果眞沒有說過的言論和看法」呢？

「天下」沒有什麼比「秋毫（鳥獸在秋天所生的細毛。後比喻微細的事物。）」的末端更大，而「泰山」算是最小；「世上」沒有什麼人，比「夭折的孩子」更長壽，而傳說中年壽最長的「彭祖」，卻是短命的。「天地」與我共生，「萬物」與我爲一體。既然已經「渾然爲一體」，還能夠有什麼「議論」和「看法」呢？既然已經稱作「一體」，又還能夠沒有什麼「議論」和「看法」呢？「客觀」存在的「一體」，加上我的「議論」和「看法」，就變成了「二」，「二」如果再加上一個「二」，就成了「三」，以此類推，最精明的計算也不可能求得最後的數字，何況大家都是「凡夫俗子」！所以，從無到有，乃至推到「三」，又何況從「有」推演到「有」呢？沒有必要這樣地推演下去，還是順應「事物的本然」吧。

「道」從不曾有過「界線」，發表「己見的言論」，也不曾成爲「恆古不變的定論」，各自認爲只有自己的「觀點」和「看法」才是正確的，這才有了「界線」和「區別」。

請讓我談談那些「界線」和「區別」：有「左」有「右」，有「序列」有「等別」，有「辨別」有「辯駁」，有「競爭」有「相爭」，這就是所謂的「八類」。

「天地」四方，「宇宙之外」的事，「聖人」總是「研究」而不「評說」；「宇宙之內」的事，「聖人」雖然細加「研究」，卻不隨意「評說」。至於古代歷史上，善於「治理社會」的「前代君王們」的記載，「聖人」雖然有所「評說」，卻不「爭辯」。

可知有「分別」，就因爲存在「不能分別」，有「爭辯」也就因爲存在「不能辯駁」。有人會問，這是爲什麼呢？「聖人」把「事物」都囊括於胸、容藏於己，而「一般人」則爭辯不休，誇耀於外。所以說，大凡「爭辯」，總因爲有自己所看不見的一面。

至高無尙的「眞理」是不必「稱頌的」；最了不起的「辯說」，是不必「言說的」；「最具仁愛」的人，是不必向人「表示仁愛」的；「最廉潔方正」的人，是不必表示「謙讓的」；「最勇敢」的人，是從不「逞強傷害他人的」。

「眞理」完全表露於外，那就不算是「眞理」；「言語辯論」總有表達不到的地方；「仁愛之心」經常流露，反而成就不了「仁愛」；「廉潔」到淸白的極點，反而「不太眞實」；「勇敢」到隨

處傷人，也就不能成爲「眞正勇敢的人」。

這五種情況，就好像「刻意求圓」，卻「幾近成方」一樣。因此，懂得停止於自己所不知曉的境域，那就是「絕頂的明智」。誰能眞正通曉「不用言語的辯駁」、「不用稱說的道理」呢？

假如有誰能夠知道，這就是所說的自然生成的「天府（指自然生成的府庫，也就是整個宇宙。）」。無論注入多少東西，它不會滿盈，無論取出多少東西，它也不會枯竭，而且也不知道這些東西出自哪裡，這就叫做「葆光（ㄅㄠˇ，潛藏不露其光芒，比喻智德。）」。

第五部分，有二個故事，說明要能夠「忘物」，才能夠「齊物」。認識「事物」，並沒有什麼「絕對客觀的標準」。因此，「人的言論」也就沒有確定「是非區別」的必要。

從前「堯」曾向「舜」問道：「我想征伐『宗、膾（ㄎㄨㄞˋ）、胥敖』這三個小國，可是每當上朝的時候，總是心理不釋然（因疑慮、嫌隙等冰釋而不放心。），這是什麼原因呢？」

「舜」回答說：「那三個小國的『國君』的心境，就像生存於『蓬蒿、艾草』之中（國小君卑，不足與之計較。）。你總是耿耿於懷，心神不寧，爲什麼呢？過去『十個太陽』一起升起，萬物都在陽光普照之下，何況你『崇高的德行』，又遠遠超過了『太陽』的光亮呢！」

第二個故事，文中的「齧（ㄋㄧㄝˋ）缺」是「堯」時的「賢人」，隱居不仕，而「王倪」是「齧缺」的老師。

「齧（ㄋㄧㄝˋ）缺」問「王倪」道：「你知道『各種事物』相互之間，總有共同的地方嗎？」

「王倪」回答道：「我怎麼知道呢！」

「齧缺」又問道：「你知道你所不知道的東西嗎？」

「王倪」回答道：「我怎麼知道呢！」

「齧缺」接著又問道：「那麼『各種事物』便都無法知道了嗎？」

「王倪」回答道：「我怎麼知道呢？雖然這樣，我還是試著來回答你的問題。你怎麼知道我所說的『知道』，不是『不知道』呢？你又怎麼知道我所說的『不知道』，不是『知道』呢？

我問你，人們睡在『潮濕的地方』，就會『腰部患病』，甚至釀成『半身不遂』，『泥鰍』也會這樣嗎？人們住在『高高的樹木』上，就會『心驚膽戰、惶恐不安』，『猿猴』也會這樣嗎？『人、泥鰍、猿猴』三者究竟誰最懂得『居處的標準』呢？

『人』以『牲畜的肉』爲食物，『麋鹿』食『草芥』，『蜈蚣』嗜吃『小蛇』，『貓頭鷹』和『烏鴉』則愛吃『老鼠』，『人、麋鹿、蜈蚣、貓頭鷹』和『烏鴉』這四類動物，究竟誰才懂得『眞正的美味』呢？『猿猴』把『猵狙（ㄅㄧㄢ ㄐㄩ，神話傳說中的野獸，形似猿猴。）』當作配偶，『麋（ㄇㄧˊ，與鹿同類而稍大，雄麋青黑色，頭生枝角，雌麋呈褐色，體略小。）』喜歡與『鹿』交配，『泥鰍』則與『魚』交尾。

『毛嬙（ㄑㄧㄤˊ）』和『麗姬』，是人們稱道的美人了，可是『魚兒』見了她們，就深深潛入水底；『鳥兒』見了她們，就高高飛向天空；『麋鹿』見了她們，就散開飛快地逃離。『人、魚、鳥』和『麋鹿』四者，究竟誰才懂得『天下眞正的美色』呢？以我來看，『仁與義』的『端緒（頭緒）』，『是與非』的『途徑』，都紛雜錯亂，我怎麼能知曉它們之間的分別呢？」

■成語：「沉魚落雁」

◆出處：《莊子．齊物論》

◆原文：毛嬙、麗姬，人之所美也；魚見之深入，鳥見之高飛，麋鹿見之決驟，四者孰知天下之正色哉？

◆解釋：魚見之羞而沉入水底，雁見之羞而高飛入雲。用以形容「女子姿容豔美無比」。「沉魚落雁」本指魚鳥不辨美醜，就算看見「美麗的女子」也同樣趕緊逃離。「莊子」藉此說明世間無絕對的「是非美醜」。後來，用來形容女子的容貌美麗。

「齧缺」問道：「你不了解『利與害』，道德修養高尚的『至人（古時具有很高的道德修養，超脫世俗，順應自然而長壽的人。）』難道也不知曉『利與害』嗎？」

「王倪」回答道：「進入『物我兩忘（物我之間融爲一體，忘卻而無分別。）』境界的『至人』，實在是『神妙不可測』啊！『林澤焚燒』不能使他感到熱，『黃河、漢水』封凍了，不能使他感到冷，『迅疾的雷霆』劈山破岩，『狂風』翻江倒海，都不能使他感到震驚。假如這樣，便可『駕馭雲氣』，『騎乘日月』，在『四海』之外遨遊，『死和生』對於他自身，都沒有變化，何況『利與害』這些微不足道的項目呢！」

第六部分，「麗姬」是「艾地」封疆守土之人的女兒，「晉國」征伐「麗戎」時俘獲了她，她當時哭得淚水浸透了衣襟；等她到「晉國」進入王宮，成爲「晉侯」寵愛的夫人，吃上美味珍饈，也就後悔當初不該那麼傷心地哭泣了。另外，人們怎麼知道那些「死去的人」，不會後悔當初的「求生」呢？

另外，「莊子」借「寓言人物之口」闡述「齊物」與「齊論」的方法，即「忘掉死生」、「忘掉是非」，跟「萬物」融合爲一體，置各種「混亂紛爭」於不顧，把「卑賤」與「尊貴」都等同起來。

把自己寄託於「無窮的境域」，從而遨遊於「凡塵」之外，這也就進一步說明，「物之不可分、言之不可辯」。

「瞿（ㄑㄩˊ）鵲子」和「長梧子」都是杜撰的人名。

「瞿（ㄑㄩˊ）鵲子」向「長梧子」問道：「我從『孔子』那裡聽到這樣的談論：『聖人』不從事『瑣細的事務』，不追逐『私利』，不迴避『災害』，不喜好『貪求』，不『拘於道』；『沒說什麼』又好像『說了些什麼』，『說了些什麼』又好像『什麼也沒有說』，因而遨遊於『世俗之外』。『孔子』認爲這些都是『輕率不當的言論』，而我卻認爲是『精妙之道』的『實踐』和『體現』。『先生』你認爲怎麼樣呢？」

「長梧子」回答道：「這些話連『黃帝』也會『疑惑不解』的，而『孔丘』怎麼能夠知曉呢！而且你也考慮得太早，就好像見到『雞蛋』，便想立即得到報曉的『公雞』，見到『彈弓』，便想立即獲取烤熟的『斑鳩肉』。我姑且給你胡亂說一說，你也就胡亂聽一聽。」

「長梧子」說道：「怎麼不依傍『日月』，懷藏『宇宙』呢？跟『萬物』融合爲一體，置各種『混亂紛爭』於不顧，把『卑賤』與『尊貴』都等同起來。人們總是一心忙於去『爭辯是非』，『聖人』卻好像十分『愚昧』，無所覺察，揉合『古往今來』多少『變異、沉浮』，自身卻『渾成一體』，不爲『紛雜差異』所困擾。『萬物』全都是這樣，而且因爲這個緣故，相互蘊積於『渾樸（渾厚樸實）』，而又『精純（精粹而不雜）』的狀態之中。」

「長梧子」接著說道：「我怎麼知道『貪戀活在世上』，不是『困惑』呢？我又怎麼知道『厭惡死亡』，不是『年幼』流落他鄉，而『老大』還不知回歸呢？

『麗姬』是『艾地』封疆守土之人的女兒，『晉國』征伐『麗戎』時，俘獲了她，她當時哭得淚水浸透了衣襟。等她到了『晉國』，進入王宮，跟『晉侯』同睡一床，而寵爲『夫人』吃上美味珍饈，也就後悔當初不該那麼傷心地哭泣了。我又怎麼知道那些『死去的人』，不會後悔當初的『求生』呢？

在『睡夢裡』飲酒作樂的人，『天亮醒來後』很可能痛哭飲泣；『睡夢中』痛哭飲泣的人，天亮醒來後，又可能在歡快地『逐圍打獵』。正當他在『做夢』的時候，他並不知道自己是在『做夢』。『睡夢中』還會卜問『所做之夢』的吉凶，醒來以後方知是在『做夢』。人在『最爲清醒的時候』，才知道他自身也是一場『大夢』，而『愚昧的人』則自以爲『清醒』，好像什麼都知曉，什麼都明白了。

『高貴的君』和『卑賤的人』這種看法實在是『淺薄鄙陋』呀！『孔丘』和你都是在『做夢』，我說你們在『做夢』，其實我也在『做夢』。上面講的這番話，它的名字可以叫作『弔詭（奇異、怪異）』。『萬世』之後，假若一朝遇上一位『大聖人』，悟出上述一番話的道理，這恐怕也是偶而遇上的吧！」

「長梧子」說道：「倘使我和你展開『辯論』，你勝了我，我沒有勝你，那麼，你果眞『對』，我果眞『錯』了嗎？我勝了你，你沒有勝我，我果眞『對』，你果眞『錯』了嗎？難道我們兩人有誰是『正確的』，有誰是『不正確的』嗎？難道我們兩人都是『正確的』，或都是『不正確的』嗎？我和你都無從知道，而『世人』原本也都承受著『蒙昧』與『晦暗』，我們又能讓誰作出正確的裁定？

讓『看法』跟你相同的人來判定嗎？既然『看法』跟你相同，怎麼能作出『公正的評判』呢？

讓『觀點』跟我相同的人來判定嗎？既然『觀點』跟我相同，怎麼能作出『公正的評判』呢？讓『觀點』不同於『我和你』的人來判定嗎？既然『觀點』不同於『我和你』，怎麼能作出『公正的評判』呢？讓『觀點』跟『我和你』都相同的人來判定嗎？既然『觀點』跟『我和你』都相同，又怎麼能作出『公正的評判』呢？

如此，那麼『我和你』跟『大家』都無從知道這一點，還等待別的什麼人呢？『辯論』中的『不同言辭』，跟『變化』中的『不同聲音』一樣『相互對立』，即使沒有『相互對立』，也不能相互作出『公正的評判』。用『天倪（自然的分界）』來調和它，用『無盡的變化』來順應它，還是用這樣的辦法來『了此一生』吧。」

「長梧子」最後說道：「什麼叫做『調和天倪（自然的分界）』呢？『對的』也就像是『不對的』，『正確的』也就像是『不正確的』。『對的』假如果眞是『對的』，那麼『對的』不同於『不對的』，這就不需要去『爭辯』；『正確的』假如果眞是『正確的』，那麼『正確的』不同於『不正確的』，這也不需要去『爭辯』。忘掉『死生』，忘掉『是非』，到達『無窮無盡的境界』，因此『聖人』總把自己寄託於『無窮無盡的境域』之中。」

第七部分，通過兩個寓言故事表明「無所憑依」和「物我交合、物我俱化」的旨意。

第一個寓言，「影子外圍的微陰」問「影子」說道：「你爲什麼隨著身體移動，沒有獨立自主的思想？」

「影子」回答道：「我是有所依賴才會這樣子吧？我所依賴的東西，又有所依賴才會這樣子吧？」

「影子」被「身體」主宰，「身體」又被「心靈」主宰。「身體」的存在總是受到「我」的掌控而無法自主，而「我」又依賴於「道」而存在，「道」作爲終極的「自然之法則」，「自己如此」，「獨立自存」而不再有「依賴性」。

當「心靈」沒有因「悟道」而放下「自我」的時候，我們總被自己的「物質慾望」和「是非的執著」所主宰，而不得自由，「物質慾望」有待於滿足，是非的爭辯永無止息。要獲得「精神的逍遙」，就要「無待」，而惟有「無我」，才能「無待」。

第二個寓言，「莊周」夢見自己變成「蝴蝶」，突然間醒過來，驚惶不定之間，方知原來是我「莊周」。不知道是「莊周」夢中變成「蝴蝶」呢，還是「蝴蝶」夢見自己變成「莊周」呢？這樣變幻的形態，就叫做「物化」。

現在回到本文。

「影外微陰」問「影子」說道：「剛才你移動，現在又停止；剛才你坐下，現在又站起。你怎麼這麼沒有『獨立的操守』啊！」

「影子」回答道：「我是『有所依賴』才會這樣子吧？我『所依賴的東西』又『有所依賴』才會這樣子吧？我依賴『身體』而動，就好像『蛇依賴鱗甲』而行、『蟬依賴翅膀』而飛吧？我怎麼知道這樣的原因呢？又怎麼知道不這樣的原因呢？」

過去「莊周」夢見自己變成「蝴蝶」，欣然自得地飛舞著的一隻「蝴蝶」，感到多麼愉快和愜意啊！不知道自己原本是「莊周」。

突然間「莊周」醒過來，驚惶不定之間，方知原來是我「莊周」。不知是「莊周」夢中變成「蝴蝶」呢，還是「蝴蝶」夢見自己變成「莊周」呢？「莊周」與「蝴蝶」必定是有區別的？這個難題，又惹起「是非」了，「莊周」與「蝴蝶」也許都是「我」。這樣的「變幻形態」，就叫「物化」。

■成語：「栩栩（ㄒㄩˇ）如生」

◆出處：《莊子．齊物論》

◆原文：昔者莊周夢爲胡蝶，栩栩然胡蝶也，自喻適志與！不知周也。俄然覺，則茫茫然周也。

◆解釋：「栩栩（ㄒㄩˇ）」：形容「生動傳神」的樣子。指「藝術形象」非常逼眞，如同活的一樣。

（三）《內篇．養生主第三》：

這是一篇談論「養生之道」的文章，「養生主」是「護養生之宗主」的意思，「宗主」是指「人的精神」，白話意思就是「養生的要領」。「莊子」認爲，「養生之道」重在「順應自然，靜心無擾，忘卻情感，不爲外物（身外之物。多指利欲功名之類。）所滯」。這篇《養生主》，將前兩篇的《逍遙遊》與《齊物論》都落實在生命修養中。

「莊子思想」的中心，一是「無所依憑、自由自在」，二是「反對人爲、順其自然」，本文的字裡行間，雖然是在談論「養生」，實際上是在體現「莊子」的哲學思想和生活旨趣。

《養生主》全文分成三個部分，簡述如下：

第一部分，是全篇的總綱，指出「養生」最重要的，是要做到「緣督以爲經」，即秉承事物「中虛之道」，順應「自然」的變化與發展。

「中醫」有「奇經八脈」之說，所謂「督脈」卽身體背部的中脈，具有「總督諸陽經」的作用；「緣督」就是「順從自然之中道」的含意。「經」是「常法」的意思。

人們的「生命」是「有限的」，而「知識」卻是「無限的」。以「有限的生命」去追求「無限的知識」，勢必「身體疲乏」，而且「傷害精神」。已經知道了這個「事實」，還要不停地「追求知識」，那可眞是「十分危險的」。

做了「世人」所謂的「善事」，卻不去「貪圖名聲」，做了「世人」所謂的「惡事」，卻不至於「面對刑罰」。遵從「自然」的「中正之路」，並且把它作爲「順應事物的常法」，這就可以「保護自身」，就可以「保全天性」，就可以不給「父母親人」留下「憂患」，就可以「終享天年」。

第二部分，是「庖丁解牛」的寓言，以「廚工分解牛體」來比喻「人之養生」，說明「處世、生活」都要「因其固然」（順著原本的樣子）、「依乎天理」（依順自然的道理）」，而且要取其「中虛有間（裡面空虛有空間）」，才能「游刃有餘（比喻對於事情能勝任愉快，從容不迫。）」，從而避開「是非」和「矛盾」的糾纏。

另外，有兩篇極短的小故事，「公文軒」見到只有一隻腳的「右師」，和「沼澤」邊覓食的「野雞」。

「庖丁（廚師）」給「文惠君（梁惠王）」宰殺「牛牲」，分解「牛體」時，「手」接觸的地方，「肩」靠著的地方，「腳」踩踏的地方，「膝」抵住的地方，都發出皮肉分離的聲音，快速進刀割牛時，刷刷的聲音，無不像美妙的音樂旋律，符合「桑林舞曲（古樂曲名，相傳爲殷天子之樂。）」的節奏，又合於「經首樂曲（堯樂《咸池》中樂曲名）」的樂律。

「文惠君」說道：「嘻！妙呀！技術怎麼達到如此高超的地步呢」

「庖丁（廚師）」放下刀回答道：「我所喜好的是『道』，比起一般的『技術、技巧』又進了一層。我開始分解『牛體』的時候，所看見的是『一整頭牛』。幾年之後，就不曾再看到『整體的牛』了。現在，我只用『心神』去接觸，而不必用『眼睛』去觀察，『眼睛的官能』似乎停了下來，而『精神世界』還在不停地運行。

依照『牛體』自然的『生理結構』，劈擊『肌肉骨骼』之間的『大縫隙』，把刀導向那些『骨節』之間的『大空處』，順著『牛體』的『天然結構』去解剖；從不曾碰撞過『經絡結聚的部位』和『骨肉緊密連接的地方』，何況那些『大骨頭』呢！

優秀的『庖丁（廚師）』一年更換『一把刀』，因爲他們是『用刀在割肉』；普通的『庖丁（廚師）』一個月就更換一把刀，因爲他們是『用刀在砍骨頭』。如今我使用的這把刀，已經十九年了，所宰殺的『牛牲』上千頭了，而『刀刃的鋒利』就像剛從『磨刀石』上磨過一樣。

牛的『骨節』乃至各個『組合部位』之間，是有『空隙』的，而『刀刃』幾乎沒有什麼『厚度』，用『薄薄的刀刃』，插入『有空隙的骨節和組合部位』之間，對於『刀刃』的『運轉』和『迴旋』來說，那是多麼『寬綽而有餘地』呀。

■成語：「遊刃有餘」

◆出處：《莊子．養生主》

◆原文：彼節者有間，而刀刃者無厚；以無厚入有間，恢恢乎其於游刃必有餘地矣。

◆解釋：比喻技術熟練，經驗豐富，解決問題毫不費力。

所以，我的刀使用了十九年，『刀鋒』仍像剛從『磨刀石』上磨過一樣。雖然這樣，每當遇上『筋腱、骨節聚結交錯的地方』，我看到難於下刀，爲此而格外謹愼不敢大意，目光專注，動作遲緩，動刀十分輕微。『牛體』霍霍地全部分解開來，就像是『一堆泥土』堆放在地上。我於是提著刀，站在那兒，爲此而環顧四周，爲此而『躊躇滿志』，這才擦拭好刀收藏起來。」

■成語：「躊躇滿志」

◆出處：《莊子．養生主》

◆原文：提刀而立，爲之四顧，爲之躊躇滿志。

◆解釋：「躊躇」，從容自得的樣子；「滿」，滿足；「志」，志願。形容對自己取得的成就非常得意。

「文惠君」說道：「妙啊！我聽了『庖丁（廚師）』這一番話，從中得到『養生的道理』了。」

宋國人「公文軒」見到「右師」大吃一驚，說：「這是什麼人？怎麼只有一隻腳呢？是『天生』只有一隻腳，還是『人爲』地失去一隻腳呢？」

「右師」說道：「『天生成的』，不是『人爲的』。『老天爺』生就了我這樣一付形體，讓我只有一隻腳，人的外觀完全是『上天』所賦與的。所以，知道是『天生的』，不是『人爲的』。」

「沼澤」邊的「野雞」，走上「十步」才能啄到一口食物，走上「百步」才能喝到一口水，可是它絲毫也不會祈求「畜養在籠子裡」。生活在「樊籠（ㄈㄢ，籠子，關鳥獸的籠子，比喻不自由的境地。）」裡，雖然不必費力尋食，「精力」即使十分旺盛，那也是很「不快意的」。

第三部分，進一步說明「聽憑天命」、「順應自然」和「安時處順（安於時運，順應變化。）」

的生活態度。

「老聃（卽老子）」死了，他的朋友「秦失」去「弔喪」，大哭幾聲便離開了。

「老聃」的「弟子們」問道：「你不是我們老師的朋友嗎？」

「秦失」回答道：「是的。」

「弟子們」又問道：「那麼『弔唁朋友』像這樣，行嗎？」

「秦失」回答道：「行！原來我認爲你們跟隨『老師』多年，都是『超脫物外的人』了，現在看來並不是這樣的。剛才我進入『靈房』去『弔唁』，有『老年人』在哭，像做父母的哭自己的孩子；有『年輕人』在哭，像做孩子的哭自己的父母。他們之所以會聚在這裡，一定有人本不想說什麼，卻情不自禁地訴說了什麼，本不想哭泣，卻情不自禁地痛哭起來。

如此『喜生惡死』是『違反常理』、『背棄眞情』的，他們都忘掉了人是稟承於『自然』、受命於『天』的道理，古時候人們稱這種作法就叫做『遁天之刑（感傷過度，勢必違反自然之道而招來過失。）』。

偶然來到世上，你們的『老師』應時而生；偶然離開人世，你們的『老師』順依而死。安於『天理』，順從『自然』和『變化』，『哀傷』和『歡樂』便都不能進入心懷，古時候人們稱這樣做，就叫做『帝之縣解（自然的解脫）』，好像解除倒懸之苦似的。」

取光照物的『柴火』，終會燃盡，而『火種』卻傳續下來，永遠不會熄滅。

（四）《內篇．人間世第四》：

「人間世」即「人世間」，是萬物所生活的地方。《人間世》的重點，是討論「處世之道」，是「莊子」論述在「人世間」如何「自處」與「處世」的哲學。

此篇包含七個部分，前後部分是互補的。「世事」艱難，「莊子」推出了「無用之用」的觀點，「無用之用」正是「虛以待物」的體現。「無用之用」展現了「莊子」「虛無」的人生態度，也充滿了「辯證法」，「有用」和「無用」是「客觀的」，但也是「相對的」，而且在「特定環境」裡，還會出現「轉化」。

《人間世》全文分成七個部分，簡述如下：

第一部分，「孔子」在「顏回」打算出仕「衛國」時，教導「顏回」，「儒家」的修行心法「心齋」。「顏回」是「孔子」的弟子，姓「顏」名「回」，字「子淵」，魯國人。

「顏回」拜見老師「孔子」，請求同意他出遠門。

「孔子」問道：「你要到哪裡去呢？」

「顏回」回答道：「打算去『衛國』。」

「孔子」問道：「去『衛國』做什麼呢？」

「顏回」回答道：「我聽說『衛國』的『國君』，他正年輕，辦事專斷；輕率地處理政事，卻看不到自己的過失；輕率地役使『百姓』，使『人民』大量死亡，死人遍及全國不計其數，就像『大澤』中的『草芥』一樣，『百姓』都失去了可以歸往的地方。

我曾經聽『老師』說：『治理得好的國家可以離開它。治理得不好的國家卻要去到那裡，就好像醫生門前病人多一樣』。我希望根據『先生』的這些教誨，思考治理『衛國』的辦法，『衛國』也許還可以逐步恢復元氣吧！」

「孔子」說道：「嘻！恐怕你去到『衛國』，就會遭到殺害啊！『大道』是不可以和『情感』摻雜的，『雜亂』了就會『事緒（紛繁的事務）繁多』，『事緒繁多』就會『心生擾亂』，『心生擾亂』就會『產生憂患』，『憂患』多了，也就『不可挽救』。

古時候的『至人（指古時具有很高的道德修養，超脫世俗，順應自然而長壽的人。）』，總是先建立自己的『道德修養』，才去扶助他人。如今，在自己的『道德修養』方面，還沒有什麼成就，哪裡還有什麼空閒去制止『暴君』的惡行呢？

你知道『道德』的毀壞，是因為『智慧』表露的原因嗎？『道德』的毀壞，在於『追求名譽』，『智慧』的表露在於『爭強好勝』。『名譽』是拗成互相毀謗排擠的原因，『智慧』是互相爭鬥的工具。二者都像是『凶器』，不可以將它們推行於世。

況且，像你這樣的人，『德行』穩重，『信用』可靠，名聲好，又不喜愛競爭，不能得到人們廣泛的理解。而你勉強把『仁義』和『規範』之類的言辭，述說於『暴君』面前，這就好比用『別人的醜行』，來顯示『自己的美德』，這樣的做法可以說是『害人』。『害人的人』一定會被『別人』所害，你這樣做恐怕會遭到『別人』的傷害啊！

況且，像『衛君』那樣的人，如果他愛『賢士』，恨『小人』，那他手下『賢士』已經很多，用你這個『賢士』與用那些『賢士』，有什麼區別呢？又何必非用你不可呢？如果『衛君』確實聽不進任何『諫言』，他一定會抓住你偶然說漏嘴的機會，快速地向你展開爭辯，不讓你有喘息思考的機

會。你必將『眼花繚亂』，而『面色』裝作『平和』，你說話『自顧不暇』，『容顏』將顯露『將就』，內心也就姑且認同『衛君』的所作所為了。

你這樣做，就像是『用火救火』，『用水救水』，可以稱之為『錯上加錯』。有了依順他的開始，以後順從他的旨意，便會沒完沒了。假如你未能取信於『衛君』，便深深進言，那麼一定會死在這位『暴君』面前。

從前，『夏桀』殺害了敢於直諫的賢臣『關龍逢』；『商紂王』殺害了力諫的庶出（妾所生的子女）叔叔『比干』，這些『賢臣』他們都十分注重自身的『道德修養』，而以『臣下的地位』憐愛撫育『國君』的『百姓』，同時也以『臣下的地位』違逆了他們的『國君』，所以他們的『國君』，就因為他們『道德修養』高尚，而排斥他們，最後殺害他們，這就是『喜好名聲』的結果。

當年『帝堯』征伐兩個部落小國『叢枝』和『胥敖』，『夏禹』攻打小國『有扈』，三個小國的土地變成廢墟，『人民』全都死盡，而三個小國的『國君』也遭受殺害，原因就是三個小國，不停地使用武力，貪求別國的『土地』和『人口』。這些都是『追求名利』的結果，你沒有聽說過這三個小國的事蹟嗎？『名目（事物的名稱）』和『實際』，就是『聖人』也不可能超越，何況是你呢？

（原文「名實」是「名目」和「實際」的意思，是中國古代的哲學範疇。「名」是指「名詞、概念」，「實」指「實際存在的事物」。中國古代的「哲學家們」，因為反映的「社會政治利益」和「所處的認識發展階段」不同，對「名實」關係，有不同的理解，展開過長期的爭論，形成了中國古代「哲學」的「名辯思潮」，由此推動了中國「哲學」的「認識論、辯證法」和「邏輯」的發展。）

當然，你要去糾正『衛國』的『暴君』，你必定要有用來諫勸『衛君』的辦法，你就試著把它告訴我吧。」

「顏回」問道：「我外表『端莊（端正莊重）』，內心『謙遜』，勤奮努力，終始如一，這樣就可以了嗎？」

「孔子」回答說：「唉！這怎麼可以呢？『衛君』陽剛暴烈，盛氣露於言表，而且喜怒無常，人們都不敢有絲毫違背他的地方，他也藉此壓抑你的感化，以此來放縱他的欲望。每日用『小德』來感化他，都不會有成效，更何況用『大德』來勸導他呢？他必將『固守己見』，而不會改變，表面贊同，而內心裡也不會對自己的言行作出反省，你那樣的想法，怎麼能行得通呢？」

「顏回」問說：「那麼，我就內心『正直』，而外表『委曲求全』，內心自有『主見』，並且處處跟『古代賢人』作比較。內心『正直』，這就是與『自然』爲『同類』。跟『自然』爲『同類』，可知『國君』與『自己』都是上天養育的子女。又何必把自己的言論宣之於外，而希望得到人們的贊同呢？又何必在乎人們不贊同呢？像這樣做，人們就會稱之爲『童子（天眞純一、未失自然本性的人）』，這就叫『跟自然爲同類』。

外表『委曲求全』的人，是跟世人爲同類。手拿『朝笏（ㄔㄠˊ ㄏㄨˋ，古代君臣朝會時所執狹長板子，用玉、象牙或竹片製成，用以指畫和記事。）』躬身下拜，這是做『臣子』的禮節，別人都這樣去做，我敢不這樣做嗎？做一般『人臣』都做的事，人們也就不會責難了吧！這就叫做『跟世人爲同類』。

心有『成見』，而上比『古代賢人』，是『跟古人爲同類』。他們的言論雖然很有教益，指責『世事』才是眞情實意。這樣做自古就有，並不是從我才開始的。像這樣做，雖然『正直不阿』，卻

也不會受到傷害，這就叫做『跟古人爲同類』。這樣做便可以了嗎？」

「孔子」回答道：「唉！這怎麼可以呢？太多的事情需要『糾正』，就是有所『效法』，也會出現不當。雖然『固陋』而『不通達』，也沒有什麼罪責。即使這樣，也不過如此而已，又怎麼能夠感化他呢？這只是你自己的想法。」

「顏回」問道：「我沒有更好的辦法了，冒昧地向『老師』求教方法。」

「孔子」回答道：「『齋戒』清心，我將告訴你！如果懷著積極『用世（爲世所用）之心』去做，難道是容易的嗎？如果這樣做也很容易的話，『蒼天』也會認爲是不適宜的。」

「顏回」問道：「我『顏回』家境貧窮，不飲酒、不吃葷食，已經好幾個月了，像這樣，可以說是『齋戒』了吧？」

「孔子」回答道：「這是『祭祀』前的所謂『齋戒』，並不是『心齋』。」

「顏回」問道：「請教什麼是『心齋』？」

「孔子」回答道：「你必須『意念專一』，停止『遊思浮想』。然後『關閉聽覺器官』，不用『耳聽』，僅用『心聽』，用『心聽』就是用『意識』去知覺外界的存在。然後『斷絕意識活動』，不用『心聽』，僅用『氣聽（指虛以待物的心境）』。『凝寂虛無』的心境，才是『虛弱柔順』而能應待『宇宙萬物』的，只有『大道』才能匯集於『凝寂虛無』的心境。『虛無空明』的心境就叫做『心齋』。」

「顏回」問道：「我稟受了『心齋』的教誨，我要是不做『心齋』功夫，就實實在在有個『顏回』，而要是做了『心齋』，就似乎沒有我『顏回』的存在了。進入這個狀態，也就是達到『虛空』

的境界了吧？」

「孔子」回答道：「對極了！你對於『心齋』的理解，說得十分深透詳盡。我再告訴你，這個時候，你就能夠既完全按照對方的意思行事，同時又不會為『名利地位』所心動。他採納你的進諫，你就說，他不採納，你就不說；既不建議他做什麼，也不勸他不做什麼，完全隨順事情的自然發展。你只要把你的『心思』高度集中，『心靈』安於凝聚專一，全無雜念。能做到了這一步，就接近於『大道』，符合『心齋』的要求了。

就如同『行走』，就會留下『足跡』，『足跡』容易滅除，而做了事情，很難不留下痕跡。人行事，若是為『人的欲望』所驅使，就很容易『作假』，若是出於『自然本性』，就絕對不會造假。所以，只聽說過，『有翅膀的動物』會飛行，沒聽說過『沒有翅膀的動物』也會飛行；只聽說過，有『認知能力』的人會了解，沒有聽說過，沒有『認知能力』的人，也會了解。

要是看到某人處於『心靈空虛』的狀態，在他『空靈（道家的哲學境界，是指人或思想靈活而不可捉摸，空靜而帶有靈活的氣息。）』的精神世界裡，會生出什麼也不存在的『虛無』的心理狀態，有吉祥（吉利祥瑞）之感，停留於『空明虛靜』的心境，而且這種感覺不會停止，所以內心不能寧靜，可稱為『坐馳（身不動而雜念不息）』。

使『耳朵、眼睛』等感官，向內通達，而排除『心智』向外追求，這樣鬼神都將來依附，何況是人呢！這樣『萬物』就都可以被感化，這是明君『禹、舜』處世，據以獲得人心的關鍵，也是古代聖君『伏羲氏』和『幾蘧（ㄑㄩˊ）』始終遵循的行為準則，更何況是普通的人呢！」

第二部分，「楚莊王」的玄孫「葉（ㄕㄜˋ）公子高」將要出使「齊國」時，來向「孔子」求教，

怎樣才能應付艱難的「世事」呢？

「葉公子高」是「楚莊王」的玄孫「尹成子」，名「諸梁」，字「子高」。爲「楚國大夫」，封於「葉（ㄕㄜˋ）」，自僭（ㄐㄧㄢˋ，超越身分，冒用在上者的職權、名義行事）爲「公」，故有「葉公子高」之稱。

「葉（ㄕㄜˋ）公子高」將要出使「齊國」，他問「孔子」說道：「『楚王』派我『諸梁』出使『齊國』，責任重大。『齊國』接待外來的『使節』，總是表面恭敬而內心怠慢。平常『老百姓』尚且不易說服，何況是『諸侯』呢！我心裡十分害怕。

您經常對我說：『事情無論大小，很少有不通過言語的交往，可以獲得圓滿結果的。事情如果辦不成功，那麼必定會受到國君的懲罰；事情如果辦成功了，那又一定會憂喜交集，釀出病害。事情辦成功或者辦不成功，都不會留下禍患，只有道德高尚的人才能做到。』

我每天吃的都是『粗茶淡飯』，食用『粗糙不精美的食物』，燒火做飯一概全免。我今天早上接受『國君』的詔命，到了晚上就得飲用冰水，恐怕是因爲我內心焦躁擔憂吧！

我還不曾接觸到事的眞情，就已經有了『陰陽不協調』所導致的疾病；事情假如眞辦不成，那一定還會受到『國君』的懲罰。成與不成這兩種結果，我都憂慮結於心，『先生』你有什麼可以教導我的嗎？」

「孔子」回答道：「天下有兩個足以爲戒的大法：一是『天命（天所賦予人的稟賦與本性）』，一是『道義（人所應盡的社會職責）』。

做『兒女』的敬愛『雙親』，這是『天命』，是無法從內心解釋的；做『臣子』的侍奉『國君』，這是『人臣』的『道義』，『天地之間』無論到什麼地方，都不會沒有『國君』的統治，這是無法逃避的現實。這就叫做『大戒（足以為戒的大法）』。

所以，侍奉『雙親』的人，無論在什麼樣的境遇，都要使『雙親』安適，這是『孝心』的最高表現；侍奉『國君』的人，無論辦什麼樣的事，都要讓『國君』放心，這是『盡忠』的極點；注重『自我修養』的人，『悲哀』和『歡樂』都不容易使他受到影響，知道『世事』艱難，無可奈何，卻又能『安於處境、順應自然』，這就是『道德修養』的最高境界。

做『臣子』的，原本就會有『不得已的事情』，遇事要能『把握情況』，並且『忘掉自身』，哪裡還顧得上『眷戀人生、厭惡死亡』呢！你這樣去做，就可以了！」

「孔子」繼續說道：「不過我還是把我所聽到的道理再告訴你：與『鄰近國家』交往，一定要用『誠信』使相互之間『和順親近』，而與『遠方國家』交往，則必定要用『語言』來表示相互之間的『忠誠』。

『國家』之間交往的『語言』，總得有人相互傳遞。傳遞兩國『國君』喜怒的言辭，乃是『天下』最困難的事。兩國『國君』喜悅的言辭，必定添加了許多『過分的誇讚』，兩國『國君』憤怒的言辭，必定添加了許多『過分的憎惡』。

凡是『過度的話語』，都類似於『虛構』，『虛構的言辭』其『眞實程度』，也就值得懷疑，『國君』產生懷疑『傳達信息的使者』，就要遭殃。所以，古代的格言說：『要傳達平實的言辭，不要傳達過分的話語，那麼也就差不多可以保全自己了。』

況且，以『智巧』相互較量的人，開始時『公開地爭鬥』，後來就常常『暗地裡使計謀』。達到

『極點』時，則『玩弄陰謀』；按照禮節『飲酒』的人，開始時合乎『常理』和『規矩』，到後來就一片混亂，達到『極點』時，則放縱無度。

無論什麼事情，恐怕都是這樣：開始時『相互信任』，到後來『相互欺詐』；開始時『單純細微』，將要結束時，便變得『紛繁巨大』。

『言語』猶如『風吹的水波』，傳達『言語』一定會『有得有失』。『風吹波浪』容易動盪，『言語』有了『得失』，就容易出現『危難』。所以，『憤怒』會發作，沒有別的原因，就是因爲『言辭浮華』而不切實際，而且又『片面失當』。

『猛獸』臨死前，什麼聲音都叫得出來，氣息急促，喘息不定，於是突然發出『傷人害命的惡念』。人被過分苛責，必定會產生不好的『念頭』來應付，而他自己也不知道這是怎麼回事。

假如做了一些什麼事情，而他自己卻又不知道那是『怎麼回事』，那誰還能知道他會有怎樣的結果！所以，古代有『格言』說：『不要隨意改變已經下達的命令，不要勉強他人去做，力不從心的事，說話過頭一定是多餘的。』

改變『成命（已發布的命令）』或者『強人所難』，都是『危險的事情』，成就一樁『好事』，要經歷很長的時間，『壞事』一旦做出，『悔改』是來不及的。所以，行爲處世，能不審愼嗎？

至於『順應自然』，而『留意心志』，一切都寄託於『無可奈何』，以養蓄『神智』，這就是最好的辦法。何必爲『齊國』『作意（起意，決意）』其間！不如順應自然，原原本本地傳達『國君』所給的『使命』，這樣做有什麼困難呢？」

第三部分，「魯國」的賢人「顏闔（ㄏㄜˊ）」，被「衛靈公」請去做「太子」的「師傅（老師的通稱）」時，向「衛國」的賢大夫「蘧（ㄑㄩˊ）伯玉」討教。「莊子」以這個故事，來說明「處世之難」，不可不愼。

「顏闔（ㄏㄜˊ）」將被請去做「衛國太子」的「師傅」，他向「衛國」賢大夫「蘧（ㄑㄩˊ）伯玉」求教。

「顏闔」問道：「如今有這樣一個人，他的『德行』天生『兇殘嗜殺』。跟他朝夕與共，如果不符合『法度』與『規範』，勢必危害『自己的國家』；如果合乎『法度』和『規範』，那又會危害『自身』。他的『智慧』足以了解別人的『過失』，但是因爲自身『無道』，致使『百姓』有『過失』，他自己卻不知道『百姓』爲什麼會出現『過錯』。像這樣的情況，我將怎麼辦呢？」

「蘧伯玉」回說道：「問得好啊！要警惕，要謹愼，首先要端正你自己！表面上不如『順從依就』，以示『親近』，內心裡不如『順其本性』，暗暗疏導。卽使這樣，這兩種態度仍然有隱患（暗藏而不易察覺的禍患）。『親附他』不要『關係過密』，『疏導他』不要『心意太露』。『外表親附』而『關係過密』，會招致『墜落毀滅』，招致『崩潰失敗』。

內心『順性疏導』，表現得太顯露，將被認爲是爲了『名聲』，也會招致『禍害』。他如果像個『天眞的嬰兒』一樣，你也要跟他一樣像個『嬰兒』；他如果同你『不分界線』，那你也就跟他『不分界線』；他如果跟你『無拘無束』，那麼你也跟他一樣『無拘無束』。慢慢地將他的『思想』，疏通引入正軌，便可進一步達到『沒有過錯』的地步。

你不了解那『螳螂』嗎？奮起它的臂膀，去阻擋滾動的車輪，不明白自己的力量全然不能勝任，還自恃『才能』太高。警惕啊！謹愼啊！可別不斷地自比勇敢比『螳螂』，觸犯那個天性殘暴的『小

霸王』，就危險了！

■成語：「螳臂當車」

◆出處：《莊子．人間世》

◆原文：汝不知夫螳螂乎，怒其臂以當車轍，不知其不勝任也。

◆解釋：螳螂奮舉腿臂以阻擋車輪。比喻自不量力，招致失敗。

你不了解那『養虎的人』嗎？他從不敢用『活物』去餵養『老虎』，因爲他擔心撲殺『活物』時，會誘發『老虎』殘殺生物的怒氣；他也從不敢用『整隻的動物』去餵養『老虎』，因爲他擔心『老虎』撕裂動物，也會誘發『老虎』兇殘的怒氣。知道『老虎』飢飽的時刻，通曉『老虎』暴戾兇殘的本性。

『老虎』與『人』不同類，卻向『飼養人』搖尾乞憐，原因就是『養老虎的人』能夠順應『老虎』的『性子』，而那些遭到虐殺的人，是因爲觸犯了『老虎』的性情。

『愛馬成痴的人』，以精細的『竹筐』裝『馬糞』，用珍貴的『蛤殼』接『馬尿』。剛巧一隻『蚊虻（ㄇㄥˊ，一種危害牲畜的蟲類，以口尖利器刺入牛馬等皮膚，使之流血，併產卵其中，亦指蚊子。）』叮在『馬』的身上，『愛馬之人』隨手拍擊『蚊虻』，沒想到『馬』受驚嚇，便咬斷『勒口（以繩索或口罩等物套住嘴，使之不能發聲。）』，掙斷『轡頭（ㄆㄟˋ，控御馬的韁繩和口勒等器物）』，弄壞『胸飾』。原意在於『愛馬』，卻失其所愛，能夠不謹慎嗎！」

第四部分，著力表達「無用之用」，用「櫟（ㄌㄧˋ）社樹」不成材的特性，卻能夠終享天年，「無用」也就成就了「最大的用處」。假如是「有用」，還能夠獲得「延年益壽」這個最大的用處嗎？人們都知道「有用」的用處，卻不懂得「無用」的更大用處。

一位名叫「石」的匠人去「齊國」，來到「曲轅」這個地方，看見一棵被世人當作「社神（土地神）」的「櫟（ㄌㄧˋ）樹」。這棵「櫟樹」的「樹冠」，大到可以遮蔽數千頭牛，用繩子繞著量一量「樹幹」，足有頭十丈粗，「樹梢」高臨山巔，離地面八十尺處方才分枝，用它來「造船」，可造十餘艘。觀賞的人群，像「趕集」似地湧來湧去，而這位「匠人」連瞧也不瞧一眼，不停步地往前走。

他的「徒弟」站在樹旁看了個夠，跑著趕上了「匠人石」，問道：「自我拿起『刀斧』跟隨『先生』，從不曾見過這樣壯美的樹木。可是『先生』卻不肯看一眼，不住腳地往前走，這是爲什麼呢？」

「匠人石」回答道：「算了！不要再說它了！這是一棵『沒有用處的樹』，用它做成『船』，一定會沉沒；用它做成『棺槨（ㄍㄨㄛˇ，棺材和套在棺外的外棺）』，一定會很快腐爛；用它做成『器皿』定會很快毀壞；用它做成『單扇的屋門』，一定會像『松木心樹木』那樣液出『樹脂』；用它做成『屋柱』，一定會被蟲蛀蝕。這是不能取材的樹。沒有什麼用處，所以它才能夠像這樣的長壽。」

「匠人石」回到家裡，夢見「櫟社樹」對他說道：「你將用什麼東西跟我相提並論呢？你打算拿『可用之木』，來跟我相比嗎？那『楂、梨、橘、柚』都屬於果樹，『果實』成熟，就會被打落在地，打落『果實』以後，樹枝乾枯，就隨意受人摧殘。『大的枝幹』被折斷，『小的樹枝』被拽下來。這就是因爲它們能夠結出鮮美的果實，才苦了自己的一生，所以常常不能終享天年，而半途夭折，自身招來了『世俗』人們的打擊。

各種事物，莫不如此。而且我尋求『沒有什麼用處的辦法』，已經很久很久了，幾乎被砍死，這才保全性命。

『無用』也就成就了我『最大的用處』，假如我果真是『有用』，還能夠獲得『延年益壽』這個『最大的用處』嗎？況且你和我都是『物』，你這樣看待『事物』，怎麼可以呢？你不過是一個幾近死亡，沒有用處的人，又怎麼會真正懂得『沒有用處的樹木』呢！」

「匠人石」醒來後把夢中的情況告訴給他的「徒弟」。

「徒弟」說道：「旨意在於『求取無用』，那麼又做什麼『社樹』，讓『世人』瞻仰呢？」

「匠人石」說道：「閉嘴！別說了！它只不過是在『寄託』罷了，反而招致不了解自己的人的『辱罵』和『傷害』。如果它不做『社樹』的話，它還不遭到砍伐嗎？況且它用來『保全自己的辦法』與眾不同，而用『常理』來了解它，可不就相去太遠了嗎？」

第五部分，也是談「無用之用」，用一棵「無用之樹」，卻有不成材的特性，才能夠終享天年。

「南伯子綦（ㄑㄧˊ）」在「宋國」的都城「商丘」一帶遊樂，看見一棵出奇的大樹，上千輛駕著四馬的大車，蔭蔽在大樹的樹蔭下歇息。

「南伯子綦」說：「這是什麼樹呢？這棵樹一定有特異的材質啊！」

他仰頭觀看「大樹」的樹枝，彎彎扭扭的樹枝，並不能用來做「棟樑（建造房屋的大材）」；低頭觀看「大樹」的主幹，「樹心」直到表皮，旋著裂口並不能用來做「棺槨（ㄍㄨㄛˇ，棺材和套在棺外的外棺）」；用舌舔一舔「樹葉」，口舌潰爛受傷；用鼻聞一聞「氣味」，使人像喝多了酒，三天三夜還醒不過來。

「南伯子綦」說道：「這果真是『沒有用處的樹木』，以至於長到這麼高大。唉！『精神世界』

完全超脫『物外』的『神人（泛指修鍊得道的人）』，就像這種『不成材的樹木』呢！」

「宋國」有個叫「荊氏」的地方，很適合「楸（ㄑㄧㄡ）樹、柏樹、桑樹」的生長。「樹幹」長到一兩「把粗（一手所握）」，製做「繫獼猴的木樁」的人，便把樹木砍去；樹幹長到三、四「圍粗（兩臂合抱的長度）」，地位高貴，名聲顯赫的人家，尋求「建屋的大樑」，便把樹木砍去；樹幹長到七、八「圍粗」，達官貴人，富家商賈，尋找「整幅的棺木的材料」，又把樹木砍去。

所以，它們始終不能「終享天年」，而是半路上被「刀斧」砍伐而短命。這就是「材質有用」，帶來的禍患。因此，古人祈禱「神靈」消除災害，總不把「白色額頭的牛」、「高鼻折額的豬」以及「患有痔漏疾病的人」沉入河中，去用作祭奠。這些情況，「巫師」全都了解，認爲他們都是很「不吉祥的」。不過這正是「神人（泛指修鍊得道的人）」所認爲的「世上最大的吉祥」。

第六部分，以「支離疏」這個人的形體不全，卻避除了許多災禍，來比喻說明「無用之用」。「支離疏」是假託的人名，「支離」隱含形體不全的意思，「疏」隱含泯滅其智的意思。

有個名叫「支離疏」的人，「下巴」隱藏在「肚臍」下，「雙肩」高於「頭頂」，「後腦」下的「髮髻」指向天空，「五官的出口」也都向上，兩條「大腿」和兩邊的「胸肋」，並生在一起。

他給人「縫衣洗衣」，足夠糊口度日；又替人「揚去灰土與糠屑」，足可養活十口人。

「國君」徵兵時，「支離疏」捋袖揚臂，在「徵兵人」面前走來走去；「國君」有粗重的差役，「支離疏」因爲身體有「殘疾」，而免除勞役；「國君」向「殘疾人」賑濟米粟，「支離疏」還領得三鐘糧食，十捆柴草。

像「支離疏」那樣「形體殘缺不全的人」，還足以養活自己，終享天年，又何況像「形體殘缺不

全」那樣的「德行」呢！

第七部分，「楚狂接輿」的故事見於《論語．微子》，在《莊子．人間世》也有記載，「接輿」唱著歌，從「孔子」的車前走過，諷刺「孔子」的「積極從政」。可見「楚狂接輿」是爲「莊子」所贊許的道家人物。「莊子」要我們處「亂世」時，勿爭名，勿炫德，才能成爲「千年大樹」，才能善保其身，自全天年。

●《論語．微子》：

楚狂接輿歌而過孔子曰：「鳳兮鳳兮！疚德之衰？往者不可諫，來者猶可追。已而已而！今之從政者殆而！」孔子下，欲與之言。趨而辟之，不得與之言。

【白話翻譯】

「楚國」的狂人「接輿」，唱著歌從「孔子」的車旁走過，他唱道：「『鳳凰』啊！『鳳凰』啊！你的『德運』怎麼這麼衰弱呢？『過去的』已經無可挽回，『未來的』還來得及改正。算了吧！算了吧！今天的『執政者』危險了。」

「孔子」下車，想同他談談，他卻趕快避開，「孔子」沒能和他交談。

「接輿」是「春秋」時期的「楚國隱士」，其言行主要見於《論語》、《莊子》、《高士傳》和《楚狂接輿歌》。

「接輿」平時依靠「耕種」來養活自己，剪去頭髮，裝瘋而不肯做官。他喜歡發表各種「大而無當」的言論，聲稱在遙遠的「姑射山」山上，居住著「神仙」，這些「神仙」不需要吃五穀，能夠「餐風飲露」、「騰雲駕霧」，保障「老百姓」每年都有好收成，這些言論引起了當時的「肩吾」和

「連叔」的爭辯。

「楚昭王」聽說「接輿」很有才能，派「使者」帶著「百鎰黃金」和「車馬二駟」去聘請他爲官治理「江南」，但是被「接輿」拒絕。「使者」只得把禮物丟棄在「接輿」的家門口。「接輿」和妻子兩人，最後隱居在「峨眉山」，養性山林，淡泊人生，直至死去。「接輿夫婦」在後來，被「道教」尊爲「大仙」。

本文的最後一段，說個小敍述，說明人們都知道「有用的用處」，卻不懂得「無用的更大用處」。

回到本文。

「孔子」去到「楚國」，「楚國」隱士「接輿」來到「孔子」門前，說道：「『鳳鳥』啊！『鳳鳥』啊！你怎麼懷有『大德』，卻來到這個衰敗的國家！『未來的世界』不可期待，『過去的時日』無法追回。『天下』得到了治理，『聖人』便成就了事業；『國君』昏暗，『天下』混亂，『聖人』也只得順應潮流，苟全生存。

當今這個時代，怕就只能免遭『刑辱』。『幸福』比『羽毛』還輕，而不知道怎麼取得；『禍患』比『大地』還重，而不知道怎麼迴避。

算了吧！算了吧！不要在人前宣揚你的『德行』，危險啊！危險啊！人爲地劃出一條『道路』，讓『人們』去遵循（比喻指人爲的規範，讓人們去遵循）。遍地的『荊棘』啊！不要妨礙我的行走！曲曲彎彎的『道路』啊！不要傷害我的雙腳！」

山上的「樹木」，皆因「材質可用」，而自身「招致砍伐」；「油脂」燃起「燭火」，皆因可以

「燃燒照明」，而「自取熔煎」；「桂樹皮」芳香可以食用，因而遭到砍伐，「樹漆」因爲可以做爲「油漆」來使用，所以遭受「刀斧割裂」。

人們都知道「有用的用處」，卻不懂得「無用的更大用處」。

（五）《內篇．德充符第五》：

《德充符》卽「『德』充滿於內在，必符（相合、吻合）於外在」的意思，主題與《人間世》類似，但是《人間世》談論人在社會上，扮演的角色，而《德充符》則注重於「個人生命」與「自處之道」。

「莊子」認爲，雖然「五體殘障」或「面貌醜陋」，只要「道德內全」，自有「無形的符顯」，使他們成爲比身體健壯、面貌美好的人，更尊貴的「聖人」。「道不在五形或肉身」，這是《德充符》的要義。

「莊子」在本篇裡，所說的「德」，並非通常人們所理解的「道德」或者「德行」，而是指一種「心態」。

「莊子」認爲，「宇宙萬物」均源於「道」，而「萬事萬物」儘管千差萬別，歸根到底，又都渾然爲「一」，從這兩點出發，體現在人的「觀念形態」上，便應該是「忘形」與「忘情」。

所謂「忘形」，就是「物我俱化，死生同一」；所謂「忘情」就是不存在「寵辱、貴賤、好惡、是非」。這種「忘形」與「忘情」的精神狀態，就是「莊子」所謂的「德」。「充」指「充實」，「符」則是「相合、吻合」的意思。

「莊子」為了說明「德」的「充實」與「相合」，虛構出一系列「外貌奇醜」或「形體殘缺不全」的人，但是他們的「德」又極為充實，這樣就組成了「五個小故事」：「孔子」被「王駘（ㄊㄞˊ）」所折服；「申徒嘉」使「子產」感到羞愧；「孔子」的內心，比「叔山無趾」更為醜陋；「孔子」向「魯哀公」稱頌「哀駘（ㄊㄞˊ）它」；一個「形體不全的人」被「衛靈公」所喜愛。

「五個小故事」之後，又用「莊子」和「惠子」的對話，作為結尾，即第四部分，在「莊子」的眼裡，「惠子」恰是「德充符」的反證，還比不上那些「貌醜形殘的人」。

《德充符》全文分成四個部分，簡述如下：

第一部分，透過三名「兀（ㄨˋ）者」的故事，談論「德行」。「兀（ㄨˋ）」是古代一種「斷足」的刑法，砍掉「受刑人」的一隻腳，「兀者」是指受過斷足刑法，只有一隻腳的人。

第一位「兀者」是「魯國」的「王駘（ㄊㄞˊ）」。

「魯國」有個被砍掉一隻腳的人，名叫「王駘（ㄊㄞˊ）」，可是跟從他學習的人卻與「孔子」的「弟子」一樣多。

「孔子」的學生「常季」，向「孔子」問道：「『王駘』是個被砍去一隻腳的人，跟從他學習的人，在『魯國』卻和『先生』的『弟子』相當。他站著不能給人教誨，坐著不能議論大事；『弟子們』卻『空手而來』，『學滿而歸』。難道真的有不用『語言』的教導，雖然身體殘缺，卻能夠潛移默化他人嗎？這又是什麼樣的人呢？」

「孔子」回答道：「『王駘先生』是一位『聖人』，我的『學識』和『品行』都落後於他，只是還沒有前去請教他罷了。我將把他當作『老師』，何況『學識』和『品行』都不如我『孔丘』的人

呢！何止『魯國』，我將引領『天下的人』，跟從他學習。」

「常季」問道：「他是一個被砍去一隻腳的人，而『學識』和『品行』竟超過了『先生』，跟『平常人』相比，相差就更遠了。像這樣的人，他運用『心智』是怎樣與衆不同的呢？」

「孔子」回答說：「『死或生』都是人生變化中的大事，可是『死或生』都不能使他的『內心』隨之變化；即使『翻天覆地』，他也不會因此而毀滅。他通曉『無所依憑』的道理，而不隨物變遷，聽任事物變化，而信守自己的『本心』。」

「常季」問道：「這是什麼意思呢？」

「孔子」回答道：「從『事物』的『不同面』去看，鄰近的『肝、膽』，雖然同處於『身體』之中，也像是『楚國』和『越國』那樣相距很遠；從『事物』的『相同面』去看，『萬事萬物』又都是『同一的』。

像這樣的人，將不知道『耳朵』和『眼睛』，最適宜何種『聲音』和『色彩』，而讓自己的『心思』，自由馳騁遨在『忘形、忘情』的『渾同境域』之中。因此，他不覺得他有喪失了一隻腳。

『外物（指一般人）』看到了它『同一』的方面，卻看不到它，因失去而引起『差異』的一面，因而看到『喪失一隻腳』，就像是丟棄『土塊』一樣（形容非常鄙棄）。」

「常季」問道：「他運用自己的『智慧』，來提高自己的『道德修養』，他運用自己的『心智』，去追求『自己的理念』。如果達到了『忘知忘覺，無思無慮』的心境，『衆多的弟子』爲什麼還聚集在他的身邊呢？」

「孔子」回答道：「一個人不能在『流動的水面』，照見自己的『身影』，而是要面向『靜止的水面』，只有『靜止的事物』，才能使『別的事物』也靜止下來。

各種『樹木』都受命於『地』，但是只有『松樹』和『柏樹』無論『冬天』或『夏天』，都鬱郁青青；每個人都受命於『天』，但是只有『虞舜』的『道德品行』最爲『端正』。幸而他善於『端正』自己的『品行』，因此能夠『端正』他人的品行。保全本初時的『跡象』，心懷『無所畏懼的膽識』；『勇士』隻身一人，也敢稱雄於千軍萬馬。

一心追逐『名利』，而自我索求的人，尚且能夠這樣，何況是那『主宰天地』，『包藏萬物』。把『軀體』當作『寓所』，把『耳目』當作『外表』，掌握了『自然』賦予的『智慧』，所通解的道理，而『精神世界』又從不曾有過衰竭的人呢！

他將選擇好日子，升登『最高的境界』，人們將緊緊地跟隨著他。他還怎麼會把聚合的衆多『弟子』，當作一回事呢！」

第二位「兀（ㄨˋ）者」是「申徒嘉」。

「申徒嘉」是個被砍掉了一隻腳的人，跟「鄭國」的大政治家「子產」共同拜「伯昏無人」爲師。

「子產」對「申徒嘉」說道：「我先出去，那麼你就留下，你先出去，那麼我就留下。」

到了第二天，「子產」和「申徒嘉」同在一個屋子裡、同在一條席子上坐著。

「子產」又對「申徒嘉」說道：「我先出去，那麼你就留下，你先出去，那麼我就留下。現在我將出去，你可以留下嗎？或者你不留下呢？你見了我這『執掌政務的大官』，卻不知道『迴避』，你把自己看得跟我一樣大嗎？」

「申徒嘉」回答道：「『伯昏無人先生』的門下，沒有『貴賤之分』，要分『貴賤』，就不會到這裡來拜師從學，哪有『執政大臣』來這裡拜師從學的呢？你津津樂道『執政大臣』的地位，把別人都不放在眼裡嗎？我聽說過這樣的話：『鏡子明亮，就沒有塵垢停留在上面，塵垢落在上面，鏡子就不會明亮。長久地跟賢人相處，便會沒有過錯。』

你拜師從學，追求廣博精深的『見識』，正是『先生』所倡導的『大道』。而你竟說出這樣的話，不是完全錯了嗎！」

「子產」說道：「你已經如此『形殘體缺』，還要跟『唐堯』爭比『善心』，你估量你的『德行』，受過『斷足之刑』，還不足以使你有所反省嗎？」

「申徒嘉」說：「自己『陳述』或『辯解』自己的『過錯』，認為自己不應當『形殘體缺』的人很多；不『陳述』或『辯解』自己的『過錯』，認為自己不應當『形整體全』的人很少。

懂得『事物』的『無可奈何』，安於自己的『境遇』，並視如『命運』安排的那樣，只有『有德的人』，才能做到這一點。一個人來到『世上』，就像來到善射的『后羿』，張弓搭箭的射程之內，『中央的地方』也就是最容易『中靶』的地方，然而卻沒有射中，這就是『命』。

用完整的雙腳，笑話我『殘缺不全』的人很多，我常常臉色陡變，怒氣填胸；可是只要來到『伯昏無人先生』的寓所，我便怒氣消失，回到正常的神態。

眞不知道『先生』用什麼『善道』，來洗刷我的呢？我跟隨『先生』十九年了，可是『先生』從不曾感到我是個『斷腳的人』。如今，你跟我『心靈相通』、『以德相交』，而你卻用『外在的形體』來要求我，這不又完全錯了嗎？」

「子產」聽了「申徒嘉」的一席話深感慚愧，臉色頓改而恭敬地說道：「你不要再說下去了！」

第三位「兀（ㄨˋ）者」是「魯國」的「叔山無趾」。

「魯國」有個被砍去腳趾的人，名叫「叔山無趾」，靠「腳後跟」走路，去拜見「孔子」。

「孔子」對他說道：「你極不謹慎，早先犯了『過錯』，才留下如此的後果。雖然今天你來到了我這裡，可是怎麼能夠追回以往呢！」

「叔山無趾」回答道：「我只因不識『事理』，而輕率作踐自身，所以才失掉了兩隻腳趾。如今我來到你這裡，還保有比『雙腳』更爲可貴的『道德修養』，所以我想竭力保全它。『蒼天』沒有什麼不覆蓋，『大地』沒有什麼不托載，我把『先生』看作『天地』，哪知『先生』竟是這樣的人！」

「孔子」說道：「我『孔丘』實在淺薄。『先生』怎麼不進來呢，請講述你所知曉的道理。」

結果，「叔山無趾」離開了。

「孔子」對他的「弟子」說：「你們要努力啊！『叔山無趾』是一個被砍掉腳趾的人，他還努力進學，來補救先前做過的錯事，何況『道德品行』，乃至『身形體態』都沒有什麼缺欠的人呢！」

「叔山無趾」對「老子」說道：「『孔子』作爲一個『道德修養』至尙的人，恐怕還未能達到吧？他爲什麼不停地來向你求教呢？他還在祈求奇異虛妄的『名聲』，能傳揚於外，難道不懂得『道德修養』至尙的人，總是把這一切看作是束縛自己的『枷鎖』嗎？」

「老子」回答道：「怎麼不直接讓他把『生和死』看成一樣，把『可以與不可以』看作是齊一的，從而解脫他的『枷鎖』，這樣恐怕也就可以了吧？」

「叔山無趾」說道：「這是『上天』加給他的『處罰』，哪裡可以『解脫』！」

第二部分，「魯哀公」問「孔子」有關「衛國」的醜人「哀駘（ㄊㄞˊ）它」的事情。

「魯哀公」向「孔子」問道：「『衛國』有個面貌十分醜陋的人，名叫『哀駘（ㄊㄞˊ）它』。『男人』跟他相處，常常想念他，而捨不得離去；『女人』見到他，便向父母提出請求，說『與其做別人的妻子，不如做哀駘它先生的妾。』這樣的人已經十多個了，而且還在增多。

從沒聽說『哀駘它』倡導什麼？只是常常『附和別人』罷了。他沒有居於『統治者』的地位，而救助他人於『接近敗亡』的境地；他沒有『聚斂大量的財物』，而使他人吃飽肚子；他的『面貌醜陋』，使『天下人』吃驚，又總是『附和他人』，而從沒倡導什麼；他的『才智』也超不出他所生活的範圍，不過接觸過他的人，無論是男是女，都樂於親近他。

這樣的人一定有什麼不同於常人的地方。我把他召來看了看，果真『相貌醜陋』，足以驚駭『天下人』。跟我相處不到一個月，我便對他的爲人有了了解，不到一年的時間，我就十分信任他。

『國家』沒有主持『政務』的官員，我便把『國事』委託給他。他神情淡漠地回答，漫不經心，又好像在加以推辭。我深感羞愧，終於把『國事』交給了他。沒過多久，他就離開我走掉了，我內心憂慮，像丟失了什麼，好像整個『國家』沒有誰可以跟我一道共歡樂似的，這究竟是什麼樣的人呢？」

「孔子」回答道：「我『孔丘』也曾出使到『楚國』，正巧看見一群『小豬』在吮吸剛死去的『母豬』的乳汁，不一會又驚惶地丟棄『母豬』逃跑了。因爲不知道自己的『同類』已經死去，『母豬』不能像先前活著的時候，那樣哺育它們。『小豬』愛它們的『母親』，不是愛它的『形體』，而是愛支配那個形體的『精神』。

戰死沙場的人，他們埋葬沙場，無需『棺木』，當然也就用不著『棺木』上的『棺飾』來送葬；砍掉腳的人，對於原來穿過的『鞋子』，沒有理由再去愛惜它，這都是因爲失去了『根本』。做『天子』的『宮女』，不剪指甲，不穿耳眼；『婚娶之人』只在宮外辦事，『宮女』婚娶之後，便不再前往『宮中』服役。爲保全『形體』，尚且能夠做到這一點，何況『德性』完美而高尚的人呢？如今『哀駘它』，他『不說話』也能取信於人，沒有『功績』也能贏得親近，讓人樂意授給他『國事』，還唯恐他不接受，這一定是『才智完備』而『德不外露』的人。」

「魯哀公」問道：「什麼叫做『才智完備』呢？」

「孔子」回答道：「『死、生、存、亡，窮、達、貧、富』，『賢能』與『不肖』、『詆毀』與『稱譽』，『飢、渴、寒、暑』，這些都是『事物』的變化，都是『自然規律』的運行；日夜更替於我們的面前，而人的『智慧』，卻不能窺見它們的『起始』。因此，它們都不足以攪亂『本性』的和諧，也不足以侵擾人們的『心靈』。要使『心靈』平和安適，通暢而不失歡樂，要使『心境』日夜不間斷地跟隨『萬物』融會在『春天』般的生氣裡，這樣便會接觸『外物（身外之物。多指利欲功名之類。）』而萌生『順應四時』的感情，這就叫做『才智完備』。」

「魯哀公」又問道：「什麼叫做『德不外露』呢？」

「孔子」回答道：「『平』是水留止時的最佳狀態，它可以作爲取而效法的準繩，內心裡充滿蘊含，而外表毫無所動。所謂『德』，就是『事得以成功』、『物得以順和』的最高修養。『德不外露』，『外物（身外之物。多指利欲功名之類。）』自然就不能離開他了。」

有一天，「魯哀公」把「孔子」這番話，告訴「孔子」的弟子「閔子」，說：「起初我認爲

『坐朝當政』統治天下，掌握『國家的綱紀』而憂心『人民的死活』，便自以爲是最『通達（通情達理）』的了，如今我聽到『至人』的名言，眞憂慮沒有實在的『政績』，輕率作踐自身，而使『國家』危亡。我跟『孔子』不是『君臣關係』，而是『以德相交』的朋友呢。」

第三部分，「莊子」說明什麼是「天養」？

一個「跛腳、傴背（ㄩˇ，駝背）、缺嘴」的人遊說「衛靈公」，「衛靈公」十分喜歡他；再看看那些「全人（具有完全肢體的人）」，他們的「脖頸」實在是太細了。

一個「頸瘤」大如「甕瓮（ㄨㄥˋ ㄤˋ，腹大頸小的陶製盛器）」的人遊說「齊桓公」，「齊桓公」十分喜歡他；再看看那些「全人（具有完全肢體的人）」，他們的「脖頸」實在是太細了。

所以，在「德行」方面，有超出「常人」的地方，而在「形體」方面的缺陷，別人就會有所遺忘，人們不會忘記，所應當忘記的東西，而忘記了，所不應當忘記的東西，這就叫做「眞正的遺忘」。

因此，「聖人」總能自得地出遊，把「智慧」看作是「禍根」，把「盟約」看作是「膠著似的束縛」，把「推展德行」看作是「交接外物（身外之物。多指利欲功名之類。）的手段」，把「工巧（精美、精巧）」看作是「商賈（商人）的行爲」。

「聖人」從不「謀慮（對事情的計劃考慮）」，哪裡用得著「智慧」呢？「聖人」從不「砍削」，哪裡用得著「粘著」呢？「聖人」從不感到「缺損」，哪裡用得著「推展德行」呢？「聖人」從不「買賣以謀利」，哪裡用得著「經商」呢？這四種作法叫做「天養（大自然供給人們生活物資）」。

所謂「天養」，就是稟受「自然」的飼養。既然受養於「自然」，又哪裡用得著「人爲」！有了「人的形貌」，不一定有「人的內在眞情」。有了「人的形體」，所以與人結成「群體」；沒有「人的眞情」，所以「是與非」都不會匯聚在他的身上。渺小啊！跟人同類的東西！偉大啊！只有渾同於「自然」。

第四部分，「惠子」與「莊子」談論「情」。

「惠子」對「莊子」說道：「『人』原本就是沒有『情』的嗎？」

「莊子」回答道：「是的。」

「惠子」問道：「一個人假若沒有『情』，爲什麼還能稱作『人』呢？」

「莊子」回答道：「『道』賦予人『容貌』，『天』賦予人『形體』，怎麼能不稱作『人』呢？」

「惠子」問道：「既然已經稱作了『人』，又怎麼能夠沒有『情』呢？」

「莊子」回答道：「這並不是我所說的『情』啊！我所說的『無情』，是說『人』不因『好惡』，而導致傷害自身的『本性』，常常順任『自然』，而不隨意增添些什麼。」

「惠子」問道：「不添加什麼，靠什麼來保有自己的身體呢？」

「莊子」回答道：「『道』賦予人『容貌』，『天』賦予人『形體』，可不要因『外在的好惡』，而導致傷害了自己的『本性』。如今，你外露你的『心神』，耗費你的『精力』，靠著『樹幹』吟詠，憑依『几案』閉目假寐。自然授予了你的『形體』，你卻以『堅、白』的詭辯，而『自鳴得意』！」

「莊子」所謂的「堅、白的詭辯」，是指在「先秦名辯思想」中，關於「堅白」和「同異」兩個問題的學說和爭論。

「名家」的代表人物「惠施」，提出「天與地卑，山與澤平」、「萬物畢同畢異」和「泛愛萬物，天地一體」等，強調事物相對性的同異命題。

另一位「名家」的代表人物「公孫龍」，則認爲「堅和白」必然是互相分離而且獨立自藏著的。

後期「墨家」則強調，「萬物之間」既有「類之同」又有「類之異」，肯定「事物同異」的「相對性」和「絕對性」，並認爲「堅和白」也不是絕對分離和排斥的，而是可以同屬於石的。

這就是「先秦」在「堅白、同異」問題上爭論的主要論點。「堅白同異之辯」是當時「名實問題」爭論中的一個重要內容，對「先秦」的「哲學思想」和「名辯思想」的發展，有過一定的影響。

（六）《內篇．大宗師第六》：

「大宗師」，「宗」是指「敬仰、尊崇」，意思是「最值得敬仰、尊崇的老師」。「莊子」認爲「道」是「大宗師」，「自然」和「人」是渾一（統一；同一）的，人的「生死變化」是沒有什麼區別的，因而他主張「淸心寂神、離形去智、忘卻生死、順應自然。」，這就叫做「道」。

《大宗師》全文分成九個部分，簡述如下：

第一部分，虛擬一個理想中的「眞人」，「眞人」能夠做到「天、人」不分，因此「眞人」能夠做到「無人、無我」。「眞人」的精神境界，就是「道」的形象化。

知道「天道的作爲」，並且了解「人的作爲」，這就達到了「認識的極點」。知道「天道的作爲」，是懂得「事物出於自然」；了解「人的作爲」，是用他的「智慧」所知道的「知識（養生的道理）」，去增加他的「智慧」，所不知道的「知識」，直至「自然死亡」，而不中途夭折，這恐怕就是「認識」的最高境界了。

雖然這樣，還是存在「憂患」。人們的「知識」，一定要有所依憑，才能認定是否恰當（莊子認爲人們的認識和了解，都離不開認識和了解的對象。）而「認識的對象」，卻是不穩定的。

怎麼知道我所說的，本於「自然」的東西，不是出於「人爲的」呢？怎麼知道我所說的「人爲的東西」，又不是出於「自然的」呢？況且有了「眞人（道家稱修眞得道的人。）」才有「眞知（正確而深刻的認識，並且眞實。）」。

第二部分，從描寫「眞人」，逐步轉爲述說「道」，只有「眞人」才能體察「道」，而「道」是「無爲無形」又永遠存在的。因此，想要體察「道」就必須達到「無人、無我」的境界，這兩個部分是全文論述的主體。

什麼叫做「眞人」呢？古時候的「眞人」，不倚衆淩寡，不自恃成功雄踞他人，也不圖謀瑣事，錯過了「時機」不後悔，趕上了「機遇」不得意，登上「高處」不顫慄，下到「水裡」不會沾濕，進入「火中」不覺灼熱。這只有「智慧」能通達「大道境界」的人，才能夠像這樣。

古時候的「眞人」，睡覺時不做夢，醒來時不憂愁，吃東西時不求甘美，呼吸時氣息深沉。「眞人」呼吸時，憑藉的是「腳根」，而「一般人」呼吸，靠的是「喉嚨」。被人屈服時，「言語」在喉前吞吐，「聲音」像堵在「喉頭」似的。那些「嗜好」和「慾望」太深的人，他們「天生的智慧」也就很淺。

古時候的「眞人」，不懂得喜悅「生存」，也不懂得厭惡「死亡」；出生時「不欣喜」，死亡時也「不推辭」，「無拘無束」地就走了，「自由自在」地又來了。不忘記自己從哪裡來，也不找尋自己往哪兒去，承受什麼「際遇（遭遇，多指碰到好的機會。）」，也都歡歡喜喜，忘掉死生，像是回到了自己的「本然（人的本性）」，這就叫做不用「心智」去損害「大道」，也不用「人爲的因素」去幫助「自然」，這就叫做「眞人」。

像這樣的人，他的「內心」忘掉了周圍的一切，他的「容顏」淡漠安閒，他的「外貌」質樸莊嚴；冷肅得像「秋天」，溫暖得像「春天」，高興或憤怒跟「四時更替」一樣自然無飾，和「外界事物」合宜相稱，沒有人能夠探知到他的「精神世界」。

第三部分，討論體察「道」的方法和進程。「攖寧」是「莊子」所倡導的極高的修養境界，能夠做到這一點，也就得到了「道」。「攖」是擾亂，「攖寧」意思是：不受「外界事物」的紛擾，保持「心境的寧靜」。

所以，古代「聖人」使用武力滅掉「敵國」，卻不失掉「敵國的民心」；「利益」和「恩澤」廣施於「萬世」，卻不是爲了偏愛什麼人。

樂於交往「取悅外物（身外之物。多指利欲功名之類。）的人」，不是「聖人」；有「偏愛」就算不上是「仁」；伺機行事，不是「賢人」；不能看到「利害」的相通和相輔，算不上是「君子」；辦事求名而失掉自身的「本性」，不是「有識之士」；喪失身軀卻與自己的「眞性」不符，不是「能役使世人的人」。

像「唐堯、夏禹、商湯」時代的「賢人」，「狐不偕（因爲不肯接受『堯』的『禪讓』，就投河而死。）」、「務光（『夏末』的隱士，『湯』讓天下而不受，就負石投『廬水』而死。）」、「伯夷、叔齊（「『周武王』伐『紂』，二人叩馬而諫，『周武王』不從，就隱居於『首陽山』，不食『周粟』而死。）」、「箕子（『紂王』的『庶叔』，因忠諫不從而佯狂，但終不免於殺戮。）」、「胥餘（不詳）」、「紀他（『殷商』時的隱士，恐『湯』讓位於自己，就帶領弟子隱居於『窾水』旁。）」、「申徒狄（『殷商』時人，因爲憤世疾俗，遂負石自沉於河，爲當時人所稱頌。）」等，這樣的人都是被「役使世人的人」所役使，都是被「安適世人的人」所安適，而不是能使自己得到「安適」的人。

古時候的「眞人」，神情「嵬峨（ㄨㄟˊ ㄜˊ，高大聳立的樣子）」而不「矜持（拘謹而不自然）」，好像不足，卻又無所承受；態度「安閒自然」、「特立超群」而不「執著頑固」，襟懷寬闊，虛空而不浮華；怡然欣喜，像是格外地高興，一舉一動又像是出自「不得已」。

「容顏和悅」令人喜歡接近，與人交往，德性寬和，讓人樂於歸依；「氣度博大」像是「寬廣的世界」，高放自得，從不受什麼限制，綿邈（形容含意深遠或情意深長）深遠，好像喜歡「封閉自己」，「心不在焉」的樣子，又好像忘記了要說的話。

把「刑律」當作「主體」的人，那麼「殺了人」也是「寬厚仁慈的」；把「禮儀」當作「羽翼」的人，用「禮儀」的教誨在世上施行；用「已掌握的知識」去等待「時機」的人，是因爲對各種事情，出於不得已；用「道德」來「遵循規律」，就像是說大凡「有腳的人」，就能夠登上「山丘」，而人們卻眞以爲是勤於行走的人。

所以說，人們所喜好的是「渾然爲一的」，人們不喜好的也是「渾然爲一的」。那些「同一的東

西」是「渾一（統一；同一）的」，那些「不同一的東西」也是「渾一的」。那些「同一的東西」跟「自然」同類，那些「不同一的東西」跟「人」同類。「自然」與「人」不可能相互對立，而相互超越，「具有這種認識的人」就叫做「眞人」。

「死和生」均非「人爲之力」所能安排，猶如「黑夜和白天」交替那樣永恆地變化，完全出於「自然」。有些事情人是不可能「參與」和「干預」的，這都是「事物」自身變化的實情。

人們總是把「天」看作「生命之父」，而且終身愛戴它，何況那特立高超的「道」呢！人們還總認爲「國君」是一定超越自己的，而且終身願爲「國君」效死，又何況應該宗爲「大師」的「道」呢？

「泉水」乾涸了，「魚」就共同困處在陸地上，用濕氣相互滋潤，用唾沫相互沾濕，就不如在「江湖」裡，彼此相忘而自在。與其稱譽「堯」的仁慈，而批評「夏桀」的鬥狠，就不如「恩怨兩忘」，而與「大道」化而爲一。

■成語：「相濡（ㄖㄨˊ）以沫」

◆出處：《莊子．大宗師》

◆原文：泉涸，魚相與處於陸，相呴以濕，相濡以沫，不如相忘於江湖。與其譽堯而非桀也，不如兩忘而化其道。

◆解釋：「相」：互相。「濡（ㄖㄨˊ）」：沾濕，浸潤。「以」：用。「沫」：唾沫。比喻同在困難的處境裡，用微薄的力量互相幫助。

「大地」把我的「形體」托載，並且用「生存」來勞苦我，用「衰老」來閒逸我，用「死亡」來安息我。所以，把「我的存在」看作好事的，也就因此可以把「我的死亡」也看作是好事。

將「船」藏在「大山溝」裡，將「漁具」藏在「深水」裡，可以說是十分牢靠了。然而半夜裡有個「大力士」把它們背著跑了，睡夢中的人們，還一點也不知道。將「小東西」藏在「大東西」裡是適宜的，不過還是會丟失。

假如把「天下」藏在「天下」裡，而不會丟失，這就是事物固有的眞實之情。人們只要承受了「人的形體」，便十分欣喜，至於像「人的形體」的情況，在萬千變化中，從不曾有過窮盡，那快樂之情，難道還能夠加以計算嗎？

所以，「聖人」將生活在「各種事物」都不會丟失的環境裡，而與「萬物」共存亡。以少爲善，以老爲善，以始爲善，以終爲善，人們尚且加以效法，又何況那「萬物」所「聯綴（連結、組合在一起）」，各種變化所依託的「道」呢！

「道」是眞實而又確鑿可信的，然而它又是「無爲」和「無形」的；「道」可以「感知」，卻不可以「口授」，可以「領悟」，卻不可以「面見」；「道」自身就是「本」，就是「根」，還未出現「天地」的「遠古時代」，「道」就已經存在；它引出「鬼帝」和「神帝」，產生「天地」；它在「太極（指天地未判之前的清虛渾沌之氣。生出萬物的本原，卽宇宙的初始。）」之上，卻並不算高，它在「六極（卽六合。指天、地與四方。）」六極之下，卻不算深，它先於「天地」存在，還不算久，它長於「上古」還不算老。

「狶韋氏（遠古時代的帝王）」得到它，用來「統馭天地」；「伏羲氏」得到它，用來「調合元氣」；「北斗星」得到它，永遠不會改變方位；「太陽」和「月亮」得到它，永遠「不停息運行」；

「堪壞（傳說中人面獸身的崑崙山神）」得到它，用來「入主崑崙山」；「馮夷（傳說中的黃河之神）」得到它，用來「巡遊黃河」；「肩吾（傳說中的泰山之神）」得到它，用來「駐守泰山」；「黃帝」得到它，用來「登上雲天」；「顓頊（黃帝之孫）」得到它，用來「居處玄宮」；「禺強（傳說中人面鳥身的北海之神）」得到它，用來「立足北極」；「西王母（古代神話中的女神）」得到它，用來「坐陣少廣山」。

沒有人能知道它的開始，也沒有人能知道它的終結。「彭祖（傳說爲顓頊之元孫，善養生，是得道者。）」得到它，從遠古的「有虞時代（舜）」，一直活到「五伯時代（即「五霸」，指「夏朝」的「昆吾」，「殷朝」的「大彭、豕韋」，「周朝」的「齊桓公、晉文公」。）」；「傳說（殷商時代的賢才，輔佐高宗武丁，成爲武丁的相。）」得到它，用來輔佐「武丁（殷商的高宗武丁）」，統轄整個天下，乘駕「東維星」，騎坐「二十八星宿」中的「箕宿星」和「尾宿星」，而永遠排列在「星神」的行列裡。

第四部分，說明人的「生死存亡」實爲一體，無法逃避，因此應該「安於適時而處之順應」。

「南伯子葵」向「女偊（ㄩˇ）」問道：「你的歲數已經很大了，可是你的容顏卻像孩童，這是什麼緣故呢？」

「女偊」回答道：「我得『道』了。」

「南伯子葵」問說：「『道』可以學習嗎？」

「女偊」回答道：「不可以！你不是可以學習『道』的人。『卜梁倚』有『聖人的才氣』卻沒有『聖人虛淡的心境』，我有『聖人虛淡的心境』，卻沒有『聖人的才氣』，我想用『聖人虛淡的心境』來教導他，或許他果眞能成爲『聖人』。然而，卻不是這樣。

把『聖人虛淡的心境』傳告具有『聖人才氣』的人，應該是很容易的。我還是持守著，並告訴他，『三天之後』便能『遺忘天下』；既然已經『遺忘天下』，我又『凝寂持守』，『七天之後』便能『遺忘萬物』；既然已經『遺忘萬物』，我又『凝寂持守』，『九天之後』便能『遺忘自身的存在』；既然已經『遺忘自身的存在』，而後『心境』便能如『朝陽』一般清新明徹；『心境』能夠如『朝陽』般的清新明徹，而後就能夠感受那絕無所待的『道』了；既然已經感受了『道』，而後就能夠『超越古今的時限』；既然已經能夠『超越古今的時限』，而後便進入『無所謂生、無所謂死的境界』。

摒除了『生』，也就沒有『死』，留戀於『生』，也就不存在『生』。作爲『事物』，『道』無不有所『送』，也無不有所『迎』；無不有所『毀』，也無不有所『成』，這就叫做『攖寧』。『攖寧』意思就是：不受『外界事物』的紛擾，而後保持『心境的寧靜』。」

「南伯子葵」又問道：「你又是怎麼得『道』的呢？」

「女偊」回答道：「我從『副墨（指文字）』的兒子那裡聽到的，『副墨的兒子』從『洛誦（指誦讀者）』的孫子那裡聽到的，『洛誦的孫子』從『瞻明（指見解洞徹）』那裡聽到的，『瞻明』從『聶許（指附耳私語）』那裡聽到的，『聶許』從『需役（指勤行不怠）』那裡聽到的，『需役』從『於謳（ㄡ，指吟詠領會）』那裡聽到的，『於謳』從『玄冥（指深遠虛寂）』那裡聽到的，『玄冥』從『參寥（指參悟空虛）』那裡聽到的，『參寥』從『疑始（指迷茫而無所本，大道自本自根，不能推測它的起始。）』那裡聽到的。」

第五部分，進一步討論人的「死和生」，指出「死和生」都是「氣」的變化，是自然的現象，因而應該「相忘以生，無所終窮。」只有這樣，「精神」才會超脫物外。

「子祀、子輿、子犁、子來」四個人在一起聊天說道：「誰能夠把『無』當作『頭』，把『生』當作『脊柱』，把『死』當作『臀部』，誰能夠通曉『生死存亡』是『渾爲一體』的道理，我們就可以跟他交朋友。」四個人都會心地相視而笑，心心相契卻不說話，於是互相成爲朋友。

■成語：「莫逆之交」

◆出處：《莊子．大宗師》

◆原文：四人相視而笑，莫逆於心，遂相與爲友。

◆解釋：「莫逆」：指兩人意氣相投，交往密切友好。指非常要好或情投意合的朋友。

不久，「子輿」生病了，「子祀」前去探望他。

「子輿」說道：「偉大啊，『造物者』把我變成如此『曲背的樣子』。腰彎背駝，五臟穴位朝上，下巴隱藏在肚臍之下，肩部高過頭頂，彎曲的頸椎，形狀如同『贅瘤』朝天隆起。」

「陰陽二氣」不和，釀成如此災害，可是「子輿」的心裡卻十分閒逸，好像沒有生病似的，蹣跚地來到井邊，對著「井水」照看自己，說：「哎呀，『造物者』竟然把我變成『曲背的樣子』。」

「子祀」說道：「你討厭這種『曲背的樣子』嗎？」

「子輿」回答道：「沒有！我怎麼會討厭這副樣子呢？如果『造物者』把我的『左臂』變成『公雞』，我便用它來『報曉』；如果『造物者』把我的『右臂』變成『彈弓』，我便用它來打『斑鳩』烤來吃；如果『造物者』把我的『臀部』變成爲『車輪』，把我的『精神』變化成『駿馬』，我就用來『乘坐』，難道還要更換別的『車馬』嗎？

至於『生命的獲得』，是因爲『適時』；『生命的喪失』，是因爲『順應了規律』，安於『適時』而處之『順應』，『悲哀』和『歡樂』都不會侵入『心房』。這就是古人所說的『解脫了倒懸之苦』。

然而，不能『自我解脫』的原因，則是受到了『外物（身外之物。多指利欲功名之類。）的束縛』。況且事物的變化，不能超越『自然的力量』已經很久了，我又怎麼能厭惡自己現在的變化呢？」

不久，「子來」也生了病，氣息急促將要死去，他的妻子和兒女圍在床前哭泣。「子犁」前往探望說道：「嘿！走開！不要驚擾他『由生到死』的變化。」

「子犁」靠著門，跟「子來」說道：「偉大啊！『造物者』！又將把你變成什麼？把你送到何方？把你變化成『老鼠的肝臟』嗎？把你變化成『蟲蟻的臂膀』嗎？」

「子來」說道：「『子女』對於『父母』，都只能聽從吩咐調遣。『人』對於『自然的變化』，如同於『父母』；它們要求我『死亡』，而我卻不聽從，那麼我就太蠻橫了，它們有什麼過錯呢！『大地』用『形體』，用『生活』讓我勞苦，用『老年』讓我安逸，用『死亡』讓我休息。

所以，把『我的存在』看作是『好事』，也因此可以把『我的死亡』看作是『好事』。現在如果有一個高超的『冶煉工匠』，鑄造『金屬器皿』，『金屬器皿』熔解後，跳起來說：『我一定要成爲莫邪良劍。』，『冶煉工匠』必定認爲這是『不吉祥的金屬』。

如今，人偶然獲得『人的外形』，便說：『我是人！我是人』，『造物者』一定會認爲這是『不

吉祥的人』。現在，把整個『渾一（統一；同一）的天地』當作『大熔爐』，把『造物者』當作高超的『冶煉工匠』，我又有哪裡去不得呢？」

「子來」說完話，就安閒熟睡似的離開人世，又好像驚喜地醒過來，而回到人間。

第六部分，說明人的「軀體」有了變化，而人的「精神」卻不會死，「安於自然、忘卻死亡。」，便進入「道」的境界，而與「自然」合成一體。

「子桑戶、孟子反、子琴張」三人在一起談話：「誰能夠相互交往於『無心交往』之中，相互有所幫助，卻像沒有幫助一樣？誰能登上高天巡遊霧裡，循環升登於無窮的太空，忘掉自己的存在，而永遠沒有終結和窮盡？」三人會心地相視而笑，心心相印，於是相互結成好友。

過沒多久，「子桑戶」死了，還沒有下葬。「孔子」知道了，派弟子「子貢」前去幫助料理喪事。「孟子反」和「子琴張」卻一個在編曲，一個在彈琴，相互應和著唱歌：「哎呀！『子桑戶』啊！哎呀！『子桑戶』啊！你已經『返歸本眞』，可是我們還是『活著的人』，而寄托在這個『形骸』裡呀！」

「子貢」聽了快步走到他們前面說道：「我冒昧地請教，對著『死人的屍體』唱歌，這合乎『禮儀』嗎？」

「孟子反」和「子琴張」二人相視而笑，不屑地說道：「這種人怎麼會懂得『禮』的眞實含意呢？」

「子貢」回來後，把見到的情況，告訴「孔子」說道：「他們都是些什麼樣的人呢？不看重『德行』的培養，而沒有『禮儀』，把自身的『形骸』置於度外，面對著『死屍』還要唱歌，『容顏』和

『臉色』一點也不改變，沒有什麼辦法可以用來稱述他們。他們究竟是些什麼樣的人呢？」

「孔子」說道：「他們都是些擺脫『禮儀約束』，而逍遙於『人世』之外的人，我卻是生活在具體的『世俗環境』中的人。『人世之外』和『人世之內』彼此不相干涉，可是我卻讓你前去弔唁，我實在是淺薄呀！他們正跟『造物者』結爲伴侶，而逍遙於『天地渾一（統一；同一）』的『元氣』之中。他們把『人的生命』看作像『贅瘤』一樣多餘，他們把『人的死亡』看作是『毒瘡化膿後的潰破』，像這樣的人，又怎麼會顧及『死生優劣』的存在。

憑藉於各種不同的『物類』，但是最終寄託於同一的整體；忘掉了『體內的肝膽』，也忘掉了『體外的耳目』；無盡地反復著『終結和開始』，但從不知道它們的『頭緒』；茫茫然徬徨於『人世』之外，逍遙自在地生活在『無所作爲』的環境中。他們又怎麼會煩亂地去炮製『世俗的禮儀』，而故意炫耀於衆人的耳目之前呢！」

「子貢」問道：「如此，那麼『先生』將遵循什麼『準則』呢？」

「孔子」回答道：「我『孔丘』，是『蒼天』所懲罰的『罪人』。即使是這樣，我仍將跟你們一起竭力追求至高無尚的『道』。」

「子貢」問道：「請問追求『道』的方法。」

「孔子」回答：「『魚』爭相『投水』，『人』爭相『求道』。『爭相投水的魚』，掘地成池，便給養充裕；『爭相求道的人』，漠然無所作爲，便『心性平適』。所以說，魚相忘於『江湖』裡，人相忘於『道術』中。」

「子貢」問說道：「再冒昧地請教『畸人（指不合於世俗的人）』的問題。」

「孔子」回答道：「所謂『畸人』，就是不同於『世俗』，而又等同於『自然』的人。所以說，『自然的小人』就是『人世間的君子』；『人世間的君子』就是『自然的小人』。」

第七部分，批判「儒家」的「仁義」和「是非」觀念，指出「儒家的觀念」是一種對「人類精神」的摧殘。

「顏回」請教「孔子」說道：「『孟孫才』這個人，他的母親死了，哭泣時沒有一滴眼淚，心中不覺悲傷，『居喪』時也不哀痛。這三個方面，沒有任何悲哀的表現，可是卻因『善於處理喪事』，而名揚『魯國』。難道眞會有『無其實』而『有其名』的情況嗎？『顏回』實在覺得奇怪。」

「孔子」回答道：「『孟孫才』處理『喪事』的作法，確實是『盡善盡美』了，超越了懂得『喪葬禮儀』的人。人們總希望『從簡治喪』卻不能辦到，而『孟孫才』已經做到了。

『孟孫才』不過問人，『因爲什麼而生』，也不去探尋人，『因爲什麼而死』；不知道『趨赴生』，也不知道『靠攏死』；他順應『自然的變化』，而成爲他應該變成的物類，以期待那些自己所不知曉的變化。況且卽將出現變化，怎麼知道不變化呢？卽將不再發生變化，又怎麼知道已經有了變化呢？只有我和你，才是做夢似的，沒有一點覺醒的人。

那些『死去的人』，驚擾了自身的『形骸』，卻無損於他們的『精神』，猶如『精神的寓所』，『朝夕改變』卻並不是『精神』的眞正死亡。唯獨『孟孫才』覺醒，人們哭他也跟著哭，這就是他如此『居喪』的原因。況且人們交往總借助『形骸』，而稱述『自我』，又怎麼知道我所稱述的『軀體』，一定就是『我』呢？

而且你在夢中變成『鳥』，便振翅直飛藍天；你在夢中變成『魚』，便搖尾潛入深淵。不知道今天我們說話的人，算是『醒悟的人』呢，還是『做夢的人』呢？『心境舒適』卻來不及笑出聲音，『表露快意』發出笑聲，卻來不及排解和消洩，安於『自然的推移』，而且『忘卻死亡的變化』，於是就進入到寂寥虛空的『自然』，而渾然成爲一體。」

第八部分，論述「離形去知，同於大通。」是進入「道」之境界的方法。

「意而子（虛擬的人名）」拜訪「許由」。

「許由」問道：「『堯』把什麼東西給予了你？」

「意而子」回答道：「『堯』對我說：『你一定得親身實踐仁義，並且明白無誤地闡明是非。』」

「許由」說道：「你怎麼還要來我這裡呢？『堯』已經用『仁義』在你的額上刻下了印記，又用『是非』割下了你的鼻子，你將憑藉什麼，遊處於逍遙放蕩、縱任不拘、輾轉變化的『道途』呢？」

「意而子」回答道：「雖然是這樣，我還是希望能遊處於如此的境域。」

「許由」說道：「不對！有眼無珠的『盲人』，沒法跟他觀賞佼好的『眉目』和『容顏』，眼瞎而無視力的『瞎子』，沒法跟他賞鑑『禮服』上，各種不同顏色的花紋。」

「意而子」說道：「古代美人『無莊』不再打扮，忘掉自己的『美麗』；古代勇夫『據梁』不再逞強，忘掉自己的『勇力』；『黃帝』聞『道』之後，忘掉自己的『智慧』。他們都因爲經過了『道』的冶煉和鍛打。怎麼知道那『造物者』不會養息我受『黥刑（ㄑㄧㄥˊ，古代的一種刑罰，在犯人臉上刺字塗墨，以防其逃跑。）』的傷痕，和補全我受『劓刑（ㄧˋ，古代割去鼻子的刑罰）』所殘缺的鼻子，使我得以保全寄託『精神』的身軀，而跟隨『先生』呢？」

「許由」說道：「唉！這可是不可能知道的。我還是給你說個大概吧。『道』是我偉大的『宗師（最值得敬仰、尊崇的老師）』啊！我偉大的『宗師』啊！把『萬物』碎成粉末，不是爲了某種『道義』，把『恩澤』施於『萬世』，不是出於『仁義』，長於『上古』不算老，覆育包容天地，雕創衆物之形，也不算技巧，這就進入『道』的境界了。」

第九部分，說明一切都由「命」所安排，卽「非人爲之力」所安排。

「顏回」說道：「我進步了。」

「孔子」問道：「你的進步指的是什麼？」

「顏回」回答道：「我已經忘卻『仁義』了。」

「孔子」說道：「好啊！不過這樣還不夠。」

過了幾天，「顏回」再次拜見「孔子」說道：「我又進步了。」

「孔子」問道：「你的進步指的是什麼？」

「顏回」回答道：「我忘卻『禮樂』了。」

孔子說道：「好哇，不過這樣還不夠。」

又過了幾天，「顏回」又再次拜見「孔子」說道：「我又進步了。」

「孔子」問道：「你的進步指的是什麼？」

「顏回」回答道：「我『坐忘（端坐靜心而物我兩忘）』了。」

「孔子」驚奇不安地問道：「什麼叫做『坐忘』？」

「顏回」回答道：「毀廢了強健的『肢體』，退除了靈敏的『聽覺』和淸晰的『視力』，脫離了『身軀』，並拋棄了『智慧』，從而與『大道』渾同相通爲一體，這就叫做『靜坐心空，物我兩忘。』的『坐忘』。」

「孔子」說道：「與『萬物同一』就沒有『偏好』，『順應變化』就不『執滯常理』。你果眞成了『賢人』啊！我作爲老師，也希望能跟隨學習而步你的後塵。」

「子輿」和「子桑」是好朋友，連綿的陰雨下了十日，「子輿」說道：「『子桑』恐怕已經困乏而餓倒。」便包著飯食，前去給他吃。

來到「子桑門」前，就聽見「子桑」好像在唱歌，又好像在哭泣，而且還彈著琴唱道：「是『父親』呢？還是『母親』呢？是『天』呢？還是『人』呢？」聲音微弱好像禁不住感情的表達，急促地吐露著歌詞。

「子輿」走進屋子問道：「你歌唱的詩詞，爲什麼是這樣呢？」

「子桑」回答道：「我在探尋使我達到如此極度『困乏』和『窘迫』的人，然而沒有找到。『父母』難道會希望我貧困嗎？『蒼天』沒有偏私地覆蓋著整個『大地』，『大地』沒有偏私地托載著所有『生靈』，『天地』難道會單單讓我貧困嗎？尋找使我貧困的東西，可是我沒能找到。然而，我已經達到如此極度的『困乏』，這是『命』啊！」

（七）《內篇‧應帝王第七》：

《應帝王》是《南華經》內篇中的最後一篇，它表達了「莊子」的「政治思想」。「莊子」對「宇宙萬物」的認識，是基於「道」，他認爲整個「宇宙萬物」是「渾一（統一；同一）的」，因此

也就無所謂「分別」和「不同」，世間的一切變化，也都出於「自然」，「人為的因素」都是附加的。

因此「莊子」的「政治主張」，就是「以不治為治」，「無為而治」便是本篇的核心思想。《應帝王》談的是，「君主」治理國家應該採用的方法。什麼樣的人「應」該成為「帝王」呢？那就是能夠「不干預、聽任自然、順乎民情、行不言之教」的人。

《應帝王》全文分成七個部分，簡述如下：

第一部分，借「蒲衣子」之口，說出「理想的為政者」，應該「聽任人之所為」，從不墮入「物我兩分（『外物（身外之物。多指利欲功名之類。）』與『自我』相分的境地）」的困境。「莊子」認為，從根本上講，「外物（身外之物。多指利欲功名之類。）」與「自我」統一為「一體」，而無所分別。

「齧（ㄋㄧㄝˋ）缺」向「王倪」求教，四次提問，「王倪」四次都不能作答。於是「齧缺」跳了起來高興極了，去到「蒲衣子（古代賢人）」處把上述的情況告訴他。

「蒲衣子」說道：「你如今知道了這種情況嗎？『虞舜』比不上『伏羲氏』。『虞舜』心懷『仁義』，以籠絡人心，獲得了百姓的擁戴。不過他還是不曾超脫出人為的『物我兩分』的困境。『伏羲氏』睡臥時，寬緩安適，他覺醒時，悠遊自得；他聽任有的人，把自己看作『馬』，聽任有的人把自己看作『牛』；他的『才思』實在真實無偽，他的『德行』確實純真可信，而且從不曾涉入『物我兩分』的困境。」

第二部分，指出制定各種「行為規範」，是一種「欺騙」的行為，「為政者」無須多事，若要強人所難，就像「涉海鑿河（徒步下海開鑿河道）」和「使蚊負山（讓蚊蟲背負大山）」一樣。

楚國隱士「肩吾」拜會隱士「接輿」。

「接輿」問道：「往日你的老師『中始』，用什麼來教導你呢？」

「肩吾」回答道：「他告訴我，做『國君』的人一定要憑藉自己的『意志』，來推行『法制』，人們誰敢不聽從而隨之變化呢？」

「接輿」說道：「這是『欺誑』的做法，那樣治理『天下』，就好像『徒步下海開鑿河道』，『讓蚊蟲背負大山』一樣。『聖人』治理『天下』，難道去治理『社會』外在的表象嗎？他們順應『本性』，而後感化他人，聽任人們之所能罷了。『鳥兒』尚且懂得高飛，躲避『弓箭』的傷害，『老鼠』尚且知道，深藏於『神壇』之下的『洞穴』，逃避『用煙熏洞，用鏟掘地』的禍患，而你竟然連這兩種小動物本能地順應環境也不了解！」

第三部分，進一步倡導「無爲而治」，即「順物自然而無容私」的主張。

「天根」閒遊「殷山」的南面，來到「蓼（ㄌㄧㄠˋ）水」河邊，正巧遇上「無名人」而向他求教，問道：「請問『治理天下』之事。」

「無名人」回答道：「走開！你這個『見識淺薄的人』，怎麼一張口就讓人不愉快！我正打算跟『造物者』結成伴侶，厭煩時便又乘坐那狀如飛鳥的『清虛之氣』，超脫於『六極（上下四方）』之外，而生活在『什麼也不存在的地方』，居處於『曠達無垠的地方』。你又怎麼能用夢囈般的，所謂『治理天下』的話語，來撼動我的心思呢？」

「天根」又再次提問。

「無名人」回答道：「你應該處於『保持本性』、『無所修飾』的心境，交合『形氣』於『清靜無爲』的境界，順應『事物的自然』，而沒有半點『個人的偏私』，『天下』也就得到治理。」

第四部分，提出所謂「明王（英明的君王）之治」，即「使物自喜」、「化貸萬物」的「無爲之治」。

「陽子居」拜見「老聃」，問道：「『辦事』既敏捷又果斷，『見識』既廣博又通達，『學習』既勤奮又踏實。如果有人一身而兼有這三條長處，總可以和『英明的君王』相提並論了吧？」

「老聃」回答道：「以『聖人』的角度來看，你說的這種人很像『任職衙門的小吏』，工作勞累，心情緊迫，他那『一技之長』，恰似『一條繩子』，把自己捆綁在『辦公桌』上，想『調職』調不走，想『辭職』辭不掉，想『不受表揚』也辦不到，一直忙到『病了、死了』，才給鬆綁。

『虎豹』有『絢麗的皮毛』，供人鋪床墊座，所以被獵；『猿猴』會攀跳，逗人快樂，所以被捉；『狗』會迅猛地捕捉『狐狸』，所以招致被繩索拘縛拉牽。它們都有長處，也可以和『英明的君王』相提並論了，不是嗎？」

「陽子居」聽了這番話臉色頓變，不安地問道：「冒昧地請教『明王（英明的君王）』怎麼治理『天下』。」

「老聃」回答道：「『明王（英明的君王）』治理『天下』，『功績普蓋天下』，卻又好像什麼也不曾出自自己的努力；『教化施及萬物』，而『百姓』卻不覺得有所依賴；『功德無量』沒有什麼辦法稱述讚美，使『萬事萬物』各居其所，而欣然自得；立足於『高深莫測的神妙之境』，而生活在『什麼也不存在的世界裡』。」

第五部分，敘述「神巫」給得道的「壺子」看相的故事，說明只有「虛而藏」才能不爲人所測，含蓄地指出「爲政」也得「虛己而順應」。

「鄭國」有個「占卜識相」十分靈驗的「巫師」，名叫「季咸」，他知道人的「生死存亡」和「禍福壽夭」，所預卜的「年、月、旬、日」都準確應驗，彷彿是「神人」。「鄭國人」見到他，都擔心預卜自己的「死亡和凶禍」而急忙跑開。

「列子」見到他內心折服，回來後，把見到的情況告訴老師「壺子」，並且說道：「起先我總以爲『先生』的『道行』最爲高深，如今又有更爲高深的『巫術』了。」

「壺子」說道：「我教給你的，還全是『道的外在東西』，還未能教給你『道的實質』，你難道就已經『得道』了嗎？你用所學到的『道的皮毛』，就跟世人相匹敵，而且一心求取別人的信任，因而讓人洞察底細而替你看相，你帶他來幫我看相吧。」

第二天，「列子」跟神巫「季咸」一同拜見「壺子」。「季咸」走出門來，就對「列子」說道：「哎呀！你的『先生』快要死了！活不了十來天！我觀察到他臨死前的怪異形色，神情像是遇水的灰燼一樣。」「列子」傷心地進到屋裡，把「季咸」的話告訴「壺子」。

「壺子」說道：「剛才我將『寂然不動的心境』顯露給他看，他恐怕只能看到我『閉塞生機』的樣子，你再請他來幫我看相。」

第二天，「列子」又請神巫「季咸」一起拜見「壺子」。「季咸」走出門來，就對「列子」說道：「幸運啊！你的『先生』遇上了我！『病兆』減輕有救了，我已經觀察到『閉塞的生機』中，『神氣』微動的情況。」「列子」進到屋裡，把「季咸」的話，轉告「壺子」。

「壺子」說道：「剛才我將『寂然不動的心境』顯露給他看，『名聲』和『實利』等『一切雜念』都排除在外，而『生機』從『腳跟』發至全身。他大概已經看到了我的『一線生機』，你再請他來幫我看相。」

第二天，「列子」又請神巫「季咸」一起拜見「壺子」。「季咸」走出門來，就對「列子」說道：「你『先生』的『心意』不穩定，神情恍惚，這種情況我不能給他看相，等到他的『心意』穩定，我再來給他看相。」「列子」進到屋裡，把「季咸」的話，轉告「壺子」。

「壺子」說道：「剛才我把『虛心凝寂、動靜無別』的心態，顯露給他看。他大概看到了我『內氣持平、渾然凝一、相應相稱的生機』。『大魚』盤桓逗留的地方叫做『深淵』，靜止的河水聚積的地方也叫做『深淵』，流動的河水滯留的地方也是叫做『深淵』。『淵』有九種稱呼，這裡只提到了上面的三種，『道』深不可測，『神巫』所能看到的，還只是『皮毛』而已，你再請他來幫我看相。」

第二天，「列子」又請神巫「季咸」一起拜見「壺子」。這回神巫「季咸」還沒有站定，就不能自持地跑了。

「壺子」說道：「追上他！」

「列子」沒能追上，回來告訴「壺子」說道：「已經不見蹤影，讓他跑掉了，我沒能追上他。」

「壺子」說道：「剛才我所顯示的，未曾超出我的『根本大道』，我跟他虛與周旋，使他不了解我究竟是誰，順應著『外物（身外之物。多指利欲功名之類。）的變化』而變化，好像水流一樣沒有窮盡。所以，他逃跑了。」

自此之後，「列子」才領悟到老師「壺子」的「道術」深不可測，而「神巫」的「巫術」實在是淺薄，因此覺得自己好像從來不會「求師學道」似的。

「列子」回到自己的家裡，三年不出門。他幫助「妻子」燒火做飯，餵豬就像侍侯人一樣。對於各種世事不分親疏沒有偏私，除去過去的「雕琢」和「華飾」，已經恢復到原本的「質樸」和「純眞」，像「大地」一樣木然忘情地將「形骸」留在世上。雖然涉入「世間的紛擾」，卻能「固守本眞」，並像這樣終生不渝。

第六部分，強調「爲政清明」，應該像「鏡子」那樣，「來者就照，去者不留。」如此，就能夠「反映外物（身外之物。多指利欲功名之類。）」而又不會「損心勞神」。

不要成爲「名譽的寄託」，不要成爲「謀略的場所」；不要成爲「世事的負擔」，不要成爲「智慧的主宰」。「潛心學道」，而且永不休止，自由自在地遊樂，而不留下蹤跡；任其所能，稟承「自然」，從不「表露」，也從不「自得」，只是讓自己能夠「心境清虛」，「淡泊名利」而「無所求」而已。

修養高尚的「至人」，他的「心思」就像一面「鏡子」一樣，對於外物（身外之物。多指利欲功名之類。）是「來者即照，去者不留」，順應事物本身，從不有所隱藏，所以能夠反映外物（身外之物。多指利欲功名之類。），而又不會損心勞神。

第七部分，敘述「渾沌」受人爲傷害失去本眞而死去的故事，比喻「有爲之政」的禍害無窮。

「南海的大帝」名叫「儵（ㄕㄨˋ）」，「北海的大帝」名叫「忽」，「中央的大帝」名叫「渾沌」。「儵」與「忽」常常相會於「渾沌」之處，「渾沌」款待他們十分豐盛，「儵」和「忽」一起

商量如何報答「渾沌」的深厚情誼，說道：「人人都有眼耳口鼻七個竅孔用來看、聽、吃和呼吸，唯獨「渾沌」沒有，我們試著爲他鑿開七個竅孔」他們每天鑿出一個孔竅，鑿了七天，「渾沌」就死去了。

「儵」與「忽」代表「有爲」，「渾沌」代表「無爲」，「有爲」會害死「無爲」。

（八）《外篇．駢拇第八》：

「駢拇」，「駢（ㄆㄧㄢˊ）」是並列，這裡是指「合在一起」。「拇」是腳的大趾拇。「駢拇」是說腳的「大趾拇」跟「二趾拇」連在一起了，成了「畸形的大趾拇」，是人體上多餘的東西。

那什麼才是「事物所固有的」呢？就是「合乎自然，順應人情。」的東西。倡導「聽任自然，順應人情。」的思想，就是本篇的中心思想。

本篇《駢拇》和下篇《馬蹄》可說是「姊妹篇」，也可把本篇看作《馬蹄》的前奏，反映了「莊子」「無爲而治，返歸自然」的「社會觀」和「政治觀」，對「儒家」的「仁義」和「禮樂」作了直接的批判。

《駢拇》全文分成四個部分，簡述如下：

第一部分，說明「智慧」、「仁義」和「辯言」猶如人體上的「駢拇（腳的大趾拇跟二趾拇連在一起了）」、「枝指（手大拇指旁多長出一指）」和「附贅縣疣（附懸於人體的贅瘤）」一樣，都是不符合「本然」的多餘東西。

「腳的大趾拇跟二趾拇連在一起」和「手大拇指旁多長出一指」，這都是天生而成的，不過都多於正常人的指頭。「附懸於人體的贅瘤」，是出自人的形體，不過卻超出了正常人的本體。

採用多種方法推行「仁義」，卻不是無所偏執的「中正之道」。所以，對於身體不可缺少的「五臟」來說，腳上「雙趾並生的」，是連接而無用的肉；手上「旁出的第六指」，是沒有用的「手指」；各種「並生」或「旁出」的「手指」，對於人天生的「品性」和「欲望」來說，好比是錯誤推行「仁義」，又像是不正常地使用人的「聽力」和「視力」。

所以，超出身體「多餘的東西」，對於「視覺清晰的人」來說，難道不會被「五色（青、黃、赤、白、黑五種基本顏色）所攪亂，被「錯綜又華美」的「花紋和色彩」所惑亂，被繡製出「青黃相間」的「華麗服飾」所「炫人眼目」嗎？而視力過人的「離朱」就是這樣。

超出身體「多餘的東西」，對於「聽覺靈敏的人」來說，難道不會被攪亂「五音（宮、商、角、徵、羽）」，被混淆「六律（黃鐘、太簇、姑洗、蕤賓、夷則、無射）」，被攪混「金、石、絲、竹、黃鐘、大呂」的各種音調嗎？而著名的樂師「師曠」就是這樣。

超出本體「多餘的東西」，對於倡導「仁義」的人來說，難道不是高舉「道德」，閉塞「眞性」，來獲取「名聲」，而使天下的人們爭相鼓譟，信守不可能做到的「禮法」？而「孔子」的學生「曾參」和「衛靈公」的大臣「史鰍（ㄑㄧㄡ）」就是這樣。

超出本體「多餘的東西」，對於「善於言辭辯解的人」來說，難道不是堆砌無用的詞語，去牽強附會的解釋文句，將「心思」馳騁於「堅白（名家「公孫龍」的一種詭辯理論）」詭辯的是非之中，而使精神疲憊地，編造出無數無用的言詞，去追求短暫的聲譽嗎？而「道家」的改革思想家「楊朱」和反「儒家」的思想家「墨子」就是這樣。

因此，這些都是附加在「本性」上，多餘的「邪門歪道」，不是天下的「至理」和「正道」。

第二部分，著力批評「仁義」和「禮樂」，指出天下的「至理正道」，即保持「本然的眞情」，而所謂的「仁義」和「禮樂」，卻使「天下人」大惑不解。

所謂的「至理正道」，就是不違反事物，各得其所，而又順應自然的眞情。所以說，「合在一塊的」不算是「並生」，而「旁出枝生的」不算是「多餘」，「長的」不算是「多餘」，「短的」不算是「不足」。

因此，「野鴨的小腿」雖然很短，「續長一截」就有憂患；「鶴的小腿」雖然很長，「截去一段」就會痛苦。事物原本就很長，是不可以隨意截短的；事物原本就很短，也是不可以隨意續長的，這樣各種事物，也就沒有必要去排除「憂患」了。「仁義」恐怕不是人所固有的「眞情」吧？那些倡導「仁義」的人，怎麼會有那麼多「擔憂」呢？

況且，對於「腳趾並生的人」來說，分裂兩腳趾，他就會哭泣；對於「手指旁出的人」來說，咬斷歧指，他也會哀啼。以上兩種情況，有的是多於正常的手指數，有的是少於正常的腳趾數，而它們對於所導致的「憂患」，卻是同樣的。

如今，世上的「仁人」，放目遠視而憂慮「人間的禍患」；那些「不仁的人」，摒棄人的「本眞和自然」，而貪求「富貴」。「仁義」恐怕不是人所固有的「眞情」吧？而從「夏、商、周」三代以來，「天下」又怎麼會那麼喧囂和爭相追逐呢？

況且，依靠「曲尺、墨線、圓規、角尺」而矯正事物形態的，這是損傷「事物本性」的作法；依靠「繩索」和「膠漆」，而使事物相互緊緊粘固的，這是傷害「事物天然稟賦」的作法；運用「禮樂」，對「人民」生硬地加以改變和矯正；運用「仁義」，對「人民」加以撫愛和教化，從而撫慰「天下民心」的，這樣做也就失去了人的「常態（本然和眞性）」。

天下的「事物」，都各有它們固有的「常態」。所謂「常態」，就是彎曲的不依靠「曲尺」，筆直的不依靠「墨線」，正圓的不依靠「圓規」，方正的不依靠「角尺」，使分離的東西附在一起，不依靠「膠和漆」，將單個的「事物」捆束在一起，不依靠「繩索」。於是，「天下萬物」都不知不覺地生長，而不知道自己爲什麼生長，同樣都不知不覺地有所得，而不知道自己爲什麼有所得。

所以，「古今的道理」都一樣，不可能出現虧缺。那麼，「仁義」又爲什麼無休止地，像「膠漆」和「繩索」那樣，人爲地夾在「天道」和「本性」之間呢？這就使「天下人」大惑不解。

第三部分，進一步指出「標榜仁義」是「亂天下」的禍根，從「爲外物（身外之物。多指利欲功名之類。）而殉身」這個角度來看，「君子」和「小人」都是「殘害生命，損傷本性」，因此是沒有區別的。

「小的迷惑」會使人「弄錯方向」，「大的迷惑」會使人「改變本性」。憑什麼知道是這樣的呢？自從「虞舜」以「仁義」爲號召，而攪亂天下，天下的人們都在爲「仁義」爭相奔走，這豈不是用「仁義」來改變人的「本性」嗎？

從「夏、商、周」三代以來，天下沒有誰不借助於「外物（身外之物。多指利欲功名之類。）」，來改變自身的「本性」。「平民百姓」爲了「私利」而犧牲；「士人」爲了「名聲」而犧牲；「大夫」爲了「家族」而犧牲；「聖人」則爲了「天下」而犧牲。所以，這四種人所從事的「事業」不同，「名聲」也有各自的稱謂，而他們用「生命」做出犧牲，以損害人的「本性」，卻是同樣的。

「臧（ㄗㄤ）」與「穀」兩個「家奴」一塊兒「放羊」，卻都讓羊跑了。問「臧」在做什麼？「臧」說是在「拿著書簡讀書」；問「穀」在做什麼？「穀」說是在「玩投骰子的遊戲」。這兩個人所做的事情不一樣，不過他們丟失了羊，卻是同樣的。

「殷商」末年的賢士「伯夷」，反對「周武王伐商紂」，不食周粟，而餓死於「首陽山」下。「伯夷」是爲了「賢名」而死；「春秋」末年，著名的平民起義領袖「盜跖」，爲了「私利」，死在「東陵山」上。這兩個人，致死的原因不同，而他們在「殘害生命，損傷本性」方面，卻是同樣的。爲什麼一定要讚譽「伯夷」，而指責「盜跖」呢？

天下的人們，都在爲「某種目的」而「獻身」，那些爲「仁義」而犧牲的，世俗稱他們爲「君子」；那些爲「財貨」而犧牲的，世俗稱他爲「小人」。他們爲了「某種目的」而「犧牲」是同樣的，而有的叫做「君子」，有的叫做「小人」。假如就「殘害生命，損傷本性」而言，那怎麼能夠在「伯夷」和「盜跖」之間，區分「君子」和「小人」呢？

第四部分，指出一切「有爲」，都不如「不爲」，從而闡明了不爲「仁義」，也不爲「邪惡」的「社會觀」。

況且，把自己的「本性」連接於「仁義」，即使如同「孔子」的學生「曾參」和「衛靈公」的大臣「史鰍（ㄑㄧㄡ）」那樣精通，也不是我所認爲的完美；把自己的「本性」連接於「五味（酸、甜、苦、辣、鹹）」，即使如同齊國人「俞兒」，他味覺靈敏，善於辨別味道，也不是我所認爲的完善；把自己的「本性」連接於「五聲（宮、商、角、徵、羽）」，即使如同著名的樂師「師曠」，那樣通曉「音律」，也不是我所認爲的聰敏；把自己的「本性」連接於「五色（青、黃、赤、白、黑）」，卽使如同上古「黃帝」時期的「離朱」，他能夠「視於百步之外，見秋毫之末」，那樣通曉色彩，也不是我所認爲的視覺敏銳。

我所說的「完美」，絕不是「仁義」之類的東西，而是比「各有所得」更美好罷了；我所說的「完善」，絕不是所謂的「仁義」，而是「放任天性、保持眞情」罷了；我所說的「聰敏」，不是說「能聽到別人什麼」，而是指「能夠內審自己」罷了；我所說的「視覺敏銳」，不是說「能看見別人什麼」，而是指「能夠看淸自己」罷了。

不能「看淸自己」，而只能「看淸別人」，不能安於「自得」，而向別人「索求」的人，這就是「索求別人之所得」，而不能「安於自己所應得」的人，也就是「貪圖達到別人所達到」，而不能安於「自己所應達到的境界」的人。

「貪圖達到別人所達到」，而不能「安於自己所應達到的境界」，無論是「春秋」末年，著名的平民起義領袖「盜跖」，與「殷商」末年的賢士「伯夷」，他因反對「周武王伐商紂」，不食周粟，而餓死於「首陽山」下，都同樣是「邪惡的」。

我有愧於「宇宙萬物本體」的認識，和「事物變化規律」的理解，所以就上一層說，我不能奉行「仁義的節操」，就下一層說，我不願從事「邪惡的行徑」。

（九）《外篇．馬蹄第九》：

《馬蹄》表現了「莊子」反對「束縛」和「羈絆」，提倡一切「返歸自然」的「政治主張」。

在「莊子」的眼裡，當世社會的「紛爭動亂」，都源自於所謂「聖人的治理」，因此他主張摒棄「仁義」和「禮樂」，取消一切「束縛」和「羈絆」，讓「社會」和「事物」都回到它的「自然」和「本性」。

《馬蹄》全文分成三個部分，簡述如下：

第一部分，以「伯樂善治馬」、「陶匠善製陶」和「木匠善治木」爲例，比喻所有「從政者」制定天下的「規矩」和「辦法」，都直接殘害了「事物」的「自然」和「本性」。

「馬蹄」可以用來「踐踏霜雪」，「馬毛」可以用來「抵御風寒」，「馬」餓了吃草，渴了喝水，性起時揚起「蹄腳」，奮力跳躍，這就是「馬的天性」。即使有「高台正殿」，對「馬」來說，沒有什麼用處。

等到善於識馬、馴馬的「伯樂」出現，說：「我善於管理馬。」於是用「燒紅的鐵器」灼炙「馬毛」，用「剪刀」修剔「馬鬃」，鑿削「馬蹄甲」，烙制「馬印記」，用「絡頭（套在馬頭上，以便控制馬禦的器具。）」和「繫馬的韁繩」來拴連它們，用「馬槽（飼馬之槽）」和「馬床（防止馬受濕氣侵襲的木墊）」來編排它們，這樣一來「馬」便死掉十分之二或三了。

再者，「馬」餓了不給吃，渴了不給喝，打它們驅使它們狂奔，讓它們快速奔跑，讓它們步伐整齊，讓它們行動劃一，前有「馬口中所銜的橫木」和「馬絡（拴馬的繩）」裝飾的限制，後有「皮鞭」和「竹條」的威逼，這樣一來，「馬」就死亡超過半數了。

「製陶工匠」說道：「我最善於整治『粘土』，我用『粘土』製成的器皿，『圓的』合乎『圓規』，『方的』應於『角尺』。」

「木匠」說道：「我最善於整治『木材』，我用『木材』製成的器皿，能使『彎曲的』，合於『圓規』的要求，『筆直的』跟『墨線』吻合。」

「粘土」和「木材」的「本性」難道就是希望去迎合「圓規」、「角尺」、「圓規」和「墨線」嗎？然而還世世代代地稱讚他們說：「『伯樂』善於管理『馬』，而『陶匠』和『木匠』善於整治『粘土』和『木材』。」這也就是治理「天下人」的過錯啊！

第二部分，對比「上古時代」，一切都具有「共同的本性」，一切都生成於「自然」，譴責「後代」推行所謂「仁、義、禮、樂」，摧殘了「人的本性」和「事物的眞情」，並且直接指出這就是「聖人之過」。

我認爲善於「治理天下的人」就不是這樣，「百姓」有他們固有不變的「本能」和「天性」，「織布」而後「穿衣」，「耕種」而後「吃飯」，這就是人類共有的「德行」和「本能」。

人們的「思想」和「行爲」渾然一體，沒有一點兒偏私，這就叫做「任其自然」。所以，「上古人類」的時代，「天性」保留最完善，人們的「行動」，總是那麼「穩重自然」，人們的「目光」，又是那麼「專一」而無所顧盼。

正是在這個年代裡，「山野」裡沒有「路徑」和「隧道」，「水面」上沒有「船隻」和「橋樑」，各種「物類」共同生活，「人類的居所」相通相連，而沒有什麼「鄉、縣」的差別，「禽獸」成群結隊，「草木」稱心地生長。

因此，「禽獸」可以用繩子牽引著遊玩，「鳥鵲」的巢窠可以攀登上去探望。在那個「人類天性」保留最完善的年代，「人類」跟「禽獸」共同居住跟「各種物類」相互聚合並存，哪裡有什麼

「君子」和「小人」呢！

人人都「蠢笨」而「無智慧」，人類的「本能」和「天性」也就不會喪失；人人都「愚昧」而「無私慾」，這就叫做「素」和「樸」。能夠像「生絹」和「原木」那樣，保持其「自然的本色」，人類的「本能」和「天性」就會完整地留傳下來。

等到世上出現了「聖人」，勉爲其難地去倡導所謂的「仁」，竭心盡力地去追求所謂的「義」，於是「天下」開始出現「迷惑」與「猜疑」。放縱無度地追求「逸樂」的「音樂」，繁雜瑣碎地制定「禮儀」和「法度」，於是「天下」開始分離了。

所以說，完整未曾加過工的「木材」，原本沒被分割，誰還能用它雕刻爲精緻的「酒器」！一塊「白玉」沒有破裂，誰還能用它雕刻出「玉器」！人類原始的「自然本性」，沒有被廢棄，哪裡用得著「仁義」！

人類固有的「天性」和「眞情」沒有被背離，哪裡用得著「禮樂」！「五色（青、黃、赤、白、黑）」不被錯亂，誰能夠調出錯綜複雜華麗的色彩！「五聲（宮、商、角、徵、羽）」不被搭配，誰能夠應和「六律（黃鐘、太簇、姑洗、蕤賓、夷則、無射）」！

分解「原木」做成各種「器皿」，這是「木工」的罪過，毀棄人的「自然本性」，以推行所謂的「仁義」，這就是「聖人」的罪過！

第三部分，繼續以「馬」爲比喻，進一步說明，一切的「羈絆」，都是對「自然本性」摧殘。「聖人」推行的所謂「仁義」，只能是鼓勵人們爭先恐後地去競逐「私利」。

再來說「馬」，生活在陸地上，吃草飲水，高興時頸交頸互相摩擦，生氣時背對背相互踢撞，

「馬」的「智能」就只是這樣而已。

等到後來把「車衡（車轅；大車前部架在馬兩邊的木頭，用以連接車軸前面的橫木。）」和「頸軛（駕車時擱在馬頸上的曲木）」加在它的身上，把配著月牙形佩飾的「轡頭（ㄆㄟˋ，爲了駕馭馬，而套在其頸上的器具。）」，戴在它頭上，那麼「馬」就會側目怒視，僵著脖子抗拒「軛木（擱在馬頸上的曲木）」，暴戾不馴，或詭譎地吐出嘴裡的「勒口（以繩索或口罩等物套住馬嘴，使馬不能發聲）」，或偷偷地脫掉頭上的「馬轡（馬口中所含的鏈狀鐵片，兩端繫上韁繩，以便駕馭馬匹。）」。

所以，「馬」的「智能」，竟然能夠做出與人類對抗的態度，這完全是「伯樂」的罪過。在上古的帝王「赫胥氏」的時代，「百姓」居處不知道做些什麼，走動也知道去哪裡，口裡含著食物嬉戲，鼓著吃飽的肚子遊玩，人們所能做的就只是這樣了。

等到「聖人」出現，矯造「禮樂」，來匡正「天下百姓」的形象，標榜不可盼望趕上的「仁義」，來慰藉「天下百姓的心」，於是人們便開始千方百計地去尋求「智謀與巧詐」，爭先恐後地去競逐「私利」，而不能終止，這也是「聖人」的罪過啊！

（十）《外篇．胠篋第十》：

「胠（ㄑㄩ）」是「從旁打開」，「篋（ㄑㄧㄝˋ）」是「放東西的箱子」，「胠篋」原來是「打開箱子」，後來泛指「盜竊者」，指「打開箱子偷東西」的意思。

《胠篋》篇的主旨跟《馬蹄》篇相同，但是比《馬蹄》篇更深刻，言辭也更直接，一方面竭力抨

擊所謂「聖人」的「仁義」，一方面倡導拋棄一切「文化」和「智慧」，使社會回到「原始狀態」。《胠篋》篇闡述「老子思想」，反對「聖人」和「仁義」的概念，宣揚「絕聖棄智」的思想和「返歸原始」的政治主張，就是《胠篋》篇的中心思想。

《胠篋》篇深刻揭露「仁義的虛僞」和「社會的黑暗」，提出「聖棄知」的主張，要摒棄「社會」的「文明」與「進步」，回歸到人類的「原始狀態」。

《胠篋》全文分成三個部分，簡述如下：

第一部分，從討論各種「防盜的方法」，最後都會被「盜賊」所利用，還是偷得到東西。指出當時「治理天下」的主張和辦法，都是「統治者」和「陰謀家」的工具，著力批判「仁義」和「禮法」，都是錯誤的觀念。

爲了對付撬開箱子的「小偷」，而做「防範準備」，必定要用「繩子」綁牢固，加固「插門」和「鎖鑰」，這就是一般人所說的「聰明方法」。可是，一旦「大強盜」來了，就扛著「箱子」跑了，「大強盜」還唯恐「繩子」沒有綁好，「插門」與「鎖鑰」加得不夠牢固呢！

既然是這樣，那麼先前所謂的「聰明方法」，不就是給「大強盜」做好了被偷的準備嗎？所以，世俗所謂的「聰明人」，不就是替「大強盜」做好被偷的準備嗎？所謂的「聖人」，不就是替「大強盜」守衛財物的嗎？

怎麼知道是這樣的呢？當年的「齊國」，鄰近的「城市」遙遙相望，雞狗之聲相互聽聞，方圓兩千多里，水面上撒佈魚網，到處都有犁鋤所耕作的土地。整個國境之內，所有用來設立「宗廟」和「社稷」的地方，所有用來建置「邑（城市）、屋、州、閭（里）、鄉」各級行政機構的地方，何嘗不是在效法古代聖人的作法呢？

然而，「齊國」的大夫「田成子」，殺了「齊國」的國君「齊簡公」，竊據了整個「齊國」。他所盜竊奪取的，難道僅僅只是「齊國」嗎？他連同「齊國」的各種聖明的「法規」與「制度」也一起劫奪了。

而「田成子」雖然有「盜賊」的名聲，卻仍然處於「堯舜」那樣安穩的地位，「小的國家」不敢毀謗他，「大的國家」不敢討伐他，他的世世代代竊據「齊國」。那麼，這不就是他盜竊了「齊國」，並且用原本「齊國」聖明的「法規」和「制度」，來守衛他的「盜賊行爲」嗎？

所以，世俗所謂的「聰明人」，不就是替「大強盜」做好被偷的準備嗎？所謂的「聖人」，不就是替「大強盜」守衛財物的嗎？

怎麼知道是這樣的呢？從前「夏桀」時的賢人「龍逢」，被「夏桀」斬首；「殷紂王」的庶出叔叔「比干」，被「紂王」剖胸；「周靈王」時的賢臣「萇（ㄔㄤˊ）弘」，被剖開肚腹掏出腸子；「春秋時期」的「楚國」人「伍子胥」，最後被吳王「夫差」賜死，拋尸江中任其腐爛。即使像上面四位，那樣的「賢能之士」，仍然不能免於遭到殺戮。

所以，「盜跖（ㄓˊ）」的門徒，向「盜跖」問：「做『強盜』也有『規矩』和『準繩』嗎？」

「盜跖」回答道：「什麼地方會沒有『規矩』和『準繩』呢？憑空推測屋裡儲藏著什麼財物，這就是『聖明』；率先進到屋裡，這就是『勇敢』；最後退出屋子，這就是『義氣』；能知道可否採取行動，這就是『智慧』；事後分配公平，這就是『仁愛』。以上五樣不能具備，卻能成爲『大盜』的人，天下是沒有的。」

從這一點來看，「善人」不能通曉「聖人之道」，便不能「創立功業」，「盜跖」不能通曉「聖人之道」，便不能「行竊」；天下的「善人」少，而「不善的人」多，那麼「聖人」給「天下」帶來的「好處」也就少，而給「天下」帶來的「禍患」也就多。

所以說，嘴唇向外翻開，牙齒就會外露受寒；「魯侯」奉獻的酒，味道淡薄，致使「趙國」的都城「邯鄲」遭到圍困。

這個典故是：「楚宣王」大會「諸侯」，而「魯恭王」到得晚，所獻的酒味道淡薄，「楚宣王」大怒。「魯恭王」自恃是「周公的後代」，就不告而別。「楚宣王」於是帶兵攻打「魯國」。「魏國」一直想攻打「趙國」，但是擔心「楚國」會發兵救「趙國」，就在「楚國」和「魯國」交兵，「魏國」於是趁機，兵圍「趙國」都城「邯鄲」。

這句是藉「歷史故事」，來說明事有關聯，常常出於預料之外。「聖人」出現了，因而「大盜」也就興起了。所以，要抨擊「聖人」，要釋放「盜賊」，天下才能太平無事。

第二部分，進一步提出摒棄一切「社會文化」的觀點，主張要「絕聖棄智（斷絕聖人，摒棄智慧。）」的思想。

「溪水」乾涸，「山谷」顯得格外空曠；「山丘」夷平，「深潭」顯得水位格的高滿。「聖人」死了，那麼「大盜」也就不會再興起，天下就太平了；「聖人」不死，「大盜」也就不會中止。

讓「聖人」治理天下，就是讓「盜跖」獲得最大的好處。給「天下人」制定兩種量器「鬥」和「斛」，來計量物品的數量，那麼就連同「鬥」和「斛」一起盜竊走了；給「天下人」制定「秤錘」和「秤桿」，來計量物品的重量，那麼就連同「秤錘」和「秤桿」一起盜竊走了；給「天下人」制定用作「憑證」的信物「符（由兩半組成，合在一起以驗明眞僞）」和「璽（印章）」來取信於人，那麼就連同「符」和「璽」一起盜竊走了；給「天下人」制定「仁」和「義」，來規範人們的「道德」和「行爲」，那麼就連同「仁」和「義」一起盜竊走了。

怎麼知道是這樣的呢？那些「偷竊小東西的人」，受到「刑戮」和「殺害」，而竊奪「整個國家的人」，卻成爲「諸侯」；竊奪「整個國家的諸侯」，才存在「仁」和「義」，這不就是盜竊了「仁義」和「聖智」嗎？

所以，那些追隨「大盜」、高居「諸侯之位」、竊奪了「仁義」以及「鬥斛」、「秤具」、「符璽」之利的人，即使有「高官厚祿」的賞賜，不可能勸勉；即使有「行刑殺戮」的威嚴，也不可能禁止。這些有利於「盜跖」，而不能使他們禁止的情況，都是「聖人」的過錯。因此說，「魚兒」不能脫離「深潭」，「治國的利器」不能隨便拿給人看。那些所謂的「聖人」，就是「治理天下的利器」，是不可以用來明示「天下」的。

所以，「斷絕聖人，摒棄智慧」，「大盜」就能中止；「棄擲玉器，毀壞珠寶」，「小偷」就會消失；「焚燒符記，破毀璽印」，「百姓」就會樸實渾厚；「打破鬥斛，折斷秤桿」，「百姓」就會沒有爭鬥；盡毀天下的「聖人之法」，「百姓」才可以談論「是非」和「曲直」。

攪亂「六律（黃鐘、太簇、姑洗、蕤賓、夷則、無射）」，毀折各種「樂器」，並且堵住「晉國」的樂師「師曠」的耳朵，「天下人」方能保全他們原本的「聽覺」；消除紋飾，離散五彩，粘住傳說「察針末於百步之外」的「離朱」的眼睛，「天下人」才能保全他們原本的「視覺」；毀壞「鉤弧」和「墨線」，拋棄「圓規」和「角尺」，弄斷「堯」時的巧匠「工倕」的手指，「天下人」才能

保有他們原本的「智巧」。

因此說道：「最高的『智巧』，就好像是『笨拙』一樣。」削除「曾參」、「史鰍（ㄑㄧㄡ）」的「忠孝」，鉗住「楊朱」、「墨子」善辯的嘴巴，摒棄「仁義」，「天下人」的「德行」，才能混同而齊一。

人人都保有原本的「視覺」，那麼「天下」就不會出現「毀壞」；人人都保有原本的「聽覺」，那麼「天下」就不會出現「憂患」；人人都保有原本的「智巧」，那麼「天下」就不會出現「迷惑」；人人都保有原本的「本性」，那麼「天下」就不會出現「邪惡」。

那「曾參」、「史鰍」、「楊朱」、「墨子」、「師曠」、「工倕」和「離朱」，都外露並炫耀自己的「德行」，而且用來迷亂「天下之人」，這就是「聖治之法」沒有用處的原因。

第三部分，通過對比「遠古至德之世」與「夏、商、周三代以下的治亂」，表達緬懷「原始社會」的「政治主張」。

你不知道那「至德的時代」嗎？從前古代的帝王「容成氏、大庭氏、伯皇氏、中央氏、栗陸氏、驪畜氏、軒轅氏、赫胥氏、尊盧氏、祝融氏、伏犧氏、神農氏」，在那個時代，人民靠「結繩」的方法「記事」，把「粗疏的飯菜」認作「美味」，把「樸素的衣衫」認作「美服」，把「純厚的風俗」認作「歡樂」，把「簡陋的居所」認作「安適」，鄰近的「國家」相互觀望，「雞狗之聲」相互聽聞，「百姓」直至「老死」也互不往來。像這樣的時代，就可說是眞正的「太平治世」了。

可是，當今竟然使「百姓」伸長脖頸，踮起腳跟說：「某個地方出了『聖人』。」於是「百姓」帶著「乾糧」，急趨而去，家裡拋棄了「雙親」，外邊離開了「國君的事業」，「足跡」交接於「諸侯」的國境，「車輪印跡」往來交錯於千里之外，而這就是「統治者」追求「聖智」的過錯。「統治者」一心追求「聖智」，而不遵從「大道」，那麼「天下」必定會大亂啊！

怎麼知道是這樣的呢？「弓、弩（帶有機關的連珠箭）、畢（帶柄的網鳥網）、弋箭（有絲繩可以回收的箭）、機變（捕鳥獸的機關）」之類的「智巧」多了，那麼「鳥兒」就只會在空中亂飛；「鉤餌、魚網、魚籠」之類的「智巧」多了，那麼「魚兒」就只會在水裡亂遊；「木柵、獸欄、獸網」之類的「智巧」多了，那麼「野獸」就只會在草澤裡亂竄；「偽騙欺詐、姦黠狡猾、言詞詭曲、堅白之辯、同異之談」等等的「權變」多了，那麼「世俗的人」就只會被「詭辯」所迷惑。

所以，「天下」昏昏大亂，罪過就在於「喜好智巧」。因此，「天下人」都只知道追求「他所不知道的」，卻不知道探索「他已經知道的」；都知道批評他所認爲「不好的」，卻不知道否定他已經「贊同的」，因此「天下大亂」。

所以，「對上而言」遮掩了「日月的光輝」，「對下而言」銷解了「山川的精華」，「居中而言」損毀了「四時的交替」，就連附生地上蠕動的「小蟲」，飛在空中的「蛾蝶」，沒有不喪失原有「眞性」的。

追求「智巧」擾亂「天下」，竟然達到如此的地步。自「夏、商、周」三代以來的情況，就是這樣啊！拋棄那衆多純樸的「百姓」，而喜好那鑽營狡詐的諂佞「小人」；廢置那恬淡無爲的「自然風尚」，喜好那喋喋不休的「說教」。喋喋不休的「說教」，已經搞亂了「天下」啊！

（十一）《外篇．在宥第十一》：

「在」是「自在」的意思，「宥（ㄧㄡˋ）」是「寬容、寬恕、赦免」的意思。文章一開始寫著「聞在宥天下」，「在宥天下」意思是：任「天下」自在地發展，人和事物均各得其所，而相安無事，也就是「無爲而治」。反對「人爲」，提倡「自然」，闡述「無爲而治」的主張，就是《在宥》篇的主旨。

《在宥》篇類似《胠篋》篇，闡發「老子思想」。但是，攙入「莊子」消除「是非」的主張，以及「黃帝」和「廣成子」談「長生」的段落，使得本篇的結構比較複雜。

《在宥》全文分成六個部分，簡述如下：

第一部分，指出一切的「有爲之治」，都會使天下之人「淫其性」而「遷其德」。因此，「君子」不得已而「臨蒞天下」，就應當「莫若無爲」；文章一開始就提出「無爲而治」的主張，本篇一開始的兩句話，便是揭示全文的總綱。

只聽說「聽任天下安然自在地發展」，沒有聽說「要對天下進行治理」。「聽任天下自在地發展」，是因爲擔憂人們超越了自身的「本性」；讓人們從容不迫，各得其所，是因爲擔憂人們改變了，遵循於「道」的生活規律，和「處世」的基本態度。

「天下人」不超越自身的「本性」，不改變遵循於「道」的生活規律，和「處世」的基本態度，哪裡用得著去「治理天下」呢？從前「唐堯」治理天下，使「天下人」欣喜，人人都爲保有「本性」而快樂，這是「不安寧」的表現；當年「夏桀」治理天下，使「天下人」憂心不已，人人都爲保有「本性」而痛苦，這是「不歡愉」的表現。「不安寧」與「不歡愉」，這都不是人們「恆常的性情」。違逆了人們「恆常的性情」，還能夠長治久安的，恐怕「天下」沒有這種情況。

人們「過度歡欣」，會「損傷陽氣」；人們「過度憤怒」，會「損傷陰氣」。「陰」與「陽」相互侵害，「四時（春、夏、秋、冬四季）」就不會順應而到來，「寒暑」也就不會「調和」，這恐怕反倒會傷害自身吧！

使人「喜怒」失卻「常態」，「居處」沒有定所，「考慮問題」不得要領，「辦事情」都半途失去章法，於是「天下」就開始出現種種不平，而後便產生「盜跖、曾參、史鰌」等，各各不同的「行爲」和「作法」。

所以，動員「天下」所有的力量，來獎勵「善行」也嫌不夠；動員「天下」所有力量來懲戒「惡行」，也嫌不足。因此，「天下」雖然很大，仍然不足以用來「賞善罰惡」。自「夏、商、周」三代以來，始終是喋喋不休地把「賞善罰惡」，當作當政之急務，他們又哪裡有心思去安定人的「自然本性」呢！

而且，喜好「目明」嗎？這是沉溺於「五彩（本指黃、赤、白、黑、青五種顏色。後來泛指多種顏色。）」；

喜好「耳聰」嗎？這是沉溺於「聲樂」；

喜好「仁愛」嗎？這是擾亂人的「自然本性」；

喜好「道義」嗎？這是違反「事物的常理」；

喜好「禮儀」嗎？這就助長了「繁瑣的技巧」；

喜好「音樂」嗎？這就助長了「淫樂（沉溺音樂，爲之所迷亂。）」；

喜好「聖智（聰明睿智，無所不通。）」嗎？這就助長了「技藝」；

喜好「智巧（智慧與技巧）」嗎？這就助長了瑣碎的「爭辯」。

「天下人」想要安定自身的「本性」，這八種作法，「存留」可以，「丟棄」也可以；「天下人」不想安定自身的「本性」，這八種作法，就會成爲擾攘紛爭的因素，而迷亂「天下」了。可是，「天下人」竟然會尊崇它，珍惜它。「天下人」爲其所迷惑，竟然達到如此的地步！

這種種現象，不只是一代一代地流傳下來，人們還虔誠地談論它，恭敬地傳頌它，歡欣地供奉它，對此我還能夠怎麼樣呢？所以，「君子」不得已，而居於「統治天下」的地位，那就不如一切「順其自然」，「順其自然」才能夠使「天下人」保有人類自然的「本性」。

正因爲這樣，「看重自身」甚於「看重統馭天下」的人，便可以把「天下」交給他；「愛護自身」甚於「愛護統馭天下之事」的人，便可以把「天下」託付給他。

也正因爲這樣，「君子」倘能不顯露「心中的靈氣」，不表明自己的「才華」和「智巧（智慧與技巧）」，那就會安然不動，而精神騰飛，默默深沉，而撼人至深，「精神活動」合乎「天理」，從容自如，順應自然，而「萬事萬物」都像「炊煙遊塵」那樣的自由自在，我又何須分出心思，去「治理天下」呢？

第二部分，借「老聃」對「崔瞿（ㄐㄩˋ）」的談話，說明推行「仁義」，會擾亂「人心」，是「天下」越治越亂的原因，極力主張「絕聖去智」。

「崔瞿」向「老聃」請教說道：「不治理『天下』，怎麼能使『人心』向善呢？」

「老聃」回答道：「你應該『謹愼』，而不要隨意擾亂『人心』。人們的『心情』總是在『壓抑』時，便『消沉頹喪』；而在『得志』時，便『趾高氣揚』，都像是受到『拘禁』和『傷害』一樣的自累自苦，唯有『柔弱順應』，才能軟化『剛強』。不過『消沉頹喪』或者『趾高氣揚』。

『方正』而『棱角』外露，就好像『品行端正』，不隨合世事一樣，容易受到挫折和傷害。『情緒激烈時』，像熊熊大火；『情緒低落時』，像凜凜寒冰。『內心變化』格外迅速，轉眼間再次『巡遊四海之外』。『靜處時』，深幽寧寂；『活動時』，騰躍高天。『驕傲自負』而不可制止，而且無法管制的，恐怕就只是人的『內心活動』吧！

當年『黃帝』開始用『仁義』來擾亂『人心』，『堯』和『舜』於是疲於奔波，用以養育天下眾多的『百姓』，滿心焦慮地推行『仁義』，並且耗費心血來『制定法度』，可是他們還是不能治理好『天下』。

此後，『堯』將跟他作對的『歡兜』，放逐到南方的『崇山』，將『三苗』放逐到西北的『三峗（ㄨㄟ）』，將水官『共工』放逐到北方的『幽都』，這些就是沒能治理好天下的明證。

延續到『夏、商、周』三代，更是多方面地驚擾了天下的『人民』，下有『夏桀』、『盜跖』之流，上有『曾參』、『史鰍』之流，而『儒家』和『墨家』的爭辯又全面展開。

這樣一來，或喜或怒，相互猜疑；或愚或智，相互欺詐；或善或惡，相互責難；或妄或信，相互譏刺。因此，『天下』也就逐漸衰敗了。『基本觀念』和『生活態度』如此不同，人類的『自然本性』散亂了，天下都追求『智巧』，百姓中便紛爭迭起。

於是，用『斧鋸』之類的『刑具』，來制裁他們；用『繩墨』之類的『法律制度』，來規範他們；用『椎鑿（槌子和鑿子）』之類的『肉刑（古時切斷犯人的肢體，或割裂肌膚的刑罰。）』，來

懲處他們。『天下』相互踐踏而大亂，罪在擾亂了『人心』。因此，『賢能的人』隱居於高山深谷之下，而『帝王諸侯』憂心如焚，『戰栗（因恐懼、寒冷或激動而顫抖）』在『朝堂（泛指朝廷）』之上。

當今之世，遭受殺害的人，屍體一個壓著一個；戴著『腳鐐手銬』而坐大牢的人，一個挨著一個，受到『刑具傷害的人』，更是到處都是，而『儒家』和『墨家』竟然在『枷鎖』和『羈絆』中，揮手舞臂地奮力爭辯。

唉！眞是太過分了！他們不知道慚愧，不知道羞恥，竟然達到這種地步！我不知道那所謂的『聖智』，是不是『腳鐐手銬』上，用作連接左右兩部分的『插木』；我也不明白那所謂的『仁義』，是不是『枷鎖』上，用作加固的『孔穴』和『木拴』，又怎麼知道『曾參』和『史鰍』之流，是不是『夏桀』和『盜跖』的先導呢？

所以說，只要『斷絕聖人，拋棄智慧。』天下就會得到『治理』而太平無事。」

第三部分，「黃帝」拜「道家」人物「廣成子」爲師，問治國之術。這個部分是「廣成子」對「黃帝」的談話，闡明「治理天下者」必須先「治身」的道理，並且詳細說明了「治身、體道」的方法。

「黃帝」做了十九年的「天子」，「詔令（天子的命令）」通行天下。聽說「廣成子」居住在「空同山」上，特意前往拜見他，說道：「我聽說『先生』已經通曉『至道（大道）』，冒昧地請教『至道』的精華。我一心想獲取『天地的靈氣』，用來幫助『五穀』生長，用來養育『百姓』。我又希望能『主宰陰陽』，從而使衆多『生靈』遂心地成長，對此我將怎麼辦？」

「廣成子」回答道：「你所想問的，是『萬事萬物』的根本；你所想主宰的，是『萬事萬物』的殘留。自從你治理『天下』，天上的『雲氣』不等到聚集，就下起雨來；地上的『草木』不等到枯黃，就飄落凋零；『太陽』和『月亮』的光亮，也漸漸地晦暗下來。然而，用『讒言（毀謗他人的言）』逢迎取悅他人的『小人』，『心地』是那麼『偏狹』和『惡劣』，又怎麼能夠談論『大道』」呢？」

「黃帝」聽了這一席話，便退了回來，棄置朝政，築起「清心寂智」的靜室，鋪著潔白的茅草，謝絕交往獨居三個月，然後再次前往求教「廣成子」。

「廣成子」頭朝南地躺著，「黃帝」則順著下方，雙膝著地匍匐向前，叩頭著地行了大禮後問道：「聽說『先生』已經通曉『至道』，冒昧地請教，如何『修養自身』，怎麼樣才能活得長久？」

「廣成子」急速地挺身而起，說道：「問得好啊！來！我告訴給你『至道』。『至道的精髓』，幽深渺遠；『至道的至極』，晦暗沉寂。什麼也不看，什麼也不聽，持守精神，保持寧靜，形體自然順應『正道』。一定要保持『寧寂』和『清靜』，不要使『身體』疲累勞苦，不要使『精神』動盪恍惚，這樣就可以『長生』。『眼睛』什麼也沒看見，『耳朵』什麼也沒聽到，『內心』什麼也不知曉，這樣你的『精神』一定能持守你的『身體』，『身體』也就長生。

小心謹慎地『摒除一切思慮』，封閉起『對外的一切感官』，『智巧』太盛定然招致敗亡。我幫助你達到『最光明的境地』，直達那『陽氣的本原』；我幫助你進入到『幽深渺遠的大門』，直達那『陰氣的本原』。

『天』和『地』都各有『主宰』，『陰』和『陽』都各有『府藏（五臟六腑的總稱）』，謹慎

地守護你的『身體』，『萬物』將會自然地成長。我持守著『渾一（統一；同一）的大道』而又處於『陰陽二氣調諧』的境界，所以我修身至今，已經一千二百年，而我的『身體』還從不曾有過衰老。」

「黃帝」再次行了大禮叩頭至地說道：「『先生』眞可說是跟『自然』混而爲一了！」

「廣成子」又說道：「來！我告訴你。『宇宙間的事物』是沒有窮盡的，然而人們卻認爲有個『盡頭』；『宇宙間的事物』是不可能探測的，然而人們卻認爲有個『極限』。掌握了『我所說的道』的人在上可以成爲『天子』，在下可以成爲『王侯』；不能掌握『我所說的道』的人，在上只能見到『日月的光亮』，在下只能化爲『土塊』。

如今，『萬物』昌盛可都生於『土地』，又返歸『土地』，所以我將離你而去，進入那『沒有窮盡的大門』，從而遨遊於『沒有極限的原野』。我將與『日月』同光，我將與『天地』共存。向著我而來，我『無所覺察』！背著我而去，我『無所在意』！人們恐怕都要死去，而我還獨自留下來嗎？」

第四部分，用「鴻蒙」與「雲將」的對話，進一步闡明「無爲」與「養心」的關係，指出「無爲」的要害就在於「心養（養心，即摒棄思慮，淸心寂神。）」。「莊子」把「雲」的「主帥」，取名爲「雲將」；把「自然的元氣」取名爲「鴻蒙」。「莊子」把「雲將」和「鴻蒙」擬人化，成爲寓言中的人物。

「雲將」到東方巡遊，經過神木「扶搖」的枝旁恰巧遇上了「鴻蒙」。「鴻蒙」正拍著大腿，像「麻雀」一樣跳躍遊樂。

「雲將」看見「鴻蒙」那般的模樣，驚疑地停下來，紋風不動地站著，問道：「『老先生』是什麼人呀！為什麼做這個動作呢？」

「鴻蒙」拍著大腿不停地跳躍，對「雲將」說道：「我只是自在地遊樂！」

「雲將」說道：「我想向你請教。」

「鴻蒙」抬起頭來看了看「雲將」說了聲：「哎！」

「雲將」說道：「『天上之氣』不和諧，『地上之氣』鬱結了，『六氣（陰、陽、風、雨、晦、明）』不調和，『四時（春、夏、秋、冬四季）』變化不合『節令（節氣）』。如今我希望調諧『六氣』之精華，來養育『衆生靈』，對此將怎麼辦？」

「鴻蒙」拍著大腿掉過頭去，說道：「我不知道！我不知道！」

「雲將」得不到答案。

過了三年，「雲將」再次到東方巡遊，經過「宋國」的原野，恰巧又遇到了「鴻蒙」。

「雲將」大喜，快步來到近前說道：「老先生還記得我嗎？」叩頭至地行了大禮，希望得到「鴻蒙」的指教。

「鴻蒙」說道：「自由自在地遨遊，不知道『追求什麼』？漫不經心地隨意活動，不知道『往哪裡去』？遊樂者紛紛攘攘，觀賞那絕無虛假的情景，我又能知道什麼呢？」

「雲將」說道：「我自以為能夠『隨心地活動』，人民也都跟著我走；我不得已而對『人民』有所親近，如今卻被『人民』所效仿。我希望能聆聽您的一言教誨。」

「鴻蒙」說道：「擾亂『自然的常規』，違背『事物的真情』，整個『自然的變化』不能順應

形成。離散『群居的野獸』，『飛翔的鳥兒』都夜鳴，『災害』波及『草木』，『禍患』波及『昆蟲』。唉！這都是『治理天下』的過錯！」

「雲將」問道：「原來是這樣！那麼我要怎麼辦？」

「鴻蒙」說道：「唉！你受到的『毒害』，實在太深了。你還是就這麼回去吧！」

「雲將」說道：「我遇見您實在不容易，懇切希望能夠聽到您的指教。」

「鴻蒙」說道：「要『修身養性』，你只需要『處心於無爲之境』，『萬物』會自然地有所變化。忘卻你的『身體』，廢棄你的『智慧』，跟『外物（身外之物。多指利欲功名之類。）』泯合而一塊忘卻。混同於茫茫的『自然之氣』，解除『思慮』，釋放『精神』，像『死灰』一樣，木然地沒有『靈魂』。『萬物』紛雜繁多，全都各自『回歸本性』，各自『回歸本性』，卻是出自『無心』，渾然『無知』，保持『本性』，終身不得違背；假如『有所感知』，就是『背離本性』。不要詢問它們的名稱，不要窺測它們的實情，『萬物』本是『自然地生長』。」

「雲將」說道：「你把『對待外物（身外之物。多指利欲功名之類。）』和『對待自我』的『要領』傳授給我，你把『清心寂神』的『方法』曉諭給我；我親身探求『大道』，如今才有所領悟。」叩頭至地再次行了大禮，起身告別而去。

第五部分，著力說明「擁有土地的統治者」，一心「貪求私利」，必定留下「禍患」。從而進一步闡明了「養心」和「忘物」的關係，做到了「無己」，也就能「忘形、忘物」。

「世俗的人」都喜歡「別人」跟自己「相同」，而討厭「別人」跟自己「不同」。希望「別人」跟自己「相同」，不希望「別人」跟自己「不同」的人，總是把「出人頭地」，當作自己主要的「追求目標」。那些一心只想「出人頭地」的人，何嘗又能夠眞正超出衆人呢！隨順衆人之意，當然能夠得到「安寧」，可是「個人的所聞」，總是不如「衆人」的「多才多藝」。

希望「治理國家」的人，必定是貪取「夏、商、周」三代「帝王之利」，而又看不到這樣做的「後患」的人。這樣做是憑藉「統治國家的權力」，貪求個人的「僥倖（意外成功或免去災禍）」，而貪求個人的「僥倖」，而不至於喪失「國家統治權力」的人，又有多少呢！他們之中，能夠「保存國家的」，不到萬分之一，而「喪失國家的」，自身一無所成，而且還會留下許多「禍患」。可悲呀，「擁有土地的統治者」是何等的不聰明！

擁有土地的「國君」，必然擁有「衆多的物品」。擁有「衆多的物品」，卻不會受到「外物（身外之物。多指利欲功名之類。）所役使」，並且「使用外物（身外之物。多指利欲功名之類。）」而不被「外物（身外之物。多指利欲功名之類。）所役使」，這種人能夠主宰「天下萬物」。

明白了「擁有外物（身外之物。多指利欲功名之類。）」又能「主宰外物（身外之物。多指利欲功名之類。）」的人，本身就不是「物」，豈只是治理「天下百姓」而已啊！這樣的人，已經能往來於「天地四方」，遊樂於「整個世界」，獨自「無拘無束」地去，又「自由自在」地來，這樣的人，就叫做「擁有萬物而又超脫於萬物」。「擁有萬物而又超脫於萬物」的人，這就稱得上是「至高無尚的貴人」。

「至貴之人」的教誨，就好像「身體」對於「身影」，「傳聲」對於「迴響」。有「提問」就有「應答」，竭儘自己所能，爲「天下人」的「提問」作出「應答」。處心於「沒有聲響的境界」，活動在「變化不定的地方」，引領著人們往返於「紛擾的世界」，從而遨遊在「無始無終的浩渺之

境」，「或出或進」都無須依傍，像跟隨「太陽」那樣，周而復始地沒有盡頭；「容顏」、「談吐」和「身形軀體」都和「衆人」一樣，大家都是一樣，也就無所謂「自身」。無所謂「自身」，哪裡用得著擁有「各種物象」呢？

看到了「自身」和「各種物象」的存在，這是「過去的君子」；看不到「自身」和「各種物象」的存在，這就跟「永恆的天地」結成了朋友。

第六部分，概括了「治理天下」時，遇到的十種情況，指出對待這些情況，都只能「聽之任之」，隨順應合，並且提出了「君主無爲」，「臣下有爲」的主張。

「低賤」，然而不可「不聽任的」，是「萬物」；「卑微」，然而不可「不隨順的」，是「百姓」；「不顯眼」，然而不可「不去做的」，是「事情」；「不周全」，然而不可「不陳述的」，是「可供效法的言論」；「距離遙遠」，但又不可「不恪守的」，是「道義」；「親近」，然而不可「不擴展的」，是「仁愛」；「細末的小節」，然而不可「不累積的」，是「禮儀」；「順依其性」，然而不可「不尊崇的」，是「德」；「本於一氣」，然而不可「不變化的」，是「道」；「神妙莫測」，然而不可「不順應的」，是「自然」。

所以，「聖人」觀察「自然的神妙」，卻不去「干涉」；成就了「無暇的修養」，卻不受「拘束」；「行動出於道」，卻不是「事先有所考慮」；「符合仁的要求」，卻並不「有所依賴」；「接近了道義」，卻「不積不留」；「應合禮儀」，卻「不迴避」；「接觸瑣事」，卻「不推遲」。

「同於法度」而不「肆行妄爲」，「依靠百姓」而不「隨意役使」，「遵循事物變化的規律」而不「輕率離棄」。「萬事萬物」均不可「強爲」，但又不可「不爲」。不明白「自然」的「演變」和

「規律」，也就不會具備「純正的修養」。「不通曉道的人」，沒有什麼事情可以辦成。「不通曉道的人」，可悲啊！

什麼叫做「道」？有「天道」，有「人道」。無所事事，無所作爲，卻處於崇高地位的，這就是「天道」，事必躬親，有所作爲，而積勞累苦的，這就是「人道」。「君王」就是「天道」，「臣下」就是「人道」。「天道」跟「人道」比較，相差實在太遠，不能不細加體察。

（十二）《外篇．天地第十二》：

「天」和「地」在「莊子」的哲學體系中，是「元氣」所生，是「萬物」之祖，故而以「天地」開篇。《天地》篇談論「道」本於「自然」，本篇的主旨，仍然在於闡述「無爲而治」的主張，跟《在宥》篇的主旨，大體上相同，表述的是「莊子」的「政治思想」。

《天地》全文分成十四個部分，簡述如下：

第一部分，闡述「無爲而治」的思想，是根源於「道」。「事物」是同一的，「事物」的發展變化，是自然的。因此，要「治理天下」，就應當是「無爲的」，第一部分是《天地》篇的中心思想。

「天」和「地」雖然很大，不過它們的「運行」和「變化」卻是均衡的；「萬物」雖然種類繁多，不過它們都「各得其所（事物都得到恰當的位置或安排）」，歸根究底卻是同一的；「百姓」雖然衆多，不過他們的「主宰」，卻都是「國君」。「國君」管理「天下」，要以「順應事物」爲根本，而成事於「自然」。所以說，遙遠的「古代君主」統馭天下，一切都出自於「無爲」，亦即「聽任自然、順其自得」罷了。

用「道的觀點」來看待「稱謂」，那麼天下所有的「國君」都是名正言順的「統治者」；用「道的觀點」來看待「職分」，那麼「君」和「臣」各自承擔的「道義」就分明了；用「道的觀念」來看待「才幹」，那麼「天下」的「官吏」，都盡職盡力；從「道的觀念」廣泛地「觀察」，「萬事萬物」全都「自得自足」。

所以，貫穿於「天地」的，是「順應自得」的「德」；通行於「萬物」的，是「聽任自然」的「道」；善於「治理天下」的是各盡其能，各任其事；能夠讓「能力」和「才幹」充分發揮的，就是各種「技巧」。「技巧」歸結於「事務」，「事務」歸結於「義理」，「義理」歸結於「順應自得」的「德」，「德」歸結於「聽任自然」的「道」，「聽任自然」的「道」歸結於「事物」的「自然本性」。

所以說，古時候養育「天下百姓」的「統治者」，「無所追求」而天下富足，「無所作爲」而萬物自行變化發展，「深沉寧寂」而人心安定。《記》這本書上說：「『通曉大道』，因而『萬事』自然完滿成功，『無心獲取』，因而『鬼神』敬佩服從。」

第二部分，通過「夫子」之口，闡明「大道」深奧玄妙的含義，並藉此指出，「統治者」要達到「無爲而治」的境界，就要「通曉大道」。「夫子」卽「莊子」，是「莊子」的「後學者」對他的敬稱。

「先生」說道：「『道』，是覆蓋和托載『萬物』的，多麼廣闊而盛大啊！『君子』不可以不敞開心胸，排除一切『有爲的雜念』。用『無爲的態度』去做，就叫做『自然』；用『無爲的態度』去說，就叫做『順應』；『給人以愛』或『給物以利』，就叫做『仁愛』；讓各類不同的『事物』，回歸同一的『本性』，就叫做『偉大』；『行爲』不與衆不同，就叫做『寬容』；心裡包容著『萬種差異』，就叫做『富有』。

■成語：「洋洋大觀」

◆出處：《莊子．天地》

◆原文：夫道，覆載萬物者也，洋洋乎大哉！

◆解釋：「洋洋」：盛大、衆多的樣子；「大觀」：豐富多彩的景象。形容事物或景象十分豐富多彩，盛大壯觀。

因此，持守『自然』賦予的『稟性（天賦的品性資質）』，就叫『綱紀』；『德行』形成，就叫做『建功濟物』；遵循於『道』就叫做『修養完備』；不因『外物（身外之物。多指利欲功名之類。）』挫折『節守（不改變原來的節操）』，就叫做『完美無缺』。『君子』明白了這十個方面，也就包藏了『濟人利物（幫助他人，利益公衆。）』的偉大心志，而且像滔滔的『流水』，匯聚一處似的，成爲『萬物的歸宿』。

像這樣，就能藏『黃金』於『大山』，沉『珍珠』於『深淵』，不貪圖『財物』，也不追求『富貴』；不把『長壽』看作『快樂』，不把『夭折』看作『悲哀』，不把『通達（亨通顯達）』看作『榮耀』，不把『窮困』看作『羞恥』；不把『謀求舉世之利』作爲自己的『職分』，不把『統治天下』看作是自己居處於『顯赫的地位』。『顯赫』就會『彰明』，然而『萬物』最終卻歸結於『同一』，『死』與『生』也並不存在區別。」

「先生」還說道：「『道』，它居處『沉寂』，猶如幽深寧寂的『淵海（比喻像海一般深

廣）』，它運行恆潔，猶如明澈清澄的『清流』。『金石』製成『鐘、磬』的器物，不借助外力，沒有辦法鳴響所以『鐘、磬』之類的器物，卽使存在鳴響的本能，卻是不敲不響。『萬物』這種『有感才能有應』的情況，誰能夠眞正的了解呢？

具有『盛德（崇高的品德）』，而居於『統治地位』的人，應該要持守『樸素的眞情』行事，而以通曉『瑣細事務』爲羞恥，立足於原有的『本性』，而『智慧』通達於神秘莫測的境界。因此，他的『德行』聖明而又虛廣，他的『心意』卽使有所顯露，也是因爲『外物（身外之物。多指利欲功名之類。）』的探求，而作出自然的反應。

所以說，『形體』如果不憑藉『道』，就不能產生，『生命』產生了，不能『順德（順從道德）』，就不會『明達（對事理有明確透徹的認識）』。保全『形體』，維繫『生命』，建立『盛德（崇高的品德）』，彰明『大道』，這豈不就是具有『盛德（崇高的品德）』，而又居於『統治地位』的人嗎？浩渺偉大啊！他們『無心地』有所感，他們又『無心地』有所動，然而『萬物』都緊緊地跟隨著他們呢！這就是具有『盛德（崇高的品德）』而又居於『統治地位』的人。

『道』，看上去是那麼『幽暗深渺』，聽起來又是那麼『寂然無聲』。然而，在『幽暗深渺』之中，卻能夠見到『光明的眞跡』，在『寂然無聲』之中，卻能聽到『萬竅唱和』的共鳴。幽深而又幽深，能夠從中產生『萬物』，玄妙而又玄妙，能夠從中產生『精神』。

所以，『道』與『萬物』相接，『虛寂』卻能夠滿足『萬物』的需求，時時馳騁縱放，卻能夠『總合萬物』成其『歸宿』，無論是『大、小』，是『長、短』，是『高、遠』。」

第三部分，是一個「寓言小故事」，說明「無爲」才能求得「大道」。

「黃帝」在「赤水」的北岸遊玩，登上「崑崙山巔」，向南觀望，不久返回，卻遺失「玄珠（比喻指『道』）」。

「黃帝」派才智超群的「智」去尋找，未能找到；派善於明察的「離朱」去尋找，未能找到；派善於聞聲辯言的「喫詬」去尋找，也未能找到。於是讓「無智、無視、無聞」的「象罔」去尋找，而「象罔」找回了「玄珠（比喻指『道』）」。

「黃帝」說：「奇怪啊！只有『象罔』才能夠找到嗎？」

第四部分，通過隱士「許由」之口，說明「聰慧」和「才智」以及一切「人爲的作法」，都不足以「治理天下」，並且直接指出「治理」的危害，就是「亂」的「先導（率先引導群衆的人）」。

「堯」的老師叫做「許由」，「許由」的老師叫做「齧（ㄋㄧㄝˋ）缺」，「齧缺」的老師叫做「王倪」，「王倪」的老師叫做「被衣」。

「堯」問「許由」道：「『齧缺』可以做『天子』嗎？我想藉助他的老師『王倪』來請他做『天子』。」

「許由」說道：「恐怕『天下』也就危險了！『齧缺』這個人的爲人，耳聰目明，智慧超群，行動快捷，辦事機敏。他的『天賦（天生的才能）』過人，而且竟然用『人爲的心智』去對應，並調合自然的『稟賦（人天生的性格和資質體魄）』。

他明白應該怎樣禁止『過失』，不過他並不知道『過失』產生的原因。讓他做『天子』嗎？他將藉助於『人爲』，而拋棄『天然』，將會把『自身』，看作『萬物』歸向的中心，而蓄意改變『萬物』本有的『形跡（表露於外的動作舉止）』，將會尊崇『才智』，而急急忙忙地爲『求知』和『控制事物』奔走，將會被『細小的瑣事』所役使，將會被『外物（身外之物。多指利欲功名之類。）』所拘束，將會『環顧四方』，目不暇接地跟『外物（身外之物。多指利欲功名之類。）』應接，將會『應接萬物』，而又奢求『處處合宜』，將會參預『萬物』的變化，而從不曾有什麼『定準（確定的標準）』。那樣的人怎麼能夠做『天子』呢？

雖然這樣，有了『同族人』的聚集，就會有一個『全族的先祖』；可以成爲一方百姓的『統領』，卻不能成爲諸方統領的『君主』。他治理『天下』，必將是『天下大亂的先導（率先引導群衆的人）』，這就是『臣子的災害』，『國君的禍根』。」

第五部分，說明「統治者」也要「隨遇而安」，不要留下什麼「蹤跡」。

「堯」在「華地」巡視。守護「華地」疆界的人說道：「啊！『聖人』！請讓我爲『聖人』祝福吧。」「祝福『聖人』長壽。」

「堯」說道道：「不用。」

「守護疆界者」說道：「祝福『聖人』富有。」

「堯」說道：「不用。」

「守護疆界者」又說道：「祝福『聖人』多生男兒。」

「堯」說道：「不用。」

「守護疆界者」說道：「『長壽』、『富有』和『多生男兒』，這是人們都想得到的。你偏偏不希望得到，這是爲什麼呢？」

「堯」說：「多個『男孩』，就多了一層『憂懼』；多『財物』就多出了『麻煩』；『壽命長』

就會多受些『困辱（困窘和侮辱）』。這三件事情，都無助於培養『無爲的觀念』和『德行』，所以我謝絕你對我的祝福。」

「守護疆界者」說道：「起初我把你看作『聖人』呢！如今竟然是個『君子』。『蒼天』讓『萬民』降生人間，必定會授給他一定的『差事（事情）』。『男孩子多』而授給他們的『差事』，也就一定很多，有什麼可憂懼的；『富有了』就把財物分給衆人，有什麼麻煩的？『聖人』總是像『鵪鶉』一樣，隨遇而安、居無常處，像待哺『雛鳥』一樣，覓食無心，就像『鳥兒』在空中飛行，不留下一點蹤跡；『天下』太平，就跟『萬物』一同昌盛；『天下』紛亂，就『修身養性』，趨就閒暇；壽延千年而厭惡活在世上，便離開人世，而升天成仙；駕馭那朶朶白雲，去到『天』與『地』交接的地方；『壽延、富有、多男孩子』所導致的『多辱、多事、多懼』，都不會降臨於我，身體也不會遭殃，那麼還會有什麼屈辱呢？」

「守護疆界者」離開了「堯」，「堯」卻跟在他的後面，說道：「希望能得到您的指教。」

「守護疆界者」說道：「您還是回去吧！」

第六部分，對比「無爲」和「有爲」，說明「有爲而治」，必然留下「禍患」。

「唐堯」統治天下，「伯成子高」被立爲「諸侯」。「堯」把帝位讓給了「舜」，「舜」又把帝位讓給了「禹」，「伯成子高」便辭去「諸侯」的職位，而去從事「耕作」。「夏禹」前去拜見他，「伯成子高」正在地裡耕作。

「夏禹」快步上前，居於下方，恭敬地站著問「伯成子高」道：「當年『堯』統治天下，立『先生』爲『諸侯』。『堯』把帝位讓給了『舜』，『舜』又把帝位讓給了我，可是『先生』卻辭去了

『諸侯』的職位，而來從事耕作。我冒昧地請問，這是爲什麼呢？」

「伯成子高」說道：「當年『帝堯』統治天下，不需要『獎勵』，而『百姓』自然勤勉，不需要『懲罰』，而『人民』自然敬畏。如今你施行『賞罰的制度』，而『百姓』還是『不仁不愛』，『德行』從此衰敗，『刑罰』從此建立，『後世之亂』也就從此開始。『先生』你怎麼不走開呢？不要耽誤我的事情！」於是「伯成子高」低下頭去，用力耕地，而不再理睬「夏禹」。

第七部分，論述「宇宙萬物」的產生，說明「無爲而治」，就是「返歸本眞」。

「宇宙」的初始，源起於「泰初（太初）」，一切只存在於「無」，而沒有「存在」任何物體，也就沒有「物體」的「名稱」；「混一（不同事物混雜成一體，統合爲一。）」的狀態，就是「宇宙的初始」，不過「混一」之時，還遠未形成各別的「形體」。

「萬物」從「混一的狀態」中產生，這就叫做「自得」；未形成「形體」時，承受的「陰陽之氣」，已經有了區別，不過「陰陽的交合」，卻是如此吻合而無縫隙，這就叫做「天命」；「陰氣滯留」，「陽氣運動」，而後生成「萬物」，「萬物」生成「生命的機理」，這就叫做「形體」；「形體」守護「精神」，各有「軌跡」與「法則」，這就叫做「本性」。

善於「修身養性」，就會「返歸自得」，「自得」的程度，達到完美的境界，就同於「太初之時」。同於「太初之時」，「心胸」就會「無比開闊」，「心胸」無比開闊，就能「包容廣大」。

「混同合一」之時，說起話來，就跟「鳥鳴」一樣，無心於「是非」和「愛憎」，說話跟「鳥」一樣「無分別」，則與「天地融合」而共存。

「混同合一」是那麼「不露蹤跡」，好像「蒙昧（愚昧不通事理，比喻未開化的原始狀態。）」，又好像是「昏暗」，這就叫做「深奧玄妙」的「大道」，也就如同「返回本性」，而一切歸於「自然」。

第八部分，指出「治世者」，必須要「忘己」。

「孔子」向「老聃」請教問道：「有人研究『大道』，卻好像跟『大道』相違背，把『不能認可的』看作是『可以認可的』，把『不正確的』認爲是『正確的』。『善於辯論的人』說：『分析石頭的質堅和色白，就好像高懸於天宇那樣淸楚醒目。』像這樣的人，可以稱作『聖人』嗎？」

「老聃」說道：「這只不過是聰明的『小官』任職時，被技藝所拘禁，勞苦身體，擔驚受怕的情況。善於捕獵的『獵狗』，因爲受到拘禁，而憂愁；『猿猴』因爲行動便捷，而被人從山林裡捕捉來拘禁。

『孔丘』！我告訴你一個『聽不見，而又說不出』的道理。大凡人有了『頭』和『腳』等，具體的『形體』，但是『無知無聞』的很多。『有形體的人』跟『沒有形體、沒有形狀的道』並存的，卻完全沒有。或是運動；或是靜止；或是死亡；或是生存；或是衰廢；或是興盛，這六種情況全部都出自於『自然』，而不可能探知其『原委』和『始末』。

倘若果眞存在著什麼『原委』和『始末』，那也是人們遵循『本性』和『眞情』而已。忘掉『外物（身外之物。多指利欲功名之類。）』，忘掉『自然』，它的名字就叫做『忘己（忘掉自己）』。『忘己（忘掉自己）』的人，這就可以說是與『自然』融爲一體。」

第九部分，指出「從政的要領」是「縱任民心」，促進「自我教化」，而「有爲之治」，不過是「螳臂擋車」，自處高危。

「將閭（ㄌㄩˊ）葂（ㄇㄧㄢˇ）」拜見「季徹」說道：「『魯國』國君對我說：『請讓我接受你的指教。』我一再推辭，可是『魯君』卻不答應。我已經對他提出建言，不知道是『對』還是『錯』。我對『魯國』國君說道：『你必須躬身實行恭敬和節儉，選拔出公正、忠誠的臣子管理政務，而沒有偏護與私心，這樣百姓誰敢不和睦。』」

「季徹」聽了之後，俯身大笑說道：「像你說的這種『帝王準則』，恐怕就像是『螳螂』奮起臂膀，企圖阻擋『車輪』一樣，必定不能勝任。況且像你說的這樣，那一定會把自己置於『危險的境地』，就像那高高的『觀樓』和『高台』，衆多事物必將歸往，投向那裡的人，也必然很多。」

「將閭葂」吃驚地說道：「我對於『先生』的談話，實在感到茫然不解。雖然是這樣，還是希望『先生』進一步說明。」

「季徹」說道：「偉大的『聖人』治理『天下』，讓『民心』縱放自由，不受拘束，使他們在『教化方面』各有所成，在『陋習方面』各有所改，完全消除傷害他人的『心機』，而增進『自我教化』的思想，就像『本性』在驅使他們活動，而人們並不知道爲什麼會是這樣。像這樣，難道還用得著尊崇『堯舜』對人民的教化，而看輕『渾沌不分』的狀態嗎？希望能同於『天然自得』，而心境安定！」

第十部分，借著「種菜老人」之口，反對「機巧之事」和「機巧之心」，拒絕「社會的進步」，提倡「樸素」和「返歸本性」。

「子貢」到南邊的「楚國」遊歷，返回「晉國」時，經過「漢水」的「南沿」，看見一位「老人」正在「菜園」裡整地開墾，挖了一條「地道」，直通到「井邊」，抱著「水甕」澆水灌地，吃力地來回提水和澆水，而效率很差。

「子貢」看見了說道：「如今有一種『機械』，每天可以澆灌上百個『菜園』，省力而且效果很好，『老先生』不想試試嗎？」

「種菜的老人」抬起頭來，看著「子貢」說道：「應該要怎麼做呢？」

「子貢」說道：「用『木料』加工成『機械』，後面重而前面輕，『提水』就像從『井中』抽水似的，快速猶如『沸騰的水』，向外溢出一樣，它的名字就叫做『桔槔（ㄐㄧㄝˊ ㄍㄠ，又名『吊桿』，一種原始的『汲水』工具。以繩懸『橫木』上，一端繫『水桶』，一端繫『重物』，使其交替上下，以節省『汲引之力』。）』。」

「種菜的老人」變了臉色，譏笑著說道：「我從我的『老師』那裡，聽到這樣的話，有了『機械之類的東西』，必定會出現『機巧之類的事情』，有了『機巧之類的事情』，必定會出現『機變之類的心思（心機）』。『機變的心思（心機）』存留在胸中，那麼不曾受到『世俗』沾染的『純潔空明的心境』，就不完整齊備；『純潔空明的心境』不完備，那麼『精神』就不會『專一安定』；『精神』不能『專一安定』的人，『大道』也就不會充實他的『心田』。我不是不知道你所說的方法，只不過感到羞辱，而不願那樣做而已。」

「子貢」滿面羞愧，低下頭去不能作答。

隔了一會兒，「種菜的老人」說道：「你是做什麼的啊？」

「子貢」說道：「我是『孔丘』的學生。」

「種菜的老人」說道：「你不就是那位，具有『廣博學識』，並處處仿效『聖人』，誇大荒誕

而不可信的『矜持（謹愼言行）』，蓋過衆人，自唱自和『哀嘆世事之歌』，以周遊天下，『賣弄名聲』的人嗎？你要拋棄你的『精神』和『志氣』，廢置你的『身體』，恐怕就可以逐步接近『道』了吧！你自己都不善於『修養』和『調理』，哪裡還有閒暇去『治理天下』呢！你走吧，不要在這裡耽誤我的事情！」

「子貢」大感慚愧，神色悵然若失，而不能自持，走出三十里外方才逐步恢復常態。

「子貢」的「弟子」問道：「先前碰到的那個人是誰？『先生』爲什麼見到他，面容大變，頓然失色，一整天都不能恢復常態呢？」

「子貢」說道：「起初我總以爲，天下的『聖人』，就只有我的老師『孔丘』一人，不知道還會有剛才碰到的那樣的人。我從我的老師那裡聽到的是，『辦事』要尋求『可行』，『功業』要尋求『成就』。用的『力氣』要少，獲得的『功效』要多，這就是『聖人之道』。如今卻竟然不是這樣，持守『大道』的人，『德行』才『完備』；『德行完備』的人，『身形』才完整；『身形完整』的人，『精神』才健全；『精神健全』才是『聖人之道』。這樣的人他們寄託『身體』於『世間』，和『萬民』生活在一起，卻不知道自己應該去到哪裡，『內心世界』深不可測，『德行』是『淳厚』而又『完備』啊！

『功利（功績和利益）機巧（機謀詭詐）』必定不會放在他們那種人的心上，像那樣的人，不同於自己的『心志（意志）』，不會去追求，不符合自己的『思想』，不會去做。即使讓『天下人』都『稱譽』他，『稱譽的言詞合』乎他的『德行』，他也孤高而不顧；即使讓『天下人』都『批評』他，『批評』使他的『名聲』喪失，他也無動於衷，不予理睬。『天下人』的『批評』和『讚譽』，對於他們既無增益又無損害，這就叫做『德行完備的人』啊！我只能稱作『心神不定』，被『世俗塵垢』所沾染的人。」

「子貢」回到「魯國」，把路上遇到的情況告訴「孔子」。

「孔子」說道：「那是修行『渾沌氏主張（指主張渾沌無別而不可分的人）』的人，他們了解『自古不移，純眞合一，渾沌無別』的道理，卻不懂得需要『順乎時勢』，以適應『社會』的變化。他們善於『自我修養，調理精神。』，卻不善於『治理外部世界』。那些明澈白靜到如此素潔；清虛無爲，返回原始的樸質；體悟眞性，持守精神，悠游自得地生活在『世俗』之中的人，你怎麼會不感到驚訝呢？況且『渾沌氏』的『主張』和『修養方法』，我和你又怎麼能夠了解呢？」

第十一部分，分別描述「聖治」、「德人」和「神人」的區別。

「諄芒」向東到「大海」去，正巧在「東海」之濱，遇到「苑風」。

「苑風」問道：「你打算去哪裡呢？」

「諄芒」說道：「打算去『大海』。」

「苑風」又問道：「去做什麼呢？」

「諄芒」說道：「『大海』做爲一種『物體的形象』，『江河』注入它不會滿溢，不停地舀取，它不會枯竭。因此，我將到『大海』遊樂。」

「苑風」說道：「那麼，『先生』無意關心『百姓』嗎？希望能聽到『聖人之治』。」

「諄芒」說道：「『聖人之治』嗎？設置『官吏』，發布『政令』，但是處處合宜得體；舉賢任才，而不遺忘一個『能人』，讓每個人都能看清『事情』的『眞情實況』，去做自己應該做的事。

『百姓』的『行爲』和『談吐』，人人都能『自覺自動』，而且『自然順化』。揮揮手，示示意，四方的『百姓』，沒有誰不匯聚而來，這就叫做『聖人之治』。」

「苑風」說道：「希望再能聽到關於『順應外物（身外之物。多指利欲功名之類。），凝神自得』的人。」

「諄芒」說道：「『順應外物（身外之物。多指利欲功名之類。），凝神自得』的人，『居處時』沒有『思索』，『行動時』沒有『謀慮』，心裡不留存『是非美醜』。四海之內，人人『共得其利』就是『喜悅』，人人『共享財貨』便是『安定』；那『悲傷』的樣子，像『嬰兒』失去了『母親』，那『悵然若失』的樣子，又像『行路時』迷失了方向。『財貨』使用有餘，卻不知道自哪裡來，『飲食』取用充足，卻不知道從哪裡出來。這就是『順應外物（身外之物。多指利欲功名之類。），凝神自得』的人的『儀態舉止』。」

「苑風」說道：「希望再能聽到什麼是『神人』？」

「諄芒」說道：「『精神』超脫物外的『神人』，駕馭著『光亮』，跟所有『事物的形跡』一道消失，這就叫『普照萬物』。窮盡『天命』和『變化』的眞情，與『天地』同樂，因而『萬事』都『自然消亡』，『萬物』也就自然回復『眞情』，這就叫做『混冥（沒有終始、跡象）』。」

第十二部分，進一步稱譽所謂「盛德時代」的「無爲而治」。

「門無鬼」與「赤張滿稽」觀看「武王伐紂」的部隊。

「赤張滿稽」說道：「『周武王』還是比不上『有虞氏』啊！所以天下遭遇這種禍患。」

「門無鬼」說道：「是『天下太平』無事後，『有虞氏』才去治理呢？還是『天下動亂』後，才去治理呢？」

「赤張滿稽」說道：「『天下』太平無事，是人們的心願，又爲什麼還要考慮『有虞氏』的『盛德（崇高的品德）』而推舉他爲『國君』呢？『有虞氏』替人治療『頭瘡』，毛髮脫落而成『禿子』，才戴『假髮』；正如同先有了『疾病』，才會去『求醫』。『孝子』拿『藥物』，用來調治『慈父』的『疾病』，他的面容多麼憔悴，而『聖人』卻以這種情況爲『羞恥』。

『盛德時代』不崇尚『賢才』，不任使『能人』；『國君』居於上位，如同樹上的高枝，無心在上，而自然居於『高位』，『百姓』卻像『無知無識』的『野鹿』一般，無所拘束；『行爲端正』，卻不知道把它看作『道義』；『相互友愛』，卻不知道把它看作『仁愛』；『敦厚老實』，卻不知道把它看作『忠誠』；『辦事得當』，卻不知道把它看作『信義』；『無心地活動而又相互支使』，卻不把它看作『恩賜』。所以，『行動之後』不會留下『痕跡』，『事成之後』不會留傳『後代』」。

第十三部分，借「忠臣」和「孝子」作譬喻，哀嘆世人的「愚昧」和「迷惑」。

「孝子」不諂媚討好他的「父母」，「忠臣」不諂媚他的「國君」，這是「忠臣」和「孝子」盡忠盡孝的極點。凡是「父母」所說的話，都加以「肯定」，「父母」所做的事情，都加以「稱讚」，那就是「世俗人」所說的「不肖子」；凡是「君王」所說的話，都加以「應承」，「君王」所做的事情，都加以「奉迎」，那就是「世俗人」所說的「不良之臣」。

可是人們卻不了解，「世俗的看法」就必定是「正確的」嗎？而「世俗人」所謂「正確的」，便把它當作是「正確的」，「世俗人」所謂「好的」，便把它當作是「好的」，卻不稱他們是「諂諛之人」。這樣，「世俗」的「觀念」和「看法」，豈不是比「父母」更可崇敬、比「君王」更可尊崇了嗎？

有人說「自己」是個「讒諂（ㄔㄢˊ ㄔㄢˇ，說他人壞話以巴結奉承別人）的人」，一定會「勃然大怒」，「顏容頓改」；說自己是個「阿諛（ㄜ ㄩˊ，說別人愛聽的話迎合奉承）的人」，也一定會「忿恨塡胸」，「面色劇變」。可是，一輩子「讒諂」的人，一輩子「阿諛」的人，又只不過看作是用「巧妙的譬喻」和「華麗的辭藻」以博取衆人的歡心。這樣，「終結」和「初始」，「根本」和「末節」，全都不能吻合。

穿上「華美的衣裳」，繡製「斑爛的紋彩」，打扮「艷麗的容貌」，討好獻媚於舉世之人，卻不自認爲那就是「讒諂」與「阿諛」，跟「世俗人」爲伍，「是非觀念」相通，卻又不把自己看作是「普通的人」，這眞是「愚昧」到了極點。

知道自己「愚昧」的人，並不是「最大的愚昧」；知道自己「迷惑」的人，並不是「最大的迷惑」。「最迷惑的人」，一輩子也不會「醒悟」；「最愚昧的人」，一輩子也不會「明白」。

「三個人」在一起行走，其中一個人「迷惑」，所要去到的地方，還是可以到達的，因爲「迷惑的人」畢竟要少些；「三個人」當中，兩個人迷惑，就徒勞而不能到達，因爲「迷惑的人」占優勢。如今，「天下人」全都「迷惑不解」，我卽使祈求「導向」，也不可能有所幫助，這不令人可悲嗎？

「高雅的音樂」，「世俗人」不可能欣賞，「折楊」、「皇華」之類的「民間小曲」，「世俗人」聽了，都會欣然而笑。所以，「高雅的談吐」，不可能留在「世俗人」的心裡，而「至理名言」，也不能從「世俗人」的口中說出，因爲「流俗的言談」占了優勢。

讓其中「兩個人迷惑」，而弄錯方向，因而所要去的地方，便不可能到達。如今，「天下人」都

「大惑不解」，我卽使尋求「導向」，怎麼可能到達呢！明知不可能到達，卻要勉強去做，這又是一大「迷惑」。所以，不如棄置一旁不予推究。不去尋根究底，還會跟誰一道憂愁！「醜陋的人」半夜裡生下孩子，立卽拿過火來照看，心情急切地唯恐生下的孩子像自己一樣醜陋。

第十四部分，指出追逐「功名利祿」和「聲色」，看起來「有所得」，其實是爲「自己」設下了「繩索」，無論「得」和「失」，都喪失了人的「本性」。

百年的「大樹」，伐倒剖開後雕刻成精美的「酒器」，再用「青、黃」兩色彩繪出美麗的花紋，而餘下的「斷木」，則棄置在「山溝」裡。雕刻成「精美酒器」的「一段木料」，比起「棄置在山溝」裡的「其餘木料」，「美好的命運」和「悲慘的遭遇」之間，就有了差別，不過對於失去了「原有的本」性來說，卻是一樣的。

「盜跖」、「曾參」與「史鰍」，「行爲」和「道義」上存在著差別，然而他們失卻人所固有的「本性」，卻也是一樣的。

大凡喪失「本性」有五種情況：

一是「五種顏色（青、黃、赤、白、黑）」擾亂「視覺」，使得「眼睛」看不明晰；

二是「五種樂音（宮、商、角、徵、羽）」擾亂「聽覺」，使得「耳朵」聽不眞切；

三是「五種氣味（臊、焦、香、腥、腐）」薰擾「嗅覺」，困擾壅塞「鼻腔」並且直達「額頭」；

四是「五種滋味（甜、酸、苦、辣、鹹）」穢濁「味覺」，使得「口舌」受到嚴重傷害；

五是「取捨的慾念」迷亂「心神」，使得「心性」馳競不息、輕浮躁動。

這五種情況，都是「生命的禍害」。可是，「楊朱」、「墨子」竟然不停地奮力追求，而自以爲「有所得」，不過這卻不是我所說的「悠游自得」。

「得到什麼」反而爲其所困，也可以說是「有所得」嗎？那麼，「斑鳩」和「鴞（ㄒㄧㄠ）鳥」關於籠中，也可以算是「悠游自得」了。況且取捨於「聲色的欲念」，像「柴草」一樣，堆滿內心，「皮帽、羽冠、朝板、寬帶」和「長裙」，捆束於外，內心裡充滿「柴草柵欄」，外表上被「繩索」捆了一層又一層，卻瞪著大眼，在「繩索」束縛，中自以爲「有所得」，那麼「罪犯」反綁著雙手，或者受到「擠壓五指的酷刑」，以及「虎、豹」被關在「圈柵、牢籠」中，也可以算是「悠游自得」了。

（十三）《外篇．天道第十三》：

跟《天地》篇一樣，中心還是提倡「無爲」；所謂「天道」，也就是「自然的規律」，不可抗拒，也不可改變。

《天道》篇混雜「老子」、「莊子」和「儒家思想」，假託「堯、舜、齊桓公、老子、孔子」等的對話，文中出現「素王」一詞，應該是「漢代」的作品。本篇的內容，歷來批評者頗多，特別是「第三部分」，背離「莊子」的思想太遠。因此，被認爲是「莊派後學者」受到「儒家思想」影響而作。

《天道》全文分成八個部分，簡述如下：

第一部分，指出「自然規律」不停地運行，「萬事萬物」全都「自我運行」。因此，「聖明之道」只能是「寂靜」而又「無爲」。

「自然規律」的運行，從不曾有過「停滯」，所以「萬物」得以「生成」；「帝王統治的規律」也從不曾有過「停滯」，所以「天下百姓」都歸順；「思想修養」達到「聖明」的人，對「宇宙萬物」的「看法」和「主張」，也不曾「停滯」。所以，「四海」之內，人人傾心折服。

明白「自然」，通曉「聖哲（才德、修養達到最高境界的聖人）」，對於了解「帝王之德」的人來說，「六通（上下四方）相通」和「四闢（四季的順暢）」，全都是自身的運行，隱藏自己的才能，不爲世人所知，不露形跡，從不損傷「靜寂的心境」。

「聖人」的內心「寂靜」，不是因爲「寂靜」美好，所以才去追求「寂靜」；是因爲「各種事物」都不能夠「動搖」和「擾亂」他的內心，因此「心神（精神狀態）」才能夠「虛空寂靜」，猶如「死灰」一般。

水在靜止時，便能清晰地照見人的鬚眉，「水的平面」合乎「水平測定的標準」，高明的「工匠」也會用「水的平面」來作爲「水平測定的標準」。「水」平靜下來，就會「清澄明澈」，人的「精神」也是一樣。

「聖人」的心境，是多麼「虛空寧靜」啊！可以作爲「天地的明鏡」，可以作爲「萬物的明鏡」。「虛靜、恬淡（安然淡泊）、寂寞、無爲」是「天地」的基準，是「道德修養」的最高境界。所以，古代的「帝王」和「聖人」都停留在這一種境界上。停留在這一種境界上，「心境」便「空明虛淡」，「空靈虛淡」也就會顯得「充實」，「心境充實」就能合於「自然之理」了。

「心境虛空」才會「平靜寧寂」，「平靜寧寂」才能「自我運行」，沒有干擾地「自我運行」，

也就能夠「無不有所得」。「虛靜」便能「無為」，「無為」使「任職的人」各盡其責。「無為」也就「從容自得」，「從容自得」的人，便不會身藏「憂愁」與「禍患」，「年壽」也就長久了。

「虛靜、恬淡、寂寞、無為」是「萬物」的根本，明白這個道理，而居於「帝王之位」，就像「唐堯」作為「國君」；明白這個道理而居於「臣下之位」，就像「虞舜」作為臣屬。

憑藉這個道理，而處於「尊上的地位」，就算是「帝王治世」的盛德；憑藉這個道理，而處於「庶民百姓的地位」，就算是通曉了「玄聖素王（通曉大道，具有帝王的資格，而不居帝王之位的人。）」的「看法」和「主張」。憑藉這個道理，「退居閒遊於江海山林的隱士」，就「推心折服（以誠相待，令人信服）」；憑藉這個道理「進身仕林」，而安撫「世間百姓」，就能「功業卓著」，名揚四海，而使「天下大同」。

「清靜」而成為「玄聖（有大德而無爵位的聖人）」，「行動」而成為「帝王」，「無為」才能取得「尊尚的地位」，保持「淳厚素樸的天性」，「天下」就沒有什麼東西可以跟他媲美。明白「天地」以「無為」為本的規律，這就叫做把握了「根本」和「宗原（奉守根本原則）」，而成為跟「自然諧和」的人；用此來「均平萬物、順應民情」，便是跟「眾人諧和」的人。跟人「諧和」的，稱作「人樂（人世的歡樂）」；跟「自然諧和」的，就稱作「天樂（順適天道之樂）」。

第二部分，緊承上段討論「天樂（順適天道之樂）」，指出要「順應自然」而運行，「混同萬物」而變化。

「莊子」說道：「我的『宗師（為眾所尊崇的老師）』啊！我的『宗師』啊！『碎毀萬物』不算是『暴戾』，『恩澤施及萬世』不算是『仁愛』，『生長於遠古』不算是『長壽』，『覆天載地、雕刻衆物之形』不算是『智巧』，這就叫做『天樂』。

所以說，通曉『天樂』的人，他活在世上，順應『自然地運行』，他離開人世，『混同萬物』而變化。『平靜時』，跟『陰氣』一同『寧寂』，『運行』時，跟『陽氣』一同『波動』。因此，體察到『天樂』的人，不會受到『天的抱怨』，不會受到『人的批評』，不會受到『外物（身外之物。多指利欲功名之類。）的牽累』，不會受到『鬼神的責備』。

所以說『運動』時，合乎『自然的運行』，『靜止時』，猶如『大地』一樣『寧寂』，內心『安定專一』，統馭『天下』；『鬼魔』不會作祟，『神魂』不會疲憊，內心『安定專一』，『萬物』無不折服歸附。

這些話就是說，把『虛空寧靜』推及到『天地』，通達於『萬物』，這就叫做『天樂』。所謂『天樂』，就是『聖人的愛心』，用以養育『天下人』。」

第三部分，提出「帝王無爲」和「臣下有爲」的主張，闡明一切「政治活動」，都應遵從「固有的規律」，強調「事事皆有順序」，而「尊卑」和「男女」也都是「自然的順序」，這種觀念違背了莊子「齊物」的思想。許多「學者」指出，這不是「莊子」一派的著作。更進一步指出，這是「黃老之學」。

「帝王」的「品性」，把「天地」作爲根基，把「道德」作爲主幹，把「無爲」作爲常事。實行「無爲」，治理天下，便有餘裕；實行「有爲」，治理天下，便感不足，所以古代的人珍惜「無爲」。

「在上」的「無爲」，「在下」的也「無爲」，這是「在下」和「在上」有相同的「品性」，所

以就沒有「臣」；「在下」的「有爲」，「在上」的也「有爲」，這是「在上」與「在下」有相同的「看法」，所以就沒有「主」。

「在上」的一定以「無爲」來治理天下，「在下」的一定以「有爲」來治理天下，這是不能改變的道理。所以，古代的「帝王」，「智力」雖然包容天地，但是自己並不思慮；「口才」雖然流利，但是自己並不說太多話；「才能」雖然蓋過全國，但是自己並不做什麼事。「天」不生產而「萬物」化生，「地」不養長而「萬物」成育，「帝王無爲」而成就天下事業。

所以說，沒有比「天」神的，沒有比「地」富的，沒有比「帝王」大的。所以說，「帝王的品性」與「天地」等齊。這就是駕著「天地」這輛車，趕著「萬物」這匹馬，來「治理人群」的方法。

「根本」在上方，「末尾」在下面，「君主」掌握「綱紀」，「臣下」認眞「行事」。「軍隊」和「兵器」的使用，是「德行的末尾」；「賞罰」、「利害」以及「刑罰」，是「教化的末尾」；「禮儀」、「規章」以及「刑律的考校審核」，是「治理的末尾」；「鐘鼓」的樂音，「羽旄（ㄇㄠˊ，樂舞時所執的雉羽和旄牛尾）」的舞姿，是「樂舞的末尾」；哭泣重視孝道，按照「親疏遠近」來服喪，是「治喪的末尾」。這五種「末尾」，都是在「耗費精神」，「運用心思」之後才奉行的。

「末尾之學」是早就有的，但沒有擺在重要的位置上。「君主」領導，「臣子」後面跟隨；「父親」領導，「兒子」後面跟隨；「兄長」領導，「弟輩」後面跟隨；「長者」領導，「少者」後面跟隨；「男人」領導，「女人」後面跟隨；「丈夫」領導，「妻子」後面跟隨。

「尊卑先後」原本是「天地」的設定，所以「聖人」就取來作爲原則。「天尊地卑」是神聖的「先後順序」，「春夏」在先，「秋冬」在後，是「四時（春、夏、秋、冬四季）」的順序；「萬物」的化生，在「隱匿」中萌發成形，由盛而衰，是變化的過程。「天地」最神聖了，都還有「尊卑先後」的次序，更何況「人道」呢？「宗廟（奉祀祖先的宮室）」重視「血統」，「朝廷」重視「品秩（官位的等級和俸秩）」，「鄉黨（鄉族朋友）」重視「年齡」，「工作」重視「才能」，這是「大道」的次序。講求「大道」而違反「次序」的原則，就不是實行的「道」。講求「大道」，而不實行應該執行的「原則」，那「原則」還有什麼用呢！

所以，古代詳細說明「大道」的人，都是先詳細說明「天」，而後再詳細說明「道德」；「道德」明確以後，再詳細說明「仁義」；「仁義」明確以後，再詳細說明「職分」（職務上應盡的本分）；「職分」明確以後，再詳細說明「形名（形體名稱）」；「形名」明確以後，再詳細說明「責任」；「責任」明確以後，再詳細說明「查考（調查考究，弄清事實。）」；「查考」明確以後，再詳細說明「是非」；「是非」明確以後，再詳細說明「賞罰」。

「賞罰」明確以後，「愚者」與「智者」便安排適當，「貴賤」各居其位，「高才」和「不成材」的人，都符合實情了。一定要區分「能力」的大小，一定要依據「名位」的高低。

照這樣服事「在上」，照這樣畜養「在下」，照這樣「處理事物」，照這樣「修身」，就不費甚麼「心力」，全部任其「自然」，這就叫做「太平」，是最高的治理。

有的記載說：「形名（有形卽有名）。」「形名」亦稱「刑名」，「形」指「形體、實體」；「名」指「名稱、概念」。「形名」指「實體與名稱的關係」。認爲事物的「形」和事物的「名」必須相當。這是「法家學說」的主張。

「形名之論」早年就有，但是沒有放在重要的位置上。古代談論「大道」的人，從說明事物自然

規律開始經過五個階段，才可以稱述事物的「形名（形體和名稱）」，經過九個階段，才可以談論關於「賞罰」的問題。

唐突地談論「形名（事物的形體和稱謂）」，不可能了解「形名」問題演繹的根本；唐突地討論「賞罰」問題，不可能知曉「賞罰問題」的開始。把上述演繹的順序，倒過來討論，或者違背上述演繹的順序，而辯說的人，只能是爲別人所統治，怎麼能去統治別人呢？

離開上述的順序，而唐突地談論「形名」和「賞罰」，這樣的人卽使知曉「治世的工具」，也不會懂得「治世的規律」；可以用於「天下」，而不足以用來「治理天下」；這種人就稱做「辯士（能說善道的人）」，卽只能認識事物一邊的淺薄之人。

「禮儀法規」的計數和度量，對事物的「形名（「形體」和「名稱）」的比較和審定，古代就有人這樣做，這都是「臣下」侍奉「帝王」的作法，而不是「帝王」養育「臣民」的態度。

第四部分，借用「堯」與「舜」的對話，說明「治理天下」，應當效法「天地的自然」。

過去「舜」曾向「堯」問道：「你作爲『天子』，如何用心『治理天下』呢？」

「堯」回答道：「我從不侮慢『百姓』，也不拋棄『窮苦的人民』，對『死者』表示哀痛和撫慰，好好地對待留下的『幼子』，並悲憫那些『婦人』。這些就是我『用心』的方式。」

「舜」說道：「這樣做當然是很好，不過還算不上偉大，因爲都是『有心而爲』。」

「堯」問道：「那麼要怎麼做呢？」

「舜」回答道：「『虛靜無爲』的『自然運行』，像『日月』照耀，『四季』運行。像『晝夜』交替，形成『常規』，像『雲彩』隨風飄動，『雨點』布施『萬物』。」

「堯」說道：「整日紛紛擾擾啊！你跟『自然』相合；我跟『人事』相合。」

「天」和「地」，自古以來是最爲偉大的，「黃帝、堯、舜」都共同讚美它。所以，古時候統治「天下」的人，做些什麼呢？「仿效天地」罷了。

第五部分，藉由「孔子」與「老聃」的對話，指出凡事皆應該遵循「自然規律」，指出「仁義」正是「亂人之性」的根源。

「孔子」想把書，保藏到西邊的「周朝王室」去。

「子路」出主意說道：「我聽說『周朝王室』管理文典的史官『老聃』，已經引退回到家鄉隱居，『先生』想要藏書，不妨暫且經過他家問問意見。」

「孔子」說道：「好。」

「孔子」前往拜見「老聃」，「老聃」對「孔子」的要求不予承諾，「孔子」於是翻檢眾多經書，反復加以解釋。

「老聃」中途打斷了「孔子」的解釋，說道：「你說得太冗繁，希望能夠聽到有關這些書的內容大要。」

「孔子」說道：「要旨就在於『仁義』。」

「老聃」問道：「請問，『仁義』是人的『本性』嗎？」

「孔子」回答道：「是的。『君子』如果『不仁』，就不能成其『名聲』，如果『不義』就不能立身『社會』。『仁義』的確是人的『本性』，離開了『仁義』又能做些什麼呢？」

「老聃」又問道：「再請問，什麼叫做『仁義』？」

「孔子」回答道：「內心『中正』而且『和樂外物（身外之物。多指利欲功名之類。）』，『兼愛』而且沒有『偏私』，這就是『仁義』。」

「老聃」說道：「唉！你後面所說的這許多話，幾乎都是『浮華虛僞』的言辭！『兼愛天下』，這不是太『迂腐』了嗎？『對人無私』，其實正是希望獲得更多人對自己的愛。

『先生』你是想讓『天下的人』都不失去『養育自身的條件』嗎？那麼，『天地』原本就有自己的『運行規律』；『日月』原本就存在『光亮』；『星辰』原本就有各自的『序列』；『禽獸』原本就有各自的『群體』；『樹木』原本就直立於『地面』。

『先生』你還是依照『自然之德』行事，順著『道』去進行，就可以達到理想的境界。又何必如此急切地去倡導『仁義』，這豈不就像是『打著鼓』，去尋找『逃亡的人』，『鼓聲』越大跑得越遠嗎？唉！『先生』是在擾亂『人的本性』啊！」

第六部分，描寫「老子」順應「外物（身外之物。多指利欲功名之類。）」的態度，同時抨擊「智巧驕恣」之人。

「士成綺」見到「老子」問道：「聽說『先生』是個『聖人』，我便不辭路途遙遠而來，一心希望能見到你。走了上百天，腳掌結上厚繭，也不敢停下來休息。如今我觀察『先生』，竟不像是個『聖人』。你家『老鼠洞口』前的積土凌亂不堪，有許多餘剩的菜蔬，卻不知道珍惜菜蔬而拋棄物，不能算是合乎『仁』的要求；『生的食品』和『熟的食品』擺在面前享用不盡，還『屯積聚斂財物』沒有止境。」

「老子」好像沒有聽見似的不回答。

第二天，「士成綺」再次見到「老子」說道：「昨日我用言語刺傷了你，今天我已經有所省悟，而且改變了先前的看法，這是什麼原因呢？」

「老子」說道：「『巧智神聖』的人，我自以爲早已脫離了這種人的行列。過去你叫我是『牛』，我就稱作是『牛』；叫我『馬，』我就稱作是『馬』。假如存在那樣的『外形』，人們給他相應的『稱呼』，卻不願接受，將會第二次受到禍殃。我『順應外物（身外之物。多指利欲功名之類。）』，總是『自然而然』，我並不是因爲要『順應』，而有所『順應』。」

「士成綺」在斜後方跟隨，避開「老子」的身影，躡手躡腳地走向前來問道：「『修身之道』是怎樣的呢？」

「老子」說道：「你的『容貌』高傲又自命不凡的樣子，你的『眼睛』突出又專注，你的『前額』高高揚起，你的『言論』兇猛橫暴，你的『體形』高大聳立。

你好像『奔馬』被拴住，才不得已停止下來，身體雖然停止下來，但是你的『內心』仍在奔騰躁動不安，難以掩飾。你的『行爲』暫時勉強控制下來，一旦行動，就會像扣動『箭弩』的扳機，箭疾速射發一般。

你對『事物』明察而又精細，自持『智巧』過人，而表現出驕傲放肆的神態。你的以上所爲，都是出自於『有意造作』，不是出自於你的『自性』，故不可信。邊境閉塞的地方，如果有這樣『有意造作』之人，就稱之爲『竊賊』。」

第七部分，指出要「退仁義」、「棄禮樂」，從而做到「守其本」而又「遺萬物」，即提倡「無爲」的態度。

「先生」說：「『道』，從『大處』看沒有終結，從『小處』看沒有遺失。所以，在『萬物』之中完備。它廣闊而無所不包，深遠而無法探測。『刑、賞、仁、義』，是『精神』的末跡啊！若不是『至人（超凡脫俗，達到無我境界的人。）』，誰又能確定！

『至人』統治『天下』，『責任』不是很大嗎？但卻不足以成為他的負擔。『天下人』爭奪權柄，他不與其同道，他的內心清醒，無所憑藉而不為『利益』所動。深究事物的『本真（本源真相）』，並能保持『根本』，所以無視『天地』，棄置『萬物』，而『精神』不曾受到困擾。融通於『道』，合乎於『德』，辭卻『仁義』，摒棄『禮樂』，『至人』的內心『恬淡安靜』。」

「世人」所「推崇」和「稱道」的是「書籍」，而「書籍」沒有超越「語言」，「語言」的可貴之處，在於它的「意義」，而「意義」只可「意會」不可「言傳」，其內容卻不能全部表達。世人因尊崇「語言」，而流傳「書籍」，無論世人如何尊崇，而我卻不看重它，因為他們所看重的，並不是「真正本質」的東西。

所以，可以看到的是「形」和「色」，可以聽到的是「名」和「聲」，可悲啊！世人以為從「形色名聲」中，可以探求「事物的本質」。如果「形色名聲」不足以表明「事物的本質」，「知道的人」就不會去說，「說的人」就一定不知道，而世上的人又怎能認識到這一點呢？

第八部分，說明「事物的真情」本不可以「言傳」，所謂「聖人之言」，是古人留下的「糟粕（造酒剩下的渣滓，比喻廢棄無用的事物）」。

「齊桓公」在堂上讀書，「輪扁（製作車輪的工匠）」在堂下砍削車輪。他放下「錐鑿」走到堂上，向「齊桓公」問道：「請問您讀的是什麼書？」

「齊桓公」說道：「是記載『聖人之言』的。」

「輪扁」又問道：「『聖人』還在嗎？」

「齊桓公」說道：「已經去世。」

「輪扁」說道：「如果是這樣，您所讀的書，都是『古人的糟粕』啊！」

「齊桓公」說道：「我在讀書，『製作車輪的人』怎能隨便議論呢！若能說出道理還可以，若說不出道理，就要被處死。」

「輪扁」說道：「我就從我『砍削車輪』的角度來做比喻。『砍削車輪』，慢了就會鬆緩而不牢固，快了就會阻澀而難以削入。不快不慢，手做到了，卻在心中想到，嘴裡說不出來，這個『快與慢』的拿捏，就存在於其間。

我無法把這個技巧告訴給我的兒子，而我的兒子也無法從我這裡，接受這個『奧秘』。因此，我都快七十歲了，還在砍削車輪。古時候的人，和他們那些『不可言傳的東西都』已經消失了，那麼您所讀到的，不過是『古人的糟粕』罷了！」

（十四）《外篇．天運第第十四》：

《天運》篇的內容，跟《天地》篇和《天道》篇差不多，仍然主要是討論「無爲而治」。所謂「天運」，即各種「自然現象」的「無心」自動運行。《天運》篇主張以「天地」爲宗，師法「自然」。文中出現《六經》一詞，可見是「漢代」的作品。開頭有「問天」三段，之後都是責難「孔子」的文章。

《天運》全文分成七個部分，簡述如下：

第一部分，就「日、月、雲、雨」等「自然現象」提出疑問，這一切都是「自行運動」的結果，所以「治理天下」的方法是「順之則治，逆之則兇。」。

「『天』在運轉嗎？『地』在靜止嗎？『日月』交替升空是在爭奪居所嗎？是誰在維繫這些現象？是誰無事在推動這些現象的運行？恐怕有什麼『機關』主宰著而不得已吧？恐怕是『自行運轉』而無法停止吧？『雲層』是爲了『降雨』嗎？『雨水』是在『雲層』嗎？是誰在『興雲布雨』呢？是誰在『安居無事』，過分求樂，而促成這些現象？『風』從北方吹起，一會向西一會向東，在『天空』中來回徬徨，是誰『吐納氣流』，造成了這種現象？是誰在『安居無事』，吹動它而形成這些現象？請問是什麼原因？」

「商代」的神巫「巫咸祒」說：「來！我告訴你。『大自然』存在著『六極（上下及東西南北四方）』和『五常（卽五行，金、木、水、火、土）』。『帝王』順應它則『天下太平』，違背它則『天下大亂』。『九州（中國古代分天下爲九個行政區）』的事務，應該使『天下』得到治理而『道德』完備，光照人間，『天下的人』都擁戴他，這就叫做『上皇的治理』。」

第二部分，描寫「大宰（官名）」「蕩」向「莊子」請教，說明「至仁無親」的意義。

「殷商」的後裔「宋國」的「大宰」「蕩」，問「仁」於「莊子」。

「莊子」說道：「『虎』和『狼』也有仁愛。」

「盪」又問道：「這如何解釋？」

「莊子」回答道：「『虎狼』父子相互親愛，爲什麼不是『仁』呢？」

「盪」又問道：「請問什麼是『最高境界的仁』。」

「莊子」回答道：「『最高境界的仁』就是『沒有親情』。」

「盪」說道：「我聽說過，沒有『親情』就不會有『愛』，沒有『愛』就不會有『孝』。說『最高境界的仁』是『沒有孝心』，這樣可以嗎？」

「莊子」說道：「不是如此，『最高境界的仁』是值得『尊崇』的，『孝』本來就不足以說明它。這並不是『孝』與『不孝』的議論，而是與『孝』並無關聯。

向南行走的人，到了『楚國』的都城『郢（一ㄥˇ）』，向北看則看不見『冥山』。這是什麼原因呢？是因爲『相距太遠』。

所以說，用『尊重』來『盡孝』容易，用『愛』來『盡孝』就困難；用『愛』來『盡孝』容易，用『無我淡泊的態度』，對待『雙親』就難；用『淡泊的態度』對待『父母』容易，使『雙親』用『淡泊的態度』對待我則難；使『雙親』用『淡泊的態度』對待我容易，而用『淡泊的態度』去對待『天下人』則難；用『淡泊的態度』對待『天下人』容易，而讓『天下人』都『忘卻自身』則難。

遺忘『堯舜之德』而順從『自然』，『利益恩澤』被及『萬世』，而『天下人』卻並不知曉。難道還要嘆息著去談論『仁』和『孝』嗎？『孝悌仁義』和『忠信貞廉』，這些都是用來『勸勉自身』而『勞苦本性』的，不足以刻意標榜。

所以說，最爲珍貴的，一國的『帝位』可以棄之不顧；最大的心願，任何『名譽』可以棄之不顧，所以『大道』是永恆不變的。」

第三部分，描寫「黃帝」對「音樂」的談論，「至樂」是「聽之不聞其聲」，但是卻能夠「充滿

天地，苞裹六極」，因而給人以「迷惑之感」，但是正是這種「無知無識」的渾厚心態，接近於「大道」，保持了「本性」。「莊子」在這裡借著「音樂演奏」，來說明人在「悟道的過程」。

「黃帝」之臣「北門成」向「黃帝」問道：「您在廣漠的原野上，演奏《咸池》樂曲，我初聽時感到『驚懼』，再聽時感到『鬆懈』。聽到最後，卻感到『迷惑』了。『心神不定』而『沉默不語』，以至於無法『把握自己』了。」

「黃帝」說道：「你恐怕會這樣吧！我爲人來彈奏，取法於『自然』，運行以『禮義』，確立於『天道』，『樂聲』猶如『四季相交』而起，『萬物順應』而生。忽盛忽衰，『春季的生長』和『秋季的肅殺』，秩序更換。忽輕忽重，陰陽和諧，聲光交錯流溢。『蟄蟲（ㄓˊ，藏伏土中冬眠的蟲類）』從『冬眠』中開始活動，我用『雷霆之聲』驚動它們。『樂聲』終結時，沒有『結尾』，『樂聲』初起時，沒有『前奏』。忽而消失，忽而迭起，忽而低沉，忽而高亢，變化無窮，而無所期待。所以，你感到『驚懼』。

我又演奏起『陰陽調和』的樂聲，用『日光』來燭照，『樂聲』能短能長，能柔能剛，變化遵循一定的節律，不拘泥於『舊規常態』。傳入山谷，山谷充盈，傳入大坑，大坑充盈，杜絕紛擾而凝守『心神』，順其自然，以爲衡量。『樂聲』悠揚，稱之爲『高亢明快』。

所以，連『鬼神』也能守其『幽隱』，『日月星辰』按照自己的『軌跡』運行。我把『樂聲』停留在一定的境界中，而它的『餘韻』，卻流播於無窮的『天地』。我想研究它，卻無法弄明白，我想審視它，卻看不見，想要抓住它，卻無法趕上，茫然置身在沒有邊際的『大道』上，靠在『槁梧木』製成的『几案』上吟詠。『內心』窮竭於所想了解的『眞理』，『目光』窮竭於所想見到的『事物』，『精力』窮竭於所要追求的『大道』。我已經趕不上了啊！『形體充盈』而『內心虛靜』，才能『隨機應變』。你能做到『隨機應變』，所以感到『鬆懈』。

此後，我又用『忘情忘我』的境界來演奏，以『自然的節奏』來調和，所以『樂聲』混然相逐，叢然並生，如同『衆樂齊奏』，而沒有痕跡。『樂聲』傳播震揚，而無『外力』牽引，昏暗幽昧，而無聲響。

『樂聲』源於『深不可測』的境界，縈繞在『深遠晦暗』之中；忽而可以說它『消逝』了。忽而又可以說它『興起』了；忽而有如『結果』，忽而有如『開花』；像『行雲流水』一般，飄散流徙，不限於平常的樂聲。

『世人』迷惑不解，向『聖人』探詢。所謂『聖』，就是『通達本性』而『順應天命』。『自然的樞機』沒有開啟，而『五官俱全』，不能說出來，但是心中卻十分歡喜。這就叫做『天樂』。所以，『神農氏』稱頌它說：『聽不到聲音，看不到形跡，充滿於天地，包容了六極，你想聽到它，卻又無法將之連貫起來，所以感到迷惑。這樣的音樂，開始聽時，讓人驚懼，驚懼便認爲它是禍患。我再演奏鬆弛的音樂，使人消除恐懼。最終讓人感到迷惑，覺得迷惑就會淳和無知，淳和無知才接近於道。接近大道，就可以憑此與大道融合。』」

第四部分，描寫「師金」對「孔子」周遊列國，推行禮制的評價，指出古今變異，因此「古法」不可效法，必須「應時而變」。

「孔子」向西邊遊歷到「衛國」。

「顏淵」問「師金」道：「你認爲『夫子』此次『衛國』之行，會怎麼樣？」

「師金」回答道：「可惜呀，你的『先生』一定會遭遇困厄啊！」

「顏淵」問道：「爲什麼呢？」

「師金」回答道：「『用草紮成的狗』還沒有用於『祭祀』，一定會用『竹箱』裝起來，用文飾的『蓋巾』覆蓋著，『祭祀主持人』齋戒後迎送著。等到它已用於『祭祀』，『行路人』踩踏它的『頭顱』和『脊背』，『打柴的人』撿回去用於『燒火煮飯』而已；如果有人又把它取回來，用『竹箱』裝起，用繡有文飾的『蓋巾』覆蓋，遊樂居處於『主人』的身旁，卽使它不做『噩夢』，也會一次又一次地感受到『夢魘』困擾。

現在你的『先生』，也是在取法『先王』已經用於『祭祀』的『草扎之狗』，並聚集衆多『弟子』遊樂居處於他的身邊。

所以，在『宋國』大樹下講習『禮法』，而『大樹』被砍伐；在『衛國』遊說而被剷掉了所有的足跡；在『宋國』與『東周』遭到困窮，這不就是那樣的『噩夢』嗎？被『亂兵』圍困在『陳國』和『蔡國』之間，整整七天沒有能生火就食，已經臨近死亡邊緣，這又不就是那壓得喘不過氣來的『夢魘』嗎？」

在『水面上』通行，沒有什麼比得上用『船』；在『陸地上』通行，沒有什麼比得上用『車』。因爲『船』可以通行於『水面上』，而要求在『陸地上』推行它，那麼終身也不能行走多遠。

『古代』與『今天』的不同，不就像是『水面』和『陸地』的差異嗎？『周魯治道』的區別，不就像是『船』和『車』的不同嗎？現今，一心想在『魯國』推行『周朝王室』的治理辦法，這就像是在『陸地上』推『船』而行，徒勞而無功，自身也難免遭受禍殃。他們全不懂得『運行變化』，並無限定，只能順應事物於『無窮的道理』。

況且，您難道沒見過那『吊桿汲水』的情景嗎？用手去拉它，就落下來，鬆開手它就仰起去。那『吊桿』，由人牽引的，不是牽引了人，所以或俯或仰，都不得罪人。

所以，『三皇五帝』的『禮義法度』，不在於相同而『爲人顧惜』，在於治理而『爲人看重』。拿『三皇五帝』時代的『禮義制度』來打比方，恐怕就像『柤（ㄓㄚ，山楂）、梨、橘、柚』四種酸甜不一的水果，它們的味道彼此不同，而都能合乎人的口味。

所以，作爲『禮義制度』，都是『順應時代』，而有所變化的東西。現在如果把『猴子』抓來，給它穿上『周公』的衣服，它必定會咬碎或撕裂，直到全部剝光身上的衣服才滿足。觀察『古』與『今』的差異，就像『猴子』不同於『周公』。

從前『西施』心口疼痛，而皺著眉頭在鄰里間行走，鄰里中一位『相貌醜陋女人』，看了覺得很美，回去也模仿『西施』，雙手撫著胸口對鄰里人皺起眉頭。鄰里的『有錢人』看見了，緊閉家門不出；『窮人』看見了，帶著妻兒子女跑開了。那個『醜女』人只知道皺眉好看，卻不知道皺眉好看的原因。可惜呀，你的『先生』一定會遭遇『厄運』啊！」

■成語：「東施效顰（ㄆㄧㄣˊ，皺眉）」

◆出處：《莊子．天運》

◆原文：故西施病心而矉其里，其里之醜人見而美之，歸亦捧心而矉其里。其里之富人見之，堅閉門而不出；貧人見之，挈妻子而去之走。

◆解釋：不應該一味的去模仿別人，否則結果只會「適得其反」。

第五部分，借「老聃」對「孔子」的談話來談「論道」，指出「名聲」和「仁義」都是身外的「器物」與「蘧廬（ㄑㄩˊ，茅草搭成的簡陋房子）」，可以「止宿」而不可以「久處」，眞正需要的是「無爲」。

「孔子」五十一歲還沒有領悟「大道」，於是就往南方「沛地」去見「老聃」。

「老聃」說道：「您來了嗎？我聽說您是北方的『賢者』，您已經獲得『大道』了嗎？」

「孔子」說道：「還『未得道』。」

「老子」說道：「您是怎樣尋求『大道』的呢？」

「孔子」說道：「我在『規範、法度』方面尋求大道，五年還未得到。」

「老子」說道：「你又如何尋求『大道』呢？」

「孔子」說道：「我於『陰陽變化』中『求道』，歷經十二年還沒有得到。」

「老子」說道：「會是這樣的。假使『道』可以獻給『人』，那麼『人民』無不把它獻給自己的『國君』；假使『道』可以奉送，那麼『人』無不把它奉送給自己的『父母』；假使『道』可以告訴給『人』，那麼『人』無不把它告訴給自己的『兄弟』；假使『道』可以傳給『人』，那麼『人』無不把它傳給『子孫』。然而，這是不可能的，沒有其他原因，心中不『自悟』，則『道』不停留，向外不能印證，則『道』不能推行。

『道』由『心中』發出，不爲外界接受，『聖人』也就不會有所『告示』；由外面進入，而『心中』不能領受時，『聖人』便不留存。『名譽』是衆人共用之物，不可過多取用。『仁義』是『先王』的『蘧廬』，只可以停留一宿，不可以久居。表露於外的動作舉止太彰顯，便會遭到很多責難。

古代的『聖人』，把『仁』看作是『道路』，把『義』看作是『暫住』。他悠遊於『逍遙自在』的境地，生活在『簡樸的田野』，立身於不施給的『田園』之中。這樣便能『逍遙無爲』。『簡樸』，容易滿足；『不施給』，也就沒有『消耗浪費』。古代的人把它稱作是探求『本性』的遨遊。

看重『財富』，就不會『讓利』於人；看重『顯赫』，就不會『讓名』於人；看重『權力』，就不會『放權』於人。這種人操持著這些，因爲唯恐失去，而提心吊膽。一旦喪失這些，就會心中苦悲。他們從沒有『鑑別（審察辨別）』，反省自己，而無休止地追逐『名利權勢』。

從『自然的道理』來看，他們像受著『刑戮（ㄌㄨˋ，刑罰或處死）』的人。『怨恨、恩惠、獲取，施予，諫諍（直言規勸，使人改正過錯。）、教化、生存、殺戮』，這八種方法是『端正人心』的手段。

只有順應『自然的變化』而沒有『堵塞』的人，才能使用。所以說，『自正者（自己合於法則的人）』才能『正人（修改別人的錯誤）』。如果內心認爲這不對，『心靈的門戶』是不會打開的！」

「孔子」見到「老聃」後，談論「仁義」。

「老聃」說道：「飛揚的『糠皮（穀粒上剝落下的外皮）』，擋住了眼睛，『天地四方』看起來，變換了方位，『蚊虻（ㄇㄥˊ，蚊子）』叮咬皮膚，就會通宵睡不著覺，『仁義』毒害人心，天下沒有比這更嚴重的禍害了。

如果您使天下人保持『質樸（淳樸）』，如果您也『順應自然』而行動，那你就『執德（遵守道德規範）』而成就了『道德規範』。又爲什麼要奮力地背著『大鼓』，敲擊著要去尋找迷失的孩子呢？

『白鶴』並不是天天『沐浴』，才顯出白色；『烏鴉』並不是天天『染黑』，才顯出黑色。『黑』與『白』的『本質』，不值得分辨。『名聲』和『榮譽』等外在的東西，不值得張揚。『泉水』乾涸了，『魚』相互困在陸地上。它們相互吐著『濕氣』來濕潤，相互用『口沫』來沾濕彼此，其實倒不如『相忘（彼此忘卻）』於『江湖』。」

第六部分，描寫「老聃」對「仁義」和「三皇五帝（三皇：伏羲、神農、黃帝；五帝：少昊、顓頊、帝嚳、堯、舜）之治」的批判，指出「仁義」對人的「本性」和「眞情」的擾亂毒害至深，以至使人「昏憒糊塗」，而「三皇五帝」之治天下，實則是「亂莫甚焉」，其「毒害」勝於「蛇蠍之尾」。

「孔子」拜見「老聃」回來，整整三天不講話。

「弟子」問道：「『先生』見到『老聃』，對他作了什麼勸說嗎？」

「孔子」說道：「我竟然見到了眞正的『龍』！『龍』，合在一起便成爲一個整體，分散開來又成爲『文辭』，乘駕『雲氣』而養息於『陰陽』之間。我大張著口，久久不能合攏，我又哪能對『老聃』作出勸說呢！」

「子貢」說道：「難道眞有『安居不動』而『神遊如龍』，似『深淵』般『靜默』，而又蘊含『驚雷一般的巨響』，發動起來有如『天地』那樣『無所不包』的人嗎？我也可以去見到他，並且親自觀察他嗎？」

於是藉助「孔子」的名義，「子貢」前去拜見「老聃」。

「老聃」正伸腿坐在堂上，輕聲地應答道：「我年歲老邁，你將用什麼來告誡我呢？」

「子貢」說道：「遠古時代，『三皇五帝』治理天下各不相同，然而卻都有好的名聲，唯獨『先生』您不認爲他們是『聖人』，這是爲什麼呢？」

「老聃」說道：「年輕人！你稍稍近前些！你憑什麼說他們各自有所不同呢？」

「子貢」回答道：「『堯』讓位給『舜』，『舜』讓位給『禹』，『禹』用力治水而『湯』用力征伐，『文王』順從『商紂』不敢有所背逆，『武王』背逆『商紂』而不順服，所以說各不相同。」

「老聃」說道：「年輕人！你再稍微靠前些！我對你說說『三皇五帝』治理天下的事。『黃帝』治理天下，使人民『心地淳厚』，『保持本性』，『百姓』有誰死了『雙親』並不哭泣，人們也不會加以批評。

『唐堯』治理天下，使『百姓』敬重『雙親』，『百姓』有誰爲了親近親人，減去一些禮數，人們同樣也不會批評。

『虞舜』治理天下，使『百姓』心存『競爭』，懷孕的『婦女』十個月生下『孩子』，『孩子』生下五個月就『張口學話』，不等長到兩、三歲就開始『識人問事』，於是開始出現『夭折短命』的現象。

『夏禹』治理天下，使『百姓』的心變狡詐，人人存有『心機』，因此『動刀動槍』，成了『理所當然』之事，『殺死盜賊』不算『殺人』，人們各自結成『集團』，而肆意於『天下』，所以『天下』大受驚擾，『儒家』和『墨家』都紛紛而起。他們剛開始時，也還有『倫理』，可是時至今日，他們的『主張』，像『女人』一般的『矯揉造作』，這還有什麼可言呢？

我告訴你，『三皇五帝』治理天下，名義上叫做『治理』，而擾亂『人性』和『眞情』，沒有什麼比他們更嚴重的了。『三皇』的『心智』，對上而言，遮掩了『日月的光明』；對下而言，違背了『山川的精華淳美』；對中而言，毀壞了『四時（春、夏、秋、冬四季）』的運行。他們的『心智』，比『蛇蠍之尾』還毒，就連小小的『獸類』，也不可能使『本性』和『眞情』獲得安寧，可是還自以爲是『聖人』。他們是不認爲自己『可恥』嗎？還是不知道自己『可恥』呢？」

「子貢」聽了驚惶不定，驚恐不安地站著。

第七部分，描寫「孔子得道」，進一步批判「先王之治」，指出唯有「順應自然變化」，才能夠「教化他人」。

「孔子」對「老聃」說道：「我研修《詩》、《書》、《禮》、《樂》、《易》、《春秋》六部經書，自認爲很久了，熟悉了古代的各種『典章制度』；用違反『先王之治』的『七十二個國君』爲例，論述『先王治世』的『方略』和彰明『周武王』的兩個弟弟『周公』和『召公』的政績，可是一個『國君』也沒有取用我的主張。實在難啊！是人難以規勸，還是『大道』難以彰明呢？」

「老子」說道：「幸運啊！你不曾遇到過『治世的國君』！『六經』，是『先王』留下的『陳舊遺跡』，哪裡是『先王』遺蹟的『本原』呢？如今，你所談論的東西，就好像是『足跡』；『足跡』是腳踩出來的，然而『足跡』難道就是『腳』嗎？

『白鶂（一、，水鳥名）』相互而視，眼珠子一動也不動便相誘而孕；『蟲』，雄的在上方鳴叫，雌的在下方相應，而誘發生子；同一種類，而自身俱備『雌雄兩性』，不待交合而生子。『本性』不可改變，『天命』不可變更，『時光』不可停留，『大道』不可壅塞。假如眞正『得道』，無論去到哪裡，都不會受到阻遏；『失道的人』，無論去到哪裡，都是此路不通。」

「孔子」三月閉門不出，再次見到「老聃」說道：「我終於得道了。『烏鴉』、『喜鵲』在巢裡交尾孵化，『魚』借助水裡的『泡沫』生育，『蜜蜂』自化而生，生下『弟弟』，『哥哥』失愛就會啼哭。很長時間了，我沒有能跟『萬物』的『自然變化』相識爲友。不能跟『自然的變化』相識爲友，又怎麼能『教化他人』呢？」

「老子」聽了之後說：「好！『孔丘』得道了！」

（十五）《外篇．刻意第十五》：

《刻意》是以「篇首」的首句「刻意尚行」的兩個字作爲「篇名」，「刻意」的意思是「磨礪自己的心志」。本篇的內容是討論「修養之道」，不同的人有不同的「修養要求」，只有「虛無恬淡」才合於「天德」，才是「修養」的最高境界。

《刻意》全文分成三個部分，簡述如下：

第一部分，分析了六種不同的「修養態度」，唯有「第六種」才值得稱道，「澹然無極」才是「天地之道」、「聖人之德」。

第一種人，磨礪心志，崇尚修養，超脫塵世，不同流俗，談吐不凡，抱怨「懷才不遇」而譏評「世事無道」，這種人算是「孤高卓群」罷了；這樣做是「避居山谷的隱士」，是「憤世嫉俗」的人，正是那些「潔身自好」、寧可「以身殉志」的人，所一心追求的目標。

第二種人，宣揚仁愛、道義、忠貞、信實和恭敬、節儉、辭讓、謙遜，這種人算是「注重修身」罷了；這樣做是想要「平定治理天下」的人，是對人「施以教化」的人，正是那些「遊說各國」，而

後「退居講學」的人，所一心追求的目標。

第三種人，宣揚大功，樹立大名，用「禮儀」來劃分「君臣的秩序」，並以此端正和維護「上下各別的地位」，這種人算是「投身治理天下」罷了；這樣做是「身居朝廷」的人，「尊崇國君，強大國家」的人，正是那些醉心於「建立功業」，「開拓疆土」的人，所一心追求的目標。

第四種人，走向山林湖澤，處身「閒暇曠達」，「垂鉤釣魚」來消遣時光，這種人算是「無爲自在」罷了；這樣做是「閒游江湖」的人，是「逃避世事」的人，正是那些「閒暇無事」的人，所一心追求的目標。

第五種人，「噓唏（悲泣抽噎）」呼吸，吐卻胸中濁氣，吸納清新空氣，像「黑熊」伸長身體攀緣，像「鳥兒」展翅飛翔，這種人算是善於「延年益壽」罷了；這樣做是「舒活經絡氣血」的人，「善於養身」的人，正是像「彭祖」那樣「壽延長久」的人，所一心追求的目標。（「彭祖」是帝「顓頊」之孫，歷經「虞夏」至「殷商」，相傳活了七、八百歲。因爲封於「彭城」，故稱爲「彭祖」，後世用以比喻「長壽」。）

第六種人，不需「磨礪心志」，而自然「高潔」；不需倡導「仁義」，而自然「修身」；不需「追求功名」，而「天下」自然得到治理；不需「避居江湖」，而「心境」自然閒暇；不需「舒活經絡氣血」，而自然「壽延長久」。

沒有什麼不「忘於身外」，而又沒有什麼不「自身擁有」。寧寂淡然，而且「心智」從不滯留一方，而世上一切美好的東西，都匯聚在他的周圍。這才是像「天地」一樣的「永恆之道」，這才是「聖人無爲」的「無尙（無出其上）之德」。

第二部分，討論「養神的方法」，中心就是「無爲」。

所以說，「恬淡（心境安然淡泊，不慕名利）、寂漠（寂靜）、虛空（空無所有）、無爲（清靜虛無，順應自然）」，這是「天地」賴以平衡的基準，而且是「道德修養」的最高境界。

■成語：「恬淡無味」

◆出處：《莊子．刻意》

◆原文：夫恬惔寂漠，虛無無爲，此天地之平，而道德之質也。

◆解釋：心境清靜自適，而無所營求。

所以說，「聖人」總是停留在「這一個境界」裡，停留在「這一個境界」，也就平坦而無難了。安穩恬淡，那麼「憂患」不能進入「內心」，「邪氣」不能侵襲「身體」，因此他們的「德行完整」，而「內心世界」不受「虧損」。

所以說，「聖人」生於世間，「順應自然」而運行，他們「死離人世」，又像「萬物」一樣，變化而去。「平靜時」，跟「陰氣」一樣寧寂；「行動時」又跟「陽氣」一道波動。不做「幸福的先導」，也不成爲「禍患的開始」，「外有所感」而後「內有所應」；有所「逼迫」，而後有所「行動」；不得已，而後「興起」。

拋卻「智巧」與「事故」，遵循「自然的常規」。因此，沒有「自然的災害」，沒有「外物（身外之物。多指利欲功名之類。）的牽累」，沒有「旁人的批評」，沒有「鬼神的責難」。

他們「生於世間」，猶如在水面飄浮；他們「死離人世」，就像疲勞後的休息；他們「不思考」，也「不謀劃」，光亮但不刺眼，「信實（誠實、有信用）」卻不「期求」；他們睡覺「不做夢」，他們醒來「無憂患」；他們的「心神」純淨精粹」；他們的「魂靈」從不疲憊，「虛空」而且「恬淡」，這才合乎「自然的眞性」。

所以說，「悲哀」和「歡樂」是「背離德行」的邪妄；「喜悅」和「憤怒」是「違反大道」的罪過；「喜好」和「憎惡」是「忘卻本性」的過失。

因此，「內心」不憂不樂，是「德行」的最高境界；「持守專一」而沒有變化，是「寂靜」的最高境界；「不與任何外物（身外之物。多指利欲功名之類。）相抵觸」，是「虛豁（虛空）」的最高境界；「不跟外物（身外之物。多指利欲功名之類。）交往」，是「恬淡」的最高境界；「不與任何事物相違逆」，是「精粹（精美純粹）」的最高境界。

所以說，「形體勞累」而不休息，那麼就會「疲乏不堪」；「精力使用過度」而不止歇，那麼就會「元氣勞損」，「元氣勞損」就會「精力枯竭」。「水的本性」，不混雜，就會清澈，不攪動就會平靜，閉塞不流動，也就不會純清，這是「自然本質」的現象。

所以說，「純淨精粹而不混雜」，「靜寂持守而不改變」，「恬淡而又無爲」，「運動則順應自然而行」，這就是「養神」的道理。

第三部分，提出「貴精」的主張，所謂「貴精」即不喪失「純、素」，這樣的人就可叫做「眞人」。

今有「吳越」地方出產的「寶劍」，用「匣子」秘藏起來，不敢輕意使用，因爲它是最爲珍貴的。

「精神」可以通達四方，沒有什麼地方不可到達，上接近「蒼天」，下遍及「大地」，化育萬物，卻又不可能捕捉到它的蹤跡，它的名字就叫做「同於天帝」。

純粹素樸的「道」，就是「持守精神」，「持守精神」而不失卻「本性」，跟「精神」融合爲一，「渾一（統一；同一）」就使「精智（眞精之智；純一的心靈狀態）」暢通無礙，也就合於「自然之理」。

「俗語」有這樣的說法：「『普通人』看重『私利』，『廉潔的人』看重『名聲』，『賢能的人』崇尚『志向』，『聖哲的人』重視『素樸的精神』。」

所以，「素」就是說，沒有什麼與它混雜；「純」就是說，「自然」賦予的東西沒有「虧損」。能夠體察「純」和「素」，就可叫他「眞人」。

（十六）《外篇．繕性第十六》：

《繕性》篇的中心，仍然是討論「如何養性」。「繕」是「修補」，所謂「繕性」就是「修養本性」。

《繕性》全文分成三個部分，簡述如下：

第一部分，提出「以恬養知」的主張，認爲「遵從世俗」，必定不能「復其初」，只有「自養」而又「斂藏」，才不會「失其性」。

在「世俗」的習性範圍內「修治性情」，靠「仁義禮智」的「儒家學說」來期求回歸原始的「本性」；內心的「欲念」，早已被「習俗」所擾亂，還一心希望能夠達到「明徹」與「通達」，這就叫做「蔽塞愚昧的人」。

古代研究「道術」的人，總是以「恬靜（恬然安靜）」來調養「心智（心思智能）」；「心智」生成，卻不用「智巧（智慧機巧）」行事，可稱它爲「以心智調養恬靜」。「心智」和「恬靜」交相調治，因此「諧和順應之情」，從「本性」中表露而出。

「德」就是「諧和」；「道」就是「順應」。「德」無所不容，就叫做「仁」；「道」無所不順，就叫做「義」。「義理彰明」因而「物類相親」，就叫做「忠」；心中「純厚樸實」，而且「返歸本性」，就叫做「樂」；「誠信顯著」、「容儀得體」而且合於「禮儀」的「節度（法度）」和「表徵（事實表現足資徵信）」，就叫做「禮」。「禮樂」偏執一方，而又多方有失，那麼「天下」一定大亂。各人「自我端正」，而且斂藏自己的「德行」，「德行」也就不會冒犯他人，「德行」冒犯他人，那麼「萬物」必將失卻自己的「本性」。

第二部分，緬懷遠古「混沌鴻蒙（自然的元氣）」、「淳風（淳厚樸實的風俗）」未散的時代，並指出隨著時代的推移，「德行」逐漸衰退，以致不能「返歸本性」，這都因爲「文滅質」、「博溺心」的原因。

「混沌」是中國古代的傳說，指「盤古」開天闢地之前，「天地」模糊一團的狀態；古人認爲「天地」開闢之前，是一團「混沌的元氣」，這種「自然的元氣」叫做「鴻蒙」。

古代的人，生活在「混沌鴻蒙」、「淳風未散」的情況中，跟整個「外部世界」混爲一體，而且人們彼此都「恬淡無爲」、「互不交往」。正是這個時候，「陰」與「陽」諧和，而又寧靜，「鬼神」也不會干擾，「四季」的變化順應時節，「萬物」都不會受傷害，各種有生命的東西，都能夠盡享「天年（自然的壽數）」，人們卽使內存「心智」，也沒處可用，這就叫做最爲完美的「渾一（統一；同一）狀態」。正是這個時候，人們不知道需要去做什麼，而保持著「天然的本性」。

等到後來「道德」衰退，到了「燧人氏」、「伏羲氏」統治天下，世事隨順卻已不能渾然為一，「道德」再度衰退。到了「神農氏」和「黃帝」統治天下，「世道安定」卻已經不能夠「隨順民心」，「道德」再度衰退。

到了「唐堯」、「虞舜」統治天下，開啟了「治理」和「教化」的風氣，「淳厚質樸之風」受到干擾與破壞，背離「大道」而為，寡有「德行」而行，這之後，也就捨棄了「本性」，而順從於各自的「私心」。

人們彼此之間，都相互「知道」和「了解」，也就不足以使「天下」得到安定，然後又貼附上「浮華的文飾」，增加了眾多的「俗學（世俗流行之學）」。「文飾（文辭上的修飾）」浮華，毀壞了「質樸之風」，廣博的「俗學」，掩沒了「純眞的心靈」，然後「人民」才開始「迷惑」和「紛亂」，沒有什麼辦法「返歸本性」，而回復到「原始的狀況」。

第三部分，指出修治「本性」的要領是「正己（端正自己的思想、言行）」和「得志（實現志願）」，既能「正己」，又能「自適（自我舒適）」，「外物（身外之物。多指利欲功名之類。）」就不會使自己「喪失自身」和「失卻本性」，因而也就不會「本末倒置」。

談到「隱沒於世」，時逢「昏暗」，不必「韜光（去幺，隱藏名聲才華）」便已「自隱（自行隱藏）」。古代的所謂「隱士（隱居不做官的人）」，並不是為了「隱伏身形」，而不願顯現於世；並不是為了「緘默不言」，而不願吐露眞情；也不是為了「深藏才智」，而不願有所發揮，是因為「時遇（指天子或朝廷的知遇）」和「命運」不相遇。

當「時遇」和「命運」順應「自然」，而通行於天下，就會返歸「渾沌純一」之境，而不顯露蹤跡。當「時遇」不順、「命運」乖違，而窮困於天下，就「固守根本」、保有「寧寂至極之性」，而靜心等待，這就是「保存自身」的方法。

古代善於「保存自身」的人，不用「辯說」來詐僞粉飾「智慧」，不用「智巧（機謀與巧詐）」使「天下人」困窘，不用「心智（心思智能）」使「德行」受到困擾，「巍然（高大雄偉的）自持（自我控制）」地生活在自己所處的環境，而返歸「本性」與「眞情」，又何必一定得去做些什麼呢？

「大道」廣大不受拘束，本來就不是「小有所成的人」能夠遵循，「大德」周遍萬物，本來就不是「小有所知的人」能夠鑑識。「小有所知」會傷害「德行」，「小有所成」會傷害「大道」。所以說，「正己（端正自己）」也就可以了。快意地保持「本性」，就可稱作是心意「自得（自得其樂）」而「自適（自我舒適）」。

古代所說的「自得自適」的人，不是指「高官厚祿」和「地位顯赫」，說的是出自本來的「快意（稱心如意）」，而沒有必要再添加什麼罷了。現在人們所說的「快意自適」，是指「高官厚祿」和「地位顯赫」。

「榮華富貴」在身，並不出自本來，猶如「外物（身外之物。多指利欲功名之類。）」偶然到來，是「臨時寄託」的東西。「外物（身外之物。多指利欲功名之類。）寄託」，它們到來不必加以阻擋，它們離去也不必加以勸止。所以不可爲了「榮華富貴」，而「姿意放縱」，不可因爲「窮困貧乏」，而「趨附流俗」，身處「榮華富貴」與「窮困貧乏」，其間的「快意」相同，因而沒有「憂愁」罷了。

如今，「寄託之物」離去，便覺不能「快意（稱心、適意）」，由此觀之，即使眞正有過「快意」，也未嘗不是迷亂了「眞性」。所以說，由於「外物（身外之物。多指利欲功名之類。）（身外之物；多指利欲功名之類。）」而「喪失自身」，由於「流俗（流行於社會上的風俗習慣）」而「失卻本性」，就叫做「顚倒本末的人」。

（十七）《外篇．秋水第十七》：

《秋水》篇是《莊子》中的又一長篇作品，以篇首「秋水時至」的前兩個字作爲篇名，內容是討論「人應怎樣去認識外物（身外之物。多指利欲功名之類。）（身外之物；多指利欲功名之類。）」。

《秋水》篇的思想，本於《齊物論》篇。但是在形式上，《秋水》篇比《齊物論》篇有更嚴密的「推理邏輯」，強調「認知事物的複雜性」。

在《秋水》篇的文中提到「公孫龍」與「魏牟」的對談、「燕王噲（ㄎㄨㄞˋ）」讓國、秦代建立的「太倉」等，推測大概是「秦漢之間」的作品。

《秋水》全文分成七個部分，簡述如下：

第一部分，是黃河之神「河伯」與北海之神「海若」之間的對話，「河伯」與「海若」的對話，總共七問七答。

這個部分，描述黃河之神「河伯」的「自我中心」心境，「欣然自喜，以天下之美爲盡在

己。」。「河伯」的「自以爲多」，和北海之神「海若」的心境「未嘗自多」，恰好形成一個鮮明的對比。由「海若」描述「海的大」與「天地的無窮」，舒展思想的視野，使人的心胸爲之開闊。

第一個問答：「秋雨季節」到來，「千百條河流」都灌注到「黃河」，河面寬闊，波濤洶湧，「兩岸」和「水中沙洲」之間，河水聲勢浩大。於是，黃河之神「河伯」洋洋自得，以爲天下的壯大美麗，盡在自身了。

接著，「河流」順著「河道」向東流，到達「北海」，向東面望去，看不到水的邊界。這時候，黃河之神「河伯」才收斂了自滿自得的神態，望著浩瀚無邊的「大海」，對北海之神「海若」感嘆的說道：「俗話說：『聽到道理多了，就自以爲沒有人能趕得上自己。』我就是這樣的人啊！

我曾經聽說，有人小看『孔子』的學識，輕視『伯夷（商朝末年孤竹國君的兒子，他和弟弟叔齊，在周武王滅商以後，不願吃周朝的糧食，一同餓死在首陽山，後人稱頌他們能忠於故國。）』的信義，起初我不相信，現在我看到你的浩瀚無邊，才發現我如果不到你這裡來就糟了，我將長久地被懂得『大道』的人看笑話。」

■成語：「望洋興嘆」

◆出處：《莊子．秋水》

◆原文：於是焉，河伯始旋其面目，望洋向若而嘆。

◆解釋：這個成語原指看到「人家的偉大」，才感到「自己的渺小」。後來人們用它來比喻「做事力量不夠」或「條件不充分」而感到「無可奈何」。

■成語：「貽（ㄧˊ）笑大方」

◆出處：《莊子．秋水》

◆原文：吾長見笑於大方之家。

◆解釋：「貽笑」：讓人笑話；「大方」：原指「懂得大道理的人」，後泛指「見識廣博」或「有專長的人」。現今指讓「內行人」看笑話。

北海之神「海若」說道：「對於『井底之蛙』，不可以和它談論『大海』，因爲它受到『居所』的限制；對於『夏天的蟲子』，不能和它談論『冰』，因爲它受到『季節』的限制；對於『孤陋寡聞的人』，不可以同他談論『大道』，因爲他受到『所學』的限制。現在你走出『河流兩岸』，看見『無邊的大海』，於是知道自己的鄙陋，這樣就可以同你討論『大道』了。

天下的『水』，沒有比『大海』再大的了，『千萬條河』都流向它，沒有停止的時候，『大海』也不會溢滿；『尾閭（古代傳說泄海水之處）』不停排放，『大海』也永不枯竭；不論是『春天』還是『秋天』，『大海』都沒有什麼變化；不論是『水澇（雨多成災）』還是『乾旱』，『大海』都沒有改變。『大海』超過江河的容量，是沒有辦法估量的。

而我從來沒有因此而自滿，因爲我從『天地』那裡繼承了『形體』，從『陰陽變化』中，秉受了『生氣（萬物生長發育的狀態）』。我在『天地之間』，如同『小石頭』、『小樹木』在『大山』之中，我只覺得自己很『渺小』，又哪裡會『自滿』呢？

我推測『四海（天下各處）』在『天地之間』，不也就像『一粒米』在『大穀倉』之中嗎？『事物』的數量數以萬計，『人』只是其中之一；『人』聚居在『九州（中國古代分天下爲九個行政區）』中，『穀物』生長的地方，『舟車』可以通行的地方，而『人』只是『衆人』中之一，『人』

與『萬物』相比，不也就像『馬』身上的一根『汗毛』一樣微乎其微嗎？

『五帝（黃帝、顓頊、帝嚳、堯、舜）』是以『禪讓（帝王讓位給賢人）』相傳承的，『三王（夏禹、商湯、周文王）』是以『武力』相爭奪的，『仁人（有仁德的人）』所擔憂的，『賢能之士』所操勞的，都是這樣的『一根汗毛』啊！

『伯夷（他和弟弟叔齊，在周武王滅商以後，不願吃周朝的糧食，一同餓死在首陽山。後人稱頌他們能忠於故國）』辭讓，以博得好名聲，『仲尼（孔子字仲尼）』談論以彰顯博學，這是他們自以爲是，不就像剛才自誇『黃河之水』壯觀一樣嗎？」

第二個問答：黃河之神「河伯」問道：「既然這樣，那麼我以『天地』爲大，以『毫末』爲小，可以嗎？」

北海之神「海若」回答道：「不可以！『物的數量』是無窮盡的，『時間』是不會停止的，『得失』不是恆常不變的，『終始』也不是固定不變的。

所以，『大智之人』能夠觀察『遠處』和『近處』的一切事物，因此『小的東西』不覺得小，『大的東西』也不覺得大，這就是他深知『物的數量』是沒有窮盡的；考察『古今』變化無窮的情形，所以對遙遠的『古事』不感厭倦，對於伸手可觸的『未來』，也沒有期待，這就是他通曉『時間』是沒有止境的；看清事物『盈滿』和『空虛』的互相轉化，所以『得到了』並不感到『欣喜』，『失去了』也不會『悲傷』，這是因爲他知道『得失』是沒有一定的；明白『死生』是人生的過程，所以對『生』不感到『欣喜』，對『死』也不看作是『災禍』，這就是他知道『死生往復』的道理。

我推測，人所『知道的事情』，不如他所『不知道的事情』多；『擁有生命的時間』，遠不如他

『失去生命的時間』長；以『極其有限的智慧』和『極其短暫的生命』去窮盡『宇宙的知識』，因此陷入『迷惑』而無所得。由此看來，又怎麼知道『毫末』足以確定是最小的東西？怎麼知道『天地』足以窮盡最大的領域呢！」

第三個問答：黃河之神「河伯」問道：「世間議論說：『最細小之物沒有形體，最龐大之物是無法度量其外圍的。』這句話眞實可靠嗎？」

北海之神「海若」回答道：「從『細小的角度』，看待『龐大的事物』總看不全面，從『宏大的角度』，看『細小的事物』總看不清楚。所說的『精』，是指小事物中，最微小的；所說的『垺（ㄆㄡˊ，極大）』，是大事物之外，更爲龐大的。所以，事物『大小不同』，卻有各自的『自然本性』，這是『物』事自身發展的趨勢。

這裡所說的『精』和『粗』，都是侷限於有『形體』的東西，至於『至精無形之物』，是『度數（用以計量的標準）』所不能計量劃分的；『至大』不可規定範圍之物，是用『度數』所不能窮盡的。

可以『言說議論的』，是『事物』中的『粗的部分』，只能『用心去體會的』，是『事物』中『精緻的部分』，那些『言語』所不能談論，『意識』所不能領會的，就超出『精』的範圍了。

因此，『大人（對德高或地位尊者的稱呼）』行事，不會有意害人，也不會誇耀對他人的『仁愛』和『恩惠』；行動，不爲牟取利益，也不看輕守門之奴；不與別人爭奪財物，也不推崇辭讓財物的舉動，行事不借助他人之力，也不誇讚自食其力，不鄙視貪財汙濁的行爲；『行事』與『世俗』不同，卻不是故意標新立異；順從衆人，卻不鄙視諂媚討好；世間的高爵位，厚俸祿，不足以鼓勵他，

『刑罰』和『恥辱』也不足以羞辱他；因爲他深知『是非』是不可分辨的，『精細』與『龐大』同樣無法分辨。

聽說過這種說法：『得道之人，不聞名於世，大德之人不期望有所得，大人忘卻自己。』這樣就消滅『萬物的差別』，達到了極致了。」

第四個問答：黃河之神「河伯」問道：「是從『物性（萬物的本性）之外』，還是從『物性之內』，來區分它們的『貴賤』呢？怎麼區分它們的『大小』呢？」

北海之神「海若」回答道：「從『大道』來看，『萬物』沒有『貴賤』之分。從『萬物』自身角度來看，『萬物』各自爲『貴』，而以對方爲『賤』。從『世俗觀念』來看，『事物』之『貴賤』，不是自身所本有的。

從『萬物的差別』來看，如果順著『萬物大的方面』視其爲大，那麼『萬物』沒有不是大的；如果順著『萬物小的方面』視其爲小，那麼萬物沒有不是小的，『天地』既可看作像『一粒細米』那般小，『一根毫毛末梢』也可看作『山丘』那般大，那麼『萬物大小的相對性』很明白了。

從『事物的功用』來看，順著其『有用的一面』來看，『萬物』沒有『不具功用的』；順著其『不具功用的一面』來看，則『萬物』沒有『具備功用的』；明白『東方』與『西方』雖然『方向相反』，卻又『相互依存』的道理，則『萬物』的『功用』和『本分』就確定下來了。

從『萬物的趨向』來看，順其認爲是『對的一面』，把它視爲是『對的』，那麼『萬物』沒有不是『對的』；順其認爲是『錯的一面』，把它看成是『錯的』，那麼『萬物』沒有不是『錯的』；明白『堯』與『桀』的『自以爲是』，而互以對方爲『錯的』，那麼兩人的『觀點』與『操守（端正的品德和行爲）』的不同，就很明顯了。

從前『堯、舜』由『禪讓（帝王讓位給賢人）』而成爲『帝王』，燕國君王『噲（ㄎㄨㄞˋ）』與燕國宰相『子之』，卻因爲『禪讓』而遭滅絕；『商湯』與『周武王』，以『武力相爭』而爲王；『楚平王』之孫『白公勝』，卻因爲『起兵叛逆』，爭奪王位，而被鎮壓而亡。

由此看來，『爭奪』與『禪讓的禮法』，『堯』與『桀』的行爲，他們的『貴』與『賤』，是『因時而異』的，沒有一定的常規。『屋樑』可用來衝撞『城門』，而不可用來堵塞『老鼠洞』，這就是說『器用（各種用具）』的大小不同。

『騏驥（ㄑㄧˊㄐㄧˋ）』、『驊騮（ㄏㄨㄚˊㄌㄧˊㄨ）』這一類的良馬，可以日行千里，而『捕捉老鼠』，則不如『野貓』和『黃鼠狼』，這就是說『技能』的不同；『貓頭鷹』夜裡可以抓住『跳蚤』，明察秋毫，白天出來瞪大眼睛也看不見『山丘』，這就是說『物性（萬物的本性）』的不同。

所以有人說，何不學習『對的』，就不會有『錯誤』；學習『治理』，就不會有『混亂』呢？這種說法，實在是不了解『天地』之間，『事物變化』的道理。這就如同師法『天』，而拋棄『地』；師法『陰』，而拋棄『陽』一樣，這是不可行的。然而，還是有人『說個不停』，這樣做不是『愚昧無知』，便是『存心騙人』。

『五帝』禪讓的方式不同，『夏商周三代』王位繼承的方法也不一樣。不合時宜，違背『世道人心』的，被稱爲『篡夫（篡位竊國者）』；合乎時宜，順應『世道人心』的，被稱爲『義徒（合時順俗的人）』。沉默吧！『河伯』！你哪裡能夠明白『貴賤的門徑』、『大小的區別』呢？」

第五個問答：黃河之神「河伯」問道：「既然如此，那麼我應該做什麼呢？不該做什麼呢？對於

『事物』的『推辭、接受、取捨』，我究竟應該採取什麼標準呢？」

北海之神「海若」回答道：「從『道』的角度來看，什麼是『貴』？什麼是『賤』呢？可以說『貴、賤』都是可以向『反方向』轉化的。不要用『傳統的成見』，去束縛你的『心志（心意）』，使它與『大道』相違背。

什麼是『少』？什麼是『多』呢？可以說『多、少』是『相互轉化』的；做事不要拘泥於自己的『固執見解』，免得與『大道』相違背。要莊重威嚴的像『國君』一樣，對待人民沒有『偏愛』；悠閒自得像受祭的『社神』一樣，對參與祭祀的人沒有『偏袒』；要像四面延伸的『平地』一樣寬廣，沒有邊界。

對『萬物』兼容並包，有誰能受到『特殊庇護』呢？這就是不偏向任何一方。『萬物』原本是一樣的，誰是短？誰是長呢？『大道』是『無始無終』的，而『萬物』是『有生有死』的，所以不足以依賴。

『大道』空虛盈滿，時時轉化，並沒有固定不變的狀態。『歲月』不能留存，時間不能停止。『天地萬物』的『生息、消亡、盈滿、空虛』都在周而復始的運轉不停。這就是說明『大道的法則』，論述『萬物的道理』。

『萬物』的生長，如同『快馬奔馳』，『車輛疾行』，隨時都在變化，無時無刻不在轉變。什麼是該做的？什麼是不該做的？『萬物』本來就是遵循自己的『本性』在變化。」

第六個問答：黃河之神「河伯」問道：「既然如此，那麼『道』還有什麼可貴之處呢？」

北海之神「海若」回答道：「明白『大道』的人，必能『通達事理』，『通達事理的人』必能

『明白權變（隨機應變）』，『明白權變的人』不會讓『外物（身外之物。多指利欲功名之類。）』損害自己。眞正懂得『大道』的人，『烈火』不能燒傷他，『大水』不能淹死他，『嚴寒酷暑』不能侵害他，『兇禽猛獸』不能傷害他。

這並不是說『至德的人』觸犯這些，而不會受到傷害，而是說他能夠明察『安全』與『危險』的情況，能夠看透『禍福之間』的轉化關係，能夠謹愼地對待『進退去留』，所以沒有什麼『外物（身外之物。多指利欲功名之類。）』能夠損害他。因此說：『天機藏在人心內，人事露在身外，至德合於自然。』

知道『天性』與『人爲』兩方面，以『天性』爲根本，處於『自得』的位置上，或『進退』，或『屈伸』，返回『道』的中心，而談論『道』的極致。」

第七個問答：黃河之神「河伯」問道：「什麼是『天性』？什麼是『人爲』？」

北海之神「海若」回答道：「『牛』和『馬』都有四條腿，就是『天性』；給『馬』帶上『籠頭（套在馬口頭上的絡頭，可藉此控制其行動。）』，給『牛』穿上『鼻繩』，就是『人爲』。

所以說，不要以『人爲』來破壞『天性』，不要用『造作』來損害『性命』，不要爲『追求名聲』來『損害本性』，執守『本性』而不喪失，就是回歸天眞的『本性』。」

第二部分，藉由「夔（ㄎㄨㄟˊ，古代傳說中的一種龍形異獸。）、蚿（ㄒㄧㄢˊ，卽馬陸。節肢動物門倍足綱。由許多環節組成，每一體節具二對腳。一受干擾卽捲縮成一團。生活於潮溼處，以腐植質爲食）、蛇、風」之間的對話，敘述「時空的無窮性」與「事物變化的不定性」，指出「認知」與「確切判斷」的不易。

獨腳的「夔（ㄎㄨㄟˊ）」羨慕多足的「蚿（ㄒㄧㄢˊ）」，多足的「蚿」羨慕無足的「蛇」，無足的「蛇」羨慕無形的「風」，無形的「風」羨慕明察秋毫的「眼睛」，能明察的「眼睛」羨慕能隱藏的「心」。

「夔（ㄎㄨㄟˊ）」對「蚿（ㄒㄧㄢˊ）」說道：「我用『一隻腳』跳著走路，你用『萬隻腳』走路，究竟怎樣使用這些腳呢？」

「蚿」說道：「你說的不對，你沒有看見『打噴嚏的人』嗎？噴出的『唾沫』大的如『水珠』，小的如『霧氣』，混雜著落下來，數都數不清。現在我只是順著『天性』而行，而不知道它究竟爲什麼是這樣。」

「蚿」對「蛇」說道：「我用那麼多隻腳行走，卻不如你沒有腳走得快，這是爲什麼呢？」

「蛇」說道：「我依靠『天然的本能』行走，怎麼可以改變呢？我哪裡用得著腳啊？」

「蛇」對「風」說道：「我運用『脊背』和『肋部』而爬行，這是有形可循的；現在你呼呼地由『北海』刮起，又呼呼地吹入『南海』，好像完全沒有形跡似的，這是爲什麼呢？」

「風」說道：「是的。我呼呼地從『北海』刮起，再吹入『南海』。可是，『人們』用『手指』來指我，就能勝過我，用『腳』踏著我，也能勝過我；即使如此，那折斷『大樹』、吹起『房屋』的，也只有我能辦得到。這是不求『小的勝利』而求『大的勝利』。取得『大的勝利』，只有『聖人』才能辦得到。」

第三部分，「孔子師徒」在「匡邑」，被「衛國軍隊」層層包圍。藉由「孔子」和「子路」的對話，指出「宇宙」間有許多事物，是「言之所不能論，意之所不能察致」的。

「孔子師徒」遊經「匡邑」，「衛國軍隊」把他們層層包圍起來，「孔子」和「弟子們」的「唱詩奏樂之聲」，並未因此而停下。

「子路」進來見「孔子」說：「爲什麼『先生』還這樣快樂呢？」

「孔子」回答道：「來吧！我告訴你！我『忌諱窮困』很久了，而擺脫不掉，這是『命該如此』啊！我『渴求通達』很久了，而不能得到，這是『時運不佳』啊！處在『堯舜時代』，『天下』沒有『困窮之人』，不是因爲他們有『智慧』；處在『桀紂時代』，天下沒有『通達之人』，不是因爲他們沒有『智慧』，一切都是『時運』造成的呀！

那些在『水上航行』，不躲避『蛟龍』的人，是『漁夫』的勇敢；在『陸上行走』不躲避『犀牛、老虎』的人，是『獵人』的勇敢；閃亮的『刀劍』橫在面前，把『死』看得如『生』一樣平常，是『烈士』的勇敢；知道『窮困』是由於『命運』，知道『通達』是由於『時機』，遭逢『大危難』而『不畏懼』的，這是『聖人』的勇敢。

『仲由（姓仲，名由，字子路）』，你安心吧！我的『命運』是由『老天』安排定的。」

沒多久，統領軍隊的「長官」進來道歉說：「以爲你們是『陽虎』一夥，所以把你們包圍起來，現在知道不是，請讓我表示致歉而退兵。」

「陽虎」本爲魯國「季孫氏」的家臣，後來篡奪「魯國」政權，把持大權達三年之久。在「魯定公」六年，他帶兵侵略「匡邑」，與「匡人」結仇。

第四部分，藉由「公孫龍」與「魏牟」的對話，進一步申論「大小、貴賤」的「無常性」。

「公孫龍」是「戰國時期」的「趙國人」，曾經做過「趙國」宰相「平原君」的「門客（門下的

食客）」，是「名家」的代表人物，以「白馬非馬」和「離堅白」等論點而著名，與「公孫龍」齊名的是另一位名家「惠施」。

「魏牟」是「戰國時期」的「魏國公子」，即「魏公子牟」，又稱「公子牟」。

「魏牟」與「公孫龍」交好而篤信其說，他極力爲「公孫龍」辯護，贊同他的「指不至，至不絕（即使接觸了事物，也不能窮盡對事物的認識。）」。其思想接近於「道家楊朱」一派。

「公孫龍」問「魏牟」說道：「我年少的時候學習『古代聖王』的主張，長大以後懂得了『仁義』的行爲；能夠把『事物』的『不同』與『相同』合而爲一，把一個物體的『質地堅硬』與『顏色潔白』分離開來；能夠把『不對的』說成是『對的』，把『不應該認可的』看作是『合宜的』；能夠使『百家智士』困惑不解，能夠使衆多『善辯之口』理屈辭窮；我自以爲是最爲『通達』的了。如今我聽了『莊子』的言談，感到十分茫然。不知是我的『論辯』比不上他呢？還是我的『知識』不如他呢？現在我已經沒有辦法再開口了，冒昧地向你請教其中的道理。」

「魏牟」靠著「几案」深深地嘆了口氣，然後又仰天笑著說道：「你不曾聽說過那『淺井之蛙』嗎？『淺井之蛙』對『東海裡的鱉』說：『我實在快樂啊！我跳躍玩耍於井口欄杆之上，跳進到井裡，便在井壁破損之處休息。跳入水中井水漫入腋下，並且托起我的下巴，踏入泥裡，泥水就蓋住了我的腳背，回過頭來看看水中的那些赤蟲、小蟹和蝌蚪，沒有誰能像我這樣的快樂！再說，我獨占一坑之水、盤踞一口淺井的快樂，這也是極其稱心如意的事了。你怎麼不隨時來井裡看看呢？』

『東海之鱉』左腳還未能跨入『淺井』，『右膝』就已經被絆住。於是遲疑了一陣子之後，又把腳退了出來，把『大海』的情況告訴給『淺井的青蛙』。

『東海之鱉』說：『千里的遙遠，不足以稱述它的大；千仞的高曠，不足於探究它的深。夏禹時代十年里有九年水澇，而海水不會因此增多；商湯的時代八年里有七年大旱，而岸邊的水位不會因此下降。不因爲時間的短暫與長久，而有所改變，不因爲雨量的多少，而有所增減，這就是東海最大的快樂。』

『淺井之蛙』聽了這一席話，驚惶不安，茫然不知所措。

■成語：「井底之蛙」

◆出處：《莊子．秋水》

◆原文：井蛙不可以語於海者，拘於虛也。

◆解釋：比喻「見識短淺」，卻又「妄自尊大」。

再說你『公孫龍』的『才智』，還不足以知曉『是與非』的境界，卻還想去察悉『莊子』的言談，這就像驅使『蚊蟲』去背負『大山』，驅使『馬蚿蟲（又名馬陸，一種暗褐色小蟲，棲息於濕地和石堆下，能在陸地爬行，不會游水。）』到『河水』裡去奔跑，必定是不能勝任的。而你的『才智』不足以通曉『極其玄妙的言論』，竟自去迎合那些一時的勝利，這不就像是『淺井裡的青蛙』嗎？

況且，『莊子』的思想主張，目前正處於『俯極黃泉』，『登臨蒼天』，不論南北，通達無阻，深幽沉寂，不可探測；不論東西，起於『幽深玄妙之境』，返歸『廣闊通達之域』。

你竟然拘泥淺陋地，用『察視』的辦法，去探尋它的奧妙，用『論辯的言辭』，去索求它的『眞諦』，這只不過是用『竹管』，去窺視高遠的『蒼天』，用『錐子』去測量渾厚的『大地』，不是

『太渺小了』嗎？

■成語：「以管窺天」

◆出處：《莊子．秋水》

◆原文：是直用管窺天，用錐指地也，不亦小乎？

◆解釋：通過「竹管子」的孔看天。比喻「見聞狹隘」或「看事片面」。

你還是走吧！而且你就不會聽說過那『燕國壽陵』的小子，到『趙國』的『邯鄲』去學習『走步之事』嗎？未能學會『趙國』的本事，又丟掉了他原來的本領，最後只得爬著回去了。現在你還不儘快離開我這裡，必將忘掉你原有的『本領』，而且也必將失去你原有的『學問』。」

「公孫龍」聽了這一番話，驚異得合不攏嘴，說不出話，就匆忙逃離了。

第五部分，「莊子」藉著「楚國」的「神龜」，婉拒「楚威王」的邀請，出來做官。

「莊子」在「濮水」邊釣魚，「楚威王」派二位「大夫（職官名。歷代沿用，大多是中央的要職和顧問）」前來邀請他，說：「願意把『國事』委託給『先生』！」

「莊子」手持釣竿，頭也不回地說：「我聽說『楚國』有隻『神龜』，已經死去三千年了。『楚王』將它的『甲骨』蒙上罩巾，裝在『竹箱』裡，供奉在『太廟（天子爲祭祀其祖先而興建的廟宇）』的『明堂（古代天子舉行大典的地方）』之上。對於這只龜來說，它是願意死後留下『甲骨』而尊貴呢？還是寧願活著在泥裡拖著尾巴爬行呢？」

兩位「大夫」回答道：「寧願活著，拖著尾巴在泥裡爬行。」

「莊子」說道：「你們請回吧！我將照舊拖著尾巴在泥裡爬行。」

第六部分，「莊子」藉著「貓頭鷹」擔心「鵷（ㄩㄢ）雛」搶它的「腐爛的老鼠」的寓言，來諷刺「惠施」擔心「莊子」搶他的「宰相」職位。「惠施」是「名家」的代表人物，是「莊子」的「辯友」。

「名家」是在「先秦時期」，以「辯論名實問題」爲中心的一個思想派別，重視「名（概念）」和「實（事）」的關係，代表人物有「鄧析子」、「尹文子」、「惠施」和「公孫龍」。

「惠施」做「梁國」的「宰相」，「莊子」前去拜訪他。

有人對「惠施」說道：「『莊子』前來，打算奪取你的『宰相』職位。」

於是「惠施」十分驚恐，派人在都城內搜索「莊子」，搜索了三天三夜。

「莊子」前去見「惠施」說道：「南方有一種鳥，名叫『鵷雛（ㄩㄢ ㄔㄨˊ，傳說中與鸞鳳同類的鳥）』，你知道嗎？這種鳥從『南海』出發，飛往『北海』；不是『梧桐樹』不肯停息，不是『竹子的果實』不肯食用，不是『甘美的泉水』，不肯取飲。在這個時候，『貓頭鷹』得到一隻『腐爛的老鼠』，見『鵷雛』飛過，仰頭看著發出一聲威嚇：『嚇！』。今天，你也想用你的『梁國』來嚇我嗎？」

第七部分，「莊子」與「惠施」遊於「濠水橋」之上，辯論「魚的快樂」，寫出「莊子」觀賞事物的「藝術心態」，與「惠施」分析事物的「認知心態」。「鯈魚（ㄕㄨ ㄩˊ）」，俗稱「白鰷（ㄊㄧㄠˊ）魚」，是北方水域中最爲常見的、數量最爲龐大的魚。

「莊子」與「惠施」在「濠水橋」上遊玩。

「莊子」說道：「『鯈魚』悠閒自在地游水，眞是快樂呀！」

「惠施」說道：「你又不是魚，怎麼知道『魚』的快樂？」

「莊子」說道：「你不是我，怎麼知道我不知『魚』的快樂？」

「惠施」說：「我不是你，本來就不知道你；你本不是『魚』，你也不知『魚』的快樂，完全可以肯定。」

「莊子」說道：「請循著我們爭論的起點說起，你所說的『你怎麼知道魚的快樂』這句話，表明你已經肯定了我知道『魚』的快樂之後，向我發問的。只不過問我從『哪裡知道的』罷了！告訴你，我是在『濠水橋』上知道魚的快樂呀！」

（十八）《外篇．至樂第十八》：

「至樂」是首句「天下有至樂無有哉？」中的兩個字，意思是「最大的快樂」。人生在世什麼是「最大的快樂」呢？人應該怎樣對待「生和死」呢？篇文的內容就在「討論」和「回答」這樣的問題。

《至樂》全文分成七個部分，簡述如下：

第一部分，連續提出「六個問題」之後，接著列舉並且逐一批評「世人」對於「苦和樂」的看法，指出其實從來就沒有什麼「眞正的快樂」，所謂「至樂」，實際上是「無樂」。

世上到底有沒有「至樂」的境界呢？

有沒有可以「活身（養活自身；保存自身）」的辦法呢？

現在應當有何作爲？以何爲依據？

迴避什麼？置身在哪裡？

趨就什麼？疏遠什麼？

喜好什麼？厭惡什麼？

「天下人」最崇尚的就是「富有、尊貴、長壽、聲譽」；最喜愛的就是「身體安逸、美味佳餚、服飾漂亮、色彩艷麗、音樂動聽」；人在「價值上」所否定的是「生活貧窮、地位低下、夭折」和「壞名聲」；最苦惱的是「身不能安逸、口不得美味、沒有漂亮的衣服、看不到艷麗的色彩、聽不到悅耳的音樂」。如果不能得到這些，就大爲恐懼，這樣的「養身方法」豈不是太愚蠢了嗎？

「富有的人」，爲了財富而勞心勞力，但是聚積財富卻不能盡數享用，這是求「養身（保養身體）」於外了！「高貴的人」，夜以繼日，費心勞神地分辨「善與不善」的界限，也離「養身」的目標更遠了。

人一生下來，就和「憂慮」同在。「長壽的人」稀里糊塗，長久地處於「憂愁」之中而等死，這是何等的苦惱啊！這樣地「養身」，與原初的設定，相距更遠了！

「烈士（即儒家所講的殺身成仁，捨生取義的人。）」被「天下人」所稱道，卻不能「保全性命」。我真不知道這種所謂的「善」，到底是「善」呢？還是「不善」？如果認爲是「善」，卻連「自身性命」都不能保全；如果認爲「不善」，它的確是又成全了他人。

所以說，忠誠勸諫他人不聽，那就退卻不強求。「伍子胥」因爲強諫而遭受殘害（吳王夫差接受越王勾踐的求和請求，伍子胥認爲勾踐的求和是越國的陰謀，苦諫夫差，因而被賜死。），然而如果不諫爭，他也不會贏得「名聲」。這樣說來，這個「善」到底是有，還是沒有呢？

現在世人所「流行的方式」和「興趣愛好」，我也不知那是不是「快樂」。我觀察那些「流行的興趣愛好」，大家似乎都在一窩蜂地趕時髦，一個個都堅定勇敢果決的樣子，好像無法停止似的，而他們都以爲快樂的事情，我卻認爲並沒有什麼「可快樂的」，然而也沒有什麼「不可快樂的」。

到底這「快樂」是有，還是沒有呢？我認爲「無爲」才確實是「可快樂的」的，可是一般人的觀念，卻又認爲那是「很大的痛苦」。我認爲：「最高的快樂，就是『無憂無樂』，最高的讚譽，就是『不褒不貶』。」

天下的「是非」，確實是難以確定的。卽使這樣說，「無爲」卻可以決定「是非」。「最高的快樂」是「讓自己活下來」，也只有「無爲」才能勉強可以達到這一目的。

我們不妨試著討論一下：「天」正是由於它的「無爲」，才得以「清虛」；「地」正是由於「無爲」才得以「安寧」，所以「天和地」，兩者的「無爲」結合起來，「萬物」才都得以生發出來。恍兮忽兮（隱約模糊，不可辨認。）！我們不知道「大道」究竟是從何而來；恍兮忽兮！「大道」似乎沒有一定的形象！然而「萬物」是如此衆多繁雜，它們都在「無爲」中生長出來。所以說，「天地」是「無爲」，又是「無不爲」的。人啊！誰能得到這個「無爲」的眞諦啊！

第二部分，描寫「莊子」的「妻子」死的時候，「莊子」鼓盆而歌的故事，借「莊子」的口，指出「人的死生」是「氣」的「聚合與流散」，猶如「四季」的更替。

「莊子」的「妻子」死了，「惠施」來「弔喪（慰問喪家，祭奠死者）」，「莊子」正交叉著腿，坐在地上敲擊瓦盆唱歌。

「惠施」說道：「你和妻子過一輩子，她爲你養大了孩子，自己卻衰老了，現在她死了，你不哭也就算了，卻在這裡敲著瓦盆唱歌，這不是太過分了呢？」

「莊子」說：「不是這樣的呀！她剛死的時候，我豈能不悲傷！然而，推究起來，她最初本來是未曾有生命的，不但沒有生命，而且本來也沒有什麼『形質（軀體）』可尋；不但沒有『形質』，而且怕是連『精氣』也沒有。她在那『恍惚迷離』的狀態中，一變就有了『氣』，『氣』再變就有了『形（軀體）』，『形』再變才有了『生命』。現在又由『生』而變成了『死』，這就像『四季（春夏秋冬）』運行一樣。

現在她還安安穩穩地睡在『天地之間』，而我在旁邊哭個不停，我認爲這是不懂『天命（天地萬物自然的法則）』的表現，所以我就不哭了。」

第三部分，指出「死生如晝夜」，人只能順應這一種自然變化的法則。「觀化（觀察造化的運行）」是一種「超越」的說法，因爲只有「超越出這個世界」，才可以觀這個世界之「化（變化）」。

「支離叔」和「滑介叔」在「冥伯之丘」和「崑崙之墟」「觀化（觀察造化的運行）」，這裡是「黃帝」曾經休息過的地方。

突然，「滑介叔」的左肘上，長出來一個「瘤子」，他顯得非常驚懼不安，好像很厭惡這個「瘤子」。

「支離叔」說道：「你厭惡它嗎？」

「滑介叔」說道：「不！我爲什麼要厭惡它呢？『人的身體』不過是『假借衆物合成』而已。假借而生的身體，又生出『瘤子』，不過是『塵垢』罷了，『死生』好比是『晝夜交替』。況且，我和

你來這裡，是要『觀化（觀察造化的運行）』，『化（變化）』到了我的身上，正好藉機仔細看看，我爲什麼會要厭惡它呀！」

第四部分，借「髑髏（ㄉㄨˊ ㄌㄡˊ，死人的頭骨）」之口，說出「人生在世」的「拘累（囚禁）」和「勞苦」。

「莊子」去到「楚國」的路上，看到一顆「髑髏」，雖然乾枯卻仍然有如活人的一般樣貌。

「莊子」用「馬鞭」敲打著「髑髏」，盯著它問道：「『先生』是由於貪圖享樂，放縱情慾，做了違法亂紀的事情，才導致了這樣的結果呢？還是遭遇亡國之戰，被『斧鉞（ㄩㄝˋ，古代斬首刑罰所用的工具）』誅殺，而變成現在這個樣子呢？或者你是做了壞事，怕給父母妻子留下恥辱，而羞愧自殺在此地呢？還是你因爲不堪挨餓受凍的折磨，而變成這樣的呢？也許是你的年壽已經壽終正寢，也許遇到什麼變故，才身首異處，來到這裡的吧！」

「莊子」說完話，就把「髑髏」當枕頭，枕著躺下睡覺。

半夜時分，「髑髏」給「莊子」託夢，對他說道：「聽你的言談，好像是位『辯士』，看你所說的事情，也都是『活人』的負擔，『死人』哪有這麼多的事情。你願意聽聽『死人的快樂』嗎？」

「莊子」說道：「可以！」

「髑髏」說道：「人一死，上面沒有『君主』，下面沒有『臣屬』，也沒有一年四季的操勞，自由自在地和『天地』同存，卽使是『南面爲王』的樂事，也比不過『死人』啊！」

「莊子」不相信，說道：「我讓『掌管生死的神』，恢復你的身體，配上你的骨肉肌膚，歸還你的『父母妻子』，住在原來的『村落房舍』，並且恢復你生前的『記憶』，你願意嗎？」

「髑髏」深深皺起眉頭，表現出愁苦的樣子，說道：「我怎能捨棄『南面爲王』的快樂，而再去受『人間的勞苦』呢？」

第五部分，借「孔子」之口，講述一個「寓言故事」，指出「人爲的強求」，只會造成災禍，一切都得「任其自然」。

「顏淵」東去「齊國」，「孔子」面露憂愁。

「子貢」離開席位問道：「『學生』請問『老師』，『顏回』東去『齊國』，『先生』面有憂色，這是爲什麼呢？」

「孔子」說道：「你問的很好。從前『管子』有句話，我認爲講得很好，他說：『小袋子不可以包藏大物件，短繩索不能汲出深井水。』之所以是這樣，是因爲『命運』各有所定，『形體』各有所適宜，是不能增加和減少的。

我恐怕『顏回』和『齊侯』講說『堯舜、黃帝』之道，又加上『燧人、神農』的主張，『齊侯』聽了，將不能理解，不能理解，就要產生惶惑，人惶惑於心，憂思不解，就要遭殃了。

況且，你難道沒有聽說過嗎？從前有一隻『海鳥』，飛落在『魯國』都城的郊外，『魯侯』把它迎進『太廟（天子爲祭祀其祖先而興建的廟宇）』，用『酒宴』招待它，演奏『九韶（古代音樂名）』之樂去娛樂它，設『太牢之宴（古代祭祀天地，以牛、羊、豬三牲具備爲太牢，以示尊崇之意。）』爲『膳食（日常吃的飯菜）』。而『鳥』卻頭暈目眩，憂愁悲苦，不敢吃一塊肉，不敢飲一杯酒，結果三天就死了。

這是用『養己的方式』去『養鳥』，不是用『養鳥的方式』去『養鳥』。用『養鳥的方式』養

鳥，應該讓它棲息在深林中，漫遊在『沙洲荒島』，浮沉於『江湖水面』，捕食『泥鰍』和『白鯈（ㄊㄧㄠˊ）魚』，隨鳥群行列飛行與留止，從容自如地生活著。

『鳥』最厭惡聽到『人的聲音』，何以還要作這些喧鬧吵雜之事啊！《咸池》、《九韶》這一類的樂曲，演奏在廣漠的曠野，『鳥』聽了就要飛去；『獸』聽了要逃跑；『魚』聽了要潛入水底；『眾人』聽了，相互環繞觀看。『魚』在水裡而得生，人在水裡就要死。它們必定是相互各異的，故而它們的『好惡』也各異。

所以，上古『聖人』依據人不同的『能力』，去治理不同的事宜。『名』只限於與『實』相符，『事理』的設定，要適宜於各自的『性情』，這就叫做『條理通達而又福分常在』。」

第六部分，指出「人的死生」，都不必「憂愁」與「歡樂」。

「列子」出外，在道路旁吃飯，見到一具百年的「髑髏」，他拔去「髑髏」身邊的蒿草，指著它說：「只有我和你知道，你其實是既不曾生，也不曾死。你果眞憂愁嗎？我果眞歡樂嗎？」

第七部分，描寫「物種的演變」，這個演變的過程，當然是不科學的，沒有根據的，其目的在於說明「萬物」從「機」產生，又回到「機」，人也不例外；從而對照了首段，人生在世無所謂「至樂」，人的「死與生」，也只是一種「自然的變化」。

「物種」中有一種極微小的生物叫做「幾」，它得到「水」後，就變成斷續如絲的「繼草」，到水土交匯之處，便成爲「青苔」。

生於「高土之地」就成爲「車前草」，「車前草」棲息在「糞便」上，就成「烏足草」，「烏足草」的「根」變成「地蠶」，「葉」變成「蝴蝶」。「蝴蝶」很快又變化成「蟲」，生活在「灶」

下，樣子像蛻了皮似的「蟲」，名叫「鴝掇（ㄑㄩˊ ㄉㄨㄛ）」。「鴝掇蟲」過一千天，變爲「鳥」，它的名字叫「乾餘骨」。「乾餘骨」的「吐沫」變爲「斯彌蟲」，「斯彌蟲」造出「食醯」。

「蠛蠓（ㄇㄧㄝˋ ㄇㄥˇ）蟲」生在「食醯」中，「黃軦（ㄎㄨㄤˋ）蟲」從「九猷（ㄧㄡˊ）蟲」生出，「蠓（ㄇㄥˇ）蟲」生於「黃甲蟲」，「竹蓐（ㄖㄨˋ）」與「不生筍」的「老竹」並連在一起，「老竹」生出「竹根蟲」，「竹根蟲」生「赤蟲」，「赤蟲」生「馬」，「馬」生「人」，「人」又復歸於「自然」。總之，「動物」都是從「自然」中生出，又回歸於「自然」。

（十九）《外篇．達生第十九》：

「達生」，「達」是「順暢通達」，「生」指「生命」。「達生」就是「養生」，「養生」首要「養神」。怎樣才能「達生」呢？文中認爲「養生」是與「自然」化合，要摒除各種「外欲」，「心神」要「寧寂釋然」。

《達生》全文分成十三個部分，簡述如下：

第一部分，總論「通達本性的重要」，這是全篇的主旨所在，「棄世」就能「無累」，「無累」就能「形全精復」、「與天爲一」，這就是「養神」的要領。以下分別寫了十二個小故事，寓意都是圍繞這個中心來展開的。

通曉「生命」眞實情形的人，不去追求「生命」所不必要的東西；通曉「命運」實情的人，不去做對「壽命」無能爲力的事情。

要想「保養身體」，一定先要具備「物質條件」，「物資充足」，而不能保養身體的人，也是有

的；要「保住生命」，必須先保證「形體不離開」，「形體不離開」，而「生命」已經消亡的人，也是有的。「生命」的降臨，是無法拒絕的，它的離去，也是無法阻止的。

可悲啊！「世俗之人」認爲「保養身體」，就完全可以「保全生命」，實際上「保養身體」是不足以「保存生命」的，那麼世人還有什麼事情可做呢？雖然不值得去做，卻也不得不去做，這樣的作爲便難免「操勞」了。

要想避免爲了「養身」而「操勞」，卻不知道「拋棄世俗之事」，就沒有「拖累」；沒有「拖累」，就會「心正氣平」；「心正氣平」就能和「大自然」一同變化發展，而「生生不息」；「生生不息」就接近「大道」了！

爲什麼「世事」值得拋棄，而「生命」值得遺忘呢？因爲「拋棄世事」就能夠「讓身體不操勞」，「遺忘生命」就能夠讓「精神不虧損」，「形體得到保全」，「精神復歸凝聚」，就能夠與「自然」融爲一體。

「天地」是「萬物」的父母；「陰陽二氣」的相合，就形成「萬物之體」，「陰陽二氣」的離散，就又復歸於「物的原初」。「形體」與「精神」都不虧損，這叫做「能夠隨著自然變化而更新」。「精神修養」到了極高處，反過來可以輔助「大自然」的化育。

第二部分，描寫「關尹」對「列子」的談話，說明持守「純和的元氣」，是至關重要的，進一步才是「使精神凝聚」。

「列子」名「禦寇」，是「戰國」前期「道家」的代表人物。「列子」是介於「老子」與「莊子」之間，「道家」學派承先啟後的重要人物，是「老子」和「莊子」之外的，又一位「道家」學派代表人物。「列子」其學，本於「黃帝」和「老子」，主張「清靜無爲」，創立了「先秦哲學」的學派「貴虛學派（列子學）」，對後世哲學、美學、文學、科技、養生、樂曲、宗教等的影響非常深遠。

「關尹」是「周朝」的大夫、大將軍、哲學家、教育家，爲「先秦」諸子百家，重要的「道家」流派，也是道教「樓觀派」和「文始派」的祖師。根據《史記》的記載，「老子」西去至關，「關令尹」讓其著書上下篇五千言，就是《道德經》。

「列子」問「關尹」說道：「『修養極高』的人，在水下潛行而不窒息，踩在火上也不覺得熱，在萬物之上行走，也不恐懼。請問爲什麼能夠達到這樣的境界呢？」

「關尹」說道：「這是持守『純和之氣』，使『心志專一』的結果，不屬於『智巧（智慧與技巧）』和『果敢（勇敢果決）』之類。坐下來吧，我告訴你原因。

凡是有『形象、聲音、色彩』的，都是屬於『物質』，『物質』與『物質』之間，爲什麼差別很遠？都同樣是『物質』，哪個又有資格先居上位呢？這些都是『形色的物質』而已。而『物質』是由『無形之道』創生出來的，最終又復歸於『虛靜無爲』的『道體』。得到這個『萬物生化之理』，而又能夠『窮盡（探究到盡頭）』的人，『世俗之物』哪能限定他呀！他將處在『無過』與『無不及』的『中庸境界』，而又暗合於循環無窮，推陳出新的『大道綱紀』，逍遙於『萬物』的終始。

『專一持守』其『自性』，『存養（存心養性）』其『精神』，使『德性（自然至誠的本性）』與『天道（天理、自然的法則）』相合，以與創生『萬物』的『自然』相通。如果能做到這樣，他持守『自然之道』就完備無缺，他的『精神』就沒有空隙，『外物（身外之物。多指利欲功名之

類。）』又從何處入侵『心靈』呢！

『喝醉酒的人』卽使快速從車上摔下來，也不會死。他的『骨頭』與別人相同，但是所受的傷害與人不同。這是因爲他的『精神』凝聚不分散。他乘車時不知道『乘車』，墜車時也不知『墜車』，『死生驚懼』這些『念頭』，沒有進入他的心中，所以與『物體』碰撞時，不會驚懼。他靠『酒』使『精神凝聚不分散』，還能做到這樣，更何況得到全部的『自然之道』呢！『聖人』與『天道』暗合，所以不能使他受到傷害。

『仇人』用『寶劍』傷我，我只找『仇人』報仇，不會罪及『寶劍』，要把它折斷，因爲『寶劍』是無意的；卽使『忌恨心』極重的人，也不會怨恨，因爲風吹落，而砸到自己的『瓦片』，因爲『瓦片』是無意的。因此，天下才會平等，沒有『奪之心』。所以，沒有『相互攻戰的動亂』，沒有『殺戮的刑罰』，都是由於這個『無爲無心之道』的作用。

不去開啟人的『智巧（智慧與技巧）』，而去開啟人的『自性』。開啟人的『自性』，就能夠培養好的『道德』，開啟人的『智巧』就會產生『殘害之心』。不滿足於對『自性』的修養，而持之以恆，也不忽略人對『天理』的認識，這樣的人，就接近於按照『本性』行事了。」

第三部分，借「痀僂（ㄐㄩ ㄌㄡˊ，駝背）」「承蜩（ㄔㄥˊ ㄊㄧㄠˊ，捕蟬）」的故事，說明「養神」的基本方法，就是使「精神思想」高度「凝聚專一」。

「孔子」到「楚國」去，經過樹林中，看見一位「駝背老人」用竹竿「粘蟬」，就像用手拾取那樣簡單容易。

「孔子」問道：「你的手眞靈巧啊！這有什麼『門道（技巧）』嗎？」

「駝背老人」回答道：「是的！我有『門道』。我在『竹竿』上堆疊『兩個彈丸』，經過五六個月的練習，就不會掉不下來，那麼『粘蟬』失誤的機率就只有十分之一了；如果再繼續練習堆疊放『五個彈丸』也掉不下來，那麼『粘蟬』就如隨手拾取那樣容易了。當我『粘蟬』時，身體站在那裡一動也不動，就像一個豎立的『木樁』一樣；我伸臂執竿，如同『枯槁的樹枝』。

雖然『天地』無限廣大，『萬物』紛紜繁雜，而在我的『眼中』和『心中』，只有『蟬翼』。我的『身心』不動不變，不因紛雜的『萬物』，改變我對『蟬翼』的關注，如此怎麼能得不到『蟬』呢！」

「孔子」回頭對「弟子們」說：「『用心專一，精神凝聚。』，不就是在說這位『駝背老人』嗎？」

第四部分，「孔子」借由「善遊者忘水」，來說明「忘卻外物（身外之物。多指利欲功名之類。）」，才能眞正「凝神專一」。

「顏淵」問「孔子」說道：「我曾經渡過名叫『觴深』的深潭，『船夫』駕船的技藝奇異莫測，我問及此事說：『駕船的技藝可以學會嗎？』

『船夫』回答說道：『可以！善於游水的人，經過多次練習，就能夠學會。至於會潛水的人，他們卽便未曾見過船，也能操縱自如。』

我問到這裡，他就不肯再告訴我，請問這是爲什麼呢？」

「孔子」說道：「『善於游水的人』，經多次訓練，而能學會『駕船的技藝』，是因爲他們已經遺忘了對水的恐懼心理；至於會『潛水之人』，他們卽使未見過『船』也能操縱自如，是因爲他們把

水上和陸上同樣看待，把『船』的翻覆，看成如同『車』後退一樣。『翻船』和『退車』等，變化無窮的各種『事故』擺在面前，他們也毫不在意，處之泰然，沒有『緊張』和『恐懼感』，不會因爲『外物（身外之物。多指利欲功名之類。）』，而擾亂『心地』的平靜淡漠，這樣他們自然就悠閒又從容不迫。

『賭博』時，以『瓦片』做爲『賭注』，『瓦片』是輕賤之物，輸贏皆不在意，沒有心裡負擔，聽其自然，反而常常碰巧命中得勝；若以『腰帶環』做爲『賭注』，由於『腰帶環』大多以『銀』或『銅』製造，比『瓦片』稍貴重，所以有『怕輸』的心裡負擔，會『心虛氣餒』，反而容易『輸』；若以『黃金』做爲『賭注』，由於『黃金』是貴重之物，勝負非同小可，所以『心裡負擔』極重，舉措失常，以這種心情去『賭博』，很少有不輸掉的。

他們碰巧得勝的機會都是一樣的，但是因爲『有所畏懼』，就注重『身外之物』。凡是注重『身外之物』的人，他的『內心』必然『笨拙』。」

第五部分，描寫「田開之」與「周成公」的「論養生」對話，和「孔子」的談話，指出「養神」還得「養其內」與「養其外」並重，即處處順應適宜而不超過，取其折中。

「田開之」見「周威公」。

「威公」說道：「我聽說『祝腎』學習『養生之道』，『先生』與『祝腎』交往，也曾聽到一些什麼嗎？」

「田開之」說道：「『開之』在那裡，只是掃掃院子，在門房侍候，又能從『祝腎先生』那裡聽到什麼呢？」

「威公」說道：「『田先生』不必謙讓，『寡人』願意聽一聽。」

「開之」說道：「聽『祝腎先生』講，善於『養生』的人，如同『牧羊』一樣，看那落在後面的，就用鞭子抽打它。」

「威公」問道：「這是什麼意思呢？」

「田開之」說：「『魯國』有個叫『單豹』的人，住在山洞裡喝泉水，不與世人爭利，年紀已經七十多歲，臉色還和『嬰兒』相似，不幸遇到『餓虎』，『餓虎』將其捕殺吃掉了。

有個叫『張毅』的人，不管是『富貴人家』，還是『貧寒人家』，無不交往走動，四十歲時患有『內熱之病』而死。『單豹』保養其精神心性，而『老虎』吃掉其身體；『張毅』保養其身體，而『疾病』攻其內心。這兩個人，都不懂得『鞭策其不足的一面』。」

「孔子」說道：「不要『過分深藏』，不要『過分顯露』，像『枯木』一樣立於『中道』。這三點都能做到，他的『名聲』必然極高。一條凶險之路，十個人走過就有一個被殺，則『父子』和『兄弟』相互警告，一定要聚集許多人才敢行走，不也是很明智麼！人之所『自取災禍』的，是在『臥席』之上，『飲食』之間，對這些反而不引以爲戒，眞是過錯啊！」

第六部分，借「祭祀人」對「豬」的說話，諷喻「爭名逐利」的行爲。

掌管「祭祀祝禱」之官，穿著黑色的「齋服」，來到「豬圈」旁，對「豬」說道：「你爲何要厭惡死呢？我將要用三個月的時間，用『精緻飼料』飼養你，還要爲你作『十日戒』，『三日齋』，鋪上『白茅草』，把你的『肩膀』和『屁股』放在雕花的『俎（ㄗㄨˇ，古代祭祀或宴會時放牲體的禮器，有青銅製和木製漆飾）』上，你願意這樣做嗎？」

如果眞是「爲豬謀劃」，就不如放置在「豬圈」裡，以「糟糠（糟，酒滓。糠，穀皮。糟糠比喻粗食）」做爲食物更好；爲「自己謀劃」，如果活著有「高官厚祿」的尊貴，死後能有裝飾華美的「棺槨柩車」送葬，就可以去做。「爲豬謀劃」而要「拋棄」的，自己爲「自己謀劃」，反而要「取用」，與「豬」所不同之處在哪裡呢？

第七部分，以「齊桓公」見鬼生病爲例，說明「心神」要「寧靜釋然」，才是「養神」的基礎。

「齊桓公」是「春秋」時代，「齊國」的第十五位國君，「春秋五霸」之首。「齊桓公」任「管仲」爲宰相，推行改革，實行「軍政合一、兵民合一」的制度，齊國逐漸強盛。

「齊桓公」是歷史上第一個充當「盟主」的諸侯，當時「中原華夏」各「諸侯」，苦於「戎狄」等部落的攻擊，於是「管仲」提出「尊王攘夷」的旗號，北擊「山戎」，南伐「楚國」，成爲中原的霸主，受到「周天子」賞賜。

「齊桓公」晚年昏庸，信用「易牙」、「豎刁」等小人，病死後「齊國」陷入內亂。

「管仲」名「夷吾」，字「仲」，「春秋」時代的「法家」代表人物，「齊國」的「宰相」，與另一位「法家」重要代表人物，「燕國」著名的軍事家「樂毅」齊名。「管仲」被視爲中國歷史上，「宰相」的典範，任內大興改革，重視商業。

「齊桓公」在「沼澤」中打獵，「管仲」爲他駕車，忽然見到一個「鬼」。「齊桓公」按住「管仲」的手說道：「『仲父（齊桓公對管仲的尊稱）』你看見什麼沒有？」

「管仲」回答道：「臣下沒有看見什麼。」

「齊桓公」返回後，失魂囈語而得病，幾天不出門。

「齊國」有位「賢士」叫「皇告敖」，說道：「您是自己傷害自己，『鬼』哪能傷害您呢？『憤怒之氣』鬱結起來，如果沒有散掉，就會變得『氣血不足』；如果滯留在『身體上部』而不能貫通於下，就會使人『容易發怒』；如果滯留在『身體下部』而不能通於上，就會使人『容易遺忘』；如果滯留在『身體中間』與『心』的部位相當，就會使人『得病』。」

「齊桓公」說道：「那麼有沒有『鬼』呢？」

「皇告敖」回答道：「有！汙水聚積處有『履鬼』，灶有帶髻的『灶神』，戶內擾攘處，有『雷霆鬼』住在那裡；在住宅東北面牆下，有『倍阿』、『鮭鬼』在那裡跳躍；在西北面牆下，則有『泆（一ˋ）陽鬼』停留。水中有『罔象鬼』，土丘之鬼叫『峷（ㄕㄣ）』，山中之鬼叫『夔（ㄎㄨㄟˊ）』，曠野之鬼叫『徬徨』，沼澤之鬼叫『委蛇』。」

「皇告敖」問道：「請問『委蛇鬼』的樣子如何？」

「皇告敖」回答說：「『委蛇鬼』有車輪一般粗細，有『車轅（ㄩㄢˊ，大車前部駕在牲口兩邊的木頭，用以連接車軸。）』一般長短，身體是紫色，頭是紅色。這種『怪物』形象醜陋，聽到『戰車』轟鳴，就捧著頭立在那裡。見到這種『怪物』的人，差不多可以做『霸主』了。」

「齊桓公」歡顏而笑說道：「這就是『寡人』所見到的『鬼』。」

於是整理一下衣冠坐起來和「皇告敖」談話，不滿一天的工夫，『病』就不知不覺消失了。

第八部分，借「養鬥雞」的故事，比喻說明「凝神養氣」的方法。

「紀渻（ㄕㄥˇ）子」爲「紀國」的後代，「紀國」被「齊國」所滅之後，「紀渻子」即在「齊國」任職。而「鬥雞之戲」，是「春秋戰國」時代，「齊國」最爲盛行的娛樂。

「紀渻子」爲「齊王」馴養「鬥雞」。

十天之後，「齊王」派人來問道：「馴練成了嗎？」

「紀渻子」回答道：「還沒有！現正表現爲『內心空虛』而『神態高傲』，『盛氣陵人』的樣子。」

十天之後，「齊王」又派人來問。

「紀渻子」回答道：「還沒有！聽到『雞的聲音』，看到『雞的影子』，就有反應。」

十天之後，「齊王」再派人來問。

「紀渻子」回答道：「還沒有！現在還『視物敏銳』而『充滿怒氣』。」

十天之後，「齊王」再派人來問。

「紀渻子」回答道：「差不多了，雖然有『其他的雞』鳴叫要『挑戰』，也沒有什麼反映，看上去像一隻『木雞』，它的『精神』已經『安定專一』，『不動不驚』了。『其他的雞』都不敢與它應戰，都退走了。」

第九部分，描寫「孔子」觀人游水，體察「安於環境」、「習以性成」的道理。

「孔子」在「呂梁」觀光，見到「瀑布」從二十多丈高處瀉下，水沫流至四十里外，「黿（ㄩㄢˊ，鱉中之大者）」、「鼉（ㄊㄨㄛˊ，鱷魚類，俗稱豬婆龍。）」、「魚」和「鱉」也無法游過去。

「孔子」又看見一個「男人」在那裡游水，以爲是有困苦想「投水而死的人」，於是命令「弟子們」靠近水流，下去援救他。數百步以外那個人，從水中浮出上岸，披散著頭髮，邊走路邊哼著歌在岸邊閒遊。

「孔子」跟過去問道：「我以爲你是『鬼』，仔細觀察你才知是『人』。請問，『游水』有什麼技巧嗎？」

「那人」回答說道：「沒有！沒有什麼技巧。我開始於『習慣』，長大了變成『習性』，成年後就『順其自然』。我與『旋渦中心』一同入水，又隨著『湧出的旋渦』浮出，順從『水之性』，而不按照自己的『私意妄動』。這就是我游水之方法。」

「孔子」問道：「什麼叫做開始於『習慣』，長大了成爲『習性』，成年後『順其自然』呢？」

「那人」回答道：「我生在『高地』，而安於『高地』生活，這就叫做『開始於習慣』；在『水邊』長大，安於『水上生活』，而『久習成性』，這就叫做『長大了成爲習性』：『自然而然』就那樣做了，而『不知道爲什麼要那樣做』，就是『成年後順其自然』。」

第十部分，描寫巧匠「梓慶」削木爲「鐻（ㄐㄩˋ，古代懸掛鐘鼓的架子兩側的柱子。）」的故事，藉以說明「集思凝神」的重要，把「自我」與「外界」高度融爲一體，也就會有「鬼使神工」之妙。

「梓慶」刻削木料做成「鐻」，「鐻」做成後，見到的人都驚嘆爲「鬼斧神工」。

「魯侯」見了之後，對「梓慶」說道：「你用什麼『技藝方法』做出來的呀？」

「梓慶」回答道：「『臣』是一名『工匠』，哪有什麼『技藝』！卽使如此，有一點可以講一講。

『臣』將要作『鐻』時，不敢有一點『分散精神』，一定要『齋戒』，使『心志』能夠『安靜專一』。

『齋戒三日』，不敢有思慮得到『獎賞、官爵、俸祿』的『念頭』；

『齋戒五日』，不去想到『別人』是『批評我的作品笨拙』，或是『讚譽我的作品精巧』；

『齋戒七日』，則『木然不動』，忘記我有『四肢』和『形體』的存在。在這個時候，心中不存在『朝見君主的想法』，『專心致志』於『製作技巧』，而『外界的擾亂』全部排除。

然後，進入『山林』中，觀察『木料』的『自然性能』，選取那些『自然形態』完全合乎標準的，然後一個現成的『鐻』，如同就在眼前了。然後，才動手去做，沒有這些條件就不去做。這是以『自己之天性』與『木之天性』相合，『器物』之所以如同『鬼神所造』，大概就是這個原因吧！」

第十一部分，以「東野稷（ㄐㄧˋ）」的「御車術」，來說明「自恃輕用、耗神竭勞」，終究要失敗的，而這與「養神」的要求也正好相反。

「東野稷（ㄐㄧˋ）」以「御車之術」去見「魯莊公」，駕車前進後退，像「繩子」一般的筆直，左右轉彎，像「圓規」一樣圓。「魯莊公」認爲「造父」的駕車技藝，也不能超過他。就命令他駕車兜一百個圈子，而返回。傳說「造父」爲「周穆王」御車，日馳千里，爲古代最出名的「善御者」。「魯國」的賢人「顏闔（ㄏㄜˊ）」遇見此事，去見「魯莊公」說道：「『東野稷的馬』就要撲倒了。」

「魯莊公」默不作聲，一會兒，果然「東野稷」因爲馬撲倒而返回。

「魯莊公」問「顏闔」說道：「您怎麼知道馬要撲倒呢？」

「顏闔」回答道：「他的馬力氣已經用盡了，還驅趕不停，所以說要撲倒。」

第十二部分，引用傳說「堯」時的巧匠「工倕（ㄔㄨㄟˊ）」的手藝，直接指出「養神」須得「不內變」，「不外從」，「忘卻自我」，也「忘卻外物（身外之物。多指利欲功名之類。）」，從而達到「無所不適」的境界。

傳說「堯」時的巧匠「工倕（ㄔㄨㄟˊ）」，用手旋轉目測，勝過「規矩（畫圓畫方的工具，「圓規」與「矩尺」）」，他的「手指」隨物而變化，不需要存留於「心」，再作「有意度量」，所以他的「心志專一」而沒有「滯礙（阻礙；不通暢）」。忘掉「腳的大小」，什麼「鞋子」都合適；忘記「腰的粗細」，什麼「腰帶」都合適；忘記了「是非」，心無所不適；持守「自性」，不變遷，與「外物（身外之物。多指利欲功名之類。）」交接，無不適應。

本來「自性」與「外物（身外之物。多指利欲功名之類。）」，是「互相適應」的，而要達到「無所不適應」，就忘記爲了適應而適應。

第十三部分，寫「孫休」與「扁慶子」對話，「扁慶子」論「至人之德」，「至人」是指古時具有很高的「道德修養」，「超脫世俗」，「順應自然而長壽」的人。本篇的篇幅較長，目的仍在於說明「忘身」，「忘身」便能「無爲」而「自適」，而「無爲自適」才是「養神」的眞諦。

「魯國」有一位叫「孫休」的人，親自來到「魯國」賢人「扁慶子」的家門口，詫異地問道：「我『孫休』住在鄉間，沒有遇見有人說我『沒有修養』；面臨危難時，沒有遇見有人說我『不勇敢』。然而，我『種田』碰不到『好年景（農作物的歲收狀況）』，『事君』碰不到『好世道（社會的情態、狀況。）』，被『鄉里人』所拋棄，被『州縣官吏』所放逐，我『孫休』得罪『老天』什麼呢？怎麼會遇到這樣壞的命運呀？」

「扁慶子」說：「你難道沒有聽說過『至人』的所作所爲嗎？忘掉了他的『肝膽（代表形

體）』，忘掉了他的『耳目（代表聰明）』，茫然無知，徘徊游移於世俗生活之外，逍遙自在於『無爲』之中，這就叫做『爲而不恃，長而不宰。（幫助萬物而不認爲自己有功勞，作爲萬物的首位，又不支配和主宰萬物，任其自然。）』

現在你修飾自己的智慧，以驚醒愚昧的人；修養自身，以顯示別人的卑劣汙穢；顯現出自己名聲盛大的樣子，就像舉著『日月』行走一樣。像你這樣的人，能得以保全身軀，身體器官完備，沒有中途毀損，成爲『聾子』、『瞎子』和『瘸腿』，與『衆人』並列一起，已經很僥倖，又哪有閒工夫來報怨老天啊！你走吧！」

「孫休」離去，「扁慶子」進門來。坐了一會兒，仰天嘆息。

「弟子」問道：「『先生』爲什麼嘆息呀？」

「扁慶子」說道：「剛才『孫休』來，我告訴他關於『至人』的德行，我擔心他受到震驚，因而更加迷惑。」

「弟子」說道：「不能這樣！如果『孫先生』所說是『對的』，『先生』您所說是『錯的』，那麼『錯的』不能使『對的』迷惑；如果『孫先生』所說是『錯的』，『先生』您所說是『對的』，那麼他來時本來就是『迷惑的』，又怎麼能歸罪於『先生』您呢！」

「扁慶子」說道：「不是這樣！從前有隻『鳥』，停在『魯國』都城的郊外，『魯君』很喜愛它，設置『太牢（古代祭祀天地，以牛、羊、豬三牲具備爲太牢，以示尊崇之意。）』那樣的宴席來招待它，演奏『九韶』的樂曲來使它高興。『鳥』就開始憂愁，而頭暈目眩，不敢吃喝，這就叫做『以己之養（用養自己的方式）』來養『鳥』。

至於『用養鳥的方式』來『養鳥』，應當讓它棲息在深林中，浮游在江湖之上，讓牠吃『泥鰍』之類，把它放回野地，才是正確的方式。

現今這位『孫休』，是一位只有『一孔之見（比喻見識淺薄狹窄，只見片面，不見整體。）』，孤陋寡聞之人，我告訴他『至人之德』，就好像用『馬車』去裝載『鼷鼠（ㄒ一，鼠類最小的一種）』，用『鐘鼓』去娛樂『小鳥』一樣，他又怎麼能不受驚嚇呢！」

（二十）《外篇．山木第二十》：

「山木」是首句描寫山中的大樹木，因爲沒有「經濟價値」，所以不被「伐木工人」砍伐，反而能夠保全性命。

《山木》篇仍然主要是討論「處世之道」，內容寫了許多「處世不易」和「世事多患」的故事，希望找到一條最佳途徑，而其主要精神仍是「虛己、無爲」。

《山木》全文分成九個部分，簡述如下：

第一部分，描寫「山木無用」卻能「保全」，而「雁」不能鳴，因而被殺，說明很難找到一條「萬全的路」。最好的辦法，也只能是「役使（差遣、使喚）外物（身外之物。多指利欲功名之類。）」而「不被外物（身外之物。多指利欲功名之類。）所役使」，浮游於「萬物之祖」和「道德之鄉」。

「莊子」經過一座山中間，看見一棵枝葉繁茂的「大樹」。「伐木工人」停在它旁邊並不砍伐它，「莊子」問其中的緣由。

「伐木工人」說道：「因爲這種樹木沒有什麼用途。」

「莊子」說道：「這棵樹因爲『不成材』，才能夠『享盡天年』。」

「莊子」走出山中，住在「老朋友」的家。「老朋友」高興，叫「僮僕」宰「雁」來招待客人。

「僮僕」請示說：「有一隻『雁』會叫，有一隻不會叫，請問要宰哪一隻？」

「主人」說：「宰不會叫的那一隻。」

第二天，「學生」問「莊子」說道：「昨天山中那棵『大樹』，因爲『不成材』才能夠『享盡天年』；如今『主人』的『雁』，因爲『不成材』而死去。『先生』對這兩件事情，是站在什麼立場來看呢？」

「莊子」笑著回答道：「我『莊周』會站在『成材』和『不成材』之間。站在『成材』和『不成材』之間，似乎是可以了，但是還不是根本，所以還不能完全免除『牽累（牽掛拖累）』。要是把握了『道德』就不會這樣，無所謂的『讚譽』，也無所謂的『詆毀』，時隱時現，如龍如蛇，隨時運一起變化，不願意固執一端。一時在上，一時在下，以『和順』爲標準，遨遊在『萬物的本元』。役使『外物（身外之物，多指利欲功名之類）』，卻不被『外物（身外之物，多指利欲功名之類）』所役使，那樣哪裡會有『牽累』呢？這是『神農』和『黃帝』的法則。

至於『萬物的狀況』和『人類的習俗』，就不是這樣了。你想要『和諧』，人家就偏要『挑撥離間』；你『成功』，人家就想要『詆毀』；你越『廉潔』，人家就越『打壓』；你『尊貴』，人家就『謗誹』；你『做事』，人家就『破壞』；你『賢明』，人家就『陷害』；你『無能』，人家就『欺負』。哪有可能是一定如此呢？可悲啊！『同學們』可要記住，只有『道德的境界』才是根本啊！」

第二部分，指出「貪圖權位」，必然引起「爭端」，必然帶來「禍患」，唯有「虛己」，才能除患避禍。

有一位「楚國人」，姓「熊」名「宜僚」，因爲居住在「市區的南邊」，所以被人稱爲「市南宜僚」。

有一天，「市南宜僚」去拜見「魯國」的君侯，見「魯侯」面有憂色。

「市南宜僚」就問道：「『君上』面有憂色，爲什麼呢？」

「魯侯」說道：「我學習『前代君王』的『道義』，繼承『前代君主』的『功業』；我敬奉『鬼神』，尊重『賢良』，身體力行，沒有片刻失職。然而，還是不免出現差錯，我正在爲此事擔憂。」

「市南宜僚」說道：「『君上』解決問題的方法太少了。毛色豐厚的『狐狸』，和紋色雜亂不純的『豹子』，棲息在山林，潛伏在岩洞，非常沉靜；夜晚出來，白天不動，非常警戒；儘管飢渴困苦，還是堅忍地漫步在『江湖』之上來覓食，已經夠鎮定的了。然而還是難免陷入『網羅機關』的禍害，它們有什麼罪過呢？是它們的『皮毛』招惹了災難啊！如今『魯國』不正是『君上』的『皮毛』嗎？我希望『君上』割棄形體，剪掉皮毛，洗淨『內心的欲念』，遨遊在無人的原野。

『南越』地域有個城邑，名叫『建德國』。它的人民愚鈍渾樸，少私寡欲；只知道耕作，不知道『私藏』；施捨東西不求回報，不知『道義』往哪去，不知道『禮』往哪方面用。隨心所欲，爲所欲爲，可謂踏上了『大道』。活著得到快樂，死去得到安葬。我眞希望『君上』拋開國家，摒棄世俗，跟隨『大道』，相輔相成。」

「魯侯」說道：「那裡道遠路險，還有江山阻隔，我沒有船和車，怎麼辦呢？」

「市南宜僚」說道：「『君上』不要貪戀『君王的傲慢』，不要留戀『眼下的王位』，這樣就成了『君上的車』了。」

「魯侯」說道：「那條道路幽深空寂，我跟誰做伴呢？我沒有食糧，缺乏飯菜，怎能達到那裡呢？」

「市南宜僚」說道：「減少『君上的耗費』，減少『君上的欲望』，儘管沒有『食糧』也就足夠了。『君上』一旦涉水過江，浮游過海，眺望它時，已經不見它的岸邊，越往前走，更不知道它的盡頭。護送『君上』的人，都從岸邊回去了。『君上』從此就遠逝了，所以擁有『臣民』的人就勞累，受制於『臣民』的人就擔憂。所以，『堯』既不擁有『臣民』，也不受制於『臣民』。我希望除去『君上的勞累』，解除『君上的擔憂』，唯獨跟『道』周遊在大漠的境域。

合併兩船渡河，其中『不載人的一艘船』，撞過來，雖然是『狹隘心腸的人』，也不會發怒。要是有一個人在撞過來的船上，這邊船上的人，就會喊他撐開或者靠攏。喊一次他沒聽見，再喊他還是沒聽見，因此就要喊第三遍了，同時肯定有粗言濫語隨之出現。剛才不發怒的，可是現在發怒了，因為剛才是一艘『空船』，可是現在是『有人的』。人要是能夠淡忘自己，周遊世上，又有誰能傷害他呢？」

第三部分，透過「賦斂（徵收賦稅）以造鐘」的故事，諷喻不應該「拘滯於物」，真正需要的是「順任自然」。

「衛國」大夫「北宮奢」，替「衛靈公」徵集捐款，鑄造鐘器，在「外城門」設下「祭壇」，三個月就造好了「鐘」，並且編組在上下兩層「鐘架」上。

「周朝」王族之子，也是「周朝」的大夫「慶忌」，來「衛國」任職，他見到這種情況，便向「北宮奢」問道：「你用的是什麼方法呀？」

「北宮奢」回答道：「只有精誠專一的『鑄鐘』，並沒有其他的方法。我曾經聽說：『既然已經細細雕刻琢磨，又要返歸事物的本眞。』『純樸無心』是那樣的『無知無識』，『忘卻心智』是那樣的『從容不疑』；『財物匯聚』，而自己卻『茫然無知』，或者『分發而去』，或者『收聚而來』；『送來的』不去『禁絕』，『分發的』不去『阻留』；『願意贊助的』和『不願意贊助的』就『順其自便（隨各人的方便行事）』，所以早晚『徵集捐款』，而絲毫不損傷他人，何況是遵循『大道』的人呢！」

第四部分，描寫「孔子」在「陳國」和「蔡國」之間被圍困，說明「世途多艱」，應該要「削跡捐勢（消除一切形跡，拋棄一切權勢）」、「不爲功名」，才是處世之道。

「孔子」一行被圍困在「陳國」與「蔡國」之間某地，七天沒有生火做飯。

「大公任」前往慰問，說道：「先生快要餓死了吧？」

「孔子」回答道：「是啊！」

「大公任」又問道：「您厭惡死嗎？」

「孔子」回答道：「是的！」

「大公任」說道：「我嘗試著來說『不死之道』。『東海』上有一種『鳥』，它的名字叫『意怠』。這種鳥飛得又低又慢，好像『無能』的樣子；要『別的鳥』引導協助，而後才能起飛，與『衆鳥』偎依在一起棲息；前進時，不敢在前面；後退時，不敢殿後；吃東西時，不敢先嚐，一定要吃剩餘的。因此，在『衆鳥』中不被排斥，而『外人』終究不能相害，所以得免於災禍。

『直的樹木』先被砍伐，『甘美的水井』先枯竭。您用心於『修飾自己的才智』，以驚醒『愚昧的人』，『修養自身』以顯示別人的『卑劣汙穢』，一副『光明顯赫』的樣子，好像舉著『日月』行走，所以不免於患難。

以前我聽『道德至高的人』說道：『自我誇耀的人沒有功績，功成者必然毀敗，名成者必然虧缺。』誰能捨棄『功名』而與衆人相同呢？『道』的變化流行，不是明白可見的，『德成於身』是不可言說的；『純一而恆常』之人，媲美『循性無心而行』之人；除去『形跡』，拋棄『權勢』，不追求『功名』。因而，無求於人，人亦無求於我。『至人（古時具有很高的道德修養，超脫世俗，順應自然而長壽的人。）』不求聞名於世，您又何必喜好『聞名於世』啊！」

「孔子」說道：「說得好啊！」

於是，「孔子」辭別「朋友」，離開「弟子」，逃往「曠野」之中，穿「粗陋之衣」，食「橡栗野果」，進入「獸群」不被驚擾亂群，進入「鳥群」不被驚擾亂行列。鳥獸都不厭惡他，何況是人呢？

第五部分，透過「孔子」和「子桑雽（ㄏㄨˋ）」的對話，進一步提出「儀容舉止莫如隨順物性」和「情感莫如坦率」的主張，即「順應自然」去行動，遵從「本性」去縱情。

「孔子」問得道者「子桑雽（ㄏㄨˋ）」說道：「我兩次被『魯國』驅逐，在『宋國』遭逢『伐樹之險』。在『衛國』被拒絕入境，窮困於『商朝』和『周朝』後裔居住的地方，在『陳國』與『蔡國』之間受到圍困。我遭遇這麼多次患難，『親朋老友』愈加疏遠，『學生』和『朋友』不斷散去，這是爲什麼呢？」

「子桑雽」回答道：「您難道沒有聽說『假國人』逃亡之事嗎？其逃亡的人民放棄價值千金的『玉璧』，而背負著『嬰兒』逃走。有人說：『是爲了錢嗎？小孩子不值錢；是爲了怕沉重嗎？小孩子又比玉璧重得多。捨棄價值千金的玉璧，背負嬰兒逃難，爲什麼呢？』

『假國人』回答道：『那是與利相合，這是與天性相合。以利相合，遭遇困窮災禍危難則相互拋棄；以天性相合，遭遇困窮災禍危難則相互包容。相互包容與相互遺棄相差甚遠，而且君子之交淡如水，小人之交甘美如甜酒。君子淡漠而相親，小人甘美而易斷絕，那些無故相合的，也就無故相離。』」

「孔子」說道：「敬聽您的教誨！」

緩慢而自由自在地歸去，絕棄「有爲之學」，丟棄「聖賢之書」，「弟子」也無須對「老師」作揖鞠躬，而相互「敬愛之情」，日有增進。

又有一天，「子桑雽」又說道：「『舜』在要死亡時，就對『禹』說：『你要當心！隨順物性則與物不離異，情感坦誠則不勞心神。不離物不勞心神，則不追求對儀容舉止加以文飾。不追求對儀容舉止的文飾，更不待外物（身外之物。多指利欲功名之類。）來加以輔助了。』」

第六部分，描寫「莊子」的貧困，原因卻在於「今處昏上亂相之間」。

「莊子」穿著帶補丁的粗布衣，紮好腰帶係好鞋子去「魏王」處。

「魏王」問道：「『先生』爲何這樣『疲困（疲乏困頓）』呀？」

「莊子」回答道：「是『貧窮』，不是『疲困』。『志士（有理想、有抱負的人。）』有『道

德』不得施行，是『疲困』；衣服破爛，鞋子磨穿，是『貧窮』，不是『疲困』，這是所謂沒遭遇好『世道（社會狀況、風氣）』。

『王』難道未曾見過善於騰躍的『猿猴』嗎？它們在『柟（ㄋㄢˊ）梓豫章（楠樹，梓樹，樟樹。）』之類的高大樹林中，拉扯著樹枝而『怡然自得』於其間，就是『后羿』與他的弟子『蓬蒙』之類的善射之人，也不能瞄準射中它們。

等到在『拓棘枳枸（ㄓˇㄍㄡˇ，灌木，刺棗樹，帶刺小灌木）』之類，帶刺的『灌木叢』中，行動謹慎而左顧右盼，內心震驚畏懼戰栗，此時並非由於『過度緊張』而『筋骨』不柔軟靈活，而是『所處形勢』不利，不足以施展其本領。

現在處於『昏君』與『亂相』之時，而想要不『疲困』，怎麼可能呀？像『紂王』的叔父『比干』，因爲屢諫『紂王』，被剖心而死，不是個顯明的例證嗎？」

第七部分，透過「孔子」被圍困時的態度，說明「聖人」身處「逆境」，也能「安然順應」。

「孔子」一行被困在「陳國」和「蔡國」之間的某地，七天沒有生火做飯。「孔子」左手拄著「木杖」，右手以「枯枝」打節拍，唱起「神農氏時代」的歌謠，雖然有「打節拍的工具」，但是不合標準，有聲音，但是不合音律。「敲木之聲」與「歌唱之聲」，卻條理分明而與「人心」相合。

「顏回」端正拱手而立，轉眼看著「孔子」。「孔子」擔心他把自己的「道德」看得過高，而有所『造作誇大』，由於愛自己過深，而哀痛過度，就說道：「『顏回』啊！不受『自然帶來的損害』容易，不受『外人給予的權勢、利祿、名譽之類的利益』困難。沒有哪個『起點』，不同時又是『終點』的，『起點』和『終點』是相對的。

例如：『早晨』是『白天』的開始，同時也是『夜晚』的結束。所以，『早晨』既是開始，也是結束，始終在相互轉化。『自然』是如此，『人』也是如此。既然一切都是『變化不息』的，誰知道今日的『唱歌者』，又是誰呢？」

「顏回」問道：「請問什麼叫做『不受自然帶來的損害』容易呢？」

「孔子」回答道：「飢渴、受寒暑侵襲，窮困、滯礙不能通達，這是『天地的運行』，『萬物運行』的過程，無窮的發洩，就是說與『天地萬物』的運行變化，互相和諧。作爲人之『臣』，不敢違背『君命』。執守『臣之道』，尚且如此執守勿違，何況是對待『天道』呢！」

「顏回」又問道：「什麼叫做『不受外人給予的權勢、利祿、名譽之類的利益』困難呢？」

「孔子」回答道：「開始到『朝廷』當官的時候，四面八方無不通達，同時擁有『官爵』和『俸祿』，而且沒有盡頭。這些『外物（身外之物。多指利欲功名之類。）』帶來的利益，和自己的『本性』沒有關係，是『本性』之外的『附帶之物』，是由『命運』在外操縱，不是由自己的『本性』所主宰。

『君子』不做『強盜』，『賢人』不做『竊賊』，只要不是爲『本性』所有，取之就是『盜竊』的行爲。所以，『君子』和『賢人』不妄取。

所以說，『鳥』沒有比『燕子』更聰明，『燕子』只要看一眼，認爲不適宜停留，就不再多看，隨卽飛離。雖然布下『網子』和『誘餌』，想要逮住『燕子』，『燕子』卻棄之而去。『燕子』害怕『人類』，卻又飛到『人類』的住宅外築巢，以免遇害。人也必須依賴『國家』來生存。」

「顏回」又問道：「什麼叫做沒有哪個『起點』不是『終點』呢？」

「孔子」回答道：「『萬物』的『生滅變化』無窮，而不知道如何相互『更改代替』，哪裡知道它的『終點』呢？又哪裡知道它的『起點』呢？只要持守『正道』，以等待它的變化就可以了。」

「顏回」又問道：「什麼叫做『人與天是同一的』呢？」

「孔子」回答道：「『人事』的變化，都是受『天道』支配。『天道』的變化，是出自於『自然』。『人』不能支配『天道』，這是『人的本性』所決定的。『聖人』安靜的體驗和領會『天道』，時常運行不停止的『本性』，去詳細研究『天命（自然的規律、法則）』。」

第八部分，借「莊子」一系列所見，喻指「人世間」，總是在不停的「爭鬥」中。

「莊子」在「雕陵（公墓）」裡面遊玩，「雕陵（公墓）」內種植樹木，外有「籬笆」圍護。

「莊子」看見一隻奇異的「鵲鳥」，從南邊飛來，「翅膀」長有七尺，「眼睛」的直徑有一寸長，觸碰「莊子」的額頭，而落在樹林中。

「莊子」說道：「這是什麼鳥啊？翅膀長而不飛去，眼睛大而看不見人。」

「莊子」便提起褲角躡步而行，拿著「彈弓」，長時間地站立，伺機發彈要射擊這隻「鵲鳥」。卻看到一隻「蟬」，正在濃密樹蔭下，而忘記自身的危險；又看到一隻「螳螂」，躲在樹葉後面，伺機要偷襲「蟬」，而忘記自身的危險；而奇異的「鵲鳥」，趁機捕到「螳螂」，從中得利，見利而忘記它的「本性」。

「莊子」警惕說道：「唉！物類本來是『相互牽累』的，『蟬』為『美蔭』所累，『螳螂』為『蟬』所累，『奇異的鵲』為『螳螂』所累，『萬物』皆為『利』累而忘害。不同『物類』相互對立，而又相互召致禍害。『此利』便成為召致『彼害』的條件，只有『無所求』，才能遠離『禍害』。」

■成語：「螳螂捕蟬，黃雀在後」

◆出處：《莊子．山木》

◆原文：莊周遊於雕陵之樊，睹一異鵲自南方來者，翼廣七尺，目大運寸，感周之顙而集於栗林。莊周曰：「此何鳥哉，翼殷不逝，目大不睹？」蹇裳躩步，執彈而留之。睹一蟬，方得美蔭而忘其身；螳蜋執翳而搏之，見得而忘其形；異鵲從而利之，見利而忘其眞。莊周怵然曰：「噫！物固相累，二類相召也！」捐彈而反走，虞人逐而誶之。

◆解釋：螳螂只顧著捕蟬，不知有大鳥在身後正要啄食牠。後用「螳螂捕蟬」比喻眼光短淺，只貪圖眼前的利益而忽略背後隱藏的危險。

於是，「莊子」丟下「彈弓」，返身跑回家去。這時，有看管「陵園」的人，以爲他偷了東西，在後面追趕責罵。「莊子」返回家中，接連三日，悶悶不樂。

「莊子」的弟子「藺（ㄌㄧㄣˋ）且」，因此問道：「『先生』近來，爲何很不開心啊？」

「莊子」回答說：「我靜能『守形』，動卻『忘身』，我能看破『世人』追名逐利的危險，自己卻不知躲避。而且，我聽『先生』說：『入鄉隨俗，服從禁令。』現在我在『雕陵』中遊玩，卻忘了『自身』，『奇異的鵲鳥』觸碰我的額頭，遊於樹林，而忘記它的『眞性』；樹林的『看守人』因而責罵我，所以我不開心啊！」

第九部分，透過一個有趣的小故事，說明「忘形（忘記自己的形體）」的重要。

「楊朱」是「魏國人」，一說是「秦國人」，生平已不可考，有人說他是「老子」的弟子，「道

教」尊他爲「貴生眞人」。「楊朱」是「春秋戰國時期」的一名「道家」的改革思想家，主張「貴己」、「重生」、「人人不損一毫」的思想，開創了「楊朱學派」。在「戰國時期」，有「天下之言不歸楊，則歸墨」的現象，可見其學說影響之大。

「陽朱」去「宋國」，寄宿在「旅店」裡。「旅店主人」有兩個「小妾」，其中一個「漂亮」，一個「醜陋」，「醜陋的小妾」被「尊寵」，「漂亮的小妾」被「輕賤」。「陽朱」問「旅店主人」，這是什麼緣故。

「旅店主人」回答道：「那個『漂亮的小妾』，自以爲很『漂亮』，我卻不知她哪兒『漂亮』；那個『醜陋的小妾』自以爲『醜陋』，我卻不知她哪兒『醜陋』。」

「陽朱」說道：「『弟子們』記住！『品行賢德』而又能丟掉『自以爲賢』的想法，哪裡會不受愛戴呢？」

（二十一）《外篇．田子方第二十一》：

「田子方」是篇首「田子方侍坐於魏文侯」的人名，「田子方」姓「田」，字「子方」，是「戰國時期」初年，「魏國」的「賢者」，也是「魏國」的君主「魏文侯」的老師。

《田子方》篇的內容比較雜，具有隨筆、雜記的特點，不過主要還是表現「虛懷無爲」、「隨應自然」、「不受外物（身外之物。多指利欲功名之類。）束縛」的思想。

《田子方》全文分成十一個部分，簡述如下：

第一部分，透過「田子方」與「魏文侯」的對話，稱讚「東郭順子」處處循「眞」的處世態度。

「東郭順子」是「魏國」的「得道眞人」，「東郭」爲他的「住地」，以「住地」爲號，「順」爲其名，「子」是尊稱。

「田子方」陪坐在「魏文侯」旁邊，多次稱讚「魏國」的賢者「谿（ㄒㄧ）工」這個人。

「魏文侯」問道：「『谿工』是『先生』的『老師』嗎？」

「田子方」回答道：「不是！只是我的『同鄉』，他談論『大道』有理有據，所以我稱讚他。」

「魏文侯」問道：「那麼『先生』沒有『老師』嗎？」

「田子方」回答道：「有！」

「魏文侯」又問道：「『先生』的『老師』是誰呢？」

「田子方」回答道：「是『東郭順子』。」

「魏文侯」問道：「可是，『先生』爲什麼從來沒有稱讚過他呢？」

「田子方」回答道：「因爲他爲人『眞誠』，具有『人的外表』，但是他的『心』像『天』一樣的『空虛』；他能夠『順應物性』，又能夠『保持本性』；他的『心性』高潔，又能夠『容納萬物』。

當遇到『人』與『事』不合『正道』時，他端正自己的儀態，『不假辭色（在言語神色上，不做修飾、隱瞞。形容態度直接而嚴厲。）』，使人『自悟其過』而改之，我哪裡配得上去稱讚他呀！」

「田子方」出去之後，「魏文侯」表現出「若有所失」的神態，整天不說話，召呼站在面前的「侍臣」對他說道：「太『深遠玄妙』了，眞是一位『德行完備』的『君子』！起先我認爲『仁義的行爲』和『聖智的言論』是『至高無上』的。聽到『子方老師』的話後，我的身體鬆散不願意動，口

像被鉗住一樣不能開口。反過來看我所學的東西，只是沒有生命的『土梗（由土木做成的偶像）』而已！『魏國』眞成了我的『累贅』啊！」

第二部分，批評「明乎禮而陋乎知人心」的作法，提倡「體道無言」的「無爲」態度。文中的主角「溫伯雪子」是「楚國」的「得道者」，也可能是「莊子」虛擬的人名。

「溫伯雪子」往「齊國」去，途中寄宿於「魯國」，「魯國」有個人請求見他。

「溫伯雪子」說道：「不可以！我聽說『中原』的『君子』，明於『禮義』而淺於『知人心』，我不想見他。」

「溫伯雪子」到「齊國」之後，返回時又住宿「魯國」，那個人又請求相見。

「溫伯雪子」說道：「往日請求見我，今天又請求見我，此人必定有『啟示』於我。」

於是，「溫伯雪子」出去見客，回來後就慨嘆一番。明天又見客，回來後又慨嘆不已。

他的「僕人」問道：「每次見這個『客人』，回來後必定慨嘆，爲什麼呢？」

「溫伯雪子」回答說：「我本來已經告訴過你：『中原之人』明於『知禮義』而淺於『知人心』，剛剛見我的這個人，『出入進退』，一一合乎『禮儀』，『動作舉止』蘊含『龍虎』一般，不可抵御的『氣勢』。他對我『直言規勸』像『兒子』對待『父親』一般的恭順；他對我的『指導』，又像『父親』對『兒子』一般的嚴厲，所以我才慨嘆。」

「孔子」見到「溫伯雪子」一句話也不說。

「子路」問道：「『先生』想見『溫伯雪子』很久了，見了面卻不說話，爲何呀？」

「孔子」說道：「像這樣人，用眼睛一看，而知『大道』存之於身，也不用再用語言了。」

第三部分，描寫「孔子」對「顏淵」的談話，指出「哀莫大於心死，而人死亦次之。」，要能夠不至於「心死」，就得要像「日出於東方而入於西極（西方極遠的地方）」那樣地「日徂（ㄘㄨˊ）」；所謂「日徂」，卽每日都隨著變化而推移。

「顏回」，字「子淵」，又稱「顏子、顏淵」，「春秋」時代「魯國人」。「顏回」是「孔子」七十二門徒之首，被視作「孔子」最得意的弟子，位居孔門第一位。「顏回」年紀比「孔子」少三十歲，家境貧窮，但是能夠「安貧樂道」；爲人聰敏、好學，聞一知十；品行優越，「孔子」稱讚他的「賢德」，是「孔子心法」傳承的直系弟子，但是年僅四十歲，就去世了，後世尊稱爲「復聖」。

「顏淵」問「孔子」說道：「『先生』慢走，我也慢走；『先生』快走，我也快走；『先生』快跑，我也快跑；先生快速奔跑，腳掌好像離開地面，向前跳躍一樣，這時，我就只能睜大眼睛在後面看，而不知道如何學了。」

「孔子」說道：「『顏回』！你說的是什麼意思？」

「顏回」說道：「『先生』慢走，我也慢走，是說『先生』怎樣講，我也跟著怎樣說；『先生』快走，我也快走，是說『先生』辨析事理，我也跟著辨析事理；『先生』跑，我也跟著跑，是說『先生』談論『大道』，我也跟著談論『大道』；直到『先生』好像腳掌離開地面，跳躍般地跑，我就只能瞪大眼睛在後面看著，知道該怎麼學了，是說『先生』不言說時，也能讓人們信服；不私意親近，也能全面地獲得擁戴；沒有『地位名分』還是讓人群聚集在您的身邊。對這種現象，我不明白其中的緣由。」

「孔子」說道：「怎麼能不明察啊！最悲哀的事情，莫過於心靈的死亡，身體的死亡還在其次。

「『太陽』從東方出來，而落於西天盡頭，『萬物』莫不順從『太陽』的起落升降而動作；凡有眼有腳的，一定要等到『太陽』出來後，才能做事，才有所作爲。『太陽』出來就工作，『太陽』落山就休息。『萬物』也都是這樣的，要隨著『造化』而死，隨著『造化』而生。

我們做爲人，一旦生下來，就具有了『人的形體』，就不可能轉化爲『他物』了，而只能等待著『死亡』的來臨。人一生本隨著『外物（身外之物。多指利欲功名之類。）』而作反應性的行動，日夜操勞，沒有空閒，得不到休息。

人生對『命運』是不可抗拒的，不知道自己將來會是什麼下場。『陰陽二氣』自動地聚合，就成爲我們的『形體』，懂得『命運』的人，也不能推測自己將來的『命運』，我只是每日都隨著『變化』而推移罷了。

我這一輩子都和你在一起，你卻還是不能夠理解我，這就好像有個極好的『機會』，我們卻當面錯過了，這不是萬分悲哀的事情嗎？你怎麼能僅僅關注我借用語言表述的方面呢？我所說過的話，我其實也不盡理解，並不懂得它的深層含義，因爲那深層的含義，早已經『事過境遷』而消失殆盡了；你還要執意地追求我如此說的原因，以爲它是眞實的存在，這就如同在空蕩無人的『市場』上，想要尋購『一匹馬』一樣，那是不可能的呀。

你不要只看到我用『語言』表達出來的『道理』，由於你不理解它深層的原因，你很快就會全部都忘記了；其實你用『語言』表達出來的意思，我不是也因爲同樣的『道理』，而全部都忘記了嗎？即使這樣，你又何必憂患不已呢？雖然你忘記了過去的我，我現在還不是活在世人面前嗎？因爲我與『大道』永存。」

第四部分，借「老聃」的口，表達「至美至樂（指最高的美和最大的快樂）」的主張，能夠「至美至樂」的人，就是「至人（指古時具有很高的道德修養，超脫世俗，順應自然而長壽的人。）」。

怎樣才能做到「至美至樂」呢？那就必須要排除胸中的一切生死、得失、禍福的考慮。做到「外天下（排除對世事的思慮）」、「外物（不計較物質的利欲得失）」和「外生（將生死置之度外）」。這種「無己」精神境界的實現，正是得到「至美至樂」的先決條件。

「孔子」去見「老子」，「老子」剛洗完頭，正在晾乾披散著的頭髮，那「木然（一時癡呆不知所措的樣子）」的樣子，簡直不像是一個活著的人。「孔子」見「老聃」剛洗頭後的神態，覺得直接去見他不妥，便躲在隱蔽處，耐心地等待。

過了一會兒，二人會面，「孔子」問道：「是我眼花，還是眞的呢？剛才『先生』的身體，挺立著一動不動的樣子，簡直就像是『槁木（已經死亡乾枯的樹木，形容毫無生氣。）』似的，您那『全神貫注』的樣子，好像是把『天地萬物』都忘得一乾二淨，只剩下您所思考的問題。」

「老聃」回答道：「我神遊在『天地萬物』的『起源問題』裡，思考『宇宙』和『人類』的起源，進入了『萬物初生』的『混沌虛無』的境界（指『大道』）。」

「孔子」問道：「這是什麼意思呢？」

「老聃」回答道：「我的心裡對這個問題，感到十分的困惑，發現它不是人類所能理解的，嘴巴張開想說些什麼，卻不知道從何說起。因爲『大道』是不可知，不可說的。能夠心知，能夠言說的『大道』，就不是眞正的『大道』。雖然『大道』不可言說，但是又不得不借助『語言』來表述，我就嘗試著給你談一下『大道』的大概吧！

『地的極致』是『陰冷之氣』，『天的極致』是『炎熱之氣』，『陰冷之氣』雖然在『地上』，卻植根於『天上』；『炎熱之氣』雖然在『天上』，卻植根於『地上』，兩者『相互交流』又『貫通和合』，這就生成了『萬物』，或許有某個統領這一切的『綱紀（法律制度）』存在，但是我們卻看不到它的『形體』。消亡又生息，盈滿又空虛，一暗一明，日變月化，時時刻刻都有所作為，我們卻不知道它是怎麼樣起作用的。

『萬物的出生』應該有一個『萌發的地方』，『萬物的死亡』也應該有一個『歸宿』，『開始』和『結束』是相反的，我們卻不知道它們的『開端』在哪裡，也不知道它們的『結束』在什麼地方。可是如果沒有這樣的事物存在，那麼這個世界該是由誰來作爲它的『主宰』呢？」

「孔子」問道：「請問，您神遊『大道』的情形是怎樣的呢？」

「老聃」回答道：「如果到了這樣的境界，那眞是『至美至樂（無比的美妙和無比的快樂）』。在『無比美妙的境界』中，享受『最偉大的快樂』，這就可以稱之爲『至人（最崇高的人）』了。」

「孔子」問道：「請問，怎樣才能達到『至美至樂（最美妙和最快樂）』的境界呢？」

「老聃」回答道：「『食草的獸類』，不擔憂更換『沼澤地』；『水生的蟲類』，不擔憂更換水是在什麼地方。因爲，那都是些小的變化，而並沒有失去基本的生活條件。所以，『喜怒哀樂』的心情，就不會隨著『小的變化』，而在心中引起激盪。

『天下』這塊地方，是『萬物』共同生息的場所。既然，『萬事萬物』都有著共同的『生存背景』，那麼我們的『四肢百體（全身各器官各部分）』，即便早晚將成爲一堆無用的『廢物』，由於『生和死』和『終和始』，也將和『晝夜交替』一樣地循環不止，誰也無法打亂這一種循環性的『自然秩序』，我們也就對它不太介意。

如果連『生死』都能不太介意，何況『人生』那一點『得和失』和『禍和福』之間的斤斤計較呢？所有隸屬於自己的『身外之物』，例如『官爵俸祿』、『財產』之類，都和『得失禍福』連在一起，所以對於它們，完全可以像丟棄『泥土』一樣棄之不顧，因爲我們懂得我們的『身體』，比那些隸屬於『身體』的東西，要更加珍貴些。

如果懂得了『自身』存在的珍貴，也就不會爲一些『小的變故』而『患失（生怕失去）』了。而且『世界』的千變萬化，是無窮無盡的，又何必爲這麼一個『小的變故』，而弄得自己『心神不寧』呢！已經明白了『大道』的這種『屬性』的人，是可以對這個『問題』釋懷的。」

「孔子」問道：「『先生』對『天地萬物』，已經有如此高明的理解，而且還借助最準確的言說，來說明如何修養自己的『心性』。古來的『君子』，誰又能超過您呢！」

「老聃」回答道：「話不能這樣說。『水』的清明澄澈，是在『無所作爲』的情況下才會如此；『最高境界的人』的『德行』，並不是依靠『修養』得來的，『天道』無爲而又無所不在，它不是靠『修習』而是『自成』的，但是『天地萬物』都不得不遵循它。事實上，『萬事萬物』根本無『法』，也不可能離開『道』的範圍。就像『天』自然就高，『地』自然就厚，『日月』自然就明亮一樣，哪裡需要像我這般來『修養』啊！」

「孔子」出來，把這些告訴了「顏回」，他說道：「我對於『道』的認識，就如同『醋罈』中，變質生出的『小飛蟲』一樣，太渺小了！如果沒有『先生』啟發我『被蒙蔽而不知之處』，我就不會知道『天地全備』的道理了！」

第五部分，寫了一個「小寓言」，說明「有其形」不一定「有其眞」；「有其眞」也不一定「有其形」。

「魯哀公」爲春秋末期人，「莊子」爲戰國中期人，二人相距一百多年，不可能相見，此爲虛構的寓言。

「莊子」拜見「魯哀公」。

「魯哀公」問道：「『魯國』有許多『儒學之士』，很少有從事『先生』的道術的。」

「莊子」回答道：「『魯國』的『儒學之士』很少。」

「魯哀公」問道：「『魯國』的人，都穿『儒者』的服裝，怎麼說少呢？」

「莊子」回答道：「我聽說，『儒者』之中，『戴圓帽』的人，通曉『天時』；『穿方形鞋子』的人，懂得『地理』；『佩戴五彩絲帶穿繫環狀帶有缺口的玉飾』的人，事至而能決斷。『君子』懷有其『道術』的，未必穿戴那樣的服飾；穿戴那樣服飾的，未必眞有『道術』。您一定以爲不是這樣，何不號令於全國中說：『不懂此種道術，而穿戴此種服飾的，要處以死罪！』」

於是「魯哀公」發布這個命令，五天以後，『魯國』沒有敢穿『儒服』的人。唯獨有一位男子，身穿『儒服』，站立在「魯哀公」的門外。「魯哀公」即刻召見他，請問他「國事」，任何事情，也不能難住他。

「莊子」說道：「以『魯國』之大，只有一個『儒者』，可以說多嗎？」

第六部分，指出應當把「爵祿」和「死生」，都「不入於心（不放在心上）」。

「百里奚」是「春秋」時期的「秦國大夫」，原爲「虞國大夫」，「晉國」滅「虞國」之後被俘，作爲陪嫁之臣，送往「秦國」。後來，又出走「楚國」，爲「楚國」所拘捕。後來，被「秦穆公」用「五張羊皮」贖回，人稱「五羖（ㄍㄨˇ，山羊）大夫」，爲「秦穆公」所重用，與「蹇（ㄐㄧㄢˇ）叔」、「由余」等賢臣，協助「秦穆公」建立霸業。

「百里奚」不把「官爵俸祿」放在心上，所以「養牛」而牛肥，使「秦穆公」忘記他出身低賤，而委之以「國事」。「虞舜」一心只想盡孝，不把「生死」放在心上，雖然他的「父親」和「繼母」設法要謀害他，想把他燒死在屋頂，壓死在井底，他都不忌恨，所以能感動他人。

第七部分，寫「畫畫」並不一定要有「畫畫的架勢」。

「宋元君」即「宋元公」，名「佐」，「春秋」末期，「宋國」的最後一位君王。

「宋元君」要畫畫，衆位「畫師」都來了，受君命拜揖而立，以舌舔筆，調墨準備著，門外面還有一大半「畫師」。

有一位後到的「畫師」，舒緩閒適，不慌不忙地走著，受命拜揖後，也不在那站著，而往「館舍（指招待賓客，供應食宿的房舍。）」走去。

「宋元君」派人去看，見他脫掉上衣，赤著上身，盤腿而坐。

「宋元君」說道：「可以了！這位就是眞正的『畫師』。」

第八部分，描寫「臧（ㄗㄤ）」地「渭水」邊的「釣魚的老者（暗指姜太公）」，用「無爲而治」的方法治裡國家。

「周文王」去「臧」地巡視，在「渭水」邊，看見一位「釣魚的老者」，釣鉤上不放「魚餌」，意不在得魚（寓「無爲」之義），別有所釣，他經常就是這樣的釣法。

「周文王」把那個人看得「德高如天」，想舉用他，把「國事」交他治理，又擔心「大臣」和「父兄輩族人」不肯相安；最後想要捨棄此人，又不忍心讓「百姓們」得不到「善人」的庇蔭。於是就在清晨集合他的「大夫們」說道：「昨天夜裡我夢見一位『賢良的人』，面黑兩頰長滿長鬚，他騎一匹『雜色馬』，『馬蹄』的半邊是赤色的，命令我說：『託付你的國事給臧地老者，人民差不多就可以解除病痛了！』」

「諸位大夫」驚懼不安地說道：「這是先君王『季歷』啊！」（指「周文王」的父親「季歷」，「季歷」生時面黑而兩頰多鬚，喜歡乘坐「雜色馬」。）

「周文王」說道：「讓我們占卜一下吧。」

「諸位大夫」說道：「先君的命令，王不可懷疑，又何必占卜呢？」

於是就迎接「臧地老者」，授給「國事」。這個人掌政，以往的「典章法令」沒有更改，也沒發出「新政令」。

三年之後，「周文王」巡視國內，看見各種「文士」和「武士」結成的「黨派」都散掉了；「上級官員」們也不建立個人的「功德」；標準不一的「量器」也不敢進入國境之內。

「文士」們和「武士」們的「私黨」散掉，則上同於「君主」；「上級官員」不建立「個人功德」，則能同以「國事」爲務；標準不一的「量器」不入國境，則「諸侯」們也就沒有二心了。

「周文王」於是把「臧地老者」當作「老師」，北面而立請教說：「這樣的政事，可以推行於天下嗎？」

「臧地老者」默然不回答，淡漠無心地告辭而去，早晨還接受「周文王」的指令，晚上就逃走了，終身沒有消息。

「顏淵」問「孔子」說道：「周文王還不足以取信於人嗎？何必要假託於夢呢？」

「孔子」說道：「別作聲，你不要說了！周文王已經做得很完美了，你又何必議論譏刺呢？他只是在短暫時間，順應眾人罷了。」

第九部分，以「伯昏無人」的「凝神而射」做比喻，說明「寂志凝神」的重要。

「列禦寇」是「春秋時期」的「鄭國人」，「道家」學派的先驅者，人稱「列子」，主張「貴虛（以虛爲貴）」，「虛」卽「老子」的「淸虛自守」。

「列禦寇」爲「伯昏無人」表演射箭，把弓拉得滿滿的，把一杯水放在左肘上，射出一箭，又有一支扣在弦上，剛剛射出又一支搭在弦上，連續不停。在那個時候，他就像一個木偶一般紋絲不動。

「伯昏無人」說道：「這是『有心於射』的射法，不是『無心於射』的射法。試與你登上高山，踏著險石，對著『百仞深淵』，你能射嗎？」

於是「伯昏無人」就登上高山，腳踏險石，背對著「百仞深淵」向後退，直到腳下有二分懸空在外，他站在那裡請「列禦寇」過來作射箭表演。「列禦寇」嚇得伏在地上，冷汗流到腳跟。

「伯昏無人」說：「作爲『至人（古時具有很高的道德修養，超脫世俗，順應自然而長壽的人。）』，上可探測『青天』，下可潛察『黃泉（稱人死後所居住的地方。古代認爲天地玄黃，而泉在地下，所以稱爲黃泉。）』，縱放自如於『八極（八方極遠之地。八方，指東、西、南、北、東南、西南、西北、東北八個方向。）』之外，而『神情』上仍然可以不動聲色。現在你心中發慌，目眩頭暈的樣子，你在精神上就已經垮了呀！」

第十部分，描寫「孫叔敖」對「官爵」的得失，無動於衷。「孫叔敖」是「春秋時期」的「楚國令尹」，是「楚國」著名政治家。

「肩吾」是古代中國傳說中的「神仙」，「肩吾」問「孫叔敖」爲什麼對政治上的「三起三落」能夠坦然處之，毫不在意。這段對話，後來讓「孔子」知道了，「孔子」說出了一段感慨的話。

「肩吾」問「孫叔敖」說道：「您三次當『令尹（職官名。春秋時期，楚國的執政官，相當於宰相。）』而沒有『炫耀自得』之意，三次被免職也沒有『憂慼不快』之色。我開始時對此懷疑，現在見到您『呼吸勻暢』，『和顏悅色』，您心裡到底是怎樣想的呢？」

「孫叔敖」回答說：「我哪有什麼『過人之處』啊！讓我當『令尹』，我無法拒絕，不讓我當『令尹』，我也擋不住。我認識到『官位』的『得與失』，並不是由我作主，這才不再『憂慼不快』。我哪有什麼『過人之處』啊！況且，不知道可貴的是在『令尹』呢？還是在我呢？如果在於『令尹』，就和我無關；如果在於我，就和『令尹』無關。我正在駐足沉思，只顧考慮各式各樣的『政事』了，哪有工夫顧及到什麼『富貴貧賤』呢？」

「孔子」聽說後說道：「古時候的『眞人（指古代道家洞悉宇宙和人生本原，眞眞正正覺醒，覺悟的人。）』，『智者』不能說服他，『美色』不能淫亂他，『強盜』不能強制他，『伏羲』、『黃帝』這樣的帝王，也不能籠絡親近他。『死生』算得上是大事了，也不能使他有所改變，更何況是『官爵俸祿』的得失呢！

這樣的人，他的『精神狀況』，即使經過『大山』時，山峰也不能障礙阻擋他，進入『深淵』時，水也無法沾濕他，『身處貧賤』也不會感到困乏，他的『精神』充滿大地之間，盡數地施予別人，自己反而會更加富有。」

第十一部分，描寫對於「外在得失」，無變於己。

「凡國」是「周公」之後，後來被滅。「凡國」滅亡後，「凡國之君」流亡到「楚國」，作「寓公（指客居在別國的官僚或貴族）」。

「楚王」和「凡國之君」一起坐著，過一會兒，「楚王」左右的臣子，多次來講「凡國」已經滅亡了。

「凡國之君」說道：「『凡國』滅亡，不足以喪失我的『存在』。『凡國』的滅亡，既然不足以喪失我的『存在』，而『楚國』的『存在』，也不是眞正的『存在』。

因爲，『存亡』是以『道』來定義，不是以『國』來定義。『國亡』而『道存』，不見得是『亡』；『國存』而『道亡』，不見得是『存在』。

由此看來，則『凡國』未曾『滅亡』，而『楚國』未曾『存在』。」

（二十二）《外篇．知北遊第二十二》：

《知北遊》篇是「外篇」的最後一篇，以篇首「知北遊於玄水之上」的前三個字作爲篇名。

「知」是寓託的人名，「北遊」指向「北方」遊歷。

在傳統的哲學體系中，「北方」稱爲「玄」，「玄」又有「昏暗、幽遠」的意思，因此「北方」就是「不可知的地方」。

《知北遊》篇的內容，主要是在論述「道」，一方面指出了「宇宙」的本原」和「本性」，另

一方面也論述了，「人」對於「宇宙」和「外在事物」應該採取的「認識」與「態度」。

《知北遊》篇在「外篇」中，具有重要地位，對於了解《莊子》的哲學思想體系，也較為重要。《知北遊》篇所說的「道」，是指對於「宇宙萬物」的「本原」和「本性」的基本認識。《知北遊》篇認為「宇宙萬物」源於「氣」，包括「人的生死」，也是出於「氣的聚散」。

《知北遊》篇還認為「道」具有「整體性」，無處不在，但是又不存在「具體形象」，貫穿於「萬物變化」的始終。

《知北遊》篇提到了「生與死」、「長壽與短命」、「光明與幽暗」……等，都具有「相對性」既是「對立的」，又是「相生」、「相互轉化」的，這是一種「唯物辯證觀」。

《知北遊》篇又認為，「道」是不可知的，「知」反而不是「道」，主張「無為」，順其自然，一切都有其自身的規律，不可改變，也不必加以改變。

《知北遊》全文分成十一個部分，簡述如下：

第一部分，虛擬三個人名「知」、「無為謂」和「狂屈」，透過「知」求教「黃帝」，詢問三個問題：「何思何慮則知道？」、「何處何服則安道？」、「何從何道則得道？」，這「三問」是從「思維方式」、「生活方式」和「求教方式」等三個方面來求問如何「認識道」、「持守道」和「掌握道」的方法和途徑。

「知（虛擬人名）」向北到「玄水」邊遊玩，登上「隱弅（ㄈㄣˋ）山」的山丘，恰巧在那裡碰到了「無為謂（虛擬的得道者，與自然合一，無為不言之人）」。

「知」對「無為謂」說道：「我有個問題要問你，怎樣思考，才能認識『大道』？如何居處，如何行事，才能持守『大道』？以何種途徑，用何種方法，才能夠獲得『大道』呢？」

「知」問了三次，「無為謂」都不回答。「無為謂」不是不回答，而是他「不知道要回答」，因為他視「天地萬物」為一體。

「知」的問題沒有得到解答，就返回到「白水」的南面，登上「狐闋（ㄑㄩㄝˋ）山」的山丘，在那裡他看見了「狂屈（虛擬人名）」。「知」又問「狂屈」這三個問題，「狂屈」說：「噢！我知道，這就告訴你。」正想說的時候，卻忘記了要說的話。

「知」沒有得到回答，又返回「黃帝的皇宮」，見到「黃帝」又問那三個問題。「黃帝」說道：「『無思無慮』才能認識『大道』，無定處，不行事，才能持守『大道』，無需任何途徑和方法，就能獲得『大道』。」

「知」問「黃帝」說道：「我和你都知道這些，『無為謂』和『狂屈』卻不知道，我們雙方誰對呢？」

「黃帝」說道：「那個『無為謂』是『完全正確』，『狂屈』是『接近於正確』，我和你終究和『道』不相近，『知道的人』不談論『道』，『談論道的人』並不懂得『道』。所以，『聖人』推行『不用語言的教化』。

『道』是不能獲取的，『德』是不能達到的，『道和德』是『自然存在』的，不能『靠人為求得』，越是『刻意追求』，越不自然，也就離『道德』越遠；『無為無求』，與『天地』處於『自然』的『同一體』中，無所不在的『道』，就會在你身上體現為『德』。『仁』可以去施行，『義』可以損棄，『禮』是相互欺騙的。

所以說：『失去道，而後才有德；失去德，而後才有仁；失去仁，而後才有義；失去義，而後才有禮。』

『禮』只是『道』的華麗外表，而它也正是『禍亂』的開始。所以說：『追求大道的人不是要天天學習，而是要天天減損，減損了再減損，一直達到無爲的境界，達到無爲的境界之後，才能夠做什麼都合乎自然。』

現在我們面對著一個『有形的世界』，卽由『虛無的道』，取聚而成體。要想在『精神』上返回『這個世界』的『虛無的本質』，難道不是太難了嗎？如果說還有誰能夠做到，那就只有『得道』的『至人（古時具有很高的道德修養，超脫世俗，順應自然而長壽的人。）』！」

「黃帝」繼續說道：「從『道』的觀點來看，『生和死』是『一物』向『另一物』的轉化過程，『生和死』是同一類的事物。就『一物』來說，有『生和死』的分別，但是就『萬物總體』來說，則沒有『生和死』的分別，『此物之生』就是『彼物之死』。

例如：『人』死亡後，投胎到『鬼道』，在『人世間』稱爲『死亡』，但是在『陰間』，投胎成『鬼』，則稱爲『出生』；反之，『鬼』死亡後，投胎到『人道』，在『陰間』稱爲『死亡』，但是在『人世間』，投胎成『人』，則稱爲『出生』。

從『氣』的觀點來看，『死』作爲『生』的『開始』，也就是從『氣』開始，誰能夠懂得這裡面的大道理啊！

『人的生命』只不過是『氣』的一種『聚合方式』。『氣聚在一起』就得到了『生命』，『氣一散開』人就『死亡』。如果『死生』是『同類事物』的不同表現形式，我們還有什麼値的擔心的呢！

所以說，『萬物』實際上是『一體的』。『氣的聚散』是『萬物生死』的無窮變化過程，『萬物』統一於『氣』。

『人們』把自己認爲『美好的東西』，稱爲『神奇』，而把自己『厭惡的東西』，稱之爲『臭腐』。『臭腐』可以轉化爲『神奇』，『神奇』也可以轉化爲『臭腐』，『世間的萬事萬物』，都處在一個『不斷的轉化過程中』。這是以『物』的觀點來看，如果以『道』的觀點來看，『神奇』與『臭腐』是『物無貴賤』的。所以說：『貫通天下的只是一氣罷了。』因此，『聖人』重視這個『一』。」

「知」對「黃帝」說道：「我問『無爲謂』，『無爲謂』不回答我，不是『不回答』，而是『不知道要回答』；我問『狂屈』，『狂屈』想告訴我，卻終究沒有告訴我，其實他不是『不想告訴我』，而是『話到嘴邊，卻把要說的給忘了』；現在我問你，您知道這麼多，爲什麼又說我們所說的都和『大道』不相近呢？」

「黃帝」回答道：「『無爲謂』是個眞正懂得『大道』的人，因爲他是『無知』的；『狂屈』接近於懂得『大道』，因爲他『忘記了自己所知的內容』；我和你終究和『大道』不相干，因爲我們都認爲自己明白那『不可知的大道』。」

「狂屈」聽到了「黃帝」所說的話後，認爲「黃帝」只能算是「知言（善於辨析他人的言辭）」，還不能算是懂得「大道」。

第二部分，說明「聖人」不要作爲什麼，只是模仿「天地」的「自然無爲」。「大道」沒有形象，卻有「神明」般的能力，「萬事萬物」都是因爲它的畜養而存在，但是卻不自知。人們可以透過

觀察「天地萬物」的運行變化，來證明「大道」的存在。

「天地」有最大的美德，卻「沉默不言」；「一年四季」有明確的規律，然而它卻從不議論；「萬物」有它固定的道理，然而它卻不加以解釋。所以，「思想境界」最高的人，只是模仿「天地」的「自然無爲」，「聖人」也從不要作爲什麼，他是通過觀察「天地大道」而明白了「萬物」生成的道理。

綜合起來看，那神明般的「大道」，是極其「精微玄妙」的，它參與了「天地」養育「萬物」的無窮變化。

有形的事物，形態各異，變化無窮，總是處於不斷地「產生」和「消亡」的過程之中，不管它在「形態」上，怎樣作「有序的變化」，我們還是沒有辦法知道它的「根本性質」和「最終原因」；因爲「天地萬物」，似乎是自古以來，原來就如此這般地，普遍存在著。

四方上下的「六合」三維空間，雖然是如此的巨大，它仍然存在於「大道」之中，還是沒有超出「大道」之外；「秋毫（鳥獸在秋天所生的細毛。後比喻微細的事物。）」雖小，仍然要靠「道的作用」，才能形成自己的形體。

天下的「萬事萬物」，無不時時刻刻，在「升降往來」地變化著，但是「大道」卻永遠不會衰變；暑往寒來，四時運行，它們都有自己固定的「自然秩序」；「大道」雖然「無形無象」，看起來好像並不存在，實際上卻是存在的。

「大道」沒有形象，是「形而上（超乎形體之外者，卽超經驗界或本體界的事物。）」之物，卻有「神明」一般的能力，「萬事萬物」都是因爲它的畜養而存在，但是卻不自知。

我們把「大道」的這種「存在性」，稱爲「根本性的存在」。

第三部分，透過「齧（ㄋㄧㄝˋ）缺」問道於「被衣」，說明「悟道的方法」。

「齧（ㄋㄧㄝˋ）缺」問道於「被衣」。

「被衣」說道：「你要『端正（姿勢挺直）』你的『形體』，集中你的『視線』，『天和（人的元氣）』就會到來；『收斂（減弱或消失）』你的『智慧』，專一你的『思慮（思考計慮）』，『神明（神明之精，卽道的功能活力。）』就會來居留你心；『德行』將顯現你美好的品行，『道』將留在你的身上。你『無知』而『直視』的樣子，就像『初生的小牛犢』，你不要去追究『事物的緣由』。」

話未說完，「齧缺」已經睡著了。「被衣」特別高興，一邊走一邊唱歌而去。

「被衣」說道：「『形體』如同『枯骨』，『心』如同『死灰』，眞正『純實之知』，不堅持故見，懵懂暗昧，沒有思想，不能和他『計議謀劃』，他是個什麼樣人啊！」

第四部分，借「舜」和他的老師「丞」的對話，說明「道」是不可以「獲得」和「擁有」。

「丞」是古代的「得道者」，是「舜」的老師。

「舜」問「丞」說道：「『道』可以『獲得』和『擁有』嗎？」

「丞」回答說道：「『你的身體』都不是你所擁有，你怎麼能擁有『道』呢！」

「舜」問道：「『我的身體』非我所有，那歸誰所有呢？」

「丞」回答道：「是『天地』寄託給你一個『形體』；『生命』非你所有，是『天地』寄託給你『和氣（天地間陰陽調合而成的氣，萬物由此而生。）』；『性命』非你所有，是『天地』寄託給你

『順應自然』的『屬性（事物所具有的性質）』；『子孫』非你所有，是『天地』寄託給你『繁衍子孫的能力』。

所以，『行時』不知道往哪裡去？『住時』不知道持守什麼？『吃東西時』不知味道？這一切都受『強健運行之氣』所支配，即『天地陰陽二氣』聚合運行，主宰支配一切。你又怎麼能夠『獲得』和『擁有』呢！」

第五部分，「孔子」請問「老聃」「至道」是什麼？，「老聃」說明，人的「智能」無法認識「至道」，只能靠「內心的體悟」才能認識「至道」。懂得這些道理，就叫做「大得」。

「孔子」問「老聃」說道：「今天悠閒自在，請問，『至道』是什麼？」

「老聃」說道：「你要先進行『齋戒』，疏通你的『心靈』，洗滌你的『精神』，打破你的『成見』。『道』是『深遠莫測』，而且『難以言說』的呀！我爲你說個大概的輪廓吧。

『明亮的東西』產生於『昏暗』，『具有形體的東西』產生於『無形』，『精神』產生於『道』，『身體』產生於『精微之氣』。『萬物』全部都憑藉『形體』而誕生。所以，具有『九個孔竅的動物』是『胎生』的，具有『八個孔竅的動物』是『卵生』的。它的『來臨』沒有『蹤跡』，它的『離去』沒有『邊際』，不知從哪兒進出、在哪兒停留，通向廣闊無垠的四面八方。

遵循這個『道』，四肢強健，思慮通達，耳目靈敏，運用『心思』不會勞頓，順應『外物（身外之物。多指利欲功名之類。）』不拘定規。『天』沒有得到『道』，不會高闊；『地』沒有得到『道』，不會廣大；『日月』沒有得到『道』，不會運行，『萬物』沒有得到『道』，不會昌盛，這就是『道』啊！

況且，『博學的人』不一定能夠認識到『大道』，『善辯的人』也不一定稱得上有『智慧』，所以『聖人』放棄『博學』和『好辯』。因為，只有那個想增加也無法增加，想減少也不能減少的『大道』，才是『聖人』樂於堅守的。

『大道』深奧啊！就像『大海』；『大道』巍峨（高大聳立的樣子）啊！『周而復始』地運行不息，運用它計量『萬物』，不會感到不夠用。

所以，『君子們』所遵行的『道』，怎麼能夠處於『大道』之外呢？『萬物』都往『大道』那裡取用，『大道』也不會匱乏，這就是『道』啊！

『中原之國』有這樣的人，既不偏於『陰』，也不偏於『陽』，他們居住在天地之間，只能姑且把他稱作『人』，但是他早晚要返回他的『根基』去，從『根本』來觀察，所謂『生』，不過是『氣』的聚集而已。雖然有『長壽』和『夭折』的分別，又有多少差異呢？差別只是『片刻之間』的一種說法，怎麼能夠用它來判斷『堯』和『桀』的『是非』呢？

『瓜果之類』，各有自己賴以存在的根據，人間的『倫理關係』雖然複雜，但是只要按照『年齡』排列，也還是可以形成『社會生活秩序』的。『聖人』碰到此類的事件並不逃避，可是事件過去了也不留戀，能夠『調和順應』的事，便是『德』的範疇；偶然撞上而又不得不應付的一切，都屬於『道』的範疇。『帝王』興起的道理，也都在這裡了。

人生活在『天地之間』的時日，如同『白駒』過『空隙（裂縫）』一樣短暫，剎那間而已。

■成語：「白駒過隙」

◆出處：《莊子．知北游》

◆原文：人生天地之間，若白駒之過卻，忽然而已。

◆解釋：形容時間過得飛快。

人的生長興起，如同水的涌流，如同苗的茁壯生長，無不由『道』而生發出來；變化消逝，也無不消亡於『道』之中。已經變化生出來的，又變化而死去，一切有生命的『生物』，爲其『同類之死』而悲哀，人類爲其『親人之死』而傷悲。

解開『自然的枷鎖』，毀壞『天然的桎梏（ㄓˋ ㄍㄨˋ，腳鐐和手銬）』，讓它們『紛紜（盛多而雜亂）』婉轉地散失。魂魄將往，身體也隨之消亡，『死亡』就是最大的『回歸』。

從『沒有形體』到『有形體』，又從『有形體』變爲『沒有形體』，這是人所共知的『常識』；『常識』並不是『求道之人』所努力追尋的，那是人人明白並且共同討論的話題，那些達於『道境』的人，並不『愛議論』，『愛議論的人』也就沒有達到『道境』。

用『聰明才智』去追求『大道』，反而遇不上『大道』，要想體悟『大道』，『善辯』不如『沉默』。『大道』是不能『聞知（由傳聞傳授而有所認識）』的，所以『聞聽（聽見；知道）』不如『不聽』。人的『智能』無法認識『大道』，只能靠『內心的體悟』才能認識『大道』。懂得這些道理，就叫做『大得』。」

第六部分，透過「東郭子」問「道」於「莊子」，「莊子」用一些「無厘頭（令人難以理解）」的答案來回答，「東郭子」完全聽不懂，最後「莊子」才解釋「道」的意涵。越是從「低微之處」去看「道」，「道」就越明顯。

世界上的一切事物，大如「宇宙、人類」，小如「螻蟻、瓦甓」，都包含在「道」裡面，都受一定的規律的支配，所以「道」是無所不在的。莊子故意把「道」形容得那麼低下，旨在打破當時一般人對「道」的神祕觀念。

住在「東郭」的「東郭子」問「莊子」說道：「所謂『道』，在哪裡呢？」

「莊子」回答道：「無所不在。」

「東郭子」說道：「一定要指出具體的地方才行。」

「莊子」回答道：「在『螻蟻（ㄌㄡˊㄍㄨ，螻蛄及螞蟻）』之中。」

「東郭子」又問道：「爲什麼在這麼『卑下的地方』呀？」

「莊子」回答道：「在『稊稗（ㄊㄧˊㄅㄞˋ，兩種一年生的草本植物）』裡面。」

「東郭子」又問道：「怎麼『更卑下』了呢？」

「莊子」回答道：「在『瓦甓（ㄆㄧˋ，磚頭和瓦片）』中。」

「東郭子」又問道：「怎麼越說越『不著邊際』了？」

「莊子」回答道：「在『屎溺（屎尿）』中。」

「東郭子」再也不出聲了。

「莊子」說道：「『先生』提『問題』的方法，本來就沒有觸及『問題』的實質。就好像名叫『獲』的『市場管理官』，正在問『監市（監管市場的人）』，如何透過『踩豬腿』的方法，來檢驗『豬的肥瘦』一樣，方法是愈是往豬腿下面踩，愈是能比較出豬的肥瘦。因爲『豬』的『小腿』部分，不容易長肉，用腳去踩『小腿』的部分，此處肉愈多，『豬』就愈肥。

我只能夠告訴你，從『低微之處』去深入推求『道』，『道』就越明顯，就越能瞭解『道』的眞

實情況。卽使在最『卑下處』，也有『道』的存在，可見『道』是無所不在的。

你不能要求我來證實『道』在哪個『事物』上，因爲『所有的事物』都在『道』中，都逃不出去『道』的範圍。最高的『道』是這樣，所有『抽象的概念』都是這樣的。就好像『週、遍、咸』這三個詞不一樣，但是『名稱』不同，而『意思』相同，都是『都、皆、全』的意思，它們所指稱的事實，都是一樣的。

我們可以想像著一起去遊歷一個『什麼都沒有』的地方，『道』是綜合起來講的，所以它不會『窮盡』。再想像著我們一起『順應自然』，而什麼也不做，你的感覺是『淡漠而寧靜』，『寂寞而清虛』。可以調和你的『心情』，而使你的『心靈』得到『安寧』和『閒適』，我的心就常常處於『虛無寂寥』之中，本來就沒有要去的『目的地』，所以就總是在無意中心動，順應自然，到了哪裡，算哪裡。

我們『來來往往』地忙著，並不知道哪裡是『止境』，我們『往而又來』，卻並不知道『人生的歸宿』。我逍遙自在地生活在『廣漠空虛』的『道境』中，卽使是有『大智慧的人』來到這裡，也弄不明白它的邊際。『道』作爲『創生萬物者』，它和『萬物』之間是沒有『界限』的，而物與物之間，是有分界的，這就是物與物之間的『界限』。

我用『沒有分界』的『道』，來對待『有分界』的『物』，就像你用對於『有形之物』的『認識』，來要求我回答一個『沒有邊界』的『道』一樣。

人們平常所說的『盈虛（盛衰消長）』和『衰殺（減縮）』之類，都是對於『有形之物』而言的，這種『盈虛（盛衰消長）』並不是『道』的『盈虛（盛衰消長）』，這種『衰殺（減縮）』也不是『道』的『衰殺（減縮）』，人們所說的『本末（事情的原委、經過）』也不是『道』的『本末（『本』是指宇宙本源或本體，『末』是指天地萬物。）』，人們所說的『積散（生死）』，也並不是『道』的『積散（生死）』。」

第七部分，透過七位虛擬的人名，「婀（ㄜ）荷甘、神農、老龍吉、弇堈（ㄧㄢˇㄍㄤ）吊、泰清、無爲、無始」等人的對話，去詮釋「道」是不可以取「名字」的，如果加給一個「名字」，就被限定一個範圍，而不同於「眞正的道」，因爲「眞正的道」是沒有範圍的，是無限的。不管給「道」取個什麼「名字」，都不可能達到「名實相符」。

「道」看起來無形，聽起來無聲，人們對它的種種議論，叫做「冥冥（暗昧不明）」，他們所「論述之道」，並不是「眞道」。

「婀（ㄜ）荷甘」與「神農」一同跟著「老龍吉」學習。「神農」倚靠著「几案（古人席地而坐時供倚靠的器具）」，白天關起門睡覺。

中午的時候，「婀（ㄜ）荷甘」推門而入，說道：「老龍吉死了！」

「神農」因爲過度震驚，倚靠著「几案」，突然抱著手杖而起立。「嘭！」的一聲，放下手杖笑著說道：「『先生』知道我『孤陋寡聞』，『怠慢荒唐』，所以棄我而死。完了！『先生』沒有留下啟發我的『至言（最高超的言論；古代道家用虛靜無爲的思想闡述事理，以不言爲至言。）』而死去了！」（「神農」不哭而笑，因爲他已經覺悟生死都是一樣的道理。）

「弇堈吊（ㄧㄢˇㄍㄤ）」聽了之後說道：「『與『道』相合的人，是天下『君子』所歸依之人。現在他對於『大道』，連『秋毫（秋季鳥獸的毫毛，形容極小的事。）』末端的萬分之一都未得到，還知道懷藏他的『至言』而死去，又何況那些與『道』相合的人啊！『道』看起來無形，聽起來無聲，人們對它的種種議論，叫做『冥冥（暗昧不明）』，他們所『論述之道』，並不是『眞道』。」

於是「泰清」問「無窮」說道：「您知道『道』嗎」？

「無窮」說道：「我不知道『道』。」

「泰清」又問「無爲」，「無爲」說道：「我知道『道』。」

「泰清」又問道：「您所知道的『道』，也有什麼『道理規律』嗎？」

「無爲」回答道：「有！」

「泰清」又問道：「它的『道理規律』是什麼？」

「無爲」回答道：「我知道的『道』，可以處在『富貴』，可以處在『貧賤』，可以『收斂』，可以『分散』，這就是我所知道的『道』的『道理規律』。」

「泰清」把「無爲」所回答的話，拿來問「無始」，說道：「如果是這樣，那麼『無窮』的『不知道』與『無爲』的『知道』，究竟誰是誰非呢？」

「無始」回答說：「回答『不知道』是對『道』，知道的很『深入』；回答『知道』是對『道』，知道的很『淺薄』；『不知道』是內心悟道，『知道』是只了解一點『道』的外在形式。」

（對『道』無所知，才是眞正內心體悟了『道』；對『道』有所知，能用『語言』說出來，這只是見到『道』的外在形式。）

於是「泰清」仰天而嘆說道：「『不知道』就是『知道』嗎？『知道』就是『不知道』嗎？誰能知道不用『語言相狀』去表述的『知道』是什麼呢？」因爲，這種『知道』才是『眞正的知道』。

「無始」回答道：「『道』不可以『聞知（由傳聞傳授而有所認識）』，所『聞知』的都不是『道』；『道』不可以見到，所見到的都不是『道』；『道』不可以言說，被言說出來的，都不是『道』。要知道創生『有形萬物』的東西，是『無形』的呀！『道』與它的『名』是不相應的。」

「無始」繼續說道：「有人問『道』，而給予應答的，就是『不知道』；就是那個『問道之人』，也是沒聽說過『道』。『道』是不能問的，有問也不應該回答。本來不可以問，又要問，『這種問』是『空』的；本來不應該回答而回答，『這種回答』是『沒有眞實內容』的。以『沒有眞實內容』的『回答』，去回答『空』的問題，如果這樣，對外不能觀察『宇宙』的無限，對內不能了解『道』的根本。因此，他不能超越『有形的界域』，不能逍遙於『廣漠的虛空』。」

第八部分，「光曜」和「無有」都是虛擬的名字，透過「光曜」的話，了解到「道」是「隱晦空寂」的樣子，整天看也看不見，聽也聽不到，摸也摸不著。

「光曜」問「無有」說道：「『先生』！你到底是『有』呢？還是『沒有』呢？」

「無有」沒有回答。

「光曜」沒有得到「無有」回答，就仔細觀察「無有」的形貌，他一副「隱晦空寂」的樣子，整天看他也看不見，整天聽他也聽不到，想摸他，卻怎麼也摸不著。

「光曜」於是感嘆道：「他眞是達到極致了，誰能達到這樣高的境界啊！像我，只能說達到了『不能聽』也『不能觸摸』，卻未能達到『一無所有』的『無無之境』啊。如果能超越了『有』和『無』的境界，哪裡會是我現在這個樣子呢？」

第九部分，透過「大司馬」和「鑄劍人」的對話，說明「鑄劍人」因爲用心於「鑄劍」，而不用心在「別的地方」，就能夠如此有用。達到『至道境界』的人，好像是『一無所用』，實際上是『萬事萬物』都要藉助於他。

「楚國」的「大司馬」，有一位「鑄劍的人」，已經八十歲了，造出來的劍，仍然鋒利無比，光芒四射。

「大司馬」問道：「你是『純粹技藝高』呢，還是有什麼『別的道行（技能本領）』呢？」

「鑄劍人」回答道：「我是個『有所持守』的人，我從二十歲時，就開始喜愛上『鑄劍』這一行了。從此之後，就對別的事物視而不見，不是和『劍』有關的事情，看都不看一眼。我這種『鑄劍的技藝』，會那麼高超，完全得益於我平時對於與『劍』無關的事情，不加以理睬『專注』在上面。因此，我能夠長期受到重用。

我因爲用心於『鑄劍』，而不用心在『別的地方』，就能夠如此有用，何況那些對『所有的事物』都『無所用心』的『求道者』呢？達到『至道境界』的人，好像是『一無所用』，實際上是『萬事萬物』都要藉助於他呀！」

第十部分，透過「孔子」的弟子「冉求」，向「孔子」詢問，沒有「天地」以前的情形。「孔子」要「冉求」不要「胡思亂想」，就不會亂問。不要想通過外界的「有形事物」來尋求驗證。沒有「古代」，也沒有「今日」；沒有「開始」也沒有「結束」。

「冉求」，名「求」，字「子有」，亦稱「冉有」，「東周」春秋時代「魯國人」。「孔子」的弟子，少「孔子」二十九歲。「冉有」多才多藝、性格謙遜、長於政事。政治能力較強，名列「孔門十哲」之一。

「冉求」問「孔子」說道：「沒有『天地』以前，情形是怎樣的呢？」

「孔子」回答道：「『古代』和『現代』是一樣的。」

「冉求」覺得「答非所問」，就不想再問而退了下去。

第二天，「冉求」又來找「孔子」，問道：「昨天我問的問題是：『沒有天地以前的情形，可以知道嗎？』『先生』卻回答說：『可以。古代和今天是一樣的。』昨天我還明白，今天我又糊塗了。請問，這是爲什麼呢？」

「孔子」說道：「昨天你明白，是用心領悟了它；今天又糊塗，那是你又想通過外界的『有形事物』來尋求驗證。沒有『古代』，也沒有『今日』；沒有『開始』，也沒有『結束』。如果『古代』沒有『子孫』，代代繁衍，今天還會有『子孫』嗎？如果『古代』沒有『子孫』，今日也不會憑空生出『子孫』。由此推證，『古代』和『今天』相同，『今天』卽是『古代』的延續。」

「冉求」沒有回答。

「孔子」說道：「不要『胡思亂想』就對了，也就不會亂問了！不是因爲有了『新生者』，才產生了『死亡』，也不是因爲有了『死亡』，就會讓『死者』死而復生。難道『死亡』和『新生』是相互依賴的嗎？難道可能有什麼先於『天地』，就生成的『事物』嗎？『生成物』的那個東西，一定不是『物』自身，被創生的『事物』不可能先於『生成它的事物』，『天地』是最大之物，你還要在它之上找一個『生成物』，這就是你所提的問題，亂問的地方。

如果你不斷地在『生物者』前面，尋找『新生物者』，那是永遠沒有答案的。『聖人』熱愛『人類』，也是沒有止境的，那也是從這個『自然之理』中，受到的啟發，只是『愛』就是了，不問為什麼。」

第十一部分，透過「顏淵」問「孔子」，如何才能使「精神」出入自如。「孔子」開示「顏淵」，要隨「外物（身外之物。多指利欲功名之類。）」變化，而「內心」安然不動；要能「隨物應化」，即「內心」恆常保持「淡漠無心」的狀態。這樣不管環境如何變化，都能「安時處順（安於時運，順應變化。）」，順其自然，不加增益。

「顏回」，字「子淵」，又稱「顏淵」，「春秋」時代「魯國」人，是「孔子」七十二門徒之首，「孔門十哲」之一。「顏回」是「孔子」最得意的弟子，位居孔門第一位。「顏回」年紀比「孔子」少三十歲，家境貧窮，但能「安貧樂道」；為人聰敏、好學，聞一知十；品行優越，「孔子」稱讚其賢德，是「孔子心法」傳承的直系弟子，但是年僅四十歲，就去世了，後世尊稱為「復聖」。

「顏淵」問「孔子」說道：「我曾經聽『老師』說：『不要有所送，不要有所迎。』請問如何才能使『精神』出入自如。」

「孔子」說道：「古時候的人，隨『外物（身外之物。多指利欲功名之類。）』變化，而『內心』安然不動；現今的人，『內心』游移不定，卻又沉溺於『身外之物』，而不能『隨物應化』。能『隨物應化』的，一定是『內心』恆常保持『淡漠無心』的狀態。這樣的人，不管環境變化，還是不變化，都能『安時處順』，順其自然，不加增益。

古帝王『狶韋氏』的園林，『黃帝』的園圃，『虞舜』的宮殿，『湯武』的宮室，遊玩居住的地方，越來越狹小，而『道德』也越來越低下。卽使被稱爲『君子』的人，一旦他們以『儒家』或『墨家』爲師，而陷入『是非』之中，也不得不相互攻擊，何況現在的『普通人』呢！

『聖人』與『萬物』相處而不傷害『萬物』。不傷害『萬物』的人，『萬物』也不會傷害他。只有『無所傷害的人』，才能與人相交往。山林啊！平原啊！都能使我『欣然快樂』！『快樂』還沒有完，『悲哀』就又接著來了，『悲哀』與『快樂』的到來，我不能抗拒，它們要離我而去，我也不能阻攔。

多麼可悲呀！『世人』都是執著於『外物（身外之物。多指利欲功名之類。）』所帶來的『悲哀』與『歡樂』，其實人在這個世界上，就好像是暫住『旅館』的『過客』一樣。

他們只知自己所『遭遇到的』，卻不知道自己還有很多『艱難險阻』，是他們從來『不曾遭遇到的』；人只能做『力所能及』的事，卻不能做『力所不能及』的事。

『有所不知』和『有所不能』，本來就是人所不能避免的。有些人非要強求人所不能免的，豈不是十分的可悲嗎？『大道』是不能言說的，最好的做法是『無爲』。想要讓人們都認識『大道』，那實在是很『淺陋』的想法。」

（二十三）《雜篇．庚桑楚第二十三》：

「庚桑楚」是首句「老聃之役有庚桑楚者」裡的一個「人名」，《庚桑楚》篇是以「人名」爲篇名。全篇涉及許多方面的內容，有討論「順應自然」的，倡導「無爲」的，有討論「認知的困難」和「是非難以認定」的，但是大多數的內容，還是在討論「養生」。

《庚桑楚》全文分成五個部分，簡述如下：

第一部分，描寫「庚桑楚」與「弟子」的談話，指出「萬物」都有其「自然的規律」，「為政者」只能「順應天道而行」，至於「堯舜」的作法，只能使人民「相軋（ㄓㄚˊ，互相擠壓）」，社會的動亂，也就因此而起。

「老聃」有個叫「庚桑楚」的弟子，獨得「老聃之道」，去北方居住在「畏壘山區」，他的「僕人」中，「喜好智慧的」被辭去；他的「侍女」中，「標榜仁義的」被疏遠；「純樸的」和他住在一起；「勤勞的」為他使用。

住了三年，「畏壘山區」獲得大豐收。「畏壘山區」的「老百姓」互相議論說道：「『庚桑子』剛來的時候，我們見都沒見過這樣的人，感到很驚異。現在，我們三年之前，每日盼望他有所作為而不去作為，所以感覺他『不足』；三年之後，沒有疾病及災疫，而大豐收，『無為』的方法，是不可思議的，所以感覺他『有剩餘』。他差不多是『聖人』了吧！你們為什麼不以他為『祖宗』，尊奉他為『神明』，一起來敬奉他呢？」

「庚桑子」聽到這種議論，面南而坐思考「老聃」的教導之言，心中感到不愉快。「弟子們」感到很奇怪。

「庚桑子」說道：「你們為什麼對我感到奇怪呢？『春天』陽氣上升，而百草禾苗生長，『秋天』氣候適宜，而各種果實成熟。『春季』與『秋季』，難道無故就能這樣子嗎？這是『天道』自然運行的必然結果。

我聽說，『至人（指古時具有很高的道德修養，超脫世俗，順應自然而長壽的人）』像『祖先牌位』的寂靜，而居住在『一丈長的小室』之中，而『百姓』隨心所欲，悠遊自得，不知道有『至人』的存在。現在『畏壘山區』的人民，都竊竊私語，想把我敬奉於『賢人』之間，我難道是那種『標準的人』嗎？我想起『老聃』的教導，我沒有做到讓『畏壘山區』的人民，不知道有我的存在，這一點讓而感到不高興。」

「弟子們」說道：「不是這樣子的！在深八尺，長一丈六尺的『小水溝』裡，『大魚』無法轉身，而『小魚』迴旋自如；六尺八尺高的『小土丘』，『巨獸』無法藏身，卻是『妖狐』很好的藏身之處。

況且，尊崇『賢人』，任用『有才能的人』，先推舉『善而有利』的人等這些措施，自古『堯舜』已經如此做了，何況『畏壘山區』的人民呢？『先生』就聽從他們的吧！」

「庚桑子」說道：「小子們！過來，能吞下車子的『巨獸』，單獨離開山林，就不免於受到『網羅』的禍患；吞船的『大魚』，因爲『潮汐激盪』，而離開水面擱淺於岸，就會受到『螻蟻（螻蛄及螞蟻）』咬嚙的困苦。所以，鳥獸不厭煩山高，魚鱉不厭煩水深。

要保養『身體』與『性命』的人，他的隱身之所，也是不嫌棄高遠罷了。況且，『堯舜』這兩個人，又有什麼值得稱讚的呢！像他們這樣辨別『賢能善利』，就像胡亂挖掘『垣牆（ㄩㄢˊ，矮牆）』，而種植『蓬蒿（茼蒿）艾草』當牆一樣，選擇『頭髮』來梳整，數著『米粒』來煮飯，如此過度的明察，又怎麼能夠救世呢！

推舉『賢能者』，則使『人民』相互『傾軋（一ㄚˋ，互相毀謗排擠）』，任用『智者』，則使『人民』相互『欺詐』。這些事不足以使人民『淳厚（質樸敦厚）』。人民的『貪利之心』急切，於

是就有『子殺父』、『臣殺君』、『白日偷盜』和『正午挖牆』等，這修不法之事發生。我告訴你們，『大亂』的根源，必定起自『堯舜時期』，而『流弊（滋生或沿襲而成的弊端）』於千年之後。千年之後，必定有『人吃人』的慘事生！」

第二部分，透過「老聃」的談話，說明「養生之道」，這就是「與物委蛇，而同其波」，「身若槁木而心若死灰」，「卽隨物而應、處之無爲」的生活態度。

「庚桑楚」的弟子「南榮趎（ㄔㄨˋ）」虔敬地端坐，說道：「像我年紀這樣大的人，要怎樣學習，才能夠達到『先生』所說的那種境界呢？」

「庚桑楚」說道：「保全你的身體，守住你的生命，不要讓你的『思慮』，爲牟取『私利』而奔波勞苦。按照這樣做，三年下來，那你就可以達到我所說的那種境界了。」

「南榮趎」說道：「『瞎子』的眼睛和『正常人』的眼睛，從外形看不出，有什麼差異，而『瞎子』的眼睛看不見東西；『聾子』的耳朵和『正常人』的耳朵，從外形看不出，有什麼差異，而『聾子』的耳朵聽不見聲音；『瘋子』的樣子與『正常人』的樣子，從『外表』看不出有什麼差異，而『瘋子』卻不能把持自己。

『形體』與『形體』之間，彼此相近，但是出現不同的『感知（利用感官對物體獲得的有意義的印象）』，是『外物（身外之物。多指利欲功名之類。）』使它們有區別嗎？還是爲了『私利』，卻始終未能獲得『物的本性』呢？

現在『先生』對我說道：『保全你的身體，守住你的生命，不要讓你有思慮爲牟利而奔波勞苦。』我只不過勉強聽到『耳朵』裡罷了！」

「庚桑楚」說道：「我的話說完了，講幾句題外話吧。『細腰土蜂』不能夠把『豆葉蟲』和『蠋蟲（ㄓㄨˊ，蝴蝶、蛾等昆蟲的幼蟲）』孵化成『幼蜂』；『越國』的『小土雞』不能孵化『天鵝蛋』，而『魯國』的『大型雞』卻能夠做到。『雞』與『雞』，它們的『稟賦（天生的性格和資質體）』並沒有什麼不同。『魯國』的『大型雞』能，『越國』的『小土雞』卻不能，是因爲它們的『體形』，原來就有大有小。我的『才能』太小了，不足以使你受到感化，你爲什麼不到南方去拜見『老子』呢？」

「南榮趎（ㄔㄨˊ）」帶足了乾糧，走了七天七夜，來到「老子」居住的地方。

「老子」問道：「你是從『庚桑楚』那裡來的嗎？」

「南榮趎」說道：「是的。」

「老子」說道：「你怎麼帶來這麼多人呢？」（意思是：帶「一堆問題」來）

「南榮趎」吃驚地回過頭來看看自己身後。

「老子」說：「你沒有聽懂我所說的意思嗎？」

「南榮趎」低下頭，羞慚滿面，片刻，仰面嘆息道：「我現在已經不知道我應該怎樣回答，心裡一急，把原來要問的問題，也忘掉了。」

「老子」說道：「你要問什麼呢？」

「南榮趎（ㄔㄨˊ）」說：「不知道？人們說我『愚昧無知』；『智慧』外露，又怕給自己帶來『愁苦』和『危難』。不具有『仁愛之心』，難免會傷害他人；廣施『仁愛』，又要給自己帶來『愁苦』和『困難』。『不講信義』，便會影響人與人之間的關係；『講信義』，又要給自己帶來『愁

苦』和『危難』。左右都有危險，這三個問題正是我憂慮的事情，希望您看在『庚桑楚』的面子上，而不吝賜教。」

「老子」說道：「你剛來的時候，我觀察到你的『眉宇（眉額之間）』緊鎖，我猜你是帶『一堆問題』來的。現在你的談話，更證明了我的推測。你『失神』的樣子，就像是失去了『父母』一樣，又好像在舉著『竹竿』，探測深深的『大海』一樣。迷惘啊！你想返歸你的『眞情』與『本性』，卻找不到路，實在是可憐。」

「南榮趎」請求在房舍內暫住，以便求取自己喜愛的東西，捨棄自己討厭的東西，找回「本性」。整整十天，「南榮趎」覺得問題還是沒有解決，三個問題仍然把他弄得困苦不堪，於是，再去拜見「老子」。

「老子」說道：「就好像你洗澡時，周邊熱氣熱騰騰的，你心中悶悶不樂，還在想那三個問題，就好像洗澡水自然外溢一樣，這說明你存有『邪念』。受到雙重束縛，內外夾擊，即使是『道德高尚的人』，也不能持守，何況是『初學道行的人』呢？」

「南榮趎（ㄔㄨˊ）」說道：「『鄰里的人』生病，『左右鄰舍』慰問他，『病人』自訴病情，承認有病，說明他身有病。心無病，那就算不上是生了重病。像我這樣心無『俗念』，你若向我『講道』，好比服用了『湯藥』，『病情』反而加重了。所以，我只希望能聽到的常識而已。」

「老子」說道：「『養生』的常規，我先要問問你，你能夠保持『身形』與『精神』渾一（統一；同一）諧和嗎？能夠不喪失『本性』嗎？能夠『不占卜』，而知道『吉凶』嗎？能夠謹守自己的『本分』嗎？能夠對『消逝的東西』放任不管嗎？能夠不倣效別人，而尋求自身的『完善』嗎？能夠

『拋棄仁義』，而無拘無束、自由自在嗎？能夠『忘記智慧』，而變得『憨厚』嗎？能夠洗淨『內心的汙染』，像『初生的嬰兒』那樣純眞、樸質嗎？

『嬰兒』整天哭叫，『咽喉』卻不嘶啞，這是因爲『臀氣飽和』；『嬰兒』整天握拳，而不鬆開，這是因爲嬰兒的『天性』；『嬰兒』整天瞪著小眼睛，眨眼都不眨眼，這是因爲『嬰兒』只看不想。

走出去，不知道往哪裡，坐下來不知道做什麼，虛應『社會』，隨波逐流，任其自然，這就是『養生』的常規了。」

「南榮趎（ㄔㄨˊ）」說道：「這樣說來，這就是『至人（古時具有很高的道德修養，超脫世俗，順應自然而長壽的人。）』的最高思想境界，是嗎？」

「老子」回答道：「不是這樣的。這些只不過是像『冰凍消解』那樣，自然消除『心中積滯』的本能罷了。你以爲『修養道德』，做『最高尚的人』如此容易嗎？

『最高尚的人』融合『小我』，進入『大我』，混同『百姓』，祈求『后土（大地）』賜給食物，祈求『皇天（天道）』賜給安樂，而自己『別無他求』。不因外在的『人際關係』，而擾亂自己的『內心』，不參與怪異、圖謀、塵俗的事務，無拘無束、瀟灑地去，『憨厚無所執著』地到來，這就是我所說的『養生』常規。」

「南榮趎」說道：「這樣說來，這就達到了最高的境界，是嗎？」

「老子」說道：「沒有。我對你說過：『能夠洗淨汙染的人，像初生的嬰兒那樣純眞、樸質嗎？』『嬰兒』伸手伸腳不知道幹什麼，爬來爬去不知道去哪裡，『身形』像『秋樹無葉』不招風，

『心境』像『熄盡的死灰』。像這樣的人，『禍福』都不會降臨，『禍福』都不存在，『人間災害』怎麼能加害於他呢？」

第三部分，描寫「心境」要保持「平安康泰」，指出不能讓「外物（身外之物。多指利欲功名之類。）」擾亂自己的「靈臺（指心性）」。

儀表風度，顯得心胸坦然、舒泰安定的人，身上就會發出自然的「靈光」。會發出「自然靈光」的人，看人觀物，淸楚明白。注重「道德修養的人」，才能長久保持「靈光」的存在；持有長期穩定「靈光」的人，人們就會自然地依歸他，「上天」也會幫助他。人們所依歸的，稱他爲「天民」；「上天」所輔佐的，稱他爲「天之子」。

「學習」，是爲了學習自己不會的「知識」；「行走」，是爲了到達那些不能去到的「地方」；「分辨」，是爲了辨別那些不易辨淸的「事物」。知道自己有「不知道的境域」，便達到了「知道」的最高境界。如果有人不是這樣，「天鈞（指循環之天道）」必然會讓他遭受到挫敗。

「人類」具備「耳目等器官」的「人形」，是用來「保養身體」的；深深收斂「情感」，不做任何的「思慮」，是用來涵養「心性」的；敬修「內智」，以通達「外物（身外之物。多指利欲功名之類。）」。

假如做到這三方面，但是各種災禍還是紛至沓來，那就是「天命」，外來的災禍，不足以擾亂你已成就的德性，也不可能進入「靈臺（指心性）」裡。

持守「靈臺（指心性）」，卻不知道持守什麼？並且不能夠刻意去持守「靈臺（指心性）」。不能見到自己的「誠心」，而任憑「情感」外馳，一旦「外事」侵擾「靈臺（指心性）」，它們就不會輕易離去；有「功業」而心中不捨，就失去持守「靈臺（指心性）」的功夫；如果明顯地做了壞事，人們都會討伐他；如果暗地裡做了壞事，鬼神也會討伐他。在人群中光明正大，在鬼神中也光明正大的人，才能獨行於世間。

注重「內修德性」的人，做事不留名跡；追求「外在功業」的人，即「儒家」所謂「治國平天下」之類的人，「心思」總在於窮盡「財用」。行事「不留名蹟」的人，有功勞，有光輝；志在求取「財用」的人，只能說是個「商人」。人們看他慢走著，也是一副傑出不凡的樣子。

能體察「外物（身外之物。多指利欲功名之類）」，跟「外物（身外之物。多指利欲功名之類）」順應相通的人，「外物（身外之物。多指利欲功名之類。）」終將歸從於他；跟「外物（身外之物。多指利欲功名之類。）」格格不入的人，連「自身」都不能相容，又怎麼能容納「他人」呢？不能融入「他人」的人，就沒有人親近他，沒有人親近的人，實際上是被人們所拋棄的。

最銳利的「兵器」是人的「意志」，連最銳利的「莫邪劍」也比不過它，也只能算是下等者；傷人沒有甚於「陰陽」的，因為沒有人能逃脫出「天地」之間。其實能夠傷害人的，並不是「陰陽變化」，而是他自身的「心神」受到干擾，不能順應「陰陽」的變化。

第四部分，討論「萬物」的「生成」與「變化」，討論「人」的「認識的局限」，說明「是與非」是「可以轉變的」，不是「永遠不變的」。

「大道」通達於「萬物」，「一種事物」分離了，其中的「部分元素」，就會形成「另一種事物」；「剩餘的元素」，就會「毀滅」。有人不喜歡從「分離」的角度，來看待「世界」，就在於對「分離」追求「完備（完整齊備）」；也有些人不喜歡從「完備」的角度看待「世界」，就在於對

「完備」進一步追求「完備（完整齊備）」。

「心神」離散，而不能返歸的人，就會像「鬼」一樣只有「形骸」；「心神」離散，而有所得，可以說他在「精神」上已經死了。迷失「本性」，而只有「外形」，也是一個「鬼」。把「有形的東西」效法「無形的道」，那麼「內心」就會得到「安寧」。

「大道」無形地存在著，它生長出來，卻沒有「根」；想進入它的內部，卻沒有「門」。「大道」具有「實在的形體」，卻不占有「空間」；「大道」在成長，卻看不到「成長的過程」。「世界」從「大道」中產生，卻找不到產生的「孔竅」。

具有實在的「形體」，而不占有「空間」，是因為「大道」處在上下左右四方，沒有邊際的空間中，稱為「宇」；有「成長」卻看不到「成長的始末」，是因為「大道」古往今來，處在極限的時間裡，稱為「宙」。

「大道」存在著「生」，也存在著「死」；存在著「出」，也存在著「入」。「入和出」都沒有實實在在的形跡，這就是「天門（自然之門）」。「天門（自然之門）」就是「無有（沒有）」，「萬事萬物」都來自於這個「無有（沒有）」。「有」的源頭，不是「有」，而是「無有（沒有）」，不是「有」來生「有」，而是「無有（沒有）」來生「有」，「萬事萬物」必定是出自於「無有（沒有）」。而「無有（沒有）」是「無」和「有」的統一，「聖人」懷抱這種境界。

古代的人，他們的「才智」已經達到很高的境界。達到什麼樣的「境界」呢？有人認為「宇宙」開始時，是「不存在事物」的，這是最高明、最完善的觀點，不能夠再添加什麼了。

差一點的觀點，就是他們認為「宇宙」開始時，「已經存在事物」，只不過是將事物的「產生」，認爲是「滅亡」，把「消逝」看作是「回歸」，而這個觀點對事物已經有了「區分」。

比這個觀點再差一點的，就是認爲「宇宙」開始時，的確是「無有（沒有）」，不久之後，就產出了「事物」，「有生命的東西」很快地又消失了，他們把「虛空」當作「頭」，把「生命」當作「軀體」，把「死亡」當作「尾脊」。哪個人能把「有、無、死、生」歸結爲一體，我就把他當作「朋友」。

上面三種「觀點」雖然不同，卻同源於「道」。就像「楚國」王族中，「昭、景」兩姓，因爲世代爲官而顯赫；「甲氏」又因爲世代封賞而顯赫，姓氏不同，卻爲同族。

世間「存在的生命」，是從「幽暗」中，「氣的凝聚」而產生的。「生命」一旦出現，彼此的「是非」，就在生命之間，不停地運轉，而不易分辨。讓我來說明「轉移」和「分辨」，其實這本是不值得談論的，即使談論了也不能夠說得明白。

例如，在「年終大祭」時，準備「牛」的「內臟」和「四肢」，雖然這些可以分開陳列，但是又不能夠離散整體「牛牲」；再舉一個例子，遊玩觀賞「王室」的人，周遊了「寢宮」和「宗廟」，又到了「廁所」。從這些例子可以看出「彼與此」、「是與非」這些「同體異名」的情形，在不停地轉換。

請讓我進一步談論「是非」的「轉移」和「運行」，所以「生」爲根本，以「心智」爲標準，從而形成人的「是非觀念」，於是把「自我」看作「主體」，並且把這一點當作神聖的「節操」，於是有些人不惜用「生命」來證明自己的「節操」。

像這樣的人，把「舉用」當作「才智」，把「不用」當作「愚昧」，把「通達」當作「榮耀」，

把「窮困」當作「羞恥」。「是與非」和「彼與此」的不確定，是現今人們的認識，這就跟「蟬」與「小鳩」那樣目光短淺。

第五部分，討論「修身養性」，指出擾亂「人心」的諸多情況，把「養生之道」，歸納到「平氣」和「順心」的要求。

在路上踩了「行人的腳」，就要「道歉」說自己「放肆」；「兄長」踩了「弟弟」的腳，就要「憐惜撫慰」；「父母至親」踩了「自己」的腳，就不必「謝過（表示歉意）」。

因此，「至禮（達到最高境界的禮）」是沒有「人我之分」的，「至義（最合於正義的）」是沒有「物我之分」的，「至知（最高的智慧）」是不用「謀略」的，「至仁（最崇高的仁德）」是沒有「偏愛」的，「至信（最大的誠信）」就是不用金錢作「憑證」的。

不受「意志」的干擾，消除「心靈」的繁雜，丟棄「道德」的累贅，突破「大道」的阻礙。

「尊貴、富有、尊顯、威嚴、功名、利祿」，這六種東西，都能夠擾亂「意志」。

「容貌、舉止、美色、辭理、氣調、情意」，這六種東西，都能夠束縛「心靈」。

「憎惡、愛欲、歡喜、憤怒、悲哀、歡樂」，這六種東西，都能夠牽累「道德」。

「捨去、靠攏、貪取、給予、智慮、技藝」，這六種東西，全是堵塞「大道」的因素。

如果這「四類六項」不壓抑在胸中，人的「內心」就會「安靜」，「安靜」就會「明達（對事理有明確透澈的認識）」，「明達」就會「虛空」，「虛空」就會「無所作爲」，而又「無所不爲」。

「道」被「德」所敬仰；「生機」是「德」的光華；「本性」是「生命」根本。符合「本性」的行爲，叫做「爲」；受「僞情」驅使的行爲，叫做「失」。「知」來自與「外物（身外之物。多指利欲功名之類。）」的感性認識；「智」來自於「內心」的理性認識。

「智」也有不知道的，就像「斜著眼睛」看東西一樣，所見必定有限，「舉動」出於「不得已」叫做「德」，「舉動」出於「自然」，不是因爲我的做爲，叫做「治（明德）」。「追求名聲」則相反，而「實事求是」則「相順」。

「后羿」善於射中「微小的東西」，而拙於使人「不稱譽自己」；「聖人」善於「契合自然」而拙於「應合人爲」。能夠「契合自然」而又善於「應合人世」的，只有「全人（人格、道德和學行等各方面毫無瑕疵的人）」才能做到。

只有「鳥獸」才能安於「鳥獸」，只有「鳥獸」才能「契合自然」。「全人」哪裡知道「天然」呢？哪裡知道「人爲的天然」呢？更何況是用自己的「思慮」來分別「天然」和「人爲的天然」呢？

一隻「小雀」向「后羿」飛來，「后羿」肯定會把它射中，這是「后羿」的能力；把「天下」當作「雀籠」，那麼沒有一隻「鳥雀」，能夠逃脫這個「雀籠」。因此，「商湯」用「庖廚」來親近「伊尹（建立商朝的重要名臣）」；「秦穆公」用「五張羊皮」來親近「百里奚（秦國著名政治家）」。從古至今，最好的「籠絡人心」的方法，就是「投其所好」。

「斷腳的人」不拘泥於「行爲的準則」，因爲他已經把「毀譽」置之身外；「服役的囚徒」登上高處不會恐懼，因爲他已經把「生死」置之度外。能夠受到「威嚇」，卻不報復的人，是因爲他「忘掉了他人」；能夠「忘掉他人」的人，就可以稱爲是「合乎自然之理」、「忘卻人道之情」的「天人」。

所以，人們「敬重」他，他卻不感到「欣喜」；人們「侮辱」他，他卻不會「憤怒」，只有融入

「天和（人的元氣）」的人，才能夠有這樣的境界。

發出「不是有心發怒」的「怒氣」，那麼這樣的「怒氣」，也就出於「不發怒」；有「作爲」但不是「有心」，那麼這樣的「作爲」，也就出於「無心」。想要「寧靜」，就要「心平氣和」，想要有「神（人的精氣）」就要「順應心志」，即便是「有所作爲」，也要處置適宜，每件事情都要順應於「不得已（違背本意的還必須去做）」，也就是「無心」。每件事「不得已」的做法，也就是「聖人之道」。

（二十四）《雜篇．徐無鬼第二十四》：

「徐無鬼」是開篇首句「徐無鬼因女商見魏武侯」的人名，以「人名」作爲「篇名」。本篇是《莊子》中的又一次長篇文章，由十四個各不相關的故事組成，並且夾帶少量的議論。全篇內容很雜，中心不明朗，故事之間也缺乏關聯，但是多數是倡導「無」爲的思想。

《徐無鬼》全文分成十四個部分，簡述如下：

第一部分，描寫「徐無鬼」拜見「魏武侯」，用「相馬之術」，引發「魏武侯」的喜悅，藉此譏諷「詩、書、禮、樂」的無用。

「魏國」的隱士「徐無鬼」，透過「魏國」大臣「女商」的引薦，見到「魏國」的君主「魏武侯」。

「魏武侯」慰勞「徐無鬼」說道：「『先生』一定十分疲憊吧？而且是受到隱居山林的勞累所苦，所以才肯來拜訪我。」

「徐無鬼」回答道：「我是來慰勞你的，你爲什麼要慰勞我呢？如果你想要滿足自己的『嗜好』和『欲望』，增加『喜好』和『憎惡』，這樣你的『心靈』就會受到創傷；如果你想要廢棄『嗜好』和『欲望』，減少『喜好』和『憎惡』，這樣你的耳目，就會無法享受，你就會得到『鬱悶的心病』。我來拜訪你，是打算慰勞你的，你對我有什麼可以慰勞的呢？」

「魏武侯」聽完之後，悵然若失，無法回答。

過不一會兒，「徐無鬼」說道：「我試著告訴你，我的『觀狗術』。『下等狗』的材質，只是捕獸得食就停止的，這是『山貓』的德性；『中等狗』的材質，意氣高遠；『上等狗』的材質，好像忘掉了自己。

我的『觀狗術』，又不如我的『觀馬術』。我觀察『馬』的體態，『馬』直線跑的地方，與『繩墨』相符合；『馬』彎曲跑的地方，與『鉤』相符合；『馬』方形跑的地方，與『矩（畫方形或直角的器具，即曲尺。）』相符合；『馬』跑圓的地方，與『規（畫圓的器具）』相符合，這就是『國馬（全國之冠的好馬）』，然而還趕不上『天下馬（天下之冠的好馬）』。『天下馬』有天生的材質，其神態有似安靜又如奔逸，好像忘了自己。像這樣的『馬』，一跑起來，超越絕塵，不知道停止，不知道去向。」

「魏武侯」很高興地笑了，「徐無鬼」從宮裡出來。

「女商」問道：「『先生』究竟怎樣使『我的君主』這麼高興呢？我用來取悅『我的君主』的，橫說用《詩》《書》《禮》《樂》，縱說用《姜太公兵法》，服侍『我的君主』而大有功效的書，不計其數。可是，『我的君主』，從來沒有開口微笑過。現在『先生』用什麼對『我的君主』說教，使

『我的君主』如此高興呢？」

「徐無鬼」回答道：「我只不過將『觀狗馬之術』告訴了他罷了。」

「女商」問道：「就只有這樣嗎？」

「徐無鬼」回答道：「你沒有聽說過，在『越國』的『流放的人』嗎？離開國家沒幾天，看到『所認識的人』就高興，離開國家十天一個月，看見『曾見過的人』就歡喜；至於離開國家一年的人，只要見到『相似自己國家的人』就高興，不就是離開人越久，思念人也就越深嗎？逃到『無人之地』的人，那裡雜草塞滿，都是『黃鼠狼』往來的途徑。長久居住在『無人之地』，聽到有人走路的腳步聲，就會高興起來，又何況是『兄弟父母』的說笑聲，在他的旁邊呢！很久了，沒有人用『眞人（指古代道家洞悉宇宙和人生本原，眞眞正正覺醒，覺悟的人。）』的言語，在我『君主』的身旁談笑了啊！」

第二部分，描寫「徐無鬼」繼續跟「魏武侯」的對話，指出當世「國君」的作法，實質上是在「害民」，只有「應天地之情」，才是眞正的「社稷之福」。

「徐無鬼」去見「魏武侯」。

「魏武侯」問道：「『先生』身居深山樹林，吃『橡子』，食『蔥韭』，你已經擯棄我很長的時間了（指不做官）。你現在老了嗎？是想求得『酒肉』的滋味呢？還是要爲我的國家『造福』呢？」

「徐無鬼」回答道：「『無鬼』出身貧窮低賤，不曾敢想享用你的『酒肉』，我是來慰問你的。」

「魏武侯」問道：「怎麼？你怎樣來慰問我？」

「徐無鬼」回答道：「慰問你的『精神』和『形體』。」

「魏武侯」問道：「這是什麼意思？」

「徐無鬼」回答道：「『天地』對『萬物』的養育是均等的，『地位高的人』不能夠自認爲『高人一等』，『地位低的人』也不應認爲自己『矮人三分』。你身爲大國的『國君』，用『全國百姓』的『勞累困苦』，換來自己眼耳口鼻的享用，弄得『心神』不自得。

『聖明之人』從不爲自己的『私慾』，求取非自己所當得的東西。人的『心靈』天生喜歡『和順』，而厭惡『偏私』，『偏私』是一種嚴重的病態。所以，我特地前來慰問你，因爲只有你患有這種病症，你爲何會患這種病症呢？」

「魏武侯」問道：「我想見『先生』已經很久了！如果我『愛民爲義』，而停止戰爭，這樣做可以了嗎？」

「徐無鬼」回答道：「不可以！所謂『愛民』，其實是『害民』的開始；『爲義』而停止『戰爭』，也是製造『新的戰爭』的根源。如果你從這些方面來治理國家，恐怕不會成功。凡是成就了『愛民爲義』的好名聲，也就有了『做惡的工具』。雖然你這樣做，是在推行『正義』，反而更接近於『虛假』啊！

出現『仁義』的『形跡（表露於外的動作舉止）』，肯定會出現『僞造仁義的形跡』，成功了肯定會自誇，出現了變故，必定會再次掀起『戰爭』。

你千萬不要在城門的『瞭望台』下陳兵布陣，擺出『嚴陣以待』的狀態；不要在『宮裡』陳列『步卒騎士』；不要包藏一顆『貪求之心』；不要用『智巧』去取勝，不要用『策略』去制敵；不要

透過『戰爭』去征服別人。透過殺死他國的『士卒』和『百姓』，吞併他國的『土地』，用來滿足自己的『私欲』，這樣『戰爭』究竟有何益處呢？『勝利』又存在於哪裡呢？

你還是『停止爭戰』，修養『天性』，順應自然賦予你的『眞情』，而不去擾亂其規律。這樣，『百姓』就能夠擺脫死亡的威脅，你哪裡用得上『停戰』的議論呢？」

第三部分，描寫「黃帝」出遊於「襄城之野」，特向「牧馬童子」問路，喻指「爲政者的迷亂」。文章中的「方明、昌宇、張若、謵（ㄒㄧˊ）朋、昆閽（ㄏㄨㄣ）、滑稽」等六人，都是虛擬的人名。

「黃帝」要到「具茨山」去拜見「大隗（ㄨㄟˇ，比喻『大道』，一說『神名』或『人名』。）」，「方明」在前面駕車，「昌宇」坐在車後面陪乘，「張若」和「謵（ㄒㄧˊ）朋」在車前導引，「昆閽（ㄏㄨㄣ）」和「滑稽」跟隨在車後。

到了「襄城」的郊外，七位「聖人」迷失了方向，也沒有人可以問路。剛好碰到一位「牧馬童子」，於是便請他指引方向，問說：「你知道『具茨山』怎麼走嗎？」

「牧馬童子」回答道：「知道！」

又問道：「你知道『大隗（ㄨㄟˇ）』居住在什麼地方嗎？」

「牧馬童子」回答道：「知道！」

「黃帝」問道：「這位『童子』眞不簡單！不僅知道『具茨山』怎麼走，還知道『大隗』居住在什麼地方。那麼，請問你知道如何『治理天下』嗎？」

「牧馬童子」回答道：「『治理天下』就像『牧馬』一樣，我又何必多管閒事呢？我小時候獨自遊玩在人間，碰巧害了一場頭昏眼花的病，於是有位長者教導我說：『你乘坐當天的車去襄城的郊外玩吧。』現在，我的病已經好轉，我的『精神境界』已經悠遊在『塵世』之外了。至於『治理天下』就像『牧馬』一樣，我又何必多管閒事呢？」

「黃帝」問道：「『治理天下』，當然不是你的事。儘管如此，我還是要向你請教，到底該怎樣『治理天下』。」

「牧馬童子」推辭不說。「黃帝」再問。

「牧馬童子」回答道：「『治理天下』和『牧馬』有什麼不同呢？也就是驅除那些『害群之馬』罷了！」

「黃帝」聽了，拜了兩拜，叩頭觸地，口稱「天師（合乎天然之道的老師）」，方才離去。

第四部分，批評事事「皆囿（ㄧㄡˋ，局限）於物」的人。

善於「謀劃」的人，沒有「思慮」上的「變易」，便不會得到快樂；善於「辯論」的人，沒有「談說」的「次序」，就不會感到快樂；「嚴察苛刻」的人，如果沒有「明辨的事端」，就不會感到快樂，這些都是受到「外物（身外之物。多指利欲功名之類）」的「局限」與「束縛」的人。

「上等人才」立足於「朝廷」；「一般官吏」以「爵祿」爲榮；「身強力壯」的人，自誇「能夠解除別人的困難」；「英勇無畏」的人，遇上「禍患」，總是奮力排除；「兵將」喜歡征戰；隱居山林的「隱士」持守自己的「名節」；「研究法制律令」的人，推廣「法治」；講求「禮樂」的人，注重「儀容」；施行「仁義」的人，看重「交際（人與人之間的交往）」。

「農夫」沒有「除草耕耘」的事情，就不快樂；「商人」沒有「貿易買賣」的事情，就不快樂；

「百姓」只要有短暫的工作，就努力工作；各種「工匠」只要有「器械的技巧」，就會躍躍欲試；「貪婪」的人，錢財積攢得不夠多，總是憂愁不樂；私欲很盛的人「權勢不高」，便會悲傷哀嘆；「依仗權勢掠奪財物」的人，熱衷於意外發生的災難、事故。遇到好時勢，就有所作用，不能「無為」。

這些人都是順附時勢，逐時投機，拘泥於一事一物，而「茅塞不通」的人。他們整個身心，全力投入追逐「外物（身外之物，多指利欲功名之類）」，並且沉溺於「外物（身外之物，多指利欲功名之類）」的包圍之中，一輩子也不會醒悟，不知道返回人的自然「本性」，實在是可悲啊！

第五部分，描寫「莊子」和「惠子（惠施）」的對話，指出「天下」並沒有共同認可的「是非標準」，從而批評了各家「各是其所是（各人肯定自己所認為是對的）」的態度。

「莊子」問道：「『射箭的人』不按照預定的『目標』而射中，把他稱為『善射』，『天下的人』就都是『后羿』了，可以這樣說嗎？」

「惠子」回答道：「可以！」

「莊子」問道：「『天下』沒有共同認可的『標準』，而各自以為『自己的理論』才是正確的，『天下的人』就都是『堯』了，可以這樣說嗎？」

「惠子」回答道：「可以！」

「莊子」又問道：「那麼『儒、墨、楊、公孫龍』四家，和『先生』為五家，究竟誰正確呢？或者像『魯遽（ㄐㄩˋ）』那樣嗎？

他的弟子說：『我學到了先生的道理，我能冬天燒鼎，而夏天造冰。』

看看。』

『魯遽』說：『這是用陽氣召陽氣，用陰氣召陰氣，不是我所說的道理。我把我的道理展示給你看看。』

於是，給他們調試『瑟弦』，置一把在堂上，置一把在室內，彈奏『宮音』，『宮音』動，彈奏『角音』，『角音』也動，音律相同。如果要改調一弦，『五音（宮、商、角、徵、羽）』不合，彈奏它，二十五根『琴弦』都動，在『聲調』上沒有差別，只是『以音爲主』而已。你們都像這樣嗎？」

「惠子」回答說：「現在『儒、墨、楊、公孫龍』，正在和我辯論，用『言語』相互指責，用『聲音』相互壓制，而未必是我的錯誤，怎麼能和他們相像呢？」

「莊子」說：「『齊國人』把他的兒子放在『宋國』，任命他看守大門，卻不給他『鎖匙』；或是有個『鈃鐘（ㄒㄧㄥˊ，古代的一種酒器。外形似鐘，長頸。）』卻包起來不使用；或是尋找丟失的小孩，卻不出門去尋找，這些都違反一般的道理。

『楚國』有個人，寄居別人家，而怒責『看門的人』；在半夜無人的時候，與『船夫』爭鬥，『船』還沒有靠岸，卻已經造成怨仇了，這些情形與各家爭論有所類似。」

第六部分，描寫「莊子」對「惠子」的懷念。

「莊子」送葬的時候，路過「惠子」的墳墓，回過頭對跟隨的人說：「『郢國（ㄧㄥˇ，楚國的都城）』有一個人，他在自己的鼻尖上，塗抹了像『蒼蠅』翅膀那樣大小的『白灰泥』，讓『匠石』用『斧頭』砍掉『白灰泥』。『匠石』揮動『斧頭』呼呼作響，嗖的一聲，鼻尖上的『白灰泥』就被完全除去，而『鼻子』卻毫無損傷，『郢國』的那個人也若無其事地站在那裡。

『宋國』的國君『宋元君』聽到了這件事，就召見『匠石』說：『你在我身上也這麼試一試。』『匠石』說：『我曾經確實砍掉鼻尖上的小灰泥。但是，那個敢讓我砍的人已經死去很久了。』

自從『惠子』離開人世以後，我就沒有『對手』了！我再沒有可以『論辯』的人了！」

第七部分，寫描「管仲」和「齊桓公」的對話，借推薦「隰（ㄒㄧˊ）朋」，闡述「無爲而治」的主張。

「管仲」，名「夷吾」，通稱爲「管子、管夷吾」，「春秋」時代「法家」代表人物。「齊國」的政治家，哲學家，與「樂毅（燕國著名軍事家，輔佐燕昭王，曾攻下齊國七十餘城而封昌國君。與管仲齊名，是東周戰國時期法家重要代表人物之一。）」齊名。「管仲」被視爲中國歷史上，「宰相」的典範，任內大興改革，重視商業，廢除「井田制」，建立「土地稅收制度」，允許「土地買賣」，承認「土地私有化」，建立「常備軍」。

「鮑叔牙」，亦稱「鮑叔、鮑子」，「春秋」時代「齊國大夫」。「鮑叔牙」和「管仲」有個很有名的典故，稱爲「管鮑之交」。

「管仲」年輕時家境貧困，「鮑叔牙」與「管仲」往來，發現「管仲」有才能，勝過自己。在往來過程中，「管仲」常占小便宜，「鮑叔牙」不以爲意，反爲他設想，蔚爲美談，史稱「管鮑之交」。後來，「管仲」輔佐齊國「公子糾」，「鮑叔牙」輔佐其弟「公子小白」。

「春秋」時期，「齊國」在「齊襄公」末期，齊大夫「連稱、管至父」弑君而立「齊襄公」的堂弟「公孫無知」爲君，其他的「公子」就各自逃到他國避禍。「鮑叔牙」遂攜「公子小白」流亡至「莒國」；「公子糾」在「管仲」的輔佐及陪同下，逃到「魯國」避禍，因爲他的母親是「魯國人」。

後來，「齊國」再發生政變，「齊國」大夫「雍廩」殺「公孫無知」，與大夫「國氏、高傒」等，秘密迎回人在「莒國」的「公子小白」回到「臨淄」即位。

「魯國」聽說「公孫無知」被殺，也派兵送「公子小白」的哥哥「公子糾」回「齊國」，而「管仲」帶兵堵截住「莒國」到「齊國」的路，準備刺殺「公子小白」。「管仲」射出一箭，射中了「公子小白」的帶鉤，「公子小白」咬舌吐血，假裝倒地而死，騙過了「管仲」。

「管仲」派人回「魯國」報捷，「魯國」於是就慢慢地送「公子糾」回「齊國」，六天才抵達。而這時，「公子小白」已經先行一步，兼程趕回「齊國」即位，大夫「高傒」立他為國君，是為「齊桓公」。

「公子糾」和「管仲」知道「公子小白」即位後，趕緊逃回「魯國」。「齊桓公」即位後，隨即發兵出擊「魯國」，大敗「魯軍」。

「齊桓公」要殺「管仲」，報一箭之仇。由於「鮑叔牙」深知「管仲」的才能，強烈推薦「齊桓公」勿將其定罪，甚至推薦「管仲」當「宰相」，被時人譽為「管鮑之交」、「鮑子遺風」。

「鮑叔牙」勸「齊桓公」說：「臣幸運地跟從了『君上』，『君上』現在成為了『國君』。如果『君上』只想讓『齊國』成為『強國』，那麼有『叔牙』和『高傒』就夠了；如果『君上』想成就『天下霸業』，那麼非『管仲』不可。『管仲』到哪個國家，哪個國家就能強盛，不可以失去他。」

「齊桓公」聽從「鮑叔牙」的建議，騙「魯國」說，要親自殺死「管仲」。「鮑叔牙」給「魯侯」寫了一封信，信中說：「『公子糾』是『齊君』的兄弟，不忍殺他，請『魯國』殺他。『公子

糾』的老師『召忽、管仲』是仇人，請『魯國』把他們送來『齊國』剁成肉泥；如不從命，將要出兵討伐『魯國』。」

「魯國」憂慮「齊國」的入侵，所以處決了「公子糾」，「召忽」自殺，「管仲」則被囚禁押回「齊國」。

「管仲」和「齊桓公」談論「霸王之術」，「齊桓公」聽後大喜過望，任其爲「大夫」，委以政事。後來，「齊桓公」不計前嫌，拜「管仲」爲相，甚至尊爲「仲父（古稱父親的大弟）」。

「管仲」在「齊國」實行了一系列的改革，提倡「尊王攘夷」，終於幫助「齊桓公」成就了霸業，更成爲「春秋五霸」之首。

後來，在「管仲」病危的時候。「齊桓公」找「管仲」商量誰可接「相位」，提出要將「相位」傳與「鮑叔牙」。而「管仲」卻堅決反對，認爲「鮑叔牙」雖是「君子」，爲人近乎完美，但「過於清白」而容不得一絲醜惡，不適合做「丞相」；最後管仲推薦了「隰（ㄒㄧˊ）朋」。「隰（ㄒㄧˊ）朋」是「齊國」的大夫，「齊莊公」之子「公子廖」之孫。

介紹完「管仲」、「齊桓公」、「鮑叔牙」和「隰朋」四個人的關係和典故後，我們再回到《莊子》本文。

「管仲」得了重病，「齊桓公」探望他說：「『仲父（古稱父親的大弟）』病已經很重了，能忌諱不說麼！一旦不治，百年之後怎麼辦？我把國事託付給誰才合適呢？」

「管仲」問道：「你想要讓我託付給誰呢？」

「齊桓公」回答道：「鮑叔牙！」

「管仲」說道：「不可以！『鮑叔牙』爲人『清白廉正』，是個好人，他對不如自己的人，就不去親近，而且一旦聽到別人的『過錯』，總是念念不忘。讓他管理國事，對上肯定會約束『國君』，對下肯定會忤逆『百姓』。時間長了，一旦得罪了你，他也就不會長久保全了！」

「齊桓公」問道：「那麼誰可以呢？」

「管仲」回答道：「不得已的話，『隰（ㄒㄧˊ）朋』還可以。對上『相忘（彼此忘卻）』不計較，而對下友善不『畔離（ㄆㄢˋ』，背叛）。他自愧不如『黃帝』，而憐愛不如自己的人。能用『道德』去感化他人的人，可以稱作『聖人』，能用『財物』去周濟他人的人，可以稱作『賢人』。以『賢人』自居而傲視他人，就會『失去人心』；『善行謙虛』對人，就會『收穫人心』。對於『國事』，有些事他會不干預，他對於『家事』不苛察。不得已，就用『隰朋』試試。

第八部分，借「吳王」射殺「猴子」的故事，告誡人們不應該有所「自恃（自以爲有所依靠）」。

「吳王」泛舟於江上，登上「獼猴山」。「群猴」看見他，恐懼地逃到草木茂盛的樹林中。有一隻「猴子」，來回跳躍，向「吳王」顯示牠的靈巧。「吳王」射它，敏捷地接取箭頭。「吳王」命令「隨從者」上前一齊射牠，「獼猴」中箭，抱樹而死。

「吳王」回頭對他的朋友「顏不疑」說道：「這隻『獼猴』，自誇牠的靈巧，依靠牠的『靈便（靈活輕快）』來傲視我，以至於這樣死去！要引以爲戒啊！唉！不要用你的『驕傲態度』對待別人啊！」

「顏不疑」回去之後，拜「吳國」的賢人「董梧」爲師，除去驕態，去掉享樂，辭謝顯貴，三年而國人都稱讚他。

第九部分，描寫「南伯子綦（ㄑㄧˊ）」對「世人迷誤」的哀嘆。

「南伯子綦」靠著「几案（案桌）」坐著，仰天吐氣。

「顏成子遊」進來見到說道：「『先生』！您眞是『出類拔萃』的人物，『形體』固然可以使它成爲『枯骨』，『心』固然也可以使它成爲『死灰』一樣嗎？」

■成語：「枯木死灰」

◆出處：《莊子．徐無鬼》

◆原文：形固可使如槁木，而心固可使如死灰乎？

◆解釋：「槁木」：乾枯的木頭；「死灰」：燃燒后餘下的冷灰。身如枯木，心如死灰。比喻「極其消極悲觀」。

「南伯子綦」說道：「我曾經隱居在『山洞』之中，在那個時候，『齊國』的國君齊太公『田禾』來看我，而『齊國的民衆』爲此，再三的祝賀他，我一定先有了『得道的名聲』，所以他才知道我這個人；我一定先出賣『我得道的名聲』，所以他才把我『得道的名聲』販賣出去。如果我沒有『得道的名聲』，他怎麼會知道我的存在呢？如果我不販賣我『得道的名聲』，他怎麼能販賣我的『得道的名聲』呢？

唉！我悲傷人們『失去自己』，我又悲傷那『悲傷別人的人』，我又悲傷那『悲傷別人而感到悲傷的人』，自此以後，就能夠日益遠離這一切的『炫耀』，而達到『泊然（恬淡無欲）無心』的境界。」

第十部分，提出「無求（無所追求），無失（無所喪失），無棄（無所捨棄）」和「不以物易己（不用外物改變自己）」的觀點，強調「不用言語」、「返歸無爲」的功效。

「孔子」去「楚國」，「楚莊王」請他喝酒，「楚國」的宰相「孫叔敖」拿著「酒器」站立在旁，「楚國」的勇士「市南宜僚」灑酒而祭祀，說道：「古代的人啊！在這種情形下講話。」

「孔子」說道：「我也聽到過『不言之言（不說話的言論）』。未曾說過的話，在這種情景下講話。『市南宜僚』玩弄彈丸，而解決了兩家的危難（指『楚平王』之孫『白公勝』要作亂，想殺『令尹（宰相）』『子西』，去請勇士『市南宜僚』幫忙，『市南宜僚』不答應，『使者』用劍威脅他，他仍然玩弄『彈丸』，既不害怕，也不從命，於是『白公勝』欲作亂未成，此爲『弄丸解兩家之難』。）；『孫叔敖』安寢搖扇而臥，而使『楚人』停止用兵。我自己願意有三尺長的嘴，不能說話（鳥嘴長不能鳴叫）。」

他們（指「市南宜僚」和「孫叔敖」）所說的是「不言之道」，「孔子」所說的是「不言之辯」，故而歸根究底是「德與道」的齊一，而「言語停止」，在「知識」所不知道的領域，就是極點了。「道」的同一，「德」不能同；「知識」所不能知道的領域，「善辯的人」也不能夠全部列舉完。

「名聲」像「儒家」和「墨家」，那就危險了。所以，「大海」不制止「河水」東流，才能大到極點；「聖人」包容「天地」，「恩澤」到「天下」，而「人民」不知道他是誰。所以，他活著的時候沒有「爵位（封爵及職位）」，死後沒有「謚號（ㄕˋ，古代帝王、貴族、大臣等死後依其一生所行事蹟給予的稱號。）」「財貨」不聚集，「名聲」不建立，這就是「大人（指聖人）」。

「狗」不因為善於「吠叫」，便是「好狗」；人不因為會「說教」，便是「賢人」，何況成就「大業（偉大的功業、事業）」的人呢！有心求取「偉大」，反而不足以成為「偉大」，何況成就「德行」呢！

一切都具備的事物，不如「天地」，然而「天地」沒有什麼追求的，它卻是最完備的。知道「大備（一切都具備）」的，是「無求（無所追求）」、「無失（無所喪失）」和「無棄（無所捨棄）」，不用「外物（身外之物。多指利欲功名之類。）」改變自己。返回自己的「本性」而不窮盡，因循「古道（傳統的正道）」而不「揣摩（猜測）」，這就是「大人（指聖人）」的「眞心眞意」。

第十一部分，表述「子綦（ㄑㄧˊ）」遊於「天地」，不跟「外物（身外之物。多指利欲功名之類。）」相違逆的生活旨趣。文中的「九方歅（ㄧㄢ）」是「伯樂（秦國人，以善相馬著稱。）」的弟子，善於「看面相」。

「子綦（ㄑㄧˊ）」有八個兒子，列隊在面前，邀請「九方歅（ㄧㄢ）」說道：「給我兒子們看面相，誰有福氣？」

「九方歅」回答道：「『梱（ㄎㄨㄣˇ）』有福氣。」

「子綦」驚喜地說道：「為什麼呢？」

「九方歅（ㄧㄢ）」回答道：「『梱』將會和『國君』一同飲食，直到終身。」

「子綦」心神沮喪，流出眼淚，問道：「我的兒子為什麼會達到這種程度呢？」

「九方歅」回答道：「和『國君』同飲食，恩澤到『三族（父族、母族、妻族）』，何況『父母』呢！現在『先生』聽到此事便哭泣，這是拒絕『福分』。『兒子』吉祥，『父親』卻不吉祥。」

「子綦」說道：「『歅』！你怎麼知道『梱（ㄎㄨㄣˇ）』有福氣呢？只是『酒肉』到『口鼻』而已，你怎麼知道他的由來呢？我沒有『放牧』，而西南屋角卻生出『母羊』，我沒有『狩獵』，而東南屋角卻生出『鵪鶉（ㄢ ㄔㄨㄣˊ）』，從不覺得奇怪，爲什麼呢？

我與『梱』遨遊，是遊於『天地』。我要求與他共同玩樂於『天』，我要求與他共同求食於『地』；我不和他追求『事業』，我不和他『共同商議』，不和他『標新立異』。我和他順著『天地』的『眞實無妄』，而不使他和『外物（身外之物。多指利欲功名之類。）』互相打擾；我和他『順隨自然』，而不備任何『外事』所左右。現在，卻有了『世俗的報償』。凡是有『奇怪徵兆』的，一定有『奇怪的行爲』，危險啊！這不是我和『兒子』的罪過，是上天給他的，我因此才哭泣的。」

沒有多久，『梱』被派到『燕國』去，『強盜』在途中捉到他，手足齊全拿去賣的話很難，不如砍斷了腳去賣容易，於是把他的腳砍掉，然後賣到『齊國』，正好遇到『渠公』，被委任爲『門正（掌門的關閉及出入的官吏）』，而終身吃肉。

第十二部分，「許由」批判「堯」，斥責「仁義」是「貪婪者」的工具。「齧（ㄋㄧㄝˋ）缺」是「莊子」虛擬的人名，「許由」是「唐堯」時的賢人，「堯」要把「天下」讓給「許由」，「許由」不接受。

「齧（ㄋㄧㄝˋ）缺」遇見「許由」，問道：「你要到哪裡去？」

「許由」回答道：「要逃避『堯』的讓位。」

「齧缺」問道：「爲什麼呢？」

「許由」回答道：「『堯』心愛勤勞地爲『仁』，我恐怕他被『天下人』所譏笑。後世將要人吃人！『民衆』不難聚集，愛他們便『親近』，有利給他們就『來到』，獎勵他們就『勤勉』，致使他們厭惡就『離散』。

『愛』和『利』都出於『仁義』，捨棄『仁義』的少，取利於『仁義』的多。『仁義』的行動，只要沒有『誠意』，就會成爲『禽獸』一樣貪婪的工具。這是以一個人的『判斷』，來取利『天下』，就好像是『一瞥（一眼看到的概況）之見』。

『堯』只知道『賢人』有利於『天下』，而不知道『賢人』也會有害於『天下』，只有在『賢人』以外的人，才能夠了解這件事情！」

第十三部分，批判三種不同的「心態」，提倡「無所甚親（沒有過分的親近）」、「無所甚疏（沒有過分的疏遠）」的態度。

有「自滿自得」的人，有「苟且偷安（得過且過，只圖眼前安逸，不做長遠計畫。）」的人，有「勞形（使身體勞累）自苦」的人。

所謂「自滿自得」的人，只學習一位老師的言論，就非常「自滿自得」而且私自喜悅，自以爲滿足了，而不知道「空虛無物」的道理，所以叫做「自滿自得」的人。

所謂「苟且偷安」的人，就像「豬」身上的「蝨子」，選擇「稀疏毛長之處」，自以爲是「廣闊的宮殿」和「廣大的園圃」，「腿蹄皺摺」深處，「乳間股腳」的地方，自以爲是「安全居室」，是有利的「住所」。「蝨子」不知道「屠夫」一旦揮臂擺開「柴草」，點燃煙火，自己和「豬」就會一起燒焦。這就是隨著「環境」而進退，這就是叫做「苟且偷安」的人。

所謂「勞形自苦」的人，「舜」是典型的人物。「羊肉」不愛「螞蟻」，「螞蟻」愛「羊肉」，因爲「羊肉」有「羶味」，吸引「螞蟻」。「舜」就像有「羶味」似的，「百姓」喜歡他，所以三次遷都到「鄧」的廢墟，有十幾萬家跟隨著他。

「堯」聽說「舜」的賢能，推舉他治理荒漠的土地，說是希望他來施恩澤。「舜」治理這塊荒漠的土地，年齡大了，耳目衰退了，而無法回家休息，這就叫做「形勞自苦」的人。因此，「神人（泛指修鍊得道的人）」厭惡「衆人」到來，「衆人」到來就會「結黨營私（結成一夥，營私舞弊。）」，「結黨營私」就是不利的。

所以，沒有「過分的親近」，沒有「過分的疏遠」，抱持「德性」去溫暖「人心」，以順應「天下」，這就叫做「眞人（道家稱修眞得道的人）」。去掉像「螞蟻」那樣羨慕「羊肉」的一點智慧，像「魚」那樣，忘掉「江湖」的自得其樂，去掉像「羊羶味」那樣的有意之行。

用「眼睛」看「眼睛能看見的」，用「耳朵」聽「耳朵能聽到的」，用「心靈」領悟「心靈能領悟的」。像這樣，他的「心」既「平靜」又「直率」，他的「行爲」既「變化」也「隨順」。

古代的「眞人」，以「自然之道」對待「人事」，不以「人事之道」對待「自然」。古代的「眞人」，得到「自然之道」就生，失掉「自然之道」就死；得到「自然之道」就死，失掉「自然之道」就生。「藥物」，其實不過就是「烏頭、桔梗、雞頭草、豬苓根」等，這些「藥物」輪番爲「主藥」，怎麼說得盡其中的奧妙呢！

第十四部分，爲「雜論」，主要是闡明「順其自然，自我調適」的思想。

「越國」的國君「勾踐」，率領三千名「士兵」，棲身於「會稽山」，唯有「越國」大夫「文種」能夠知道，在卽將滅亡中，求得生存的「謀略」，也唯有「文種」不知道自身未來的「憂患」。

所以說，「貓頭鷹」的「眼睛」，有所適用，就無所適用；「鶴」的「小腿」長，有所適宜，截短了就會悲哀。

所以說，「風」吹過「河水」，就會有所損失；「太陽」照過「河水」，也會有損失。如果說，「風」和「太陽」相互一起吹曬「河水」，而「河水」不會受到它們干擾的話，這是由於依靠「源頭」不斷地往來。

所以，「水」流在「土地」上安定；「影子」跟著「人」，就得以顯現，「物守住物」就融合不離。

所以，「眼睛」過於追求「明亮」就危險了；「耳朵」過於追求「聽覺敏銳」就危險了；「心思」過於「思慮」就危險了。凡是「智能」藏於「內心」就會危險，「危險」一旦形成，就來不及悔改。

「禍患」的「產生」和「滋長」繁多，要消除「禍患」，就需要憑藉「修養」的功夫，要到見消除「禍患」的成效，需要持久一段時間。而人們自以爲自己的「心思」可貴，不也悲哀嗎！因此，有「亡國」和「殺人」的事件發生不止，是因爲不知道問個根源。

所以，「腳」踩踏在「地面」上，雖然踏在「地面」上占了一塊地方，還要依靠「腳」所沒有踏著的地方，才能夠到達廣遠的地方去；人所知道的很少，雖然很少，依靠它所「不知道」的，才能夠知道所謂的「天道」。

知道「大一（天地未分前混沌之元氣，卽大道。）」，知道「大陰（大道的絕對靜止）」，知道「大目（大道的觀點）」，知道「大均（大道的均衡作用）」，知道「大方（大道無所不包容）」，知道「大信（大道的本性不妄）」，知道「大定（大道的安定）」，就最好了。

「大一」來加以貫通，「大陰」來加以化解，「大目」來觀照，「大均」來順遂，「大方」來體悟，「大信」來核實，「大定」來持守。

「認知」完全依靠有「天」，「順應」就會逐漸「明朗清晰」，「深奧的道理」之中，都存在著「樞要（關鍵）」，而任何事物產生的同時，又必然出現相應的「對立面」。

那麼，「自然的理解」，好像是「沒有理解」似的；「自然的知曉」，好像是「沒有知曉」似的，但是在這「不知」的背後，才會有「眞知」。要追問它，它是沒有頭緒的，而又不可以沒有頭緒。

「萬物」雖然「紛擾雜亂」，卻有它的「根本」，古今不能相互替換，但是無「古」就無「今」，無「今」就無「古」，誰也不能缺少，這能不說是，僅只顯露其概略的「輪廓」嗎？爲什麼不追問這個博大玄妙的「道理」，爲什麼會迷惑成這個樣子呢？用「不迷惑」，去理解「迷惑」，再回到「不迷惑」，這恐怕還是當初的「不迷惑」。

（二十五）《雜篇．則陽第二十五》：

「則陽」是篇首「則陽遊於楚」中的人名，本篇內容仍很龐雜，先寫了十個小故事，用人物的對話，來說明「恬淡、清虛、順任」的「旨趣」和「生活態度」，同時也對「滯留人事、迷戀權勢」的

人，給予批評。

最後一部分，則討論「宇宙萬物」的「基本規律」，討論「宇宙的起源」、「宇宙觀」和「認識論」上的許多問題，比較有價值。

《則陽》全文分成十個部分，簡述如下：

第一部分，描寫「楚國」的隱士「公閱休」清虛恬適的「生活旨趣」和「處世態度」。

「則陽」到「楚國」遊玩，「楚國」大臣「夷節」告訴「楚王」，「楚王」沒有接見「則陽」，「夷節」只好回家。

「則陽」拜見「楚國」大夫「王果」時問道：「『先生』爲什麼不在『楚王』面前推薦我呢？」

「王果」回答道：「我不如『楚國』的隱士『公閱休』。」

「則陽」問道：「『公閱休』是何人？」

「王果」說道：「『公閱休』冬天到江河裡刺『鱉』，夏天到山傍休息，有過往的人詢問，他就說：『這就是我的住宅。』『夷節』都不能做到，何況是我呢？

我又不如『夷節』，『夷節』缺少『德行』，卻有『智巧』，不甘於『淸虛恬淡』的生活，用他自己的『智巧』，跟人『交遊』與『結識』，在『富有』和『尊顯』的『圈子』裡迷亂，不僅無助於增長『德行』，反而使『德行』有所毀損。

『挨凍的人』盼望溫暖的『春天』；『中暑的人』渴望『冷風』帶來涼爽。『楚王』外表『高貴』而又『威嚴』，他對『有過錯的人』，不會給予一點『寬恕』，像『老虎』一樣，要不是『小人』和『正德之士』，誰能夠讓他折服呢？

所以，『聖人』窮苦的時候，他們能使『家人』忘卻『生活的淸苦』；當他們『通達』的時候，也能使『王公貴族』忘卻『爵祿』，而變得『謙卑』。他們無論處在什麼樣的環境，他都『快活』；對於『別人』，樂於相處，而又能保持自己的『眞性』。所以，常施『不言之教』，而使人心靈和諧，相處不久的人都能受到感化。

在『家庭生活』中，『父親』和『兒子』相處，父尊子卑，各得其宜，而『聖人』卻完全是『淸虛無爲』地對待『家人』。『聖人的心態』跟『一般人的心態』相差甚遠。所以，要使『楚王』信服，還得請『公閱休』出馬。」

第二部分，描寫「聖人的心態」，和「人們」對於「道」的「尊崇」與「愛慕」。

「聖人」通達於人際間的各種「糾紛」，透徹地了解「萬物」是「混同一體」的狀態，卻不知道爲什麼會是這樣，這決定於「自然的本性」。爲了「返回眞性」，而有所動作，但總是效法「自然」，人們才稱呼他爲「聖人」。

整日憂心於「智巧」與「謀慮」，因而有所動作，常常不會持久。如果停止了對「知識」的追逐，而「無憂無慮」，又將怎樣呢？

生來就「漂亮的人」，是因爲別人給他一面「鏡子」，如果沒有人告訴他，他也就不會知道，自己比別人漂亮。好像「知道」，又好像「不知道」；好像「聽見」了，又好像「沒有聽見」，他的「欣喜」竟然沒有停止的時候，人們對他的「好感」，不會因此而中止，這是出於「自然的本性」啊！

「聖人」知道愛護人們，是因爲人們賦予了他「相應的名稱」，如果人們不告訴他，也就不知道

他愛護人們。好像「知道」，又好像「不知道」；好像「有所聞」，又好像「沒有所聞」，他愛護人就沒有終止，人們安於他的愛護，也就處之泰然，這是出於「自然的本性」。

「人們」一看到「祖國」和「家鄉」，就分外喜悅；即使是由於「丘陵草木」掩蓋了十之八九的眞面目，人們心裡還是十分欣喜，更何況親眼所見，親耳所聞，就像是「數丈高台」，赫然挺立於衆人的面前，讓人崇敬，仰慕啊！

第三部分，描寫一個人要善於「自處（自己對環境事態的應對與處理）」，善於「應物（順應事物）」。

遠古時代的帝王「冉相氏」領悟到「大道的精髓」，能聽任「外物（身外之物。多指利欲功名之類。）」自然發展，所以跟「外物（身外之物。多指利欲功名之類。）」接觸相處沒有終始，沒有時間限制。他雖然天天隨「外物（身外之物。多指利欲功名之類。）」而變化，但是他內心的境界，卻一點兒也不曾改變。

曾嘗試過捨棄「大道的精髓」，有心去效法「自然」，卻沒有得到預期的結果，跟「外物（身外之物。多指利欲功名之類。）」一道互相追逐，對於「所修的事業」，有什麼可擔憂的呢？

在「聖人」的心目中，不曾有過「天」，不曾有過「人」，不曾有過「開始」，不曾有過「外物（身外之物。多指利欲功名之類。）」，隨著「世道（社會狀況、風氣）」一起發展變化，而無所偏廢，所行完備而不知憂慮，他與「外物（身外之物。多指利欲功名之類。）」的契合與融洽，達到了這樣的程度，別人又能怎麼樣呢？

「商湯」拜「門尹（伊尹）」做他的「老師」，他跟著「老師」學習，又不爲所局限，掌握了

「隨順」的道理，他是「君王」，卻空有其名。而他的「老師」，則承擔了「治天下」、「理萬物」的責任。「商湯」對於「名和法」，從來不放在心上，因而「君臣、師徒」兩人，才能夠相互資助，一起治理國家。

「孔子」最後棄絕了「謀慮（對事情的計劃考慮）」，因此才能「傳道」。

古代作「曆法」的聖人「容成氏」說道：「摒除了日，就不會累積成年；沒有內，就沒有外。」

第四部分，透過巧妙的「比喻」，指出「人」在「世間」的渺小，倡導「與世無爭」的態度，同時諷刺和嘲弄了「諸侯國」之間的爭奪戰爭。

文中的「惠施」，尊稱「惠子」，是「戰國」時期的一位「名家」代表人物、辯客和哲學家。

「惠施」是「宋國人」，但是他最主要的「行政地區」是「魏國」，「惠施」是倡導「合縱抗秦」的最主要的組織人和支持者。他主張「魏國」、「齊國」和「楚國」合縱結盟起來，對抗「秦國」。

「魏惠王」在位時，「惠施」因爲與「張儀」不和，而被驅逐出「魏國」，他首先到「楚國」，後來回到家鄉「宋國」，並在那裡與「莊子」成爲好友。

「魏惠王」死後，「張儀」失寵，「惠施」回到「魏國」。作爲「合縱抗秦」的組織人，他在當時各個國家裡，都享有很高的聲譽。他因此經常爲「外交事務」被「魏王」派到其他國家。

下面，進入本文。

魏惠王「魏罃」與齊威王「田侯牟」訂下盟約，「田侯牟」背約。「魏罃」大怒，要派人去刺殺他。

「魏國」的「犀首（武官名，相當於晉代的虎牙將軍。）」「公孫衍」將軍聽了恥笑他說道：「你是大國的『君主』，而用『匹夫（平民百姓）』的手段去報仇。我請求率領『甲兵（武裝的士兵）』二十萬，爲你攻打他，俘虜他的人民，掠奪他的牛馬，使『齊國』的『君主』內心發火，而發『毒瘡病』於背，然後吞併他的國土。使『齊國』的將軍『田忌』戰敗出走，然後鞭打他的脊背，折斷他的『脊梁骨（脊柱）』。」

「魏國」的大臣「季子」聽了，恥笑「公孫衍」說道：「建築十『仞（ㄖㄣˋ，量詞，古代計算長度的單位，八尺爲一仞。）』高的『城牆』，城高已經高十仞了，又毀壞它，這是『築城奴隸』所苦的事。現在不打仗已經七年了，這是『王業（帝王的基業）』的基礎。『公孫衍』將軍是『好亂的人』，不可以聽從他的主張。」

「魏國」的大臣「華子」聽到「季子」的主張後恥笑他說道：「勸說討伐『齊國』的人，是『好亂的人』，勸說不討伐『齊國』的人，也是『好亂的人』；討論『討伐』與『不討伐』爲亂的人，也是『好亂的人』。」

「魏惠王」問道：「那該怎麼辦呢？」

「華子」回答道：「你追求『大道』就行了。」

「惠施」聽了，引見「魏國」的賢人「戴晉人」。

「戴晉人」問道：「有所謂『蝸牛』，『君主』你知道嗎？」

「魏惠王」回答道：「知道！」

「戴晉人」說道：「有個國家在『蝸牛』的左角，叫『觸氏』；有個『國家』在『蝸牛』的右角，叫『蠻氏』。時常相爭地盤而戰爭，橫屍數萬，追逐敗兵十五天而後返回。」

「魏惠王」說道：「唉！這是『空話（內容空洞，不切實際的話。）』嗎？」

「戴晉人」說道：「臣請求替您證實它。『君主』你想，在四方上下有窮盡嗎？」

「魏惠王」回答道：「沒有窮盡。」

「戴晉人」問道：「知道『遊心（浮想騁思）』於『無窮的境域』，而返於『通達（通行無阻）的國土』，好像『若有若無』嗎？」

「魏惠王」回答道：「是這樣。」

「戴晉人」問道：「『通達的國土』中有『魏國』，『魏國』中有『魏國』的首都『樑都』，在『樑都』中有『君王』，那『君王』與『蠻氏』有區別嗎？」

「魏惠王」回答道：「沒有區別。」

客人走了，「惠施」進見。

「魏惠王」說道：「這位『客人』是位偉大人物，『聖人』也不足以形容他。」

「惠施」說道：「吹『竹管』的，還有洪亮的聲音；吹『劍環』的，只有一絲聲響而已。『堯、舜』是人所稱譽的，在『戴晉人』面前稱道『堯、舜』，就好比一點小聲了。」

第五部分，透過「孔子」之口，盛讚「楚國」的勇士「市南宜僚」「聲銷（名聲消失）」而「志無窮」的隱居態度。

「孔子」到「楚國」去，住在「蟻丘」的「賣漿家」。他的鄰居有「夫妻僕妾」登上屋頂觀望。

「子路」問道：「這些人有秩序地集聚在一起，是在做什麼的？」

「孔子」回答道：「這些人是『聖人』的『僕役』，他是甘願隱於民間，隱居於田園的人。他的聲名沉寂，他的志向無窮，他雖然說話，內心卻凝寂無言。他的行爲和『世俗』相反，而內心不屑與『世俗』同流。這是『自隱之人』，豈不是『市南宜僚』嗎？」

「子路」請求去把他召來。

「孔子」說道：「算了吧！他知道我了解他，知道我到『楚國』，以爲我必定請『楚王』邀聘他，他正把我當成『佞人（ㄋㄧˋㄥ，媚世的人）』。如果是這樣，他羞於聽『佞人』的話，何況親自見面呢！你以爲他還留在那裡嗎？」

「子路」去一探究竟，他的住處已經空無一人了。

第六部分，指出「爲政鹵莽」、「治民滅裂」的嚴重危害。

「長梧封人（長梧子）」對「孔子」的弟子「子牢」說道：「你處理『政務』不要鹵莽，『治理人民』不要亂來。過去我『種莊稼』，『耕作』鹵莽從事，則『收成』也鹵莽地報復我。『除草』比較粗略，『收成』也粗略地報復我。我第二年變更方法，深耕細作，『禾苗』繁盛滋壯，我得以終年飽食。」

「莊子」聽到這件事後說道：「現在，人們對待自己的『身體』，修養自己的『心神』，很多像『長梧封人』所說的，失掉『天命』，離開『本性』，滅絕『眞情』，喪失『精神』，以隨從『衆俗行爲』。

所以，對『本性』鹵莽的，『喜好厭惡』情緒的爲害，就如同『蘆葦』般蔽塞『本性』，開始以此來滿足『形體』，漸漸地拔擢我的『本性』；四處『潰爛漏發』，不選擇『處所』而流動，膿瘡疥疸，心血發熱，排泄帶『脂膏（油脂）』的尿，就是如此。」

第七部分，透過「柏矩」遊歷「齊國」的所見，批評當世「君主」爲政的「虛僞」和「愚弄人民」。

「老子」的學生「柏矩」跟「老子」學習，說道：「請您允許我到『天下』去遊歷。」

「老子」說道：「算了吧，天下和這裡一樣。」

「柏矩」再次請求，「老子」說道：「你要從哪裡開始遊歷？」

「柏矩」回答道：「從『齊國』開始。」

「柏矩」到了「齊國」，看到一個「死刑人的屍體」放在街上示衆，便擺正這具「屍體」，解下自己的「禮服」蓋在「屍體」上面。

「柏矩」仰天號哭，說道：「你呀！你呀！『天下』有『大災大難』，唯獨讓你遇上了！人們天天說不要當『盜賊』，不要『殺人』！『榮辱』確立，然後會看出『弊病』；『財貨』積聚，然後才看出『爭端』。

現在，樹立了人所『弊病』的，聚積了人所『爭端』的，使人『窮困』到身體『無休止』的時候，要想不走到這種地步，做得到嗎？

古代的『君主』，把『所得』歸功給『人民』，把『所失』歸罪於『自己』。把『正確』歸於『人民』，把『錯誤』歸於『自己』；所以，一旦有『判錯刑』的，就退而責備『自己』。

現在不是這樣，隱匿事物的『眞相』，而責備『民衆』爲何不知道；擴大困難，而加罪於『膽小的人』；加重『任務』，而處罰『不能勝任的人』；延長『途程』，而誅殺『走不到的人』。

『民衆』智窮力竭，就以『虛僞』應付他，天天出現許多『虛僞的事情』，『士民』怎能不『虛僞』呢？『能力』不足便『做假』，『智慧』不足便『欺騙』，『錢財』不足便『偷盜』。『盜竊』的行爲，要責備誰才可以呢？」

第八部分，說明人們的「是非觀念」，不是「永恆的」，「認識」也是「有限的」。

「衛國」的大夫「遽（ㄐㄩˋ）伯玉」經歷六十年，而六十年之中，每年都在變化。剛開始時，是肯定它的，後來又否定它，很難說今天所認爲是對的，就不是五十九年來，所認爲是錯誤的。「萬物」有它的「生」，而看不見生它的「根源」；有它的「出處」，卻看不見它的「門徑」。人們都重視他的「智慧」所能知道的，而不能憑他的「智慧」所不知道而後知道的道理，這不是所謂的「大疑惑」嗎？算了吧！算了吧！況且沒有能夠逃避得了的，這就是你說這樣，他說那樣嗎？

第九部分，「孔子」譴責「衛靈公」的「荒唐無道」。

「孔子」問太史「大弢（ㄊㄠ）」、「伯常騫（ㄑㄧㄢ）」和「狶（ㄒㄧ）韋」說道：「『衛靈公』飲酒耽樂，不處理國家政務，狩獵網捕，弋（繫繩的箭）射獸鳥，不應承『諸侯』會盟，他卻得到『靈公』的『謚號（ㄕˋ，古代帝王、貴族、大臣等死後依其一生所行事蹟給予的稱號，其中有美謚和惡謚。）』，這是爲什麼呢？」

「大弢」說道：「就是因爲這樣，才得到這樣的『謚號』。」

「伯常騫」說道：「『衛靈公』有三個『妻子』，他和三個『妻子』，在一個大浴盆中洗澡。『衛國』的大夫『史鰌（ㄑㄧㄡ）』，奉召來到『衛靈公』住所，『衛靈公』叫人接取他獻的『幣帛（幣，財幣。帛，綢緞等絲織品。幣帛泛指古人餽贈所用的禮物。）』，而使人扶著他的臂膀。『衛靈公』的放縱，像與三個『妻子』同盆沐浴那樣嚴重；然而他接見『賢人』，又如此『肅然起敬』，這就是他之所以被稱爲『靈公』的道理。」

「狶韋」說道：「『衛靈公』死了，『卜葬（古代埋葬死者，先占卜以擇吉祥之葬日與葬地。）』在生前挖好的『壽穴』，不吉利；『卜葬』在『沙丘（地名）』就吉利。掘墓穴到深處，達到數仞時，得到一個石造的『棺槨（ㄍㄨㄛˇ，棺材和套在棺外的外棺。）』，洗去『棺槨』外面的『泥土』後，上面有『銘文』說：『不必依賴子孫，衛靈公可以取去而居在這裡。』『衛靈公』的『謚號』稱爲『靈』，已經很久了，『大韜、伯常騫』這兩個人怎麼能知道呢？」

第十部分，「莊子」虛構「少知」和「大公調」兩個人物，描寫「少知」與「大公調」的對話，借「大公調」之口，從討論「宇宙整體」與「萬物個體」間的「合異（把各個不同的個體混合同在一起，就成爲相同的。）」和「散同（把混同的整體離散開來，又成爲各個不同的個體。）」的關係入手，指出各種「事物」，都有其自身的「規律」，各種「變化」也都會向自己的「反面」轉化，同時還討論了「宇宙萬物」的產生，最終歸結爲渾一（統一；同一）的「道」。

「少知」向「大公調」請教，問道：「什麼叫做『丘里（鄉里）』之言呢？」

「大公調」回答道：「所謂『丘里』，就是聚合十家不同姓氏的家族，上百個人，所形成的風氣與習俗。『合異爲同（把各個不同的個體混合同在一起，就成爲相同的。）』，『散同爲異（把混同的整體離散開來，又成爲各個不同的個體。）』。

現在以『馬』作爲例子來解說，專指『馬』的各個『部位』來說，都不能稱爲『馬』，但是『馬』是根據前者『合異爲同』，只有確立了『馬』的各個部位，並且組合成整體，才能稱爲

『馬』。

所以，『山丘』只有積聚『細少的土石』，才能成爲『山丘』；『江河』只有匯聚『細小的河流』，才能成爲『江河』；『偉大的人物』採納了『衆多的意見』，才稱得上『公平』。

所以，從『外界』反映到『內心』的『東西』，雖然自己有『主見』，卻不執著；由『內心』向『外界』表達的『東西』，卽使是『正確的』，也不排拒他人的意見。

『四季』的『氣候』不同，『大自然』並沒有給予『某一個季節』，特別的恩賜，因此完成『歲序（年份更替的順序）』；大大小小的『官吏』，具有不同的『職能』，『國君』沒有『偏私』任何一個，因此『國家』得以『治理』；『文臣』和『武將』的『才能』不同，『大人（在高位者）』不加偏愛，因此各自『德行完備』；『萬物』具有自己的『規律』，『大道』沒有『偏愛』任何一方，因此無所謂的『名稱』。

沒有『稱謂』就沒有『干預』，無所『干預』，便沒有什麼做不成的。『時序（季節變化的次序）』有終始，『世事』不斷變化；『禍福』在不停地運轉，有『違逆』的一面，同時也有『統一』的一面；各自追逐其不同的方面，有所『確當（正確適當）』，同時必有所『差失（差錯、閃失）』。就像『山澤』中，各種『木材』都有自己的『用處』外，再看看『大山』，『樹木』與『石塊』同在一處，這就是所謂『丘里的言論』。」

「少知」問道：「旣然這樣，可以把它稱爲『道』嗎？」

「大公調」回答道：「不可以！現在計算一下『物』的種類，不下於一萬種，而限稱作『萬物』，是用這個『大的數目』來稱述它。所以，叫做『天地』，是『形體』中最大的，叫做『陰陽』，是『氣體』中最大的，而『道』卻包括『天地』和『陰陽』。

因爲它大就用『道』來稱述，是可以的，已經稱爲『丘里之言』，又怎麼能與『道』相提並論呢？如果要尋求這兩者之間的區別，就好像『狗』與『馬』，差別實在太大了！」

「少知」問道：「『四方（東、南、西、北四個方向）』之內，『六合（指上下和四方，泛指天地或宇宙。）』之裡，『萬物』的產生，從哪裡開始的呢？」

「大公調」回答道：「『陰陽』相互『照應』，相互『損傷』，還相互『調治（醫療、醫治）』；『四季』相互『更替』，相互『產生』，還相互『衰減』。『慾念、憎惡、離棄』，於是相續起伏；『雌性、雄性』的『分開、交合』，於是常有『萬物』。

『安全』與『危難』互相變換，『災禍』與『幸福』互相產生，『壽誕』與『夭折』互相衝突，因此形成『聚散』。這是有『名實』可以辨認，有『精微（精深微妙）』可以記載的。

有次序地『相互更替』，總是遵循著『一定的軌跡』，雙方的運動，彼此互相『制約（限制約束）』，到了『盡頭』就會『返回』，有『終結』就有『開始』，這些是『萬物』所共同擁有的現象。

『言語』能夠探究到盡頭的，『智巧』能夠達到的，只是局限於少數『事物』罷了。感悟『大道』的人，不追逐『事物』的去向，不探究『萬物』的起源，一切『議論（對某問題進行評議討論）』至此爲止。」

「少知」又問道：「『季眞』的觀點是『莫爲（不去做）』，『接子』主張『或使（做事自覺主動）』，兩家的議論，誰最符合『事物的眞相』，誰偏離了『客觀的事實』呢？」

（『季眞』和『接子』兩人都是『齊國』的『稷下學者』。『稷（ㄐㄧˋ）下』是地名，在今山東省『臨淄縣』北，爲『春秋』時期，『齊國』都城『臨淄』的『稷門』。『齊國』曾在此設『稷下學宮』，招攬『文學游士』數千人，參予者稱爲『稷下學者』，『稷下學宮』成爲『戰國』時期的『學術中心』。）

「大公調」回答道：「雞鳴狗叫，這是人人都見到的現象；可是，即便是具有非同一般的『才智』，也不能用『言語』來表達出，它們這樣做的原因，同樣也不能推測它們會怎麼樣。用這樣的道理來推論和分析『萬物』，有『精妙』到無與倫比的，也有『寬廣』到不可限量的，然後主張『事物的產生』是『有所爲』，還是『無所爲』，均不能免於『爲物所拘滯（拘泥呆板）』，所以最終都只能是『過而不當（錯誤而不合時機）』。

『接子』的主張，過於『執滯（執著、拘泥）』，『季眞』的觀點，過於『虛空』。有名有實，屬於『物的範圍』。

『無名無實』不屬於『物的範圍』，可以『言談』，也可以『意會』，但是越是『言談』，距離『事物的實情』，也就越疏遠。沒有『產生的事物』，不能禁止其產生；已經『死亡的事物』，不能阻擋其死亡。『死與生』的距離並不是很遠，它們之間的『規律』，卻是很難察見。『事物的產生』有所『憑藉』，還是全都出於『虛無』，兩者都是在『疑惑』中產生的『偏見』。

我觀察『事物的開始』，它的『過去』沒有窮盡；我尋找『事物的結束』，它的『將來』不可限量。既然沒有『窮盡』又沒有『限量』，用『言語』表達，不能做到，這就跟『事物的條理（發展或分類）』相同；而『接子、季眞』的主張，用『言談』各持一端，又跟『事物』一樣，有了『開始』

及『終結』。

『道』不可以用『有』來表達，也不可用『無』來描述。『道』的名稱，不過是藉用來稱呼表達的。

『接子』和『季眞』的主張，各自偏執於『事物』的一端，怎麼能用來理解『大道』呢？『言語』如果『圓滿周遍』，那麼整天談的都是『道』；『言語』如果不能『圓滿周遍』，那麼整天談的都『滯礙於物』。

『道』是闡釋『萬物』的最高原理，『言語』和『緘默（閉口不說）』都不能夠描述它，既不是『言語』，也不是『緘默』，『評議（商量、討論而加以評斷）』就有極限了，而『大道』卻是無窮無盡，沒有邊界的。」

（二十六）《雜篇．外物第二十六》：

「外物（身外之物。多指利欲功名之類。）」是篇首「外物不可必」句中的前兩個字，用來作爲篇名。全文內容依舊很雜，但是多數在於討論「養生處世」，倡導「順應（順著某種趨勢去適應）」，反對「矯飾（造作誇飾，掩蓋眞相。）」，反對有所「操持（運用、操作）」，從而做到「虛己（虛心不自滿）」而「忘言（不藉言語而心領神會）」。

《外物》全文分成九個部分，簡述如下：

第一部分，說明「外在事物」不可能有「客觀又確定」的「標準」，指出「世俗之人」追逐於「利害得失」之間，到頭來只會精神崩潰，「玄理（深遠奧妙的道理，常指發揮道家思想的哲

理。）」喪盡。

先簡介一下文中的人物：

「關龍逄」：「夏桀」時期的賢臣，因爲直言極諫而被殺。「關龍逄」與商朝末年，因進言被「紂王」所殺的「比干」，常作爲「忠臣」的並稱。

「比干」：「商紂」時的「宰相」，殷「紂王」的「叔父」，因忠諫而被挖心而死。

「箕（ㄐㄧ）子」：「商紂」時的「太師」，殷「紂王」的「庶叔」，曾勸諫「紂王」，「紂王」不聽，反被「紂王」囚禁之。於是他披頭散髮裝瘋，以躲過災禍。「周武王」克「殷」後，命「召公」釋放「箕子」。「周武王」向「箕子」詢治國之道，記載於《尚書·洪範》。

「惡來」：是「顓頊（ㄓㄨㄢ ㄒㄩ）」的後代，殷「紂王」的「媚臣」。「惡來」與父親「蜚廉」一起爲「紂王」效力。「蜚廉」擅長跑步，「惡來」力氣大，「惡來」的弟弟「季勝」，是「趙國」的祖先。「周武王」伐「紂」，殺死了「惡來」。「惡來」是「秦國」的祖先，「秦始皇」的三十五世祖。

「伍子胥」：「伍子胥」家族因爲在「楚國」被迫害，投奔到「吳國」。受到吳王「闔閭」的重用，大破「楚國」，北鎮「齊、晉」，南服「越人」，官拜「相國公」。吳王「夫差」繼位後，對其「聯齊抗越」的戰略不滿，又聽信「伯嚭（ㄆㄧˇ）」的讒言，最終賜死「伍子胥」。

「萇（ㄔㄤˊ）弘」：「東周」的學者、政治家。少年時喜歡讀書，通曉「天文、曆數」，精通「音律、樂理」。至「周景王」時仍任「大夫」，常應對星象，吉凶徵兆之事。「周敬王」即位，因參謀遷都，輔佐興邦有功，升任「內史大夫」，執掌朝政。

「周敬王」二十四至二十五年間，「孔子」曾經訪樂於「萇弘」，請教和探討「音樂」與「天文」知識。「劉氏」與「晉國」的「范氏」世代通婚，「晉卿」內訌時，「萇弘」協助「范氏」慘遭失敗，「晉卿」和「趙鞅」因此而討伐「周王室」。「周敬王」二十八年，周人不得不殺了「萇弘」。據傳三年後，其血化爲「碧玉」。

下面，就進入本文。

「外在事物」不可能有「客觀」又「確定」的「標準」，所以「關龍逢」被殺，「比干」被挖心，「箕子」不得不通過「裝瘋」來避禍，「惡來」死於「武王伐紂」戰爭中，「桀」和「紂」作爲一代「國君」，也不能逃避「國破人亡」的命運。

「君主」沒有不希望他的「臣子」盡忠竭智的，但是「盡忠的人」卻未必能受到「君主」的信任。所以「伍子胥」的屍體被扔進「長江」上漂流，「萇弘」屈死在「東周」的「蜀地（蜀是東周地名，並非現在的四川。）」，他的血保藏了三年之後，因爲「精誠（眞心誠意）」感動「天地」而化成「碧玉」。但是，那又怎麼樣呢！

「父母」沒有不希望「子女」盡孝的，但是，在「禮儀教化」下的「孝順」，未必就是「眞正的愛」。所以，「孝己憂苦（殷高宗的兒子，受後母虐待，憂苦而死。）」，而「曾參悲傷（孔門弟子中年齡最小，也是對後世影響最大的。）」。

「木」與「木」相摩擦，就會燃燒，「金」與「火」放在一起燒煉，就會熔化。「陰陽二氣」交錯運行，就連「天地」也會驚恐起來，於是「雷霆」發作，雨中帶電，殛焚大樹。

有的人由於「憂慮過度」，而陷入「利害兩端」的「自相矛盾」之中，這是在「政治」生活中，

討飯吃的人，無可逃避的必然現象，「怵惕（ㄔㄨˋ ㄊㄧˋ，驚恐）」不安，卻終於一事無成，心就像懸在「天地」之間一樣，一天到晚「憂鬱沉悶」，在「得失之間」斤斤計較，利害衝突，內心焦灼甚多。

眾人都跟著憂心如焚，傷害了心中的「平和之氣」，清明的「自然之心」不能克制「焦躁的心火」，於是乎「精神」上崩潰，連「身體」也不能夠依「天命（上天主宰之下的人們的命運）」所賜而享盡「天年（自然的壽數）」，一個個中年「夭亡（短命早死）」。（這是對前述八人的批評）

第二部分，描寫「莊周」家貧，前往「借貸」的故事，藉以說明「順應自然」、「依其本性」的必要性。

「莊周」的家裡十分貧窮，所以就去找「監河侯（監理河道的官）」借點糧食。

「監河侯」說道：「可以啊！我馬上就要到我的『封邑（ㄧˋ，古時帝王賜給諸侯、功臣以領地或食邑。）』上去收取『邑金（地租；封邑租賦的收入。古人除封土之君外，對官吏也常常讓他們以在封邑上收取的地租代支薪俸，監河侯的邑金卽是這一類。）』了，收上來以後，我借你三百兩黃金，可以嗎？」

「莊周」臉色一沉，不高興地說道：「我昨天往你這裡來的時候，中途聽到了喊叫聲。我回頭向『車轍（車輛所行經的道路）』中一看，看見那裡有一條『鯽（ㄐㄧˋ）魚』。

我對『鯽魚』說道：『鯽魚啊！你在這裡做什麼？』

『鯽魚』回答道：『我是被東海的波濤衝出來的水族，你能不能弄來升斗的水，來救我一命！』

我說：『可以啊！我正準備去吳越遊歷一番，到時候我說服吳越兩國的國王，請他們把西江的水，引過來迎接你，可以嗎？』

『鯽魚』臉色一沉，不高興地說道：『我失去了與我常共處的水，因而不能過正常的生活。現在我要求的只是，能得到一點讓我活命的升斗之水，你竟說出這樣的廢話來欺騙我，那你還不如早點到乾魚市場上去，到時候你就可以在那找到我了！』」

■成語：「枯魚之肆」

◆出處：《莊子．外物》

◆原文：吾得鬥升之水然活耳，君乃此言，曾不如早索我於枯魚之肆矣。

◆解釋：原意「賣乾魚的店鋪」，比喻「無法挽救的絕境」。

第三部分，借「任國的公子釣大魚」的故事，諷刺「眼光短淺」，「好發議論」的「淺薄之士」，比喻「治理世事的人」，必須「立志」有所大成。

「任國」的「公子」做一個巨大的「黑繩魚鉤」，用五十頭「閹牛（摘除公牛的生殖器官）」做「魚餌」，蹲在「會稽山」上，把「魚竿」甩進「東海」，在「東海」邊釣魚。他天天去釣魚，可是一年也釣不到一條魚。

不久之後，「大魚」終於咬鉤吞食他的「魚餌」，這條魚拖著「大魚鉤」向深水中游去，沉進水裡，又跳出水面亂蹦，掀起了滔天的海浪，海水的「波峰」如山，上下震盪不已，聲音驚天動地，大得嚇人，千里之外的人們，都被驚動得恐懼起來。

「任公子」釣到這條「大魚」後，剝開「大魚」做成乾肉，從「浙江」以東，到「蒼梧山」以北，人人都飽食了一頓大餐。從此之後，世世代代的「後生小子」中，有喜愛「道聽途說」的人們，都驚訝不已，奔走相告。

那些舉著「細繩」做成的「小魚竿」，到灌溉用的「小水溝」裡，垂釣小魚的人們，要想釣到這樣的「大魚」，是很困難的。這就好像那些學到一點「小知識」，就玩弄華麗的「辭藻（經過修飾的精美詞語）」，而想求得「大功名」的人一樣，想獲得「大智慧」，是相差太遠了。

所以，如果從來沒有聽說過「任公子故事」的人，只憑藉一點「世俗常識」，就想治理好國家，他實際上正像那些在「小水溝」裡垂釣的人一樣，離治理好國家的目標，相差太遠了。

第四部分，諷刺「儒家」表面倡導《詩》、《禮》，暗裡卻做著見不得人的勾當。

「儒士」用《詩》、《禮》盜墓。

「大儒士」按《禮》的規定，有秩序的向下傳話問道：「東方亮了，事情辦得怎樣了？」

「小儒士」回答道：「衣裙還沒有脫下來，口中含有珍珠。《詩》中有一首說：『青青的麥苗，生在山坡上活時，不救濟別人，死後何必口含珍珠！』」

「大儒士」說道：「拖住他的鬢髮，按住他的鬍鬚，你用鐵鎚敲他的面頰，慢慢地撬開他的兩頰，不要損傷口中的珍珠！」

第五部分，描寫「楚國」的賢人隱者「老萊子」對「孔子」的訓示，指出「與其譽堯而非桀，不如兩忘而閉其譽。（與其讚譽堯而非議桀，不如把兩者都忘掉。）」，倡導只要「順應（順著某種趨勢去適應）」，便能夠成就每件事情的主張。

「老萊子」的「弟子」出去打柴，碰到了「孔子」，回來後告訴老師說道：「那裡有個人，上身長，下肢短，稍微有點駝背，耳朵向後貼在頭的兩邊，一副目光遠大，胸懷天下的樣子，不知道他是哪個貴族家的人？」

「老萊子」說道：「他是『孔丘』。你去召他過來。」

「孔子」於是來到了「老萊子」跟前。

「老萊子」對「孔子」說道：「丘啊！放下你『矜持（謹慎言行，拘謹而不自然。）』的姿勢，和你『智者』的『派頭』，就可以成爲『君子』了。」

「孔子」揖讓而退，一臉局促不安地問道：「我的『德業』可有長進嗎？」

「老萊子」說道：「你不忍心『一代人』受損害，卻忽視了『萬世』以後的禍害，是因爲『固陋』呢，還是『智略』不及呢？以『施惠於人』去討得別人的歡心，卻忽視了『終身的恥辱』，這只是『中等人』所做的事情罷了！以『聲譽』爲號召，呼朋引類，以『私利』相結納。與其讚譽『堯』而非議『桀』，不如把『堯之是』和『桀之非』兩者都忘掉，關閉自己對『是非』的『分別思慮』。違背『本性』無不受損傷，攪擾『心神』無非是『邪道』。『聖人』總是在不得已的情況下，才去從事某種事業，所以總是成功。爲什麼你總是『驕矜（傲慢、自大）』自己的行爲呢？」

第六部分，借「神龜被殺」的故事，說明「知有所困，神有所不及。（智慧也有窮困的時候，神也有不靈的地方。）」的道理，因此只能一切「順其自然」。

「宋國」的國君「宋元君」，半夜夢見一個「披頭散髮的人」在「偏門」窺視，說道：「我來自『宰路（淵名）』的深淵，我做『清江』的『使者』到『河神』那裡，被打魚人『餘且』捉到了我。」

「宋元君」醒來，叫人占夢，說道：「這是『神龜』。」

「宋元君」問道：「打魚的有『餘且』這個人嗎？」

「左右侍者」回答道：「有！」

「宋元君」說道：「帶『餘且』來見我。」

第二天，「餘且」來朝中，「宋元君」問道：「捕魚捕到了什麼？」

「餘且」回答道：「我的網捕到一隻『白龜』，周圓有五尺大。」

「宋元君」說道：「獻上你的『白龜』。」

「白龜」送到朝中，「宋元君」一再想殺了它，又一再想養活它，心裡猶豫著，叫人占卜，說道：「殺『白龜』來卜卦吉。」

於是剖「白龜」占卜，占了七十二卦，而沒有不應驗的。

「孔子」說道：「『神龜』能託夢於『宋元君』，而不能逃避『餘且』的『漁網』；『智慧』能夠占卜七十二卦，而無不應驗，卻不能逃避『剖腸』的禍患。如此看來，『智慧』也有窮困的時候，『神』也有不靈的地方。

縱有最高的『機智』，卻有上萬人謀劃它。『魚』不知道畏懼『漁網』，而害怕『鵜鶘（ㄊㄧˊ ㄏㄨˊ，捕魚的鳥）』。除掉『小智』而『大智』明，去掉『自以爲善』，而『善』自顯。『嬰兒』生來沒有『大師』教導，而能說話，這是與『會說話的人』在一起的緣故。」

第七部分，透過「莊子」和朋友「惠子」的對話，指出「無用之爲用（『無用的東西』的『用處』）」的道理。

「惠子」對「莊子」說道：「你的言論總是『大而無用』。」

「莊子」說道：「知道了什麼是『無用的東西』，才能和你討論什麼叫做『有用』。『大地』並非不寬廣，可是人所實際占據的地方，只是一個『立足之地』。然而，如果把你容下『兩隻腳』以外的『土地』，都向深處挖，而且挖得很深，你的腳踩的那一塊『土地』還能夠像原來那樣供你使用嗎？」

「惠子」說道：「不能。」

「莊子」說道：「這樣說來，『無用的東西』的『用處』，也就很明顯了。」

第八部分，討論「修生養性」，批評「墜而不反，火馳而不顧（陷溺世俗而不返，逐物如火而不顧。）」的處世態度，提倡「遊於世而不僻（悠遊於世而不逃避）」、「順人而不失己（順乎人情而不喪失自己的本性）」的生活要旨，而眞正要做到這一點，又在於「內心」要「空虛（中無所有）」，因爲「空虛」就能「容物」，「空虛」就能「順應（順著某種趨勢去適應）」。

「莊子」說道：「人若能『悠然自得』，哪有不『悠然自得』的呢？人如果不能『悠然自得』，哪裡有『悠然自得』呢？『流蕩忘返的心志』，『固執孤異的行爲』，唉！那都不是『至知厚德（最高的智慧，深厚的恩德）』的人所爲的！陷溺『世俗』而不返，逐物如火而不顧。雖然相互異位，有的爲『君』，有的爲『臣』，只是『一時之爭』而已。『時代』更替了，也就不再互爲『貴賤』。所以說，『得道的人』是不會固執於『某種行爲方式』的。

尊崇『古代的學者』的『遠見』，而鄙視『當代學者』的『短見』。況且用古帝王『狶韋氏』派別的觀點，來看『當今的朝代』，誰能不偏頗呢？唯有『得道的人』才能『悠遊於世』而不逃避，

『順乎人情』而不喪失自己的『本性』。即使是古帝王『狶韋氏』派別的『古代教條』也不能學，要學會承襲『古人的眞意』，而不是完全尊奉，否則就不像是他們了。

『眼力』通徹爲『明』，『耳朵』通徹爲『聰』，『鼻子』通徹爲『羶（氣味）』，『口舌』通徹爲『甘』，『心靈』通徹爲『智』，『智慧』通徹爲『德』，凡是通達的『大道』，都不能『阻塞』，『阻塞』就『哽咽』，『哽咽不止』就是『背離大道』，『違背大道』就會生出各式各樣的『禍害』。

有『知覺』的『動物類』，要靠『氣息』，如果『氣息』不暢順，那並不是『天然』的過失。『天然的氣息』貫通了各種『孔竅』，日夜不息，人的『嗜欲（耳、目、口、鼻等感官所產生的貪欲。）』卻閉塞了各種『孔竅（人體的眼耳鼻口等孔穴）』。

『胎胞（胎兒的胞衣）』裡有許多的空隙，『心靈』也應該悠遊於『高天』。『居室』中缺乏『空間』，『婆媳』相處就會爭吵責罵；『心靈』不悠遊於『高天』，則『六鑿（指人的耳、目等六孔）』就會相互擾攘。『大林山丘』之所以善於留住『遊人』，也是因爲人們的『心情舒暢』。

『德行（道德品行的素質）』外露在於『名聲』，『名聲』過度外露，『計謀』生於『急切』，『機智』出於『爭端』，『閉塞』生於『拘執』，『官府的事』要取決於『衆人是否適宜』。春雨及時，草木生發，整治農具，鋤草剪枝，而過後草林『倒植（倒生）』的仍有過半，人們卻不知道其中的緣由。」

第九部分，進一步闡明「順應自然」的觀點，反對「矯飾（造作誇飾，掩蓋眞相。）」，反對有所「操持（操作）」，希望能做到「得魚而忘荃（捕到魚後就可以忘記了捕魚的工具）」，最終進入到「得意而忘言（得到了語言的意義，就可以忘了語言。）」的境界。

「沉靜」可以「調養病體」，「按摩」可以「延緩衰老」，「寧寂安定」可以「止息內心的急躁」。雖然如此，像這樣，仍是「操勞的人」所務必要做到的，「閒逸的人」卻從不予以「過問」。「聖人」用來驚駭「天下」的辦法，「神人」不曾「過問」；「賢人」用來驚駭「時世」的辦法，「聖人」不曾「過問」；「君子」用來驚駭「國人」的辦法，「賢人」不曾過問；「小人」用來苟合於「一時」的辦法，「君子」也不曾過問。

「宋國」東門有個「死了雙親的人」，因爲格外哀傷，日漸消瘦，而加官進爵，封爲「官師（官吏之長）」，他的同鄉仿效他，也消瘦毀容，卻因此而死者過半。

「堯」要禪讓「天下」給「許由」，「許由」因而逃到「箕山」；「商湯」想把「天下」禪讓給夏朝高潔之士「務光」，「務光」大發脾氣；夏朝賢人「紀他」知道了這件事，率領弟子隱居在「窾（ㄎㄨㄢˇ）水」一帶，「諸侯」紛紛前往慰問，過了三年，夏朝賢人「申徒狄」仰慕其名，而投河自溺。

捕到「魚」之後，就可以忘記了捕魚的工具「筌（竹籠）」；捕到「兔子」之後，就可以忘記了捕兔的工具「兔網」。「語言」是用來「表達意義」的，得到了「意義」之後，就可以忘了「語言」。可是我到哪裡去找一個「忘言的人」，來和他交談呢！

■成語：「得魚忘筌」

◆出處：《莊子．外物》

◆原文：筌者所以在魚，得魚而忘筌。

◆解釋：「筌」是捕魚用的竹器。捕到了魚，忘掉了「筌」。比喻「事情成功以後，就忘了本來依靠的東西。」」。

（二十七）《雜篇．寓言第二十七》：

「寓言」是篇首「寓言十九」的前二個字，但也是本文討論的主要內容之一。所謂「寓言」，就是「寄寓的言論」。《莊子》闡述道理和主張，經常假託於故事人物，「寓言」的方法，正是《莊子》語言表達上的一大特色。

《寓言》全文分成六個部分，簡述如下：

第一部分，討論了「寓言（假託於他人之言而寄寓己意）」、「重言（重複前人所言，實是假託前人已言以重申己意。）」和「卮言（ㄓ，支離而無統緒或隨人妄言，既無主見，也無立場的、隨和人意的言論）」，指出「宇宙萬物」從根本上來說，是「齊一的、等同的」，「辨析事物」的各種「言詞論說」，是不符合「客觀事理」的，不如「忘言」，「隨順而言不留成見」。

「寓言（寄託的話）」占十分之九，「重言（假託前人所言的話）」占十分之七，「卮言（無心之言）」層出不窮，合乎於自然的分際。

「寓言（寄託的話）」占十分之九，借「他人的話」來談論。「親生父親」不給他的「兒子」做媒。與其聽「親生父親」的讚美，不如聽「不是他父親的人」的評價。這不是我的「過錯」，人人都有這個「過錯」。跟自己一致就「贊同」，跟自己不一致就「反對」。跟自己一致就「認為對」，跟自己不一致就「認為錯」。

「重言（假託前人所言的話）」占十分之七，爲了中止「爭辯」，這些話來自「長者」。「年齡長」而沒有「見解」，只是徒稱「年長」而已，那就不能算是「先於人」。「爲人」如果沒有「才德學識」，這是缺乏「爲人之道」；「爲人」缺乏「爲人之道」，這就叫做「陳人（陳舊腐朽的人）」。

「卮言（ㄓ，隨和人意的言論）」層出不窮，和合「天倪（自然的分界）」，由此推演事理，因而說到死爲止。不用說話，事物的「常理」自然齊一，原本齊一的「自然之理」，加上「主觀的言論」，就不能「齊同」了。

所以說，要發出沒有「主觀成見」的言論。說出跟「自然常理」諧和一致的話，就如同「沒有說話」，「終身在說話」，也像是「不會說過話」；而「終身不說話」，也未嘗不是「在說話」。

有「原因適宜」，也有「原因不適宜」；有「原因如此」，也有「原因並非如此」。爲什麼「如此」呢？「如此」，因爲「原來如此」；爲什麼「不如此」呢？「不如此」，因爲「原來不如此」。爲什麼「適合」呢？「適合」，在於「已經適合」；爲什麼「不適合」呢？「不適合」，在於「已經不適合」。

「事物」本來就會「適合」，沒有什麼「事物」不如此，沒有什麼「事物」不適合。要不是「卮言（ㄓ，隨和人意的言論）」層出不窮，和合「天倪（自然的分界）」，「事理」哪能「日新月異」持續下去呢？

「萬物」都是「種子」，都以不同的「形態」，來進行「新陳代謝」的生命過程，首尾銜接，如環相扣，難以分清它們的次序，這叫做「天鈞（天然均平之理）」。「天鈞」也就是「天倪（自然的

分界）」」。

第二部分，借「莊子」之口，評論「孔子」不再「勵志用智（知識）」，指出「再好的言論，也不能使人「心悅誠服」。

「莊子」對「惠子」說道：「『孔子』到六十歲，年年有變化。開始時，認爲是『對的』，最後又認爲它是『錯的』。很難斷定『現在』認爲是『對的』，就不是五十九年來，認爲是『錯的』。」

「惠子」問道：「『孔子』勵志用『智（知識）』嗎？」

「莊子」回答道：「『孔子』已經棄絕用『智（知識）』了，他未嘗多言。『孔子』是說：『才能受自天地本源，回復靈氣才有生機。發音合律，言論合度。利害仁義擺在眼前，好惡是非只能令人表面信服。更重要的是，使人心服而不敢倒行逆施，這才能安定天下。罷了！罷了！我大概趕不上那個時候了吧。』」

第三部分，描寫「孔子」的弟子「曾參（ㄕㄣ）」，兩次「當官」的心情不一樣，但是都不能做到「心無牽掛」，所以還是不能擺脫「外物（身外之物。多指利欲功名之類。）」的拘繫。

「曾參」再次「當官」，內心再次發生變化，他說道：「我爲奉養『雙親』而當官，有『三釜』俸祿就心滿意足了；『雙親』亡後再當官，雖有『三千鍾』俸祿，卻已經不能用來奉養『雙親』了，我的心很悲傷。」

有「學生」問「孔子」說道：「像『曾參』這樣的人，可以說不再受『俸祿』所『牽累（牽掛拖累）』了吧？」

「孔子」回答道：「他已經在『牽累』之中了，要是沒有任何『牽累』，他會有『悲哀』嗎？他應該要看待『三釜』和『三千鍾』的『俸祿』，如同看待『鳥雀』和『蚊虻（ㄇㄥˊ，蚊子）』相繼飛過眼前那樣啊！」

第四部分，敍述體悟「大道」的過程，指出這其間最爲重要的是「忘卻死生」。

「顏成子」遊對「東敦子綦（ㄑㄧˊ）」說道：「自從我聽了您的教誨，第一年返於『質樸（天眞自然，心無旁念。）』，第二年就『順其自然』，第三年就『通達無礙』了，第四年就『與物同化（使不相同的事物逐漸變成相近或相同）』了，第五年感到『衆物來集』，第六年感到『鬼入（道家指如有鬼神入於心中，而能悟萬物的一種境界。）』，第七年感到『天成（自然所成就的，非人力可及，自己與自然渾然一體）』，第八年已經不知道什麼是『死亡』，也不知道什麼是『存在』，第九年進入『大妙（絕佳、極妙，指道的奇異妙境）』。

人生在世而『妄爲』，這等同於『死亡』。輔助『大公』出於『私心』，這等同於『死亡』，有其必然因素；然而只是活生生地活著，那就沒有什麼必然因素了。那麼果眞如此嗎？什麼才是『適合』呢？什麼才是『不適合』呢？

『天』有『歷數（天道、天運，指星象運行的軌道及週期）』，『地』有『人據（指人賴以生存的事物）』，我哪能強求呢？不知道什麼是『終結』，怎能斷定沒有『運命』呢？不知道什麼是『開始』，怎能斷定有『運命』呢？確有『人物感應』，難道能斷定沒有『鬼』嗎？沒有發生『感應』，難道能斷定有『鬼』嗎？」

第五部分，寫「罔兩（影子外圍顏色較淡的微影部分）」問「影子」變化不定的故事，指出「無所依待（沒有憑藉）」才能「隨心而動」。

「罔兩」問「影子」說道：「你過去『低著頭』，現在『仰著頭』；過去『束著髮』，現在『散著髮』；過去『坐著』，現在『站起』；過去『走著』，現在『停下』，這是爲什麼呢？」

「影子」回答道：「區區小事，何必要問？我確實如此，但是我不知道爲何如此？我嘛！形同『蟬蛻（蟬自蛹狀幼蟲化爲成蟲時所脫下的殼）』，形同『蛇皮』，只是『相似』卻不是『眞的』。在『火光』和『日光』下，我就『聚集成形』了；在『陰霾』和『夜晚』裡，我就『消失無蹤』了。那個『身體』是我所要憑藉的嗎？更何況哪個事物不需要依賴東西呀？『它來』我就『跟著它來』，『它去』我也『跟著它去』，它『行動』我就『跟著它行動』。這又有什麼好問的呢？」

第六部分，描寫「老子」對弟子「陽子居」的批評，以及「陽子居」的悔改，藉此說明只有「去除驕矜（傲慢、自大）」和「容於衆人（對人度量大）」，才能夠眞正做到「修身養性」。

「陽子居」往南邊到「沛城」去，「老子」往西邊到「秦國」旅行。「陽子居」到郊外迎接「老子」，直到「大樑」才遇上「老子」。

「老子」走到半路，仰起頭嘆著氣說道：「當初我還以爲你是可以調教的，現在看來是不行了。」

「陽子居」沒有回答。到達「旅舍」，「陽子居」給「老子」送臉盆、漱口杯、毛巾、木梳子。「陽子居」把鞋脫在門外，跪著走上前，說道：「剛才『學生』想請教『先生』，見『先生』正趕路沒時間，所以不敢問；現在有空了，特來請問『學生』的過錯。」

「老子」說道：「你那副『傲慢』的神態，誰願意跟你在一起啊？『最大的潔白』，好像是『含汙垢的黑點』，『最高的德性』好像是『不足』的樣子。」

「陽子居」愧疚地轉變態度說道：「我恭敬地接受您的教誨了。」

當他前往「沛城」時，「旅舍主人」連忙迎他進入「舍館」侍候，「男店主」鋪座席，「女店主」呈上毛巾和木梳，「店客」讓出座位，「烤火的人」讓出爐子。當他回來時，「店客」開始跟他爭座位了。

（二十八）《雜篇．讓王第二十八》：

「讓王」，意思是「禪讓王位」，描述「堯」以「天下」讓賢的故事。篇文的主旨在於闡述「重視心性」，提倡不因「外物（身外之物。多指利欲功名之類。）」來改變自己「心性」的思想。「利祿」不可取，「王位」可以讓，全在於看重「心性」，保全「心性」。「輕物重視心性」的觀點，歷來多有指責，認爲與「莊子思想」不符合，但是其間亦有相通之處；而且「先秦諸子思想」也常互相「滲透」與「影響」，本文應該是「莊子後學」所撰。

《讓王》全文分成十個部分，簡述如下：

第一部分，描寫「許由」、「子州支父」、「善卷」和「石戶之農」都不願接受「禪讓（ㄕㄢˋ，古代歷史上統治權轉移的一種方式，皇帝把帝位讓給他人。）」的故事，明確闡述了重視「心性」的思想，「天下」固然「至重」，但卻不能以此危害「心性」。

先介紹一下這四位古代「隱士」的事蹟。

「許由」，是「堯帝」時期的「高潔（高尚純潔）之士」。當時「堯帝」試圖將「君位」禪讓給他，奈何「許由」不受，並逃至「箕山」隱居。爾後，「堯帝」又邀其擔任「九州長官」，這次他去

到「潁水」邊洗耳朵，以示其志不在「名聲」的決心。

「子州支父」又稱爲「子州支伯」，是傳說中的古代「隱士」，「堯帝」把「天下」讓給「子州支父」，「子州支父」回答說：「讓我作天子還是可以的。然而我現在正有著嚴重的『憂慮症』，正要治病，沒有閒功夫去想『天下』的事情。」

「善卷」，相傳爲「堯、舜」時期的「隱士」。他辭「帝位」不接受，歸隱「枉山」，德播天下，成爲中國道德文化的淵源。

「石戶之農」，相傳爲上古時代的「隱士」，傳說爲「舜帝」的朋友，不戀權位，爲避讓「舜帝」的「禪讓」而舉家遠走。

下面，進入本文。

「堯帝」想把「天下」讓給「許由」，但是「許由」不接受。又打算讓給「子州支父」，「子州支父」說：「讓我做『天子』，不是不行，不過，我剛剛患『憂慮症』，剛好在醫治之中，所以沒有時間來治理『天下』。」

「天子」這個位子很重要，但是「子州支父」不因爲「天子之位」很重要，而放棄治療自己的疾病，其他事情就更不用說了。只有不把「天下」作爲自己「私利」的人，才可以把「治理天下」的重任交給他。

「舜帝」把「治理天下」的大任，交給「子州支伯（卽上文的『子州支父』，同一人）」。「子州支伯」說：「我剛剛患上『憂慮症』，恰好在醫治中，沒有時間來『治理天下』。」

「天下大位」是「大器（喻國家的棟樑）」，「子州支伯」卻不用它來改變自己的「心性」，這正是「有道之人」和「凡俗之人」不同的地方。

「舜帝」想把「天下」讓給「善卷」，「善卷」說道：「我處在『宇宙』之中，『冬天』穿皮毛，『夏天』穿粗布；『春天』耕種，『身體』足夠勞動；『秋天』收穫，『身體』足夠安養了；『太陽出來』就去工作，『太陽下山』便休息，逍遙自在於『天地之間』，而心情舒暢。我還要『天下』的位子做什麼！可悲啊！你不了解我。」就這樣「善卷」也沒有接受，於是他隱居到深山裡，沒有人知道他的居處。

「舜帝」想把「天下」讓給他的朋友「石戶之農」，「石戶之農」說：「做『國君』辛苦啊！是『勞碌的人』啊！」

他認爲「舜帝」的「德行」還不夠，於是他背著「行囊」，他的「妻子」頭頂著「用具」，帶著「子女」隱居到「海島」上，終生沒有再回來。

第二部分，描寫「周文王」的祖父「大王亶（ㄉㄢˇ）父」遷離「邠地（ㄅㄧㄣ，古地名，在今中國陝西省旬邑縣）」和「王子搜」不願爲君的故事，在前一部分的基礎上，進一步闡述重視「心性」的思想。

「大王亶父」居住在「邠地」，遭遇「狄人（先秦時期的西北民族）」的攻打；「大王亶父」用「皮帛（獸皮和絲帛。古代舉行結盟、朝會等大事時，所持的禮物。）」事奉他們，但是他們不接受；用「犬馬（良狗名馬）」事奉他們，也不接受；用「珠玉（珠寶和玉石）」事奉他們，還是不接受，「狄人」想要的是「土地」。

「大王亶父」說道：「和人的哥哥居住在一起，而讓他的弟弟去被殺害；和人的父親居住在一

起，而讓他的兒子去被殺害，我不忍心這麼做。你們都努力求生存吧！做『我的臣子』和做『狄人的臣子』沒有什麼兩樣！並且我聽說，不要用『養人的土地』，去殺害『所養的百姓』。」

於是，「大王亶父」拄著拐杖離開了。「百姓」陸續跟隨，在「岐山」下成立了一個國家。這些人可以說像「大王亶父」那樣，能夠尊重「生命」。能夠尊重「生命」的，並不是因爲「富貴」，而傷害身體，也不因爲「貧賤利祿」，來勞累身體。現在的人，擁有「高官厚祿」的，都怕失去它們，見到「有利可圖」，就不顧自己的「性命」，這不是迷惑嗎？

「越人」殺了三個「國君」，「王子搜」很害怕，逃到「丹穴（山穴）」。「越國」沒有了「國君」，四處尋找，找到「丹穴」，「王子搜」不肯出來，「越國人」就用「艾草」來薰洞口。「王子搜」被煙薰逼出「丹穴」，「越國人」用「君王的座車」載他回去。

「王子搜」拉著車繩上車，仰天呼號說道：「『君位』啊！『君位』啊！就是不肯放過我呀！」

「王子搜」並不是厭惡做「國君」，而是怕做「國君」所帶來的「禍患」。像「王子搜」這樣的人，可以說不肯以「君位」，來傷害「生命」了，這也正是「越國人」要他做「國君」的原因。

第三部分，透過「子華子」與「韓國」的國君「昭僖侯」的對話，和「魯君」禮聘「顏闔（ㄏㄜˊ）」，而「顏闔」不願接受的故事，進一步指出要分清「事物的輕重」，「生命」是重要的，「利祿、土地」等「身外之物」，是不值得看重的，用「寶貴的生命」去追逐「無用的外物（身外之物，多指利欲功名之類）」，就好像用「隨侯之珠（古代名珠，被隨國國君所得，故名。）」彈打「高飛的麻雀」。

「子華子」，「春秋」末期「晉國人」，著有《子華子》一書，他生活在「莊子」之前，與「孔子」同時代，他重視「養生」。

「韓國」和「魏國」爲了「爭奪土地」而發動戰爭，「子華子」見到「韓國」的「昭僖侯」，「昭僖侯」面有憂色。

「子華子」說道：「現在讓『天下的人』，在你的面前寫下『誓約』，『誓約』這樣寫：『左手奪到它就砍去右手，右手奪到它就砍去左手，然而奪到的可以得到天下。』你願意去奪取嗎？」

「昭僖侯」說道：「我不願意去奪取。」

「子華子」說道：「很好！這樣看來，『兩隻手』比『天下』還重要，『身體』又比『兩隻手』重要。『韓國』遠比『天下』爲輕，現在『韓國』和『魏國』所爭奪的相接壤的部分地區，又遠比『韓國』爲輕。因此，你何必擔心得不到所爭的地盤呢？」

「昭僖侯」說道：「眞是善於作戰啊！教導我的人很多，從來沒有聽過這種說法。」

「子華子」可說是知道事情的輕重！

「魯君」聽說「顏闔（ㄏㄜˊ）」是個「有道的人」，派人帶著「幣帛（泛指古人餽贈所用的禮物）」等禮品，來慰問他。「顏闔」住在一個很破的「小巷子」裡，穿著粗布衣服在餵牛。「魯君」的「使者」來了，「顏闔」親自出來迎接。

「使者」問道：「這是『顏闔』的家嗎？」

「顏闔」回答道：「這是我的家。」

「使者」送上禮品。

「顏闔」說：「恐怕你聽錯了，是否是送我的，你不如回去問個明白，以免受到『國君』的責

備。」

「使者」回去，查問清楚了，再來找「顏闔」，卻找不到他了。像「顏闔」這樣的人，是眞正地厭惡「富貴」。

所以說，「道」的精華是爲了「修身」，「道」的「緒餘（剩餘，殘餘）」是用來「治理國家」，「道」的「土苴（ㄐㄩ，渣滓，糟粕，比喻微賤的東西。）」是用來「治理天下」。這樣看來，「帝王」的「功業」，是「聖人」的「餘事（正事以外或不相干的其它小事）」，並不是用作「保全自身」和「養生」的。

現在「世俗的君子」，大多「危身棄生（危及身體，拋棄生命）」去「追名逐利」，這豈不是可悲！凡是「聖人」的行爲，必定省察他「所追求的目標」，以及「追求的意義」。現在如果有這樣一個人，隨便用「隨侯之珠（古代名珠，被隨國國君所得，故名。）」去射千仞高的「痲雀」，「世人」必定會嘲笑他。爲什麼呢？因爲他用「貴重的東西」，去追求「輕微的東西」。「生命」這個東西，豈能和「隨侯的寶珠」這類東西相比呢！

第四部分，描寫「列子」貧窮，卻不願意接受「官府」的贈予。

「列子」窮困，面露飢色。有人告訴「鄭國」的宰相「鄭子陽」說道：「『列禦寇』是『有道之士』，在你的國家之內，卻讓他貧困，你這樣不是輕視人才嗎？」

「鄭子陽」就派人給他送來「米粟」，「列子」見到「使者」，再三辭謝不接受。

「使者」走了之後，「列子」進到屋裡，他的「妻子」埋怨他，而撫著胸說道：「我聽說『有道的人』能夠享安樂，現在你卻面有飢色。『相國』派人給你送『糧食』來，你卻不接受，這難道不是我命該如此嗎？」

「列子」笑著說道：「『相國』他並不是眞正了解我，而是聽別人之言才來給我送『米粟』，將來他也有可能聽別人的話，而治我的罪，這就是我不接受的原因。」

後來，百姓果然造反而殺害了「鄭子陽」。

第五部分，「楚國」國都有一個「賣羊肉的屠夫」叫做「說（ㄩㄝˋ）」，人稱「屠羊說」。本文描寫「屠羊說」有功也不受祿，表達了「輕視利祿」、「追求高義（行爲高尚而有義氣）」的思想。

「楚昭王」喪失了「國土」。「屠羊說（ㄩㄝˋ）」跟著「楚昭王」出走。後來「楚昭王」返回國家，要獎賞跟隨他的人，輪到「屠羊說」。

「屠羊說」說道：「『大王』喪失『國土』。我喪失『屠羊的工作』；『大王』回國，我也回到『屠羊之所』。我的『爵祿（官爵和俸祿）』已經恢復了，又有什麼好獎賞的呢！」

「楚昭王」說道：「勉強地接受吧！」

「屠羊說」說道：「『大王』喪失『領地』，不是我的『過錯』，所以我不接受『懲罰』；『大王』收復『國土』，也不是我的『功勞』，所以我不接受『獎賞』。」

「楚昭王」說道：「帶他來見我！」

「屠羊說」說道：「『楚國』的『法令』，必須是有『大功的人』才能朝見『國君』。現在我的『才智』不足以保存『國家』，而我的『勇武』也不足以消滅『敵寇』。『吳國的軍隊』侵入『郢（ㄧㄥˇ）都』，我因危難而逃避『敵寇』，並不是有意追隨『大王』的。現在『大王』要毀壞『法度（法律制度）』召見我，我並不想以此而讓『天下』人知道。」

「楚昭王」對「司馬子綦（ㄑㄧˊ，卽南郭子綦）」說道：「『屠羊說』雖然處於卑賤的地位，但是懂得『大道』，你替我請他就任『三公（指太師、太傅、太保，是古代西周的官名，指輔佐天子治理國政的三位最重要的大臣。）』的職位。」

「屠羊說」婉拒說道：「『三公』的職位，我知道比『屠羊』的職位高貴；『萬鍾的俸祿』，我知道比『屠羊』的『利潤』豐厚；但是我怎麼可以受『爵祿』而使『君主』蒙受到『濫施獎賞』的聲名呢！我不敢接受，希望還是回到我『屠羊的市場』裡。」

「屠羊說」終究還是沒接受。

第六部分，描寫孔子的三位弟子「原憲（卽子思）、曾子、顏回」身處卑微、生活貧困，卻不願爲官，不願追求「利祿（利益與爵祿）」，表達了「安貧樂道」的思想。

「原憲（卽子思）」住在「魯國」，居住在一間方丈大的小屋，茅草蓋頂；用編織的「蓬蒿（蓬草和蒿草）」做「門窗」，而且不完整，用「桑條」做「門框」；用「破瓦」做「窗戶」，以「粗布衣」隔成兩個「房間」；「屋頂」漏雨，地下潮濕，他卻端坐在那裡奏樂而歌。

「子貢」乘著「大馬」，穿著「素白的大衣」，裡面穿著「紫紅色的內衣」，小巷容不下他高大的「馬車」，就走去見「原憲」。「原憲」戴著破舊的帽子，穿著破爛的草鞋，拄著「藜杖（用藜的老莖做的手杖）」來迎接他。

「子貢」說道：「『先生』得的是什麼『病』呀？」

「原憲」回答道：「我聽說，沒有錢財叫做『貧』，有學問而不施行的那才叫『病』。現在我是『貧』，不是『病』。」

「子貢」進退兩難，而且面露愧疚之色。

「原憲」笑著說道：「要是『隨世而行』，『結黨爲友』，『所學』只是爲求在人們面前的誇耀，『所教』只是爲了宣揚自己的行爲，『虛假的仁義』，把車裝飾得非常華麗，這些都是違逆我的『本性』，而不願去做的。」

「曾子」住在「衛國」，衣服破爛，面色浮腫，手足生繭。三天沒有生火做飯，十年沒有添置新衣了，帽子一戴帽繩就斷，拉著衣襟手臂就會露出來，一穿鞋，腳跟就會露出來。拖著破鞋口吟《商頌》（《詩經》三頌之一），聲音洪亮，好像「金石樂器」奏出來的一樣。

■成語：「捉襟見肘」

◆出處：《莊子．讓王》

◆原文：曾子居衛，十年不制衣，正冠而纓絕，捉襟而肘見，納履而踵決。

◆解釋：拉一下「衣襟」，就露出「胳膊肘」，形容「衣服破爛」。比喻顧此失彼，窮於應付。

「天子」不能使他做「臣子」，「諸侯」不能和他結交。所以，「安養（安頓養護）意志」的人就忘記了外在的身體，「安養身體」的人，就不受「名利」的干擾，「求道之人」就心無「城府（人的心機）」」。

「孔子」對「顏回」說道：「顏回！來！你的家境貧困，住所簡陋，所處的地位低下，爲什麼不去『做官』呢？」

「顏回」說道：「我不願意『做官』。我在城郭之外，有五十畝田，足夠讓我喝稀粥過活；城郭之內的十畝田，足夠抽絲麻；『彈琴』足以讓自己愉悅，所學『先生』的『大道』足以讓我『自得其

樂』了，所以我不願意『做官』。」

「孔子」面有喜色地說道：「好極了！如果這是你的『心意』，我聽說：『知足的人不因利祿而牽累自己的身體和心意，怡然自得的人，即使利益受到損失，也不會放在心上。修養內心的人，即使沒有爵位，也不感到有何羞愧。』我聽到這句話，已經是很久以前的事了，現在在你的身上見到，這是我的收穫呀。」

第七部分，透過「魏國」公子「魏牟（ㄇㄡˊ）」和「瞻（ㄓㄢ）子」的對話，提出「重生（重視生命）、輕利」的觀點。

「魏牟（ㄇㄡˊ）」，「戰國」時「魏國人」，所以又叫「魏公子牟」，因封於「中山」，是「中山國」的「王子」，所以也叫「中山公子牟」。早年曾與「公孫龍」交好，亡國後改宗「莊子」。

「中山公子牟」對「瞻子」說道：「隱居在『江海（指隱士的居處）』之上，心裡卻惦念著『魏闕（ㄑㄩㄝ，朝廷，古代宮門外的闕門，爲懸示法令的地方。後亦作爲朝廷的代稱。）』的『榮華富貴』，這可怎麼辦呢？」

「瞻子」說道：「『重生（珍重自己的生命）』，就得把『利祿（利益與爵祿）』看得輕一些。」

「中山公子牟」說道：「雖然知道『道理』是這樣，但是我約束不了自己呀！」

「瞻子」說道：「不能約束自己，就放任自己，這樣你就可以消除『精神』上的痛苦嗎？不能約束自己，但是又強制壓下自己的欲望，這對你來說是雙重的傷害，這樣你不會長壽了。」

「魏牟」是大國的公子，他隱居「巖穴（山巖的窟穴）」，要比「平民」困難得多；雖然他沒有達到「大道」的境界，有這種「心思」已經就不錯了。

第八部分，描寫「孔子」身處厄境，也「隨遇而安」，說明「得道之人」方能「窮亦樂」、「通亦樂」。

「孔子」被困於「陳國」和「蔡國」之間，七天沒有燒火煮飯，只能喝不加米粒的「灰菜湯」，面色疲憊不堪，然而還在室中彈琴唱歌，「顏回」採摘野菜，剔除蔬菜中不能吃的部分，取可吃的部分。

「子路」和「子貢」互相議論說道：「『先生』一再被驅逐於『魯國』，不讓居留在『衛國』，砍伐講學大樹於『宋國』，窮困於『商、周』，圍困於『陳、蔡』之間。要殺『先生』的沒有罪過，凌辱『先生』的不受禁止。他還在唱歌彈琴，樂聲不能斷絕，『君子（指孔子）』沒有『羞恥之心』，也像這樣子的嗎？」

「顏回」在旁沒有應聲，進屋告訴「孔子」。

「孔子」推開琴，唉聲嘆氣地說道：「『子由（子路）』和『賜（子貢）』，都是見識淺的人。叫他們進來，我告訴他們。」

「子路」和「子貢」進入。

「子路」說道：「像現在這樣，可以說是窮困了！」

「孔子」說道：「這是什麼話！『君子』能通達道理的叫做『通』，不通達道理的才叫做『窮』。現在我『孔丘』堅守『仁義的道理』而遭到『亂世的禍患』，怎能說是『窮困』呢！所以，『自我反省』而不愧疚於『道』，面臨『災難』而不失掉自己的『德行』。『寒天』來

到，『霜雪』降落，我這才知道『松樹』和『柏樹』的茂盛。被圍困在「陳國」和「蔡國」之間的危險，對我『孔丘』來說，正是自己的『幸運』啊！」

「孔子」又安然地繼續彈琴唱歌，「子路」威武興奮地，手拿「盾牌」跳起舞來。

「子貢」說道：「我不知道『天高』，也不知道『地深』。」

古時「得道的人」，「窮困」時快樂，「通達（亨通顯達）」時也快樂，所歡樂的原因並不是「窮困」和「通達」。明白了這種道理，那麼「窮困」和「通達」就好像「寒暑風雨」的「循序變化」了。所以，「許由」能自娛於「潁水」之上，而「共伯」可自得於「共丘山」之下。（「共伯」，即「共伯和」，食封於「共」而得名。西周末年，「厲王」被放逐，諸侯立「共伯和」爲「天子」，在位一十四年，「宣王」立時，「共伯」退回「共丘山」。）

第九部分，描寫「北人無擇」、「卞（ㄅㄧㄢˋ）隨」和「瞀（ㄇㄠˋ）光」諸「隱士（隱居不做官的人）」，鄙薄「祿位（俸祿和爵位，借指官職。）」，不願爲君的故事，內容跟第一部分相似。

「舜」要把「天下」讓給他的朋友「北人無擇」。

「北人無擇」說道：「奇怪啊！『君主』的爲人，處於『田間』，而遊歷於『堯帝』之門。不僅是如此而已，還要用他的『恥辱行爲』來玷汙於我。我見到他感到『羞恥』。」因而自己投入「清冷之淵」而死。

「商湯」要討伐「夏桀」，與隱士「卞隨」商量。

「卞隨」說道：「這不是我的事情。」

「商湯」問道：「那跟誰商量可以呢？」

「卞隨」回答道：「我不知道。」

「商湯」就此事同隱士「瞀光」商量。

「瞀光」說道：「這不是我的事情。」

「商湯」問道：「那跟誰商量可以呢？」

「瞀光」回答道：「我不知道。」

「商湯」又問道：「『伊尹』怎樣？」

「瞀光」回答道：「他能夠勉強己力，而忍受恥辱，我不知道他別的事了。」

「商湯」就和大臣「伊尹」策謀討伐「夏桀」，最後戰勝了「夏桀」。

「商湯」要讓位給「卞（ㄅㄧㄢˋ）隨」，「卞隨」推辭說：「『君主』伐『夏桀』時，找我謀劃，一定以爲我是『殘忍的人』；戰勝了『夏桀』，而讓位給我，一定認爲我是個『貪婪的人』。我生活在『亂世』，而『無道的人』，一再用『恥辱的行爲』來玷汙我，我不能忍受屢次的攪擾！」於是自投「稠（ㄔㄡˊ）水」而死。

「商湯」要讓位給「瞀光」，問「瞀光」說道：「『有智慧的人』策謀，『武勇的人』完成，『仁義的人』來就位，這是自古以來的道理。你爲什麼不即位呢？」

「瞀光」推辭說道：「廢黜『君上』，不是『義』；殺害『人民』，不是『仁』；別人犯難，我享其利，不是『廉』。我聽說：『不合於義的，不接受它的利祿；無道的社會，不踏它的土地。』何況是把我尊奉爲『君位』呢！我不忍心長久地目睹這種情況。」

於是，「瞀光」背負石頭而自沉於「廬水」而死。

第十部分，寫「伯夷、叔齊」對「周王」朝奪取「天下」的評價，斥之為「推亂以易暴（製造禍亂來替暴虐）」，寧可餓死於「首陽山」，也不願「並乎周（和周並存）」而玷汙自身。

從前「周朝」興盛時，有兩個賢士住在「孤竹國」，叫做「伯夷」和「叔齊」，是「孤竹君」的兒子。二人商量說：「聽說『西方』有個像是『得道的人』，我們去看看。」

「伯夷」和「叔齊」到了「岐陽」，「周武王」聽說「伯夷」和「叔齊」來到「岐陽」，就派「叔旦（周公，姬姓名旦，亦稱叔旦。）」去看他們，和他們立約說：「加祿二級，任官一等。」用「牲畜的血」，塗在「盟書」上，再埋藏在地下。

「伯夷」和「叔齊」兩人相視而笑說道：「眞奇怪啊！這不是我們所說的『道』。從前『神農』治理『天下』，『四時（春、夏、秋、冬四季）』的『祭祀』十分虔誠，但是自己並不祈求『福祉（幸福、利益、福利）』，對於『百姓』，竭盡全力地為他們服務，但是他自己也『無所求』，不求報答。

樂於『政治（治理國家事務）』的人，就讓他來治理。不會因為『別人的失敗』，而顯示『自己的成功』；不會因為『別人的卑微』，而炫耀『自己的顯貴』；不會因為『恰逢時機』，就『圖謀利益』。

現在『周朝』看見『殷朝』混亂，就急著奪取『政權』，崇尚『謀略』而『牟利』；依靠『兵力』，炫耀『威武』；殺『牲畜』立『盟約』，來作為『信誓』；宣揚自己的『義行』，來爭取『群眾』；『屠殺攻伐』，來謀獲『利益』，這是『製造禍亂』來代替『暴虐』。

我聽說古代的『賢士』在『治世』時，不推卸責任，在『亂世』時，不苟且偷生。現在『天下』

混亂，『周德』衰敗，哪能和『周朝』並存，來玷汙我們自身，不如避開以保持我們的『高潔』。」於是，他們兩個人向北到了『首陽山』上，就餓死在那裡。

像『伯夷、叔齊』這樣的人，即使『唾手（比喻事情容易做到）』可以得到『富貴』，但是他們卻不去獲取。他們的『氣節』行為，顯得不平凡。獨自樂於持守他們的『志氣』，不追逐世間事，這是他們『隱士的節操』。

（二十九）《雜篇．盜跖第二十九》：

「盜跖（ㄓˊ）」是首句「孔子與柳下季為友，柳下季之弟，名曰盜跖。」中的人名，指稱一個名叫「跖（ㄓˊ）」的「大盜」，本篇以「人物之名」為「篇名」。《盜跖》內容的中心是「抨擊儒家」，斥責「儒家」觀點的「虛偽性」和「欺騙性」，主張「返歸原始，順其自然。」。本篇寫了三個「寓言故事」，自然地分為三大部分。

《盜跖》全文分成三個部分，簡述如下：

第一部分，描寫「盜跖（ㄓˊ）」與「孔子」的對話。「孔子」規勸「盜跖」，反被「盜跖」嚴加斥責，稱為「巧偽（虛偽不實）」之人。

「盜跖」用大量從古到今的事例，證明「儒家」的「聖君、賢士、忠臣」的觀念，都是與事實不相符合的。「儒家」的主張是行不通的，就連「孔子」自己也「不容身於天下」，因為他「不耕而食，不織而衣，搖唇鼓舌，擅生是非。」

「盜跖（ㄓˊ）」是「先秦時代」裡，一位著名的「叛逆者」，稱他為「盜」當然是基於「封建

統治者」的觀點，「孔子」眼裡的「盜跖」就是「橫行天下、侵暴諸侯、吃人肝」的人物，但是同時又不得不讚美他「心如湧泉，意如飄風。」，而且兼有「三德（天生高大，美好無比，無論少年、老年、貴人、賤人見了都歡喜。）」第一部分，是全文的主體部分。

「孔子」是「柳下季」的朋友，「柳下季」的弟弟名為「盜跖（ㄓˊ）」。「盜跖」的手下有九千人，在天下間橫行霸道，侵淩諸侯各國。砸破人家的門戶，掠奪人家牛馬，擄劫人家婦女。貪圖財物，遺棄親人，不顧念父母兄弟，不拜祖宗。他們所經過的城邑，「大國」的就閉關守城，「小國」的躲進城堡，民衆為此深感痛苦。

「孔子」對「柳下季」說道：「做人『父親』的，肯定能夠教好他的『孩子』，為人『兄長』的，肯定能夠教好他的『弟弟』。如果不是這樣，那麼『父子』和『兄弟』的『親情』就不足珍貴了。當今『先生』您可是世上的『有才之士』，『弟弟』卻是『盜跖（ㄓˊ）』，是『天下』的禍害，要是不能規勸他，我私下替『先生』感到羞恥，我情願代替『先生』去說服他。」

「柳下季」說道：「『先生』說做人『父親』的，肯定教好他的『孩子』，做人『兄長』的，肯定能教好他的『弟弟』。假如『孩子』不聽從『父親』的教誨，『弟弟』不接受『兄長』的勸說，即使像『先生』這麼『能言善辯』，又能拿他怎麼樣呢?，況且『盜跖』這個人，血氣沖動，意氣風發，強悍足以抵擋敵人，口才足以掩飾過錯。順著他的心意，他就高興，違背他的心意，他就發怒，動不動就惡語傷人，『先生』千萬不要去。」

■成語：「文過飾非」

◆出處：《莊子．盜跖》

◆原文：《論語．子張》：「小人之過也必文。」《莊子．盜跖》：「辯足以飾非。」

◆解釋：「文、飾」：掩飾；「過、非」：錯誤。用漂亮的言詞，掩飾自己的過失和錯誤。

「孔子」沒聽「柳下季」的勸告，讓「顏回」駕車，「子貢」做助手，一同前往會見「盜跖」。「盜跖」正在大山的陽面，休息整頓兵衆，切碎「人肝」來吃。

「孔子」下車走上前，看見「傳令官」，說道：「『魯國』人『孔丘』，聽說『將軍』高尚正義，敬請『傳令官』傳達，我要拜見『將軍』。」

「傳令官」入內通報。

「盜跖」聽到此事大怒，眼像明星，怒髮衝冠，說道：「這個人是不是『魯國』的『巧僞（虛僞不實）』之人『孔丘』呢？替我轉告他：『你編造虛誕的言辭，虛妄地稱道『文王、武王』，頭戴裝飾像樹枝般的帽子，腰纏死牛脅（從腋下到肋骨盡處的部分）的皮帶，繁辭謬說（繁瑣的言辭，錯誤的說法。），不耕而食，不織而衣，搖唇鼓舌（賣弄口才，進行遊說或煽動），專生是非，用以迷惑天下的君主，使天下的書生，不務正業，裝作孝悌（孝順父母，友愛兄弟。），而僥倖得到封侯富貴。你的罪惡嚴重，快滾回去吧！不然，我要用你的肝當作午餐。』」

「孔子」請「傳令官」再通報一次說道：「我幸運地得到『柳下季』的介紹，希望到『帳幕』下拜見。」

「傳令宮」又入內通報。

「盜跖」說道：「讓他到前面來！」

「孔子」快步而進，離開席位，站起來退著走，向「盜跖」拜了兩拜。

「盜跖」大怒，叉開兩腳，握劍瞪眼，聲如「幼虎」，說道：「『孔丘』！你往前來！你要說的，順著我的意思就活，違逆我的心思就死！」

「孔子」說道：「我聽說，凡是天下的人具有三種『德性』：天生高大，美好無比，無論少年、老年、貴人、賤人見了都歡喜，這是『上等德性』；『才智』可以收容『天地』，『才能』可以分析『事理』，這是『中等德性』；勇猛果敢，聚集人馬，統率軍隊，這是『下等德性』。一般人具有一種『德性』，就足以『南面稱王』了。如今『將軍』兼備這三種『德性』，身高八尺二寸，滿面紅光，雙目炯炯有神，嘴唇有如鮮紅的『丹砂』，牙齒有如整齊的『貝殼』，聲音符合『黃鐘音律』，可是名叫『盜跖』，我暗暗替『將軍』感到羞恥。

『將軍』要是有心聽『在下』的勸諭，『在下』願意往南出使『吳國、越國』，往北出使『齊國、魯國』，往東出使『宋國、衛國』，往西出使『晉國、楚國』，讓他們爲『將軍』造一座幾百里的『大城』，封你幾十萬戶的『食邑（古代君主賞賜臣子封地，卽以此地租稅作爲其俸祿。）』，推立『將軍』爲『諸侯』，跟『天下各國』並立，讓『士兵』都休息，收容養育他們的『兄弟』，供奉拜祭『祖宗』。這才是『聖人智士』的行爲，也是『天下人』的願望啊。」

「盜跖」大怒說道：「『孔丘』上前來！凡是可以用『利祿（利益與爵祿）』來規勸、用『言語』來諫正的，都只能稱作愚昧、淺陋的『恆民（常人，一般的人）』。

如今，我身材高大魁梧，面目英俊美好，人人見了都喜歡，這是我的父母給我留下的美德。你『孔丘』卽使不當面吹捧我，我難道不知道嗎？而且我聽說，喜好當面誇獎別人的人，也好背地裡詆毀別人。

如今，你把建造大城、匯聚衆多百姓的意圖告訴給我，這是用『功利』來誘惑我，而且是用對待普通『恆民（常人，一般的人）』的態度來對待我，這怎麼可以長久呢！

『城池』最大的，莫過於整個『天下』。『堯、舜』擁有『天下』，『子孫』卻沒有『立錐之地』；『商湯』與『周武王』立做『天子』，可是『後代』卻遭滅絕，這不是因爲他們貪求占有『天下』的緣故嗎？

況且，我還聽說，古時候『禽獸』多而『人』少，於是人們都在樹上築巢而居，躲避野獸，白天拾取『橡栗（櫟樹的果實。含澱粉，可食，味苦。也叫橡實、橡子、橡果。）』，晚上住在樹上，所以稱他們叫做『有巢氏之民』。

古時候人們不知道穿衣，『夏天』多多存積『柴草』，『冬天』就燒火取暖，所以稱他們叫做『懂得生存的人』。

到了『神農氏時代』，『居處』是多麼安靜閒暇，『行動』是多麼優遊自得，人們只知道『母親』，不知道『父親』，跟『麋鹿』生活在一起，自己耕種自己吃，自己織布自己穿，沒有傷害別人的心思，這就是『道德鼎盛』的時代。

然而，到了『黃帝時代』就不再具有這樣的『德行』，跟『蚩尤』在『涿鹿』的郊野上爭戰，流血百里。『堯』和『舜』稱帝，設置『百官』，『商湯』放逐了他的『君主』，『周武王』殺死了『紂王』。從此以後，世上總是依仗『強權』欺凌『弱小』，依仗『勢衆』侵害『寡少』。『商湯、周武王』以來，就都是屬於『篡位叛亂』的人了。

如今，你研修『周文王、周武王』的『治國方略』，控制『天下的輿論』，一心想用你的主張，傳教後世子孫，穿著『寬衣博帶（寬大的衣帶）』的『儒式服裝』，『說話』與『行動』矯揉造作，用以迷惑『天下的諸侯』，而且一心想用這樣的辦法，追求『高官厚祿』，要說『大盜』再沒有比你大的了。『天下』爲什麼不叫你作『盜丘』，反而竟稱我是『盜跖』呢？

你用『甜言蜜語』說服了『子路』，讓他死心塌地地跟隨你，使『子路』去掉了『勇武的高冠』，解除了長長的『佩劍』，受教於你的門下，『天下人』都說你『孔子』能夠制止暴力，禁絕不軌。可是後來，『子路』想要殺掉篡逆的『衛君』卻不能成功，而且自身還在『衛國』的『東門』上被剁成了肉醬，這就是你那套說教的失敗。

（『衛君』指『蒯聵（ㄎㄨㄞˇ ㄎㄨㄟˋ）』。『衛靈公』驅逐『蒯聵』，立公子『輒（ㄓㄜˊ）』爲繼。『衛靈公』死後，『輒』立爲『衛君』，『蒯聵』作亂，迫脅衛大夫『孔悝（ㄎㄨㄟ）』，『子路』是『孔悝』的家臣，攻『蒯聵』反被殺。）

你不是自稱『才智的學士』、『聖哲的人物』嗎？卻兩次被逐出『魯國』，在『衛國』被人鏟削掉所有足跡，在『齊國』被逼得走投無路，在『陳國』和『蔡國』之間遭受圍困，不能容身於『天下』。而你所教育的『子路』，卻又遭受如此的禍患，做『師長的』沒有辦法在社會上立足，做『學生的』也就沒有辦法在社會上爲人，你的那套『主張』，難道還有可貴之處嗎？

世上所尊崇的，莫過於『黃帝』，『黃帝』尚且不能保全『德行』，而征戰於『涿鹿』的郊野，流血百里。『唐堯』不慈愛，『虞舜』不孝順，『大禹』半身不遂，『商湯』放逐了他的『君主』，『周武王』出兵征討『商紂』，『周文王』曾經被囚禁在『羑（ㄧㄡˇ）里』。這以上的六個人，都是世人所尊崇的，但是仔細評論起來，都是因爲『追求功利』，迷惑了『眞性』，而強迫自己違反了

『自然的稟賦（人天生的性格和資質體魄）』，他們的做法實在是極爲『可恥』的。

『世人』所稱道的『賢士』，就如『伯夷、叔齊』。『伯夷、叔齊』辭讓了『孤竹國』的『君位』，卻餓死在『首陽山』，屍體都未能埋葬；

『周朝』的隱士『鮑焦』執意清高，非議世事，竟抱著樹木而死去；

『商朝』的『申徒狄』多次進諫不被採納，背著石塊投河而死，屍體被魚鱉吃掉；

『介子推』算是最忠誠的了，割下自己大腿上的肉給『晉文公』吃，『晉文公』返國後，卻背棄了他，『介子推』一怒之下，逃出都城，隱居山林，也抱著樹木焚燒而死；

『魯國』人『尾生』跟一『女子』在橋下約會，『女子』沒有如期赴約，河水湧來，『尾生』卻不離去，竟抱著橋柱子而淹死。（『尾生』是中國歷史上，第一個有記載的爲情而死的青年。）

這以上的六個人，跟『被肢解的狗』、『沉入河中的豬』以及『拿著瓢到處乞討的乞丐』相比，沒有什麼不同，都是重視名節，輕生赴死，不顧念『身體』和『壽命』的人。

『世人』所稱道的『忠臣』，沒有超過『商王紂』的叔父王子『比干』，和『春秋』時期的『楚國』大臣『伍子胥』。『伍子胥』被拋屍江中，『比干』被剖心而死，這兩個人『世人』都稱作『忠臣』，然而最終被『天下人』譏笑。從上述事實看來，直到『伍子胥』、王子『比干』之流，都是不值得推崇的。

你『孔丘』用來說服我的，假如告訴我『怪誕離奇』的事，那我是不可能知道的；假如告訴我人世間實實在在的事，不過如此而已，都是我所聽聞的事。

現在讓我來告訴你『人之常情』，『眼睛』想要看到『色彩』，『耳朵』想要聽到『聲音』，

『嘴巴』想要品嘗『滋味』，『志氣』想要滿足、充沛。人生在世『高壽』為一百歲，『中壽』為八十歲，『低壽』為六十歲，除掉『疾病、死喪、憂患』的歲月，其中『開口歡笑』的時光，在一個月之中不過四、五天罷了。

『天與地』是無窮盡的，『人的死亡』卻是有時限的，拿『有時限的生命』託付給『無窮盡的天地之間』，迅速地消逝，就像是『千里良駒』從『縫隙』中驟然馳去一樣。凡是不能夠使自己的『心境』獲得愉快，而『頤養壽命』的人，都不能算是『通曉常理』的人。

你『孔丘』所說的，全都是我想要廢棄的，你趕快離開這裡滾回去，不要再說了！你的那套主張，顛狂失性，鑽營奔逐，全都是『巧詐、虛偽』的東西，不可能用來保全『眞性』，有什麼好談論的呢！」

「孔子」一再拜謝，快步離去，走出帳門，登上車子，三次失落拿在手裡的「轡繩」，眼光失神模糊不清，臉色猶如死灰，低垂著頭靠在車前的「橫木」上，頹喪地不能大口喘氣。

回到「魯國」東門外，正巧遇上了「柳下季」。

「柳下季」說道：「近來多日不見，心裡很不踏實，看看你的車馬，好像外出過的樣子，恐怕是前去見到『盜跖』了吧？」

「孔子」仰天長嘆道：「是的！」

「柳下季」說：「『盜跖』是不是像先前我所說的那樣，違背了你的心意呢？」

「孔子」說道：「正是這樣。我這樣做，眞叫做『沒有生病，而自行扎針』一樣，自找苦吃，急急忙忙地跑去撩撥『虎頭』、編理『虎鬚』，幾乎不免被『虎口』吞掉啊！」

第二部分，描寫「子張」和「滿苟得」的對話。一個立足於「名」，一個立足於「利」，通過其間的辯論，更進一步揭示出「儒家」說教的「虛僞性」，並且明確提出了「反殉而天（要反求於自然）」、「與道徘徊（流連）」的主張，與其追求「虛假的仁義」，不如「從天之理，順其自然」。

「子張」問「滿苟得」說道：「爲什麼不修養『品行（人的品格和德行）』呢？沒有『品行』就不會『取信於人』，不能『取信於人』，就不能被『任用』，不能被『任用』，就得不到『利祿（利益與爵祿）』。所以，觀察『名』，計較『利』，而『義』才是眞實的。如果拋棄『名利』，捫心自問，那麼『士大夫』的作爲行事，不可以一天不實行『仁義』！」

「滿苟得」說道：「不知『羞恥』的人『富有』，多講『信譽』的人『顯貴』。『名利大』的人，幾乎都是『無恥』又『善於言信』的人。所以，觀察『名』，計較『利』，而『信』才是眞實的。如果拋棄『名利』，捫心自問，那麼『士大夫』的作爲行事，只好保持其『天性』了。」

「子張」說道：「過去『桀、紂』尊貴到做了『天子』，富有到占據『天下』。現在對『奴僕』和『更夫（舊時打更巡夜的人）』說：『你們的行爲像桀、紂。』他們就會憤怒變色，就會產生不服的心理，因爲『小人』也輕賤『桀、紂』。

『孔丘』、『墨翟（ㄉㄧˊ，墨子）』，窮困得成爲『一般人』，這時要對『宰相』說：『你的行爲像孔丘、墨翟。』他就會改容變色，自稱趕不上，『士大夫』眞是可貴。

所以，『權勢』爲『天子』，未必可貴；『窮困』爲『一般人』，未必低賤。『貴賤』的區別，在於『品行』的好壞。」

「滿苟得」說道：「『小偷』被囚禁，『大盜』卻成爲『諸侯』，只要在『諸侯』那裡，就有了『仁義』。從前『齊桓公小白』殺了『哥哥』，納『嫂嫂』爲妻，而『管仲』卻做他的『臣子』；『齊國』大夫『田常』殺掉君主『簡公』，竊取國家政權，而『孔子』卻接受他的錢幣。『言談』認爲是『下賤的事情』，而『行動』卻去做這種『下賤的事情』。這樣『言論』和『行動』在心中矛盾，豈不是很亂嗎！所以，《書經》上說：『誰好誰壞，成功的居上，不成功的居下。』」

「子張」說道：「你不修養『品行』，將會『親疏（親近和疏遠）』沒有『倫常（人與人相處的常道）』，『貴賤』沒有準則，『長幼』沒有等次，『五紀（卽五倫，指君臣、父子、兄弟、夫妻、朋友之間的五種倫理體系。）』和『六位（君、臣、父、子、夫、婦。）』，將如何區別呢？」

「滿苟得」說道：「『堯』殺掉『大兒子』，『舜』流放『親弟弟』，『親疏（親近和疏遠）』有『倫常（人與人相處的常道）』嗎？『湯』放逐『桀』，『武王』殺『紂王』有標準嗎？

『王季』代替『嫡位』（『周太王』傳位給第四子『歷』當作『嫡子（ㄉㄧˊ，正室所生的長子）』。古代長幼四個排行順序名稱爲『伯、仲、叔、季』，『季歷』是最小的兒子。『伯』爲『嫡子』，『季』不是『嫡子』。『周太王』把王位傳給『季歷』，而『泰伯、仲雍』二子逃到『吳國』去。），『周公』因爲哥哥『管叔』叛亂而殺之，長幼有序嗎？

『儒者』的『虛僞言辭』，『墨子』的『兼愛（主張平等之愛，無人己親疏厚薄的不同。）』，『五紀（卽五倫，指君臣、父子、兄弟、夫妻、朋友之間的五種倫理體系。）』和『六位（君、臣、父、子、夫、婦。）』還有區別嗎？

況且，你正在『求名』，我正在『求利』。其實『名利』，既不順於『理』，又不明於『道』。

我過去和你在『無約（假託人名，意指無拘束。）』的面前爭論，說：『小人力財而死，君子爲名而死，他們之所以改變自己的眞情，變更自己的本性則不相同；乃至於拋棄自己的所應當做的，而殉難自己所不應當做的，卻是相同的。』

所以說：『不要做小人，要反求於自然；不要做君子，要順從自然的規律。是曲是直，看其自然規律。』

面向四方，隨時變化，是是非非，保持你的『圓機〔超脫是非，不爲外物（身外之物，多指利欲功名之類）所拘牽。〕』。獨自順遂你的意願，與『道』『徘徊（流連）』。不要專執你的『行爲』，不要成就你的『仁義』，這將會失掉你的『本能』，不要追求你的『富貴』，不要用『殉難（爲拯救危難而犧牲生命）』換取你的『成功』，這樣將會捨棄你的『天性（天生的本性）』。

『比干』被剖心，『伍子胥』被挖眼，這是『忠的禍患』；『直躬』證實父親偷羊，『尾生』被水淹死，這是『守信用的禍患』。

（直躬證父：「楚國」有一個名字叫「直躬」的人，他的「父親」偷了「別人的羊」，「直躬」將這件事報告「荊王」，「荊王」派人捉拿他的「父親」，並打算殺了他。

「直躬」請求代替「父親」受刑，他將要被殺的時候，對「執法官員」說：「我『父親』偷了『別人的羊』，我將此事報告給『大王』，這不也是『誠實不欺』嗎？『父親』要被處死，我代他受刑，這不也是『孝順』嗎？像我這樣既『誠實』又有『孝德』的人，都要被處死，我們國家還有誰不該被處死的呢？」

「荊王」聽到這一番話，於是就不殺他。

「孔子」聽了之後說：「『直躬』這樣『誠實』的人眞是奇怪了！因爲一個『父親』而一再爲他取得『名聲』。」

所以，「直躬」的「誠實」，還不如「不誠實」。源自《呂氏春秋》）

『鮑焦』站立枯死，『申徒狄』投河自殺，這是『清廉的禍患』；『孔子』不去見『母親』，齊人『匡子』不去看『父親』，這是『義的過失』。

（「匡子」即「匡章」，枉受「不孝」的惡名，是由於他請求「父親」歸向「正道」，以致意見不相融洽。見《孟子．離婁》）

這些事情從『上代』傳下來，『下代』還要傳下來，以此爲『士大夫』，端正言論，必定實行，所以才遭到它的災殃，受到它的禍患。」

第三部分，描寫「無足」和「知和」的對話，一個尊崇「權勢」與「富有」，一個反對及抨擊「權貴」。通過其間的討論，進一步明確提出「不以美害生（不以華美而危害生命）」、「不以事害己（不拿事務傷害自己）」的主張。

「無足」和「知和」都是假託的人名，「無足」謂「不知道滿足」，「知和」謂「知道中和（『儒家』以『中正平和』爲『中庸之道』的精神修養。後亦泛指『平衡穩定、不受干擾』的狀態。）」。

「無足」問「知和」說道：「人們沒有不『追名逐利』的，你要是『富有』，自然有人『歸附（歸向依附）』，服從敬重。那麼受人『歸附敬重』，就成了他『長壽健康』的因素。現在你難道無心於此，還是因爲『智力不足』呢？還是內心明白，卻不能夠實現呢？還是一味堅持『正道』，不走

『邪道』呢？」

「知和」回答道：「如今這類人，認為『名利』跟自己同時產生，相處在同一鄉里。認為那些超越『世俗』和『世人』的人士，對此沒有『觀點』和『看法』，所以他們拿『名利』來看待『古代』和『現在』的時候，『名利』是『是非』的界限。

他們混跡『俗世』，捨棄寶貴的重要事物，任意胡為。他們用這樣的心態，來談論『安養身體』和『和樂』的方法，這不也太離題了嗎？悲痛憂傷的疾病，安適的安寧，不影響到身體；驚慌的恐懼，歡心的喜悅，不影響到內心。只知道去做，卻不知道為什麼要這樣做。因此，雖然尊貴當『天子』，富有占了『天下』，可是難免還要有『禍殃』啊！」

「無足」問道：「『富貴』無所不利，『榮華』與『權勢』是『至人（指古時具有很高的道德修養，超脫世俗，順應自然而長壽的人）』和『賢人』不能獲得的，挾持別人的『勇力（勇氣和力量）』，來樹立自己的『威風』，掌握別人的『智謀』，來『明察（觀察明細，不受蒙蔽。）』，憑藉別人的『德行』，來當作自己『賢良（有德行的人）』，雖然沒有『國家大權』，卻儼然像『君主』一樣。

加上『聲色（歌舞和女色）』、美味、權勢』對於人，心裡不用『學習』，就喜歡它們，身體不用『效法』就貪戀它們。人的『嗜欲（耳、目、口、鼻等感官所產生的貪欲）』、憎厭、迴避、依順』本來就無須指導，這是人的『本性』啊。『天下』雖然說我不對，但誰能拒絕這些呢？」

「知和」回答道：「『智者』動用『人力』辦事，不會超過『百姓』的承受極限，因此『百姓』不爭取，沒有認為非要如此，也就不必強求。

人因爲『財物』不足夠，才去追求『財物』，爭遍四方，也不會認爲自己『貪婪』；『財物』有餘了，就不再要它了，丟掉『天下』，也不覺得自己『廉潔』。『廉潔』和『貪婪』的實質，不是來自『外界壓力』，而是來自『反省自身的標準』。

『得勢』當上『天子』，卻不用『高貴』來侮辱人；『富足』擁有『天下』，卻不用『財富』來戲弄人。顧及『高貴』和『財富』的不利之處，考慮到它的『反作用』，認爲它有害於『本性』，所以拒絕不接受了，這也並非想『沽名釣譽』。

『堯、舜』做『帝王』而推辭，並非對『天下』仁愛，只是不以『華美』而危害『生命』；『善卷、許由』得到『帝位』，卻不接受，並非裝模作樣，推辭謙讓，只是不拿『事務』傷害自己。這都是顧及『好處』，迴避『壞處』，因而『天下』稱讚他們『賢明』，他們也就應該接受它，他們不是出於『沽名釣譽』啊！」

「無足」問道：「一定要固守名聲，勞累身體，捨棄美味，節約開支，來維持『生命』，那就等於『長期病危』，又『死不了的人』一樣了。」

「知和」回答道：「『持平』就是『福祉』，『有剩』就是『禍害』，『事物』無不如此，『財物』尤其如此。如今『富人』，『耳朵』謀求『鐘鼓管籥（ㄩㄝˋ，古管樂器，像笛。）』的『樂者』，『嘴巴』滿足於『佳餚美酒』的『滋味』，以此引發『享樂意趣』，遺忘了自己的『正業』，可說是亂套了；有東西在喉間卡住，導致氣脹，就好像背著東西爬坡一樣，可以說夠苦的了。

『貪財』帶來『病痛』，『貪權』帶來『精神疲竭』，『安居無事』就『意志沉溺』，『身體發胖』就『渾身膨脹』，可說是『疾患』了；爲求『富貴』趨近『利益』，因此『欲望』膨脹得如同堵塞了『耳朵』一樣，已經無法擺脫，加上繼續『膨脹』，又不肯放棄，可以說是『受辱』了；『財物』積壓不能盡享，念念不忘，又不肯放棄，內心充滿煩惱，還在追求『增加財富』，不肯休止，可以說夠憂愁的了；在家裡擔心強求的『家賊』，對外邊害怕『強盜』的禍害，家裡周圍砌上『樓房窗孔』，出外不敢一個人走，可以說是『驚嚇』了。

人們遺忘了這『人世間』的廣大『禍患』，等到『大禍臨頭』，就是想完全豁出『性命』，耗盡『家財』，來換回『一天的平安無事』，都辦不到了。最後，落得『人財兩空』，糾纏『心神』傾盡『體力』，來爭求這些，不也太迷惑了嗎？」

（三十）《雜篇．說劍第三十》：

《說劍》的內容，就是描寫「莊子說劍」。「趙文王」喜歡「劍」，整天與「劍士」為伍，而不治理朝政，「莊子」前往遊說。「莊子」說「劍」有三種，即「天子之劍」、「諸侯之劍」和「庶民之劍」，委婉地指出「趙文王」的所為，實際上是「庶民之劍」，而希望他能成為「天子之劍」。

《說劍》的內涵，不像「莊子」的文章。篇文中確有「莊子」的名字，但是《說劍》裡的「莊子」，已經不是倡導「無為無已、逍遙順應、齊物齊論」中的「莊子」，完全是一個「說客（用言語勸誘他人的人）」，即「戰國時代」的「策士（戰國時代，遊說諸侯的縱橫之士。）」形象，而內容也完全離開了《莊子》的主旨。因此，本篇歷來認為是「偽作」，不是「莊子學派」的作品，應該看作是假託「莊子」之名的「策士之文」。

《說劍》全文只有一個部分，簡述如下：

從前，「趙文王」喜好「劍術」，「劍客」有三千多人，立於大門兩側。他們晝夜在「國王」面前擊劍，一年要死傷一百多人，但是「趙文王」喜好「劍術」，不覺厭倦。這樣三年，國勢衰弱，各國諸侯都想來侵略「趙國」。

「太子悝（ㄎㄨㄟ）」對這件事情很擔憂，就徵求身邊左右的人，說道：「誰能夠勸說『大王』回心轉意，停止收養『劍士』，我就賞賜他『一千兩金子』。」

「身邊左右的人」回答道：「『莊子』必定能夠。」

「太子悝」於是派「使者」帶著「一千兩金子」奉送給「莊子」。「莊子」沒有接受，就和「使者」一同來見「太子悝」。

「莊子」問道：「『太子』有什麼事情要請教我，所以要送給我『一千兩金子』呢？」

「太子悝（ㄎㄨㄟ）」回答道：「我聽說『先生』通達『聖智』，我恭敬地奉送『一千兩金子』，作爲隨從的費用。可是『先生』不肯接受，我哪敢說什麼呢？」

「莊子」說道：「我聽說『太子』所以要起用我，是爲了要斷絕『趙王』的嗜好。往上，我勸說『趙王』，違反了『趙王』的意旨；往下，也不合『太子』的心願；我的『身體』將要『受刑而死』，我還用得著什麼『金子』呢？假使，在上我說服了『趙王』，在下也合乎『太子』的心願，到時候我想在『趙國』要求什麼，有什麼不行的呢？」

「太子悝」說道：「是的！我們『趙王』接見的，都是一些『劍士』啊！」

「莊子」說道：「好吧！我善於『使劍』。」

「太子悝」說道：「可是，我們『趙王』所見到的『劍』，都是蓬散著頭髮，倒梳著鬢毛，戴著低垂的帽子，『帽纓』盤結在下巴，穿著『短後衣（衣服的後幅較短，便於行動或操作，稱爲「短後」。）』，急瞪著眼睛，不愛和人講話，『趙王』這才喜歡他。現在，『先生』穿著『儒服』去見『趙王』，這必然會大大地違背了『趙王』的意旨。」

「莊子」說道：「那就請給我準備『劍士服』。」

「劍士服」製作了三天，「莊子」穿上就去見「太子悝」。「太子悝」陪同「莊子」去見「趙文王」。「趙文王」把「寶劍」拔出劍鞘，露出白刃，正等待「莊子」。「莊子」進入宮門，並不加快腳步，見到「趙文王」也不下拜。

「趙文王」問「莊子」說道：「您想用什麼教導『寡人』呢？使得『太子』向『寡人』推薦了您？」

「莊子」回答道：「『臣』聽說『大王』喜好『劍術』，所以就憑著我的『劍術』來參見『大王』。」

「趙文王」問道：「您的『劍術』，能夠制止什麼呢？」

「莊子」回答道：「『臣』的『劍術』，十步取一人，千里無阻擋。」

「趙文王」聽了，非常高興的說道：「那是『天下無敵手』了。」

「莊子」說道：「那善於『使劍』的人，要用『虛招』引誘對方注意，要在『有利可乘』時，發動攻擊，最後制服對方。我願意找機會和『大王』試劍。」

「趙文王」說道：「『先生』先休息，暫且到『館舍』裡等候命令，我命令他們安排『武術比賽盛會』，再請『先生』前來。」

「趙文王」於是「考校（較量）」「劍士」，考校了七天，「劍士」死六十多人，選拔出來了五、六個人，教他們拱捧著劍到「殿下」等候著，這才去召喚「莊子」。

「趙文王」對「莊子」說道：「今天讓『劍士』們試劍。」

「莊子」回答道：「我盼望很久了。」

「趙文王」又問「莊子」說道：「『先生』所拿的『劍』，長短如何？」

「莊子」回答道：「『臣』所使用的『劍』，長的短的都可以。可是，『臣』有三種劍，『大王』喜歡用哪一種，就用哪一種，『臣』請求先談談，然後再『試劍』。」

「趙文王」說道：「我願意聽聽這三種『劍』的用法。」

「莊子」說道：「有『天子劍』，有『諸侯劍』，有『平民劍』。」

「趙文王」問說道：「『天子劍』是什麼樣的呢？」

「莊子」說道：「『天子之劍』，是以『燕谿、石城』作爲『劍鋒』，以『齊國』的『泰山』作爲『劍刃』，以『晉國、衛國』作爲『劍背』，以『周國、宋國』作爲『劍環』，以『韓國、魏國』作爲『劍把』，用『四夷（東夷、西戎、南蠻、北狄的總稱）』包圍著，用『四時（春、夏、秋、冬四季）』裹著，用『渤海』環繞著，用『恆山』纏束著，用『常山』制衡著，用『刑罰』和『道德』纏裹著，用『陰陽』開導著，用『春夏』持守著，用『秋冬』運行著。

這種劍，豎起來，沒有比它靠前的；舉起來，沒有比它更高的；按下去，沒有比它更低的；運用起來，沒有比它廣闊的；在上說，它可以拔開『浮雲』；在下說，可以穿過『大地』。這種劍一旦使用，就可以『匡正諸侯』、『威儀天下』。這便是『天子之劍』。」

「趙文王」感到迷茫手足無措，就問道：「那『諸侯之劍』是什麼樣的呢？」

「莊子」說道：「那『諸侯之劍』，用『智勇之士』作爲『劍鋒』，用『清廉之士』作爲『劍刃』，用『賢良之士』作爲『劍背』，用『忠聖之士』作爲『劍環』，用『豪傑之士』作爲『劍把』。

這種劍，豎起來，也是沒有比它低的；運用起來，也是沒有比它廣闊的；在上說，它效法圓運的『天道』，順從『三光（日、月、星的總稱）』；在下說，它效法『大地』，安撫『四時（春、夏、秋、冬四季）』，中和『民意』，以安『四方』。這種劍一旦使用，就如同『雷霆的震動』，『四境』之內，沒有不賓服的，都聽從『君王』的命令了，這便是『諸侯之劍』。」

「趙文王」又問道：「那『平民之劍』又是什麼樣的呢？」

「莊子」說道：「那『平民之劍』，『劍士者』蓬散著頭髮，倒梳著鬢毛，戴著瓶式的帽子，帽纓盤結在下巴，穿著『短後衣（衣服的後幅較短，便於行動或操作，稱爲「短後」。）』，急瞪著眼睛，不愛和別人說話；在人前互相砍殺，上面斬斷了脖頸，下面流出了肝肺。這種『平民之劍』，和『鬥雞』沒有什麼差別，一旦使用就，斷送生命。這對於『國家大事』，並沒有好處。現在『大王』享有『天子』之位，可是喜好『平民之劍』。『臣』私自替『大王』感到微不足道。」

「趙文王」於是拉著「莊子」的手，一起登上殿去。「廚師」擺上筵席，「趙文王」圍著筵席轉了三圈。

「莊子」對「趙文王」說道：「『大王』請安然就座，靜定氣息，關於『劍術』的事情，『臣』已經陳奏完畢。」

從此「趙文王」不出宮殿，三個月之後，「劍士們」都自殺死在「比劍之所」。

(三十一)《雜篇・漁父三十一》：

「漁父(漁夫)」是一位捕魚的老人，這裡用作篇名。篇文通過「漁父」對「孔子」的批評，斥責「儒家的思想」，並藉此闡述了「愼守其眞(愼重地保存你的眞性)」、「還歸自然」的主張。

全文描寫「孔子」見到「漁父」，以及和「漁父」對話的過程。

首先，是「漁父」跟「孔子」的弟子「子路、子貢」談話，批評「孔子」所說的「性服忠信(用心於忠信)」、「身形仁義(躬身實踐仁義)」、「飾禮樂(用禮樂加以修飾)」、「選人倫(制定人際關係準則)」，都是「苦心勞形以危其眞(身形勞累，煞費苦心勞累身體，這會危害他天性的。)」。

接著，寫「孔子」見到「漁父」，受到「漁父」的直接批評，指出他「不在其位而謀其政」，乃是「八疵(謂人的八種缺點，即摠(ㄗㄨㄥˇ)、佞(ㄋㄧㄥˋ)、諂(ㄔㄢˇ)、諛(ㄩˊ)、讒(ㄔㄢˊ)、賊、慝(ㄊㄜˋ)、險。)」、「四患(處事的四種禍害，指叨(ㄊㄠ)、貪、狠、矜(ㄐㄧㄣ))」的行爲；應該「各安其位」，才是最好的治理。

接下來，又進一步寫「漁父」向「孔子」提出「眞」；所謂「眞」，就是「受於天」，主張「法天(效法自然和天道)」、「貴眞(指德高望重的眞人)」、「不拘於俗」。

最後，寫「孔子」對「漁父」的「謙恭」和「崇敬」的心情。

本篇被歷代「學者」認爲是「僞作」，但是本篇的「思想」，和「莊子」一貫的主張，還是有相通之處。對「儒家」的指責，不如《胠篋》、《盜跖》那麼直接、激烈，「守眞」和「受於天」的思想，也與「內篇」的觀點一致，而且「漁父」本身就是一位「隱道者」的形象，因此仍然應該看作是「莊派學說」的後學之作。

《漁父》全文只有一個部分，簡述如下：

「孔子」到「緇帷樹林（黑森林）」裡遊賞，然後坐在「杏壇（『杏壇』是植有杏樹的高地，在『魯都』東門外。曾是魯將『臧文』誓師的地方，『孔子』也在此講學。）」上休息。

「學生」在讀書，「孔子」在彈琴唱歌。歌曲演奏沒到一半，有個「漁夫」下船走過來，他的「鬍子」和「眉毛」都白了，披散著頭髮，揮著袖子，經過「原野」走上來，到達高地，就停住了。他左手按著「膝蓋」，右手托著「臉頰」在聽。一曲完畢，他就招呼「子貢」和「子路」兩人一起來對話。

「漁夫」指著「孔子」問「子路」說道：「那個人是誰啊？」

「子路」回答道：「是『魯國』的『君子』。」

「漁夫」詢問「姓氏」，「子路」回答道：「是『孔氏』家族。」

「漁夫」又問道：「這『姓孔』的，是做什麼『職業』的呢？」

「子路」沒有回答，「子貢」回答道：「這位『姓孔』的人，用心於『忠信』，躬身實踐『仁義』，用『禮樂』加以修飾，制定『人際關係準則』。對上忠於『君主』，對下教化『平民』，這些是利於『天下』的事情，這些就是『姓孔』的人，所做的『職業』。」

「漁夫」又問道：「他是擁有『國土』的『君主』嗎？」

「子貢」回答道：「不是的。」

「漁夫」又問道：「他是『諸侯』的『卿相（執政的大臣）』嗎？」

「子貢」說：「不是的。」

「漁夫」於是笑了笑就往回走，並且說道：「『仁愛』是『仁愛』了，恐怕難免『身體』勞累，煞費苦心勞累『身體』，這是會危害他的『天性』。唉呀！他離『大道』的距離太遠了。」

「子貢」回來，把事情向「孔子」報告。

「孔子」推開琴站起來，說道：「那是個『聖人』嗎？」

於是就走過去找他，直到湖邊，那位「漁夫」正要撐篙啟動他的船，回頭看見「孔子」，便轉過身來向著「孔子」站著。「孔子」倒退了幾步，拜了拜便走向前去。

「漁夫」問道：「你是有什麼事要找我嗎？」

「孔子」回答道：「剛才『先生』只說個『開頭』就走了，我如此『淺陋』，而不能理解『先生』的話，所以前來拜見『先生』，希望得到有益於自身的『隻字片語』。」

「漁夫」說道：「唉！你眞是太好學了。」

「孔子」再次行禮站起來，說：「我從小學習，直到現在，已經六十九年了，還沒聽過『至教（極其高明的道理和見解）』，哪敢不虛心呢？」

「漁夫」說道：「『同類事物』相互『關聯』，『同類聲音』相互『應答』，這本來就是『自然常理』。我想運用我的『見解』，來分析你的『所作所爲』。你所從事的，是『人世事務』。『天子、諸侯、大夫、平民』，這四等人自身穩定，是治理上最理想的了；這『四等人』的『地位』若發生轉變，便會爆發極大的『昏亂』。『官吏』執行自己的『職責』，『人民』操心自己的『事情』，互不相侵犯。

所以，『田地』荒蕪，『居室』敗露，『衣食』不足，所徵『稅賦』不能及時交納，『妻妾』之間不和睦，『長幼』沒有次序，這是『平民』的擔憂。

『能力』不能勝任職責，『官府公務』荒廢，『行爲』不清廉，『下屬』荒怠事，『功名』毫無建樹，『爵祿』無以維持，這是『大夫』的擔憂。

『朝廷』沒有忠臣，『國家』昏亂，『工藝技術』不夠精巧，『進貢』不盡人意，『春朝秋覲（春季晉見天子稱朝，秋季晉見天子稱覲。）』時，比同列『諸侯』晚了一步，觸犯了『天子』，這是『諸侯』的擔憂。

『陰陽氣候』不相調和，『寒冷暑熱』不遵從季節，傷害了『農、林、牧』等物業發展，『諸侯』暴亂，擅自相互攻伐，殘害『百姓』，『禮樂』失去規範，『物資』貧乏，『社會等級』難以整頓，『百姓』無法無天，這是『天子』及其『有關官員』的擔憂。

如今，你既沒有『君主、諸侯』的權利，也沒有『臣子、官屬』的職位，卻枉費苦心，用『禮樂』修飾社會，制定『交往秩序』來教化『百姓』，不是多管閒事嗎？加上人有『八疵（謂人的八種缺點，即摠（ㄗㄨㄥˇ）、佞（ㄋㄧㄥˋ）、諂（ㄔㄢˇ）、諛（ㄩˊ）、讒（ㄔㄢˊ）、賊、慝（ㄊㄜˋ）、險。）』，事情有『四患（四種禍害，指叨（ㄊㄠ）、貪、狠、矜（ㄐㄧㄣ）。）』，不可以不加以留心啊。

『八疵（人的八種缺點）』簡述如下：

⑴不屬於自己管的事情，卻要去管它，叫做『摠（ㄗㄨㄥˇ，包攬）』；

⑵別人還沒顧及，就從中插嘴，叫做『佞（ㄋㄧㄥˋ，巧言善辯）』；

⑶察言觀色來說話，叫做『諂（ㄔㄢˇ，諂媚）』；

⑷沒有是非標準地說話，叫做『諛（ㄩˊ，奉承）』；

⑸喜好講人的壞話，叫做『讒（ㄔㄢˊ，中傷他人）』；

⑹挑撥離間親友的關係，叫做『賊（賊害）』；

⑺用稱讚奸詐虛僞的話，來打擊惡人，叫做『慝（ㄊㄜˋ，奸邪）』；

⑻不分善惡，兩副面孔去投合，暗中助長人的欲望，叫做『陰險』。

這八種『缺點』，對外可『攪亂人心』，對內足以『傷害自身』，『君子』不會跟他做『朋友』，英明的『君主』不會起用他做『臣子』。

我所說的四種『禍害』是：

⑴喜歡經營大事，標新立異，沽名釣譽，叫做『叨（ㄊㄠ，貪於功名）』）；

⑵自以爲是，個人獨斷，恃勢淩人，剛愎自用，叫做『貪（貪婪）』；

⑶發現過錯不予改正，聽人指勸後更變本加厲，叫做『狠（凶惡』）；

⑷別人讚同自己就認可，不贊同自己，縱然是好意也不承認，叫做『矜（ㄐㄧㄣ，驕傲自大）』。

這就是四種『禍害』。能夠捨棄這八種『缺點』，不再遭受四種『禍害』，你才可以教誨世人啊。」

「孔子」露出慚愧之色，行了兩次禮後站起來，說道：「我在『魯國』兩次被驅逐，在『衛國』被迫潛逃，在『宋國』連待過的樹都被砍掉，在『陳、蔡』兩國之間被圍困過。我也不知道犯了什麼過錯，竟受到這四次打擊？」

「漁夫」淒涼悲傷地變色說道：「你眞是太難『醒悟』了。有個害怕自己的『身影』，和討厭自己的『足跡』的人，想要擺脫它們就跑動，結果他抬腿的次數越多，那『足跡』就越多，跑得越快，可是還是擺脫不了『身影』，他自以爲是自己的動作太慢了，就猛跑不停，直到斷氣力竭而死。

他不懂得待在『陰暗的地方』，就能夠使『影子』消失，處在『靜止狀態』，就能夠使『足跡』不出現，他也太過愚蠢了。

你深明『仁義』的關聯，分清『同異』的界限，留心『動靜』的變化，把握『接受』和『給予』的分寸，分析『愛好』和『厭惡』的實質，調和『高興』和『惱怒』的差距，可是還不能夠免除『禍害』啊。謹愼地修養你的『身心』，愼重地保存你的『眞（眞性；本性；天性）』，施惠於人，那就沒有什麼牽累了。現在你不去『修養身心』，反而去爲他人訂立規矩，這太不合乎法度、常規了。」

「孔子」羞愧地問道：「請問什麼叫做『眞（眞性；本性；天性）』？」

「漁夫」說道：「『眞（眞性）』嘛！就是『心性精誠（極爲誠心）』，達到極點，不『精誠』，就不能感動人。所以，『勉強的哭泣』的人，雖然有『悲傷』，卻沒有『哀痛』；『勉強的惱怒』的人，雖然有『嚴厲』，卻沒有『威懾』；『勉強的親近』的人，雖然有『笑容』，卻沒有『和藹（性情溫和，態度可親）』。

『眞正的哀傷』，是『無聲的哀痛』；『眞正的惱怒』，是『未發而震懾天下』；『眞正的親

近』，是在『笑容』之前，就感到『和藹』。

『眞性（本性；天性）』在內，『神情』表現出來，這就是珍視『眞性』的原因。將它運用到『人的倫理』，侍奉『雙親』，就『慈愛孝敬』；效力『君主』，就『忠心堅貞』。

『喝酒』以『快樂』爲目的；『守喪』以『悲哀』爲目的；『侍奉雙親』以『順從他們心意』爲目的。

能夠『成功』就好，不要固定在一種方法上；『侍奉雙親』令他們『滿意』就行，不管用何種方法；『喝酒快樂』就好，不需要選擇用什麼『器具』；『守喪』『悲哀』就可以了，不必講究『禮儀形式』。

『禮儀』是『世俗』人爲製作的；『眞性』是出於『天然』的，『自然而然』不可改變。所以，『聖人』效法『自然』，珍重『眞誠』，不受『世俗』的拘束。

『愚頑的人』正好相反，不能效法『自然』，而憂心於『人事』，就不懂得『本性』的珍貴，隨波逐流，改變自己，而無法滿足，可惜啊！你過早沉溺在『人爲的俗務』裡，卻過晚『聆聽大道』。」

「孔子」又行了兩次禮之，後站起來說道：「今天我能夠遇上你，如同跟『天神』幸會一樣。『先生』不以爲恥地把我當作『學生』，親身教誨我，我冒昧請問『先生』住處在哪裡，好讓繼續接受『學業』，直至最終學完『大道』。」

「漁夫」說道：「我聽過有句話說，對可以『一起前進』的人，就跟他達到美妙的境界；對不可以『一起前進』的人，那就不知道路在哪裡了。千萬不要跟他一起，這樣『自身』才能避免『禍害』。你努力吧！我要離開你了，我要離開你了。」

於是，「漁夫」就撐船走了，沿著『蘆葦水徑』，緩緩飄逝。

「顏淵」回到車上，「子路」將車繩遞給「孔子」，「孔子」連看都沒看，直到水波平定，聽不到槳聲然後才敢坐上車。

「子路」靠近車來，問道：「我當『弟子』很久了，從來沒見過『先生』待人這麼『肅敬』的。『天子』也好，『諸侯』也好，跟『先生』會面時，沒有不『分庭抗禮（彼此的關係對等，以平等的禮節相見。比喻平起平坐，地位相當。）』的，『先生』還有點『傲慢的神氣』呢！

現在『漁夫』撐槳，背身站著，可是『先生』卻要謙恭的彎腰，聽『漁夫』說話，也要『先行禮』再回答，這不是太過分了嗎？『學生們』都覺得『先生』有點特別，『漁夫』憑什麼得到這樣待遇呢？」

「孔子」扶著「車軾（古代車子前面可供憑依的橫木）」嘆口氣，說道：「『子路』！你眞是太難教化了。你泡在『禮儀』中，夠長時間了，可是粗鄙的『心性』，至今還沒有消除。過來，我告訴你。遇到『長者』不尊敬，是『失禮』；看見『賢人』不尊敬，是『不仁愛』。如果他不是『至人（指古時具有很高的道德修養，超脫世俗，順應自然而長壽的人。）』，就不能使人信服。對人『謙遜』，卻不眞誠，不能回到『眞性』，所以老是傷害身體。

可惜啊！對人『不仁愛』，禍大無比，可你卻特別突出。至於『道』嘛，是『萬物』產生的根由。『萬物』失去它就會死，得到它就能活。做事情違背它，就失敗，順從它就成功。所以，『道』在哪裡，『聖人』都尊崇它。如今『道』在『漁夫』身上，我哪敢不尊敬他呢？」

（三十二）《雜篇．列禦寇三十二》：

「列禦寇」是篇首「列禦寇之齊」，句中的人名，把它用作篇名，全篇由五個「小故事」組合而成。內容很雜，故事之間也沒有關聯。不過，主要是闡述「忘我」的思想，人生在世，不應該「炫耀於外」，不應該「求仕求祿」，不應該「追求智巧」，不應該「貪功圖報」。

《列禦寇》全文分成七個部分，簡述如下：

第一部分，透過「伯昏瞀（ㄇㄠˋ）人」與「列禦寇（列子）」的對話，告戒人們不要「顯跡於外」。人們之所以不能「忘我」，是因爲他們始終不能「忘外」，「無能者無所求」，「無所求的人」才能「虛己而遨遊」。

「列禦寇」到「齊國」去，中途返回來，遇上「伯昏瞀人」。

「伯昏瞀人」問道：「什麼事情，使你又回來了？」

「列禦寇」回答道：「我感到驚恐不安。」

「伯昏瞀人」問道：「你爲什麼驚恐不安呢？」

「列禦寇」回答道：「我曾在十家賣漿的店裡吃飯，有五家事先就給我送來。」

「伯昏瞀人」問說：「像這樣的事，怎麼會讓你驚惶不安呢？」

「列禦寇」回答道：「內心『眞誠』而有『癥結』不化，由『外表』流露出來，形成『光采』，以這樣的『外貌』鎮服人心，使人輕視『權貴』和『老人』，從而招致『禍患』。

『賣漿人』只不過是做些小本的飲食買賣，沒有多少『盈餘』，獲利微薄，權勢輕微，還如此待我，更何況是萬乘的『國君』呢？『國君』的『身體』爲『國家』操勞，『才智』爲『政事』消耗，他們會把『重任』託付給我，並考察我的『功績』。我正因爲這個緣故，才驚惶不已。」

「伯昏瞀人」說道：「你的『觀察』與『分析』妙啊！你就等著吧，人們會歸附你的！」

過沒多久，「伯昏瞀人」前去看望「列禦寇」，見門外擺滿了鞋子。「伯昏瞀人」面朝北方站著，豎著拐杖撐住下巴，站了一會兒，一句話沒有就出去了。接待客人的人告訴「列禦寇」，「伯昏瞀人」在門口。

「列禦寇」提著鞋子，光著腳就跑了出來，趕到門口，說道：「『先生』既然來了，怎麼不說一句教導的話呢？」

「伯昏瞀人」說道：「算了！算了！我本來就告訴你說，人們會歸附你，果眞歸附你了。不是你能使人歸附你，而是你不能使人不歸附你。你何必這樣討人歡喜而顯現得與衆不同呢？

必定是有什麼東西，撼動了你的『本性』，而你又無可奈何。跟你交遊的人當中，沒有人勸誡你，他們『機巧的言論』，全是毒害人的。你卻不醒不悟，竟同他們混熟。

逗人喜愛的『智巧』，你要丟掉才好。『靈巧的人』多『勞累』，『聰明的人』多『憂患』，不用『智巧』的人『無所求』。塡飽肚子就自由自在地遨遊，像不受『纜索』牽絆，飄忽在水中的『船隻』一樣，這才是『心境虛無』而『自由遨遊』的人。」

第二部分，透過「緩」的故事，說明「儒家」和「墨家」相互爭辯的情況。闡述「聖人安其所安，不安其所不安。（「聖人」安於「自然」，不安於「人爲」。）」的道理。「莊子」說，古時候的「至人」，順應「自然」而不以「人爲」擾民。

「鄭國」有個名叫做「緩」的人，在「裘氏」這個地方讀書，只用了三年的時間，就成爲了「儒

生」，像河水滋潤沿岸的土地一樣，施惠鄉里，澤及「三族（父族、母族、妻族）」，並且讓他的「弟弟」，成爲「墨家」的「學人」。

「儒家」和「墨家」相互爭辯，「緩」的「父親」則站在「墨家」一邊。十年之後，「緩」自殺了，他的「父親」夢見他說道：「讓你的『兒子』成爲『墨家』的是我，爲什麼不到我的『墳前』去看看，『墳塋（ㄧㄥˊ，墓地）』上的『秋柏樹』已經結果了。」

「造物主」賦予人們的，不是「才智」而是「自然本性」。「緩」的「弟弟」的「天性」使他成爲「墨家學人」。「緩」總認爲自己與衆不同，而輕侮他的「父親」，就像「齊人」自以爲「挖井有功」，而與「飲水之人」扭打一樣。

這樣看來，「今天的人」都像「緩」這樣的人了，自以爲「本該如此」。在「有德的人」看來，這是「不明智」的做法，更何況在「有道的人」看來呢！在「古時候的人」看來，這是違逆「天理」的「刑罰」。

「聖人」安於「自然」，不安於「人爲」；「衆人」安於「人爲」，卻不安於「自然」。

「莊子」說道：「了解『道』容易，不去談論卻難。了解了『道』，卻不妄加談論，這合於『自然』；了解了『道』，卻『信口（未加考慮卽隨便說話）』談論，這屬於『人爲』。古時候的『至人（古時具有很高的道德修養，超脫世俗，順應自然而長壽的人。）』，順應『自然』而不以『人爲』擾民。」

第三部分，透過「朱泙漫」學習「屠龍技藝」，學成卻「無所用」，教導人們要「順應天成（合於自然）」，不要「追求人爲」，要像「流水」一樣「無形」，而且讓「精神」歸於「無始」。

「朱泙漫」向「支離益」學習「屠龍的手藝」，耗盡了千金家產，三年學成，卻沒有地方施展他的手藝。

「聖人」不把「必然的事情」當眞，所以沒有紛爭；「衆人」把「不必然的事情」當必然，所以「紛爭」四起，因爲順著「紛爭」走，所以就有「貪求」的行爲。「紛爭」，依恃它就會滅亡。

「普通人」的「心智」，離不開「交際應酬」，把「精神」消耗在淺薄的事物中，還幻想「普濟天下」，引導衆物，以達到「物我兩忘」的境界。像這樣是爲「宇宙形體」所迷惑，勞累身體，不識「太初（指天道、自然的本源。）」的境況。

像那「至人（指古時具有很高的道德修養，超脫世俗，順應自然而長壽的人。）」，「精神」歸向於「無始（道家哲學，指沒有起始。）」的境界，沉迷於「無何有之鄉（指空洞而虛幻的境界或夢境。）」。水流於無形，「自然」流在「虛寂」的境界。可悲啊！這些「普通人」反將「心智」用在「瑣碎的小事」上，而不知道「大寧（無爲而極安寧的境界）」的境界。

第四部分，「莊子」嘲諷勢利的「曹商」。

「宋國」有個叫做「曹商」的人，爲宋王「宋君偃（一ㄢˇ）」出使「秦國」。剛去時，獲得幾輛車子。「秦王」喜歡他，增加百輛車子給他。

「曹商」返回「宋國」，見到「莊子」，說道：「住在貧窮僻裡的狹巷，貧苦地靠『織鞋』而生，搞得面黃肌瘦，這是我的『短處』；一旦見到萬乘的『君主』，而隨從的車子增加到百乘，這是我的『長處』。」

「莊子」說道：「『秦王』有病召請『醫生』，能夠破除『癰（ㄩㄥ，一種皮膚和皮下組織的化

膿性炎症）』和腐爛的『痤（ㄘㄨㄛˊ，一種皮膚病，俗稱粉刺。）』的人，可以得車一輛，『舔痔瘡的人』可以得車五輛，所醫治的方法愈卑下，得的車愈多。你難道治療他的『癰』和『痤』了嗎？爲什麼你得到這麼多車呢？你走吧！」

第五部分，「顏闔（ㄏㄜˊ）」批評矯飾學僞的「孔子」，指出給人們「精神世界」帶來懲罰的，還是他自身的「煩亂不安」和「行動過失」，而能夠擺脫「精神桎梏」的只有「眞人」。

「魯哀公」問得道人「顏闔」說道：「我想推薦『孔子』爲『棟樑之材』，國家有希望了吧？」「顏闔（ㄏㄜˊ）」回答道：「危險啊！危險！『孔子』正熱心雕琢文飾，追求華麗的辭章，把『枝節』當『主幹』，矯飾『自然性情』以誇示於民衆，『不明智』也『不誠信』，讓他的內心被這些『虛情』主宰，怎麼能領導『人民』呢！『孔子』果眞適合你嗎？或者他眞能安養人民嗎？那一定會誤事的。讓『人民』背離『樸實』，而去學習『僞學』，這不是『教化人民』的辦法，爲『後世』著想，不如儘早放棄這個打算。『孔子』是很難治理好國家的。」

施惠於人，卻總是放在心上，這不是上天的「布施之道」。這種行爲，「商人」都瞧不起，雖然有時候不得已與人談論，但是內心還是看不起的。

對「身體」的刑罰，是「刀斧」和「枷棒（ㄐㄧㄚ，枷與杖。舊時的兩種刑具。）」；對「內心」的懲罰，則是「內心的煩亂」和「行動的過失」。「小人」的「皮肉之刑」，是用「刀斧枷棒」拷問；「小人」的「內心懲罰」，則是「陰陽二氣」的交相剝食。能夠免於內外刑罰的，只有「眞人（道家稱修眞得道的人）」才能做到。

第六部分，先借「孔子」之口，大談「人心叵測（ㄆㄛˇ，難以預料）」，擇人困難，再用「正考父」做官爲例，引出「處世原則」的討論，就是「態度謙下」，不「自以爲是」，不「自恃傲人」，而「事事通達」，「隨順自然」。

「正考父」是周朝「春秋」時期「宋國」的政治人物，世代作爲「宋國」的「卿（古代高級官名）」，宋「前閔公」的玄孫，「宋國」司馬「孔父嘉」的父親，也就是「孔子」的七世祖。

「孔子」說道：「『人心』比『山川』還要險惡，比『探知天象』還要困難。『自然』尚有『春夏秋冬』和『早晚變化』的一定週期，『人』卻『容貌忠厚』而『情感內斂』。

有的人『貌似淳厚』，而『行爲驕溢（驕傲自滿，盛氣凌人。）』；有的人『實爲長者』，而『形貌不符』；有的人『外貌圓順』，而『內心剛直』；有的人『外貌堅實』，而『內心散漫』；有的人『表面舒緩』，而『內心焦躁』。

所以，人們『趨義』急如『乾渴』，『棄義』急如『避熱』。因此，『君子』總是讓他到『遠處』，來觀察他是否『忠誠』；讓他『近身』，來觀察他是否『恭敬』；讓他處理『繁難的事務』，來觀察他的『才能』；向他『突然提問』，來觀察的『心智』；

與他緊急『期約（約定日期）』，來觀察他的『信用』把『財物』託付給他，來觀察他的『廉潔』；告訴他『危難的處境』，來觀察他的『節操』；讓他『喝醉』，來觀察他的『儀態』；使『男女雜處』，來觀察他的『情慾』。觀察這九種『徵驗（證據）』，『不好的人』也就能挑揀出來了。」

「正考父」一任命爲「士（泛稱居官受祿的人）」，就曲著背，再任命爲「大夫（中央要職和顧問）」，便躬著腰，三任命爲「卿（在大夫之上的官爵）」，便俯下身子，讓開「大道」順著牆，急

步快走，像這樣誰還敢不效法呢？

如果是「凡夫俗子」，一任命爲「士」，就會「傲慢自大」，再任命爲「大夫」，就會在車上手舞足蹈，三任命爲「卿」，就要直呼「叔伯」的名號了，像這樣，誰還會同「唐堯、許由」一樣「謙讓」呢？

最大的「禍害」，莫過於「有意爲德」而有「心機」，有了「心眼」就會「內心紛擾」，「內心紛擾」就會「道德敗壞」。

「兇德」有五種，以「中德」爲首。什麼叫「中德」？所謂「中德」，是指「自以爲是」，而詆毀自己所不認同的事情。

「窮困窘迫」源於「八項極端」，「通達順利」源於「三種必然」，「形態面貌」則取決於「六項府藏因素」。

美（貌美）、髯（ㄖㄢˊ，鬚長）、長（高大）、大（魁梧）、壯（健壯）、麗（華麗）、勇（勇武）、敢（果敢），這八項都超過他人的，因而「自恃傲人」，必然導致困窘。

緣循（緣物而順其自然）、偃佒（ㄧㄢˇ ㄧㄤ，俯仰從人）、困畏（怯弱謙下），與人「謙下無爭」，這三種情況都能「遇事通達」。

「深諳智慧的人」必對外通顯，「勇猛躁動的人」必多招怨，「倡導仁義的人」必多責難。「通曉生命實情的人」心胸開闊，「通曉智巧的人」氣量狹小，「達大命的人」通順應自然，「通曉小命的人」隨遇而安。

第七部分，進一部闡述「處世之道」。寫了「莊子」的三則小故事，旨意全在於說明「一無所求」的處世原則；最後又深刻指出，不要「自恃明智」而爲「外物（身外之物。多指利欲功名之類。）」所驅使，追求「身外的功利」，實在是可悲，應該有所感」，才「有所應」。

有個人拜見「宋王」，「宋王」恩賜十輛車子，他用這十輛車子，向「莊子」誇耀。

「莊子」說道：「河邊有個『貧困家庭』，靠『編織蘆葦用具』過生活，他的『兒子』潛入『深淵』，得到價值千金的『珍珠』。

他的『父親』對他的『兒子』說：『拿石頭來錘破它！這值千金的珍珠，一定在九重深淵驪龍（黑龍）的頷（ㄏㄢˋ，下巴）下，你能得到珍珠，一定遇到龍在睡覺。等到龍醒來，你就被蠶食無餘了！』

現在『宋國』危機的深重，不止於『九重的深淵』；『宋王』的兇猛，不止於『驪龍（黑龍）』；你能得到車子，一定遇到他『迷糊』的時候。假使『宋王』醒來，你就要粉身碎骨了！」

「楚國」有人來聘請「莊子」。

「莊子」回答「使者」說道：「你見過『祭祀的牛』嗎？披著『紋彩錦繡』，餵著『芻草大豆』，等到把牠牽入『太廟』去，這時牠想要做一隻『無人豢養的牛犢』，怎能辦得到呢？」

「莊子」快要死的時候，「弟子們」打算厚葬他。

「莊子」說道：「我以『天地』爲『棺槨（ㄍㄨㄛˇ，棺材和套在棺外的外棺）』，以『太陽』和『月亮』爲『連璧（並連的兩塊璧玉）』，把『星星』當作『珍珠』，把『萬物』當作『陪葬品』。我的『喪葬用品』，難道還不齊備嗎？還有比這更好的嗎？」

「弟子們」說道：「我們擔心『烏鴉』和『老鷹』吃掉你的『屍體』！」

「莊子」說道：「『天葬』讓『烏鴉』和『老鷹』吃，『土葬』讓『螻蛄（ㄌㄡˊ ㄍㄨ，昆蟲綱直翅目螻蛄科的泛稱）』和『螞蟻』吃，從『烏鴉』和『老鷹』那裡，奪過來給『螻蛄』和『螞蟻』，爲什麼這樣偏心呢？」

用「不公平」的方式，來顯示「公平」，這種「公平」不能算是「公平」；用「不能證明」的東西，來求「證明」，這種「證明」不能算是「證明」。

自認爲「聰明」的人，被「外物（身外之物。多指利欲功名之類。）」支使，「神人（神仙，泛指修練得道的人。）」可以「順應自然」。「聰明人」不及「神人」，而「愚蠢的人」還依靠他的「偏見」，看待人事，他的「功效」只是表面的，這不是也很可悲嗎！

（三十三）《雜篇．天下第三十三》：

「天下」取篇首「天下之治方術者多矣」的前兩字爲篇名，「天下」指中國的社會。《天下》的主旨，既是《莊子》一書的導言，又是中國最早的「哲學史」。

《天下》篇是記錄「先秦諸子百家」的歷史淵源，並且加以批評的「總結性文章」，是「中國學術批評史」的開山之作，歷來都頗受「學者」重視。與《天下》類似的「總結性」的「先秦論文」是《荀子．非十二子》。

《天下》篇首次提出了「內聖外王」的概念。基本思想是「古之人其備乎」，貫徹「內聖外王」之道，後世分裂爲「百家」。

關於「作者」，有三種說法：一派認爲是「莊子」，一派認爲是「戰國末期」的「莊子後學」，一派認爲本篇成於「西漢初期」。

《天下》全文分成七個部分，簡述如下：

第一部分，提出「學術問題」，有「道術（道家哲學，引申爲眞理）」和「方術（一方之術，卽特殊的學問，道術的一部分）」之分。「道術」是「道家的學問」，只有「天人、聖人、神人、至人」才能掌握它。「方術」則是具體的各家各派的學問，這種學問都是「各執一偏」的片面的學問。

天下研究「方術（一方之術，百家的學問）」的人很多，都以爲自己所得的「特殊學問」，是「無以復加（不能再增加，指已經到達了極點）」了。

古時所謂的「道術（道家的學問，引申爲眞理）」，究竟何在呢？

回答說道：「是『無所不在』的，『道理』貫通『萬事萬物』。」

問道：「『神（天道）』從哪裡降臨？『明（地道）』從哪裡產生？」

回答說道：「『聖』有所生，『王』有所成，『天道』、『地道』、『人道（聖王）』的作用皆源自於『一（道）』。」

不離開「道」的人，稱作「天人」；不離開「道的精微（精深微妙）」的人，叫做「神人」；不離開「道的本眞（本源；眞相；本來面貌）」的人，叫做「至人」。

以「天」爲「主宰」，以「德」爲「根本」，以「道」爲「門徑」，能預見變化兆端的叫做「聖人」；用「仁」恩惠「人民」，用「義」治理「人民」，用「禮」教化「人民的行爲」，用「樂」來調和「人民的性情」，表現「溫和」而「仁慈」的叫做「君子（輔佐聖王的賢者）」。

以「法度（法律制度）」作爲「分守（職務上應盡的本分）」，以「職稱」作爲「標誌」，以

「比較」作爲「驗證」，以「考核」作「斷定」，它們的等次分爲一二三四，「百官」以這些「相」爲序列，「百姓」以「耕、織、工、商」的職業爲「常務（日常的事務）」，以「衣食」爲主，繁殖生息，積蓄儲藏，「老弱孤寡」放在心上，都有所養，這是「治理人民的道理」。

古時的「聖人」是很「完備（完整齊備）」的，他們配合「神明（指人的精神和智慧）」，以「天地」爲準則，養育「萬物」，調和「天下」，恩澤「百姓」；不僅通曉「道的根本」，而且維繫於「法度」的末節，「上下四方」通達，「春夏秋冬」四時通暢，小大精粗，「帝道（國君治國的德行與手段）」和「聖道（聖人之道）」的運行，無所不在。

第二部分，闡述「莊子」對「儒家學派」的看法，認爲「儒家」主要的特色是提倡《詩》、《書》、《禮》、《易》、《春秋》。

那些明顯表現於「數度（制度）」的，舊時法規，世代相傳，「史官」還記載很多。那些保存在《詩》、《書》、《禮》、《樂》的，「鄒國」和「魯國」的「士紳」、「儒者」和「先生們」大多能夠明白。

《詩經》是「表達志向」的，《書經》是「記載政事」的，《禮》是「規範道德行爲」的，《樂》是「調和性情」的，《易經》是「預測陰陽變化」的，《春秋》是「講述名分」的。這些「數度（制度）」散佈於「天下」，而設置於「中國（指魯、齊、衛、宋的地區）」，「百家學說」時常宣揚它。

「天下」大亂的時候，「賢聖（指孔子與其弟子）」不能明察，「道德規範」不能統一，「天下的學者」大多是各得「一偏（偏向一種學說）」，而「自以爲是」。

就像「耳、口、鼻」都有它的「知覺功能」，而不能相互通用。就像「百家衆技」一樣，都有所長，時有所用。卽使如此，但是「不完備」又「不普遍」，只是看「問題片面」的人。分割「天地」的完美，離析「萬物」的常理，分割「古人道術」的全體，很少具備「天地」的純美，不能相稱於「神明」的包容。

所以，「內聖外王（內備聖人之德、外具王者之風。指內外兼修，學術、德行二者具備。）」的道理，幽暗不明，抑鬱不發，「天下的人」各自盡所欲，而自以爲「方術（一方之術，百家的學問）」。

可悲啊！「百家」皆各往「迷途」，而不知返，也就不能合於「大道」了！「後世的學者」，不幸在於不能看到「天地」的純美，不能看到「古人道術」的全貌，將要爲「天下」所割裂。

第三部分，「莊子」說明了「墨子、禽滑厘」的「墨家學派」的學說。對「墨家」的「非樂、節用、兼愛、節葬」以及「後期墨者」的「墨辯」都作了充分的肯定和讚同。因爲「墨家」的這些思想與「莊子」的「輕物思想」有一致之處。

不以「奢侈」教育「後世」（指墨家違背周道而用夏政（夏朝的政治、政事）），不浪費「萬物（指墨家的『節用說（節減用度）』而言。）」，不炫耀於「數度（等級制度）」，用「繩墨（規矩）」勉勵自己，而準備於當世的「急務（緊要急切的事務）」。

古代的「道術（道家哲學，引申爲眞理）」，有在於這方面的，「墨翟（ㄉㄧˊ，墨子）」和「禽滑厘（墨子的弟子）」聽到這種「教化」，就喜歡它。「墨家」實行「汎愛（博愛）」和「兼利（使天下萬物一併受到利益）」太過分了，主張「非樂（墨子認爲作樂會加重人民的負擔，同時耽誤人民

的工作，因此作樂會影響國家的政治經濟。）」和「節用（節約國家財政支出和個人消費的經濟思想）」也大過分了。

「墨子」作《非樂》篇，講《節用》篇，主張人活著的時候不唱歌，死的時候，不穿禮制上規定的喪服，死無「服喪」。

「墨子」提倡「汎愛（博愛）」一切人，使一切人都得到「利益」；他反對非正義的「大國」攻打「小國」的「侵略戰爭」；他講對人不怨怒；他「好學」又「博聞」，主張「不異」的「尚同」，也不求與「先王（指黃帝、堯、舜、禹和夏、商、周諸帝王）」相同，主張毀棄「古代的禮樂」。

（「尚同」是「墨子」提出的主要思想，所謂「尚同」即是「上同」。「墨子」認爲，在沒有「刑罰政令」時，人人都有不同的「道德標準」，稱爲「人異議」。

因此，一人有一個「道理」，二人有二個「道理」，十人則有十個「道理」，而且人人都認爲自己的「道理」正確。因此，「互相否定」，「家庭的內部」由此出現混亂，「兄弟姊妹」互相離散；「天下的百姓」也因此互相損害。

因此，「墨子」認爲應選擇一位「聖賢」，讓人們效法於他，簡單的說，就是「人們的意見要統一於上級」。然而，「尚同」並不是「大同」，而是「取法於人」的意思。）

「黃帝」時，有《咸池》樂曲；「堯」時，有《大章》樂曲；「舜」，時有《大韶》樂曲；「禹」時，有《大夏》樂曲；「湯」，時有《大濩（ㄏㄨㄛˋ）》樂曲；「周文王」時，有《辟雍》的樂曲；「周武王」和「周公」時，作《武》樂曲。

古代的「喪禮」，「貴賤」有不同的「制度」，「上下」有不同的「等次」，「天子」的「棺槨

（ㄍㄨㄛˇ，棺材和套在棺外的外棺）」有七層，「諸侯」有五層，「大夫」有三層，「士」有二層。

現今，「墨子」唯獨主張，「生時」不唱歌，「死時」無喪服，「桐木棺材」只有三寸，而沒有「外槨（ㄍㄨㄛˇ，棺材外面的套棺）」，作爲效法的樣式。

用這種主張「教導人民」，恐怕不是「愛人」；用這種主張「自行其是（自己認爲對的就做，不考慮別人的意見。）」，當然也不是「愛護自己」。

雖然如此，但是並不影響「墨子」的「學說」，然而當「唱歌」時，反對「唱歌」；當「哭泣」時，反對「哭泣」；當「奏樂」時而反對「奏樂」，這樣果眞合乎人的「感情」嗎？

人活著時「勤勞」，死後那樣「苛薄」，他的「學說」太「苛刻」了；使人憂傷，使人悲哀，他的「主張」難以實行，恐怕這種「主張」，不可以成爲「聖人之道」，違反「天下的人心」，「天下人」不堪忍受。

雖然「墨子」能獨自實行，然而他把「天下人」又能怎樣呢！背離於「天下的人」，這種做法離開「王道（一種以仁義治天下的政治思想）」也太遠了。

「墨子」宣揚說：「過去『大禹』堵塞洪水，疏通江河，而溝通『四夷（四方邊遠的少數民族地區，東夷、西戎、南蠻、北狄的總稱。）』和『九州（中國古代分天下爲九個行政區，冀、兗、青、徐、揚、荊、豫、梁、雍。）』。『大川』三百，『支流』三千，『小溝』無數。

『禹』親自拿著『盛土的器具』和『掘土的工具』，而聚合於『天下』的河流；累得腿上沒有肉，小腿上沒有汗毛，暴雨淋身，疾風梳髮，安定了『萬國』。『禹』是個『大聖人』，他身體爲民勞苦到如此地步。」

■成語：「櫛（ㄓˋ）風沐雨」

◆出處：《莊子．天下》

◆原文：沐甚雨，櫛急風。

◆解釋：「櫛（ㄓˋ）」是「梳子」和「篦子（ㄅㄧˋ，比「梳子」密的梳頭用具。古時婦女也用作頭飾。）」的總稱，比喻像「梳齒」那樣密集排列著。形容人經常在外面，「以風梳頭」，「以雨洗髮」，不避風雨地辛苦奔波勞碌。

使後代的「墨者」，多用「粗布」做衣服，穿著「木屐草鞋」，日夜不息，以「吃苦耐勞」爲準則，有人說：「不能夠做到這樣，就不是『禹的道』，就不足以把他稱爲『墨者』。」

墨者「相裡勤」的弟子，墨者「伍侯」的門徒，南方的墨者「苦獲、已齒、鄧陵子」一派，都誦讀《墨經》，然而卻相互背離，相互矛盾不相同，相互指責對方是「別墨（墨家中的非正統的派別）」；以「堅白同異」的辯論，相互「誹謗非議」，用「奇偶（陰陽）不合」的言論，相互應對；把「鉅子（後期墨家團體的首領）」當作「聖人」，卻願意爲他效忠而死。希望成爲他的「後世繼承人」，但是至今還「紛爭不決」。

（「堅白同異」是指戰國時的名家「公孫龍」的「離堅白」和「惠施」的「合同異」之說。對「堅白石」這一個命題，「公孫龍」認爲「堅」、「白」是脫離「石」而獨立存在的實體，從而誇大了事物之間的差別性，而抹殺了其「統一性」；「惠施」看到事物間的差異和區別，但是以「合同異」的「同一」，否定了「差別」的客觀存在。兩者都只強調事物的一個方面，而否定其他方面。）

「墨翟、禽滑厘」的心意是好的，但是他們的「做法」太過分了。他使「後代的墨者」必定要刻苦自勵，搞得大腿上沒有肉，小腿上沒有汗毛，相互爭進罷了。這樣「亂天下」有餘，「治天下」不足。

雖然這樣，「墨子」眞算是天下最美善的人了，這種人實在求之不得，雖然累得形容憔悴不堪，也不棄自己的主張，眞是一位治國的「賢能之士」啊！

第四部分，介紹「宋銒（ㄒㄧㄥˊ）」和「尹文」的「不累於俗（不被世俗所累）」、「不飾於物（不用身外之物掩飾）」、「不苟於人（不苛求於人）」、「不忮於衆（順從別人不違逆衆人）」的觀點。

「宋銒」，「戰國」時期「宋國人」，他的主張大概有「反戰、禁慾」等，其所屬學派存爭議，依照各學者的認定，「道家、墨家、名家、雜家、小說家」皆有。

「尹文」，「戰國」時期「齊國人」，是「名家」和「黃老道家」學者。

不被「世俗」所累，不用「外物（身外之物。多指利欲功名之類。）」掩飾，不「苛求」於人，順從別人不違逆衆人，希望「天下」安寧，以保全「人民」的性命，別人和自己的「奉養（生活待遇）」一足夠就可以了，以這種觀點表白自己的內心，古時的「道術」，有屬於這方面的記載。

「宋銒（ㄒㄧㄥˊ）、尹文」聽到這種「治學風氣」就喜歡。製作像「華山」那樣，上下均平的帽子，來顯示「平等」，應接「萬物」，以除去「成見」爲開端。

談論「內心的包容」，叫做「內心的行爲」，以「柔和」的態度，去迎合別人的歡心，用來「調和海內」，請求以此作爲「建立學說」的「指導思想」。

受到「欺侮」，不以爲是「恥辱」，以解脫人們的「爭鬥」；禁絕「互相攻伐」，停止「戰事用

兵」，平息「社會戰亂」。以此周遊「天下」，向上勸說「君主」，向下教育「臣民」，卽使「天下的人」並不贊同，卻依然說個不停，不肯背棄自己的「主張」。所以說，雖然遭到周圍「所有人」的厭煩，但還是要弘揚自己的「學說」。

雖然，他們爲別人做得太多，爲自己想得太少。他們說：「我們請求只需五升米的飯就夠了。」恐怕不僅「宋鈃（ㄒㄧㄥˊ）」和「尹文」兩位先生吃不飽，連「弟子們」也常處於飢餓中，可是他們仍然不忘「天下人」。他們日日夜夜，不知道「停息」，還說：「君子對人事不苛求挑剔，不使自身被外物（身外之物。多指利欲功名之類。）的役使。」

認爲對「天下」沒有益處的，與其硬要闡釋它，還不如停止不做。他們把「禁止攻伐，停止戰爭。」做爲對外的活動，把「減少情慾」當作內心的修養。他們「學說」的「小大精粗」及「作爲」，也不過如此罷了。

第五部分著重介紹了「彭蒙、田駢、愼到」的思想。

「彭蒙」，「戰國」時期「齊國人」，「黃老道家」代表人物。有一說「彭蒙」卽「伯昏瞀人」，「田駢」是他的學生。

「田駢（ㄆㄧㄢˊ）」，「戰國」時期「齊國人」，「道家」人物、「稷下學者」。早年學「黃老之術」，與「尹文、宋鈃」是同學，與「愼到」齊名。曾在「稷下」講學，有辯才，尤好爭論，人稱「天口駢」。後來又師從「彭蒙」，主張「齊萬物以爲首」。著有《田子》二十五篇，久佚。

「愼到」，「戰國」時期「趙國」邯鄲人，時期約稍早於「孟子」，爲「稷下學者」、「道家、法家」的思想家。「法家」中有三派：「愼到」重「勢」、「申不害」重「術」，「商鞅」重

「法」。

「公正」而不「阿黨（ㄜ，結黨徇私）」，「平易」而無「偏私」，排除主觀的「先入爲主」之見，「隨物變化」而不「三心二意」，沒有「顧慮」，不求「智謀」，毫無選擇地「隨順萬物」，和它一起變化，這是古代「道術」的內涵之一。

「彭蒙、田駢、愼到」對這種「道術」很喜歡，以「齊同萬物」爲首要，說「『天』能『覆蓋萬物』，卻不能『承載』；『地』能『承載萬物』，卻不能『覆蓋』；『大道』能『包容萬物』，卻不能『分辨』。」

知道「萬物」都有「所能」，有「所不能」，所以說：「『選擇』則不普遍，『教導』則有所不及，『大道』則無所遺漏。」

所以，「愼到」拋棄「智慧」，去除「己見」，而隨任於「不得已」，聽任於「萬物」作爲啟發。他說：「『強求知其『所不知』，就會爲『知』所迫，而受到損傷。」

隨便任用人，而譏笑「天下」推崇的「賢人」；放任「不羈（ㄐㄧ，不受拘束，比喻人才識高遠、俊秀脫俗。）」，不拘形跡，而非議天下的「大聖」。

「刑罰」之輕重，隨著「事態」的發展，而相應地變化，拋棄「是非」，才可以免於「刑罰」。不依賴「智巧謀慮」，不「瞻前顧後」，巍然獨立。推動而往前走，「拖拉」而向後退，像「飄風（指旋風，暴風）」似的往返，像「羽毛」的飛旋，像「磨石」的轉動，完美而無誤，動靜適度而無過失，未曾有罪。

這是什麼原因呢？沒有「知覺」的東西，就不會有標榜自己的憂患，不會有「運用智謀」的牽

累，「動靜」合於「自然之理」，所以「終生」不會受到「毀譽」。

所以說：「達到像沒有『知覺的東西』就行了，不需要『聖賢』，『土塊』不會失於『道』。」

「豪傑（才智出衆的人）們」相互嘲笑他說：「『愼到』的『道』，對『活人』沒有用，而只適用於『死人』，實在怪異。」

「田駢」也是這樣，受學於「彭蒙」，得到「不言之教（上位者以德化民，不待言詞訓誡，而天下平治。）」。

「彭蒙」的老師說：「古時候『得道的人』，達到了『無所謂是非』的境界。他們的『道術』像風吹過一樣迅速，怎麼能夠用『語言』表達出來呢？」

常常「違反人意」，不受人們所尊敬，仍不免於「隨物變化」。他們所說的「道」，並不是「直正的道」。然而，他們都還大概地聽聞過一點「道」。

第六部分，介紹了「關尹、老聃」的思想。充分地肯定了他們的「道的觀點」和「謙下」的「處世態度」，稱他們是「古之博大眞人」。

「關尹」，是先秦「天下十豪」之一，「周朝」大夫、大將軍、哲學家、教育家，爲先秦「諸子百家」的重要「道家流派」，道教「樓觀派」祖師、「文始派」祖師。「關尹」字「公度」，名「喜」，曾爲「關令」，與「老子」同時。老子《道德經》五千言，是應他的請求而撰著。

把「本（事物的根源）」看作是「精妙的」，把「具體的物看作是「粗疏的」，把「有積蓄」看作「不足」無牽無掛獨與「神明」共存，古代「道術」就有這方面的學說。

「關尹、老聃」聽到這種「治學風氣」就歡喜，建立「常有常無」的學說。歸之於「太一

（道）」，以「柔弱謙下」爲外表，以「空虛不毀萬物」爲實質。

「關尹」說：「在自己來說，不偏限於『成見』，『有形的物體』讓其自行顯現。」其「動時」像「流水」，其「靜時」像「明鏡」，其「反應」如「迴音」。「恍惚（隱約模糊，不可辨認。）」像「沒有」，「寂靜」像「淸虛」。與「萬物」混同的，就能「和諧」，有得必有失。未曾「爭在人先」，而經常「順從人後」。

「老聃」說：「雖然認識到『雄性之強』，卻偏要執守『雌性之弱』，成爲『天下的溪壑（山谷中水所流聚的地方）』；知道『明亮的耀眼』，卻偏要『退居幽暗』，成爲『天下的溪谷』。」別人都「爭先」，他卻獨「居後」，說甘受「天下的垢辱」；別人都求「實際」，他卻獨求「空虛」，不「斂藏（隱蔽起來，不敢露面。）」，反而有「多餘」。他立身行事，舒緩而不浪費，「自然無爲」而「譏笑智巧」；別人「祈求福佑」，他卻獨自「委曲求全」，說「但求免於禍害」。以「深藏」爲「根本」，以「簡約」爲「綱紀」，「堅硬」就容易「毀壞」，「銳利」就會受「挫折」。經常「寬容」對待「萬物」，不損害別人，可以說達到「至高境界」了。

「關尹、老聃」啊！是古代的淵博偉大的「眞人（道家稱修眞得道的人。）」呀！

「芴漠（ㄨˋ ㄇㄛˋ，寂寞）」無形，變化無常，死啊！生啊！與「天地」並存嗎？與「神明」同往嗎？恍恍惚惚向什麼地方去呢？包羅萬物，不知何處是歸宿。

古代的「道術」有屬於這方面的，「莊周」聽到這種「治學風氣」就很歡喜它。以「虛空悠遠，荒誕無稽」的哲學思想，以「荒唐」的言論，以「不著邊際」的言辭，時常「恣意發揮」而不拘執，從不表現「標新立異」。

「莊周」認爲「天下」是「汙濁的」，不能用「莊重的言語」來交談，而應該以「卮言（ㄓ，無頭無尾、支離破碎的言辭。）」來綿延不絕的進行推論，以「重言（爲人所重視的言論）」，使人信以爲眞，以「寓言（有所寄託比喻的話）」來進行推廣道理。獨自與「天地精神」往來，而不輕視「萬物」，不拘泥於「是非」，以此和「世俗」相處。

「莊周」的書，雖然「瑰麗奇偉（奇麗美好，奇特雄偉。）」，卻「婉轉敍說」，而無傷道理。他的「言辭」雖然「變化多端」卻「奇異可觀」；他的書「充實」而無「盡頭」，上與「造物者」同遊，下與「超脫死生」，無「終始分別」的人做朋友。

書中對「道」的闡述，既「宏大」而又「透闢（透徹精闢）」，「深邃」而「廣闊」；書中講到「道的宗旨」，可說與「道」完全吻合，而達到了「極致」。卽使如此，他順應「萬物的變化」而解脫於「物的束縛」，「道理」是講不完的，但是「萬變不離其宗」，恍惚深奧，無窮無盡。

第七部分，敍述了「歷物十事」和「名家」的「二十一事」的命題，反對「名家」的「詭辯（顚倒是非黑白的議論）」。「莊子」在書中雖然也吸收了一些，諸如「方生方死」的「對立轉化」觀點，但是總體上，他是與「惠施」的觀點相反的。

「惠施」是「宋國人」，「名家」的代表人物之一，他和「莊子」是好朋友，兩人常在一起辯論。

「名家」爲戰國時代的學派，九流十家」之一，是以辯論「名實問題」爲中心的一個思想派別，重視「名（概念）」和「實（事）」的關係的研究。其學說在「循名責實（按照名稱或名義去要求實際內容，卽要求名實相副。）」，而結果流爲「詭」辯。代表人物，始於「鄧析、尹文」，其後有

「惠施、公孫龍」等。

「歷物十事」是「惠施」的十個「名辯命題」。「歷物」，指普遍地考察分析事物的本質和規律。

「歷物十事」如下：

⑴至至大無外，謂之「大一」；至小無內，謂之「小一」。

⑵無厚不可積也，其大千里。

⑶天與地卑，山與澤平。

⑷日方中方睨，物方生方死。

⑸「大同」與「小同」異，此之謂「小同異」；萬物「畢同畢異」，此之謂「大同異」。

⑹南方無窮而有窮。

⑺今日適越而昔來。

⑻連環可解也。

⑼我知天下之中央，燕之北，越之南是也。

⑽泛愛萬物，天下一體也。

另外，「名家」的「二十一事」，是「戰國」時期「名家」中，一些不知其名的「辯士」所提出的「二十一個命題」。這些「命題」是：卵有毛；雞三足；郢有天下；犬可以爲羊；馬有卵等。

這些「辯者」爲了堅持「名家」的「正名思想」，並且反駁別人對「名家」的「非難（指責別人的過失）」，當時曾以這「二十一個命題」與「惠施」提出的「歷物十事」相互呼應，互相論證，竟

至「終身無窮」的境地。

「惠施」懂多種學問，他的著作能裝五車，他講的道理「錯綜駁雜」，他的言辭也不中肯。

「惠施」觀察分析事理，說道：「達到沒有外部的『無限大』，叫做『大一』，達到沒有內部的『無限小』，叫做『小一』；沒有厚度，不能積累，卻可大到千里；『天和地』一樣低，『山澤』一樣平；『太陽』剛正中就偏斜，『萬物』剛出生就死亡；『大同』與『小同』的差異，叫做『小同異』。萬物『全同全異』，這叫做『大同異』；『南方』沒有『窮盡』，而又有『窮盡』；今天到『越國』去，而昨天已經來到；『連環』是可解開的；我知道『天下的中央』，在『燕國』的北方，『越國』的南方；廣泛地熱愛『萬物』，『大地』是一個『整體』。」

「惠施」把這些當作「最大的眞理」，顯示於「天下」，而引導於「辯者」，「天下的辯者」都願意和他爭論。

「蛋」有毛；「雞」有三腳；「楚國」的「郢（ㄧㄥˇ）城」包容天下；「大狗」可以是羊；「馬」有蛋；「蛤蟆」有尾巴；「火」是不熱的；「山」是有嘴的；「車輪」碾不著地；「眼睛」看不見東西；「概念」感覺不到，卽是感覺得到，也不能達到窮盡；「烏龜」比蛇長；「曲尺」不能畫方，「圓規」不能畫圓；「卯眼（木器部件相連接時插入榫頭的凹進部分）」不能圍住「榫頭（ㄙㄨㄣˇ，器物接合的地方，製成凹凸的形狀，凸出的部分稱爲「榫頭」。）」；「飛鳥的影子」未曾移動過；「箭頭疾飛」卻有不前進不停止的時候；「狗」不是犬；「黃馬驪牛」是三個；「白狗」是黑的；「孤馬」不曾有母親；「一尺長的鞭」，一天截去一半，萬世也截取不盡。

「辯者們」用這些「論題」和「惠施」相辯論，終身辯論不完。

「名家學派」人物「桓（ㄏㄨㄢˊ）團、公孫龍」都是「辯者」一類的人，蒙蔽人的思想」，改變人的「意見」，能辯勝別人的「口舌」，而不能折服「人心」，這是「辯者」的局限。「惠施」每天以自己的「智慧」與人「辯論」，專門與「天下的辯者」創造「怪論」，這就是他們的概況。

然而，「惠施」的「口辯」，自以爲是最高明的，說：「天地能比我更偉大嗎？」但是，「惠施」有「雄辯之才」，而不了解「道術」。

「南方」有一個奇人叫「黃繚（ㄌㄧㄠˊ）」，問「天地」爲什麼不陷，「風雨雷霆」形成的原因。

「惠施」不謙虛地回應，不加思索地對答，遍及「萬物」加以解說，又說個不停，多而不止，還以爲說得少，更加一些「奇談怪論」。把違反「人之常理」的，作爲實情，而要以「雄辯」辯勝別人，取得「名聲」，因而和「衆人」的看法不協調，削弱「德」的修養，強調對「外物（身外之物。多指利欲功名之類。）」的分析，他走了彎路。

由「自然規律」來看「惠施」的「才能」，他就像一隻「蚊子」和一隻「牛虻（ㄇㄥˊ，叮咬牛的一種蚊子。）」的「徒勞（空自勞苦，白費心力。）之功」罷了，對於萬物有什麼用處呢？他充當「一家之言」還算可以，說他尊重「大道」，也差不多，但是「惠施」不能夠以此「一家之言」自安於「道」，分散心思，追逐於「萬物」，而不厭煩，最終以「善辯」成名。

可惜呀！「惠施」的才能，使人舒暢而「無所得」，「追逐萬物」而「知迷不返」。實在是以「聲音」追逐「迴響」，以「形體」與「影子」競走，可悲呀！

國家圖書館出版品預行編目資料

看懂道家／呂冬倪著. --初版.--臺中市：白象文化事業有限公司，2024.2
面； 公分
ISBN 978-626-364-193-8（平裝）
1.CST: 道家 2.CST: 老莊哲學
121.3 112019056

看懂道家

作　　者　呂冬倪
校　　對　呂冬倪
發 行 人　張輝潭
出版發行　白象文化事業有限公司
412台中市大里區科技路1號8樓之2（台中軟體園區）
出版專線：（04）2496-5995　傳真：（04）2496-9901
401台中市東區和平街228巷44號（經銷部）
購書專線：（04）2220-8589　傳真：（04）2220-8505
專案主編　陳逸儒
出版編印　林榮威、陳逸儒、黃麗穎、陳媁婷、李婕、林金郎
設計創意　張禮南、何佳諠
經紀企劃　張輝潭、徐錦淳、林尉儒
經銷推廣　李莉吟、莊博亞、劉育姍、林政泓
行銷宣傳　黃姿虹、沈若瑜
營運管理　曾千熏、羅禎琳
印　　刷　基盛印刷工場
初版一刷　2024年2月
定　　價　550元